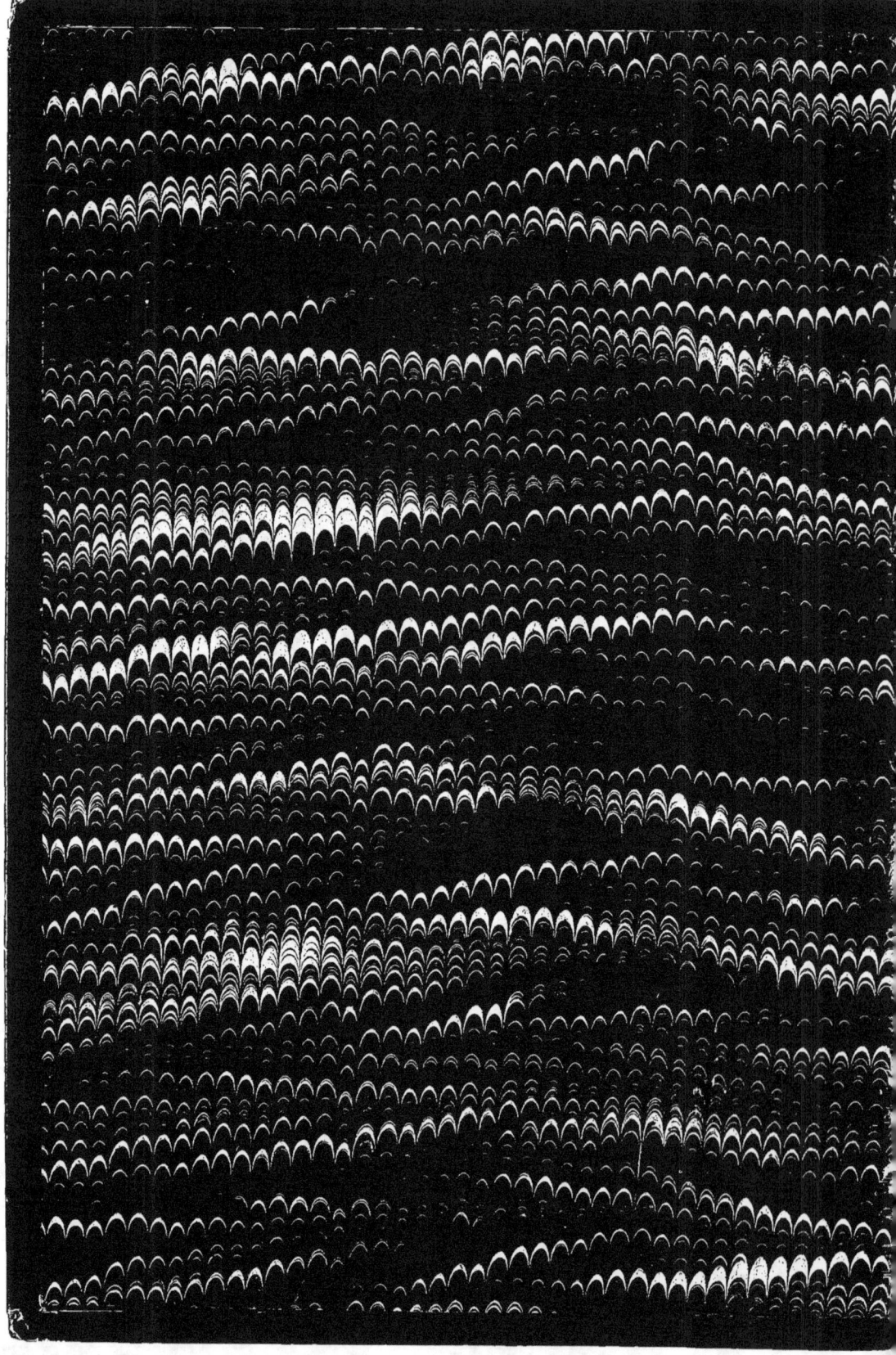

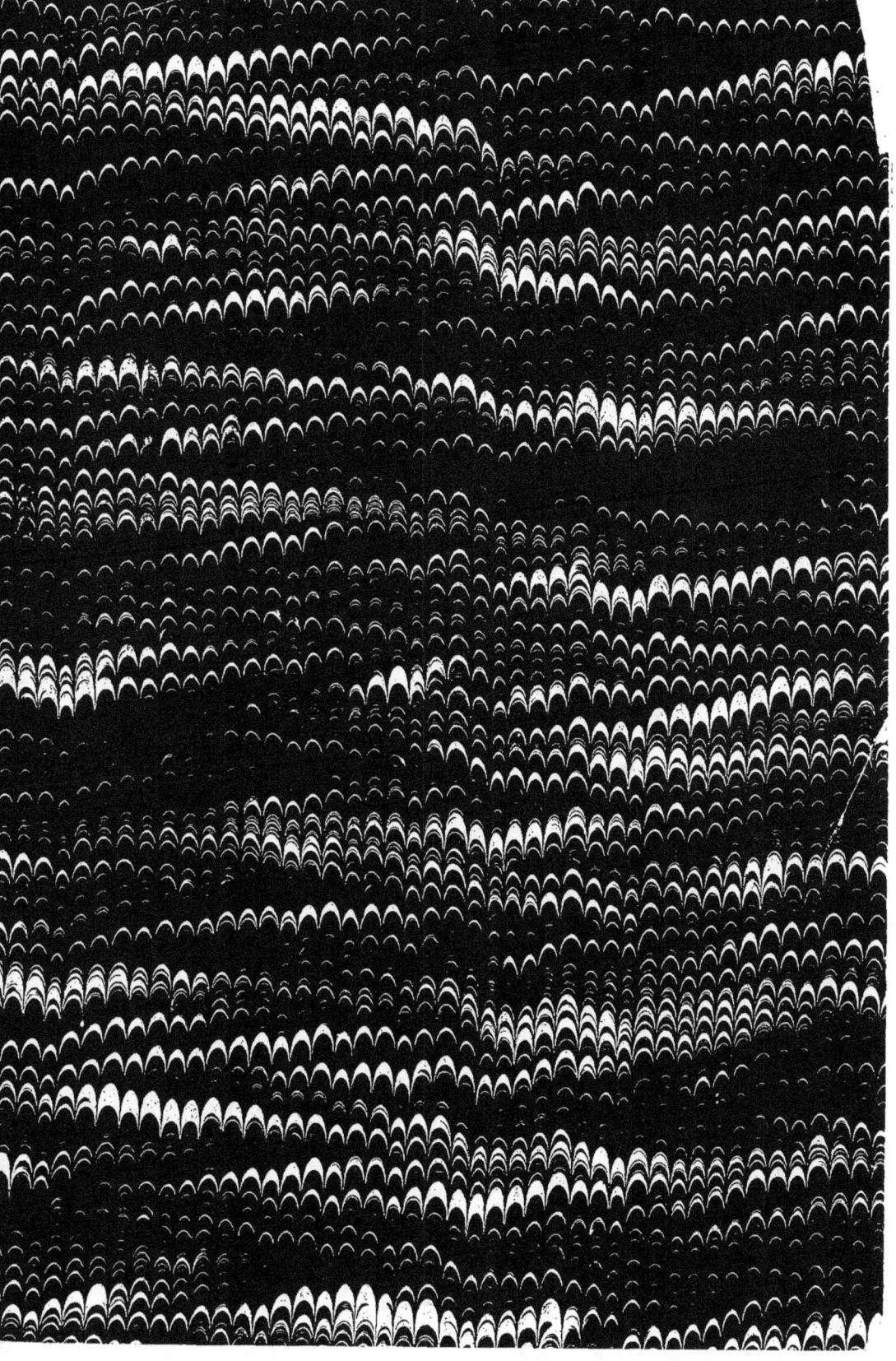

LES

PARISIENNES

SAINT-GERMAIN
IMPRIMERIE D. BARDIN
80, RUE DE PARIS, 80

L'ÉDUCATION D'ERNESTINE.

— N'est-ce pas, petite mère, que du moment que la personne croit ce que vous lui dites, c'est pas mentir?

UNE MAITRESSE AU THÉATRE

La jeune Isabelle embrasse son amant et lui donne des petites tapes sur les joues.
— Mon Alfred chéri, lui dit-elle, je vais te prouver que je t'aime bien et que je veux être la femme la plus rangée de la création.
— Tu m'effrayes !... Aurais-tu l'intention d'entrer au couvent ?
— Pas positivement, je veux entrer au théâtre des Délassements-Plastiques.
— Tu veux devenir actrice.
— Dis : comédienne, mon ami, car je veux travailler sérieusement.
— C'est de la folie.

— Parce que je désire me faire une position? Mais si tu meurs, je ne pourrai pas m'adresser à ta famille pour la prier de me faire une pension alimentaire.

— C'est vrai... mais...

— Ne t'oppose pas à mon projet, car tu me causerais le plus grand chagrin.

— Mais tu n'as pas encore vu le directeur?

— Si fait, et je lui plais.

— Il ignore seulement si tu pourras parler en scène?

— Il m'a demandé à voir mes jambes, et il m'a dit que je lui convenais.

— Ton engagement n'est pas encore signé, et j'espère bien que tu...

— Le voici. Tu vois que c'est sérieux.

— Mais tu peux le résilier.

— En payant un dédit de vingt mille francs. Il ne voulait fixer le dédit qu'à dix mille, mais j'ai insisté pour l'élever.

— Ah! diable!...
Pourquoi?

— Afin de me poser tout de suite comme une artiste sérieuse.

— Mais tu ne gagnes que cinquante francs par mois.

— C'est bien pour cela. Je garderai le silence sur les appointements, et je ne parlerai que du dédit. Je suis une femme sérieuse en affaires. Ne me boude pas trop ou je m'asphyxie.

— Quand répéteras-tu?

— A partir de demain matin... Je devrai être au théâtre à dix heures.

— Il est loin d'ici.

— Aussi je te prierai de me donner une voiture au mois.

— Et quand tu joueras, tu seras prise tous les soirs.

— Tu viendras me voir jouer, ça te distraira.

— Je saurai vite la pièce par cœur. Et à quelle heure devras-tu être rendue au théâtre?

— A sept heures.

— Mais c'est l'heure de notre dîner.

— Nous dînerons maintenant deux heures plus tôt.
— A cinq heures je n'aurais jamais faim.
— Alors nous souperons après le spectacle... à une heure du matin.
— Et mon médecin qui m'a bien recommandé d'être régulier pour mes heures de repas... Si je n'attrape pas une gastrite, ça ne sera pas de ta faute.
— Alors quitte-moi ; je tâcherai de vivre avec mes cinquante francs.
— Dès qu'on veut discuter avec toi, tu vous dis des choses désagréables.

Isabelle fait ses débuts au théâtre.
Alfred est assis au premier rang des fauteuils d'orchestre.
— Il entend la conversation des voisins.
1ᵉʳ MONSIEUR. — Tiens, c'est la petite Isabelle. Elle n'était pas si bien faite que cela quand je l'ai connue.
2ᵉ MONSIEUR. — Tu as donc eu une intrigue avec elle?
— Parbleu !... je l'ai aimée pendant six mois. C'est une bonne fille.
— Présente-moi.
— Volontiers... Seulement on dit qu'elle est avec un jobard qui ne la perd pas de vue.
— Une femme habile trouve toujours moyen de se débarrasser d'un gêneur.
Alfred se sauve dans le couloir pour éviter d'entendre cet ennuyeux entretien.
Dans le couloir, deux autres gommeux causent de la débutante.
— Elle est gentille.
— Elle a beaucoup de chic.
— Je vais lui envoyer un bouquet et lui demander un rendez-vous.

— Elle ne te répondra peut-être pas.
— Dans ce théâtre les avances d'un galant homme ne sont jamais repoussées.

Alfred piétinant avec rage va fumer une cigarette dans la rue.

Trois jours après il fait une scène à Isabelle.
— Je t'ai espionnée, je l'avoue.
— Et qu'as-tu vu?
— Caché dans un kiosque d'une marchande de journaux dont j'ai acheté les services, je t'ai aperçue quand tu es sortie de la répétition, hier, à quatre heures.
— Eh bien?
— Tu as embrassé à plusieurs reprises un monsieur qui sortait en même temps que toi.
— C'est vrai.
— Quelle effronterie!
— Je ne me cachais pas, puisque je l'embrassais en plein jour, au beau milieu du trottoir.
— Et tu me fais cet aveu à moi, ton amant?
— Mais, mon ami, ce n'est pas un homme.
— Qui est-ce donc?
— Un des auteurs de la pièce... et un auteur ça s'embrasse tout le temps. Mon Dieu! comme tu es donc ignorant des choses de théâtre!...
— Et tu crois me contenter en me faisant cet aveu!
— Sois tranquille, je te jure que ça ne leur produit aucun effet à ces braves gens... et d'abord tu peux être tranquille, je suis une maîtresse fidèle. Que diras-tu quand, dans la prochaine pièce, tu me verras embrasser dix fois le jeune premier?

— Pour de bon?
— Le régisseur le veut... J'espère bien que tu ne feras pas changer la mise en scène. Tu en es pour tes frais de kiosque, mon bébé chéri.

— Isabelle!
— Mon ami!
— J'ai invité à déjeuner pour dimanche prochain quatre de mes amis. J'ai choisi ce jour parce que tu ne répètes pas.
— Pour dimanche prochain?
— Oui. Est-ce que ça ne te convient pas?
— Il faudra remettre ce déjeuner.
— Tu as donc une répétition?
— Non; mais j'ai invité le directeur, le secrétaire, le régisseur et le chef d'orchestre.
— Ni moi ni mes amis ne connaissons tout ce monde.
— Parbleu!... je le sais, aussi n'ai-je pas l'intention de vous faire déjeuner ensemble.
— Tu les feras venir un autre jour.
— Ils ne sont libres que le dimanche, eux aussi.
— Alors un autre dimanche?
— Ça m'est impossible; j'ai des ménagements à prendre avec les autorités du théâtre. Tu inviteras tes amis dans la semaine.
— Comme c'est amusant!
— Tous mes regrets, mon cher.

Quelques jours après, Alfred rencontre un de ses amis.
— Comment va Isabelle? demande ce dernier.
— Je ne suis plus avec elle.
— Pas possible !
— Ah ! elle m'en a joué un tour, la drôlesse !
— Elle t'a trompé ?
— Hélas !... Figure-toi, mon cher, que je rentre à une heure à laquelle je n'étais pas attendu, et je trouve un jeune homme enlaçant Isabelle dans ses bras et l'embrassant. Sans se déconcerter, elle me répond qu'elle répète une scène avec un artiste du théâtre.
— C'était peut-être vrai.
— Ah bien oui !... l'amoureux était un jeune homme que j'avais vu au théâtre.
— Justement.
— Mais parmi les habitués de l'orchestre, et je l'avais entendu dire qu'il enverrait un bouquet à Isabelle et qu'il lui demanderait un rendez-vous.
— Alors tu l'es?...
— Je le suis... Mais quand je prendrai pour maîtresse une femme de théâtre, le papier turc vaudra de l'argent !

TABLEAUX VIVANTS.

— Vous ne craignez pas, marquise, que votre costume ne soit un peu... nu?
— Mais, mon ami, j'aurai des ailes.

POURQUOI
ON VA AU BAL DE L'OPÉRA

LE JEUNE VIVEUR.

Que fais-tu ce soir, Gustave? Est-ce que tu vas au bal de l'Opéra?

— Parbleu! tu sais bien que je n'en manque pas un.

— Est-ce que ça t'amuse?

— T'es bête, est-ce qu'on y va pour cela? Mais, si on ne me voyait pas à tous les bals, que diraient les membres de mon cercle? Ensuite, pour être dans le mouvement, il faut bien souper le samedi, et le bal fait passer le temps jusqu'à trois heures du matin.

— Moi, pour cela, j'ai trouvé un autre système. Vers les dix heures, je me couche tout habillé, avec habit et cravate, et je me fais réveiller vers trois heures du matin pour aller souper avec les amis. Cela me permet de remplir mon métier de viveur sans trop de fatigue.

LE CHICARD.

Il ajuste sa perruque, et, tout en se regardant dans la glace, il se tient le monologue suivant :

— J'ai une migraine atroce et je me coucherais avec ivresse, mais cela me ferait perdre mes dix francs que je touche à chaque bal pour *entraîner* les joyeux danseurs.

Et, certes, j'ai grand besoin d'argent.

Je dois trente-quatre francs à mon gargotier.

Quatre-vingts francs à mon tailleur.

Deux cents francs à mon propriétaire.

Sans compter les autres petites dettes plus ou moins criardes.

Tous mes créanciers, qui sont venus me trouver, m'ont accordé du temps parce que je leur ai dit que je recommençais aujourd'hui à gagner de l'argent avec les bals masqués, et que je les payerais après le carnaval.

Donc je dois aller ce soir à l'Opéra. Un honnête homme n'a que sa parole.

LE COLLÉGIEN.

Je vais ce soir au bal de l'Opéra.

Quel bonheur !

Pour cela, il m'a fallu :

1° Escalader le mur de mon collége ;

2° Vendre mes livres d'études ;

3º Emprunter dix francs à la cuisinière de papa pour louer un habit ;

4º . . . .

Mais que m'importe tout cela, je vais au bal, c'est tout ce que je souhaitais.

Il est probable que je ne m'amuserai pas.

Mon proviseur, s'apercevant de ma *fugue*, me *collera* pour toutes les vacances de Pâques.

Mon père me payera d'autres livres sur mes semaines.

Pour l'avance qui m'a été faite par la cuisinière, je serai calotté par maman.

Mais je ne m'occupe guère de ces petites misères.

Cette escapade sera la plus belle nuit de ma vie.

C'est si bon de faire ce qui est défendu.

UN DOMINO.

— Je n'ai pas mangé depuis hier matin.

J'ai faim.

Pourvu que ce soir je trouve un bon étranger qui veuille bien me payer à souper.

Oh ! comme je mangerai avec appétit.

Je mettrai cette boîte en fer-blanc dans ma poche pour pouvoir emporter une cuisse de poulet. Les hommes ne s'aperçoivent de rien quand ils soupent ; ils se grisent toujours.

Il faut que je raccommode ma pauvre robe de soie.

Dans quel état elle est! Il y a si longtemps que je la porte. Mais le soir, à la lumière, elle fera encore son petit effet.

Si au commencement de cet hiver je n'avais pas été malade, j'aurais pu m'acheter une robe neuve.

J'avais quelques économies qui ont passé en achats de médicaments.

Je n'ai même pu continuer à me soigner chez moi. Je me suis fait transporter à l'hôpital.

Ah! quelle existence que la nôtre!

Et on nous appelle des filles de joie, quelle amère dérision!

Mais il est déjà dix heures, je vais me dépêcher de m'habiller pour me rendre à l'Opéra, où je me ferai insulter par les farceurs en proie à une douce ivresse, en attendant qu'un homme plus ivre qu'eux me fasse signe de le suivre.

UN HOMME MARIÉ.

— Ma femme m'a dit qu'elle allait passer deux jours à la campagne chez une de ses amies!

Aller à la campagne en hiver, quelle mauvaise plaisanterie!

Je suis certain que ma femme va au bal de l'Opéra!

Moi aussi j'irai, et si je la trouve... oh! quelle tripotée, mes amis, je ne vous dis que ça.

UNE FEMME MARIÉE.

— Mon mari est parti ce matin soi-disant pour terminer une affaire très-importante.

Il m'a dit qu'il ne reviendrait que demain soir.

Il va au bal masqué, le monstre, il me trompe avec quelque drôlesse, le scélérat.

Mais ce soir j'irai à l'Opéra, et si je trouve mon Don Juan, je lui arrache les yeux.

UN REPORTER.

Il est déjà deux heures du matin et je n'ai pas encore recueilli le moindre mot drôle, et je n'ai pas vu le plus petit accident.

Mais je perds mon temps, moi, ici. Je ferais peut-être mieux d'aller me promener sur les quais pour voir si la Seine subit une nouvelle crue, ou si le vent fait tomber des tuyaux de cheminée sur la tête des passants.

Tiens! mais on se bouscule là-bas dans le coin... un domino pousse des cris déchirants.

Si un mari jaloux surprenant sa femme avait pu lui donner un bon coup de poignard.

Mais non, je n'aurai pas ce bonheur-là.

UN PICK-POCKET.

— Certains journaux disent que les étrangers ne viennent pas à Paris.

Quelle erreur!

Mais, moi, je suis un étranger, un Anglais, et un partisan du libre-échange, encore!

Par exemple, je le comprends à ma manière. Je trouve que

quand un monsieur a dans sa poche un porte-monnaie bien garni, il doit passer dans la mienne.

Voilà du libre-échange ou je ne m'y connais pas.

Les bals masqués recommencent, j'espère faire un bon hiver.

Si la saison n'est pas trop mauvaise, je m'achèterai pour l'été prochain un joli chalet au bord de la mer et j'y vivrai honnêtement.

UNE INTRIGUE AU FOYER.

UN VIEUX GALANT. — Ma belle enfant, vous refusez donc de me donner votre adresse?

UN DOMINO ROSE. — Oh! non, monsieur, voici ma carte.

LE VIEUX GALANT, *lisant :*

MADEMOISELLE BERTHE

chez sa mère, madame Durand,

ÉPILEUSE,

137, *rue Pigale.*

— Comment, ma toute belle, c'est là votre carte?
— Oui, monsieur.
— Elle est compliquée.
— Maman consent à me laisser aller au bal masqué, mais elle ne veut pas que je perde mon temps ; et comme vous voyez, je fais de la propagande pour la maison. Je suis une bonne fille, moi !

UNE IDYLLE.

— L'es-tu assez, hein, jolie ?
— Ah ! m'en pa'le pas !

UNE VICTIME
DES PETITES CORRESPONDANCES

Léona lit à une de ses amies la petite correspondance d'un journal.

— Tiens, dit-elle, en voici une bien bonne.

Écoute ceci :

« Un monsieur, jeune encore, instruit, bien élevé, demandant affection et protection, désire correspondre sérieusement avec personne âgée, seule et indépendante. Écrire avec confiance. Discrétion. »

— C'est un monsieur qui a un hanneton dans le cerveau, dit l'amie.

— Il y a des hannetons qu'on peut élever comme des lapins, pour leur faire rapporter trois mille livres de rente. Je coupe avec soin cet avis.

— Aurais-tu l'intention de correspondre avec ce monsieur?

— Pourquoi pas ?...

— Je suis curieuse de savoir comment tu vas procéder.

— Je n'en sais trop rien encore ; mais si je rencontre quelques difficultés, cela me distraira.

Elle s'installe devant un bureau.

— Tiens, ma chère, écoute ce que je vais lui écrire :

« Monsieur.

« Je suis la personne âgée que vous cherchez.

« Je suis seule, car je n'ai jamais voulu me marier. Les hommes sont de trop grands misérables pour qu'une honnête femme consente à s'unir à l'un deux.

« Je suis indépendante, car mon père, un brave colonel du premier Empire, qui a eu le cerveau gelé au passage de la Bérésina, m'a laissé douze mille livres de rente.

« J'aurai pour vous de l'affection, car je suis certaine que les femmes vous ont fait souffrir.

« Écrivez-moi souvent ; je répondrai avec empressement à toutes vos lettres.

« Votre amie sincère.

« A. Z. »

— En voilà une plaisanterie !... Mais si ce monsieur apprend que tu es une cocotte, il ne sera pas content, lui qui demande à correspondre avec une femme âgée et seule.

— Ne suis-je pas seule ?

— Et tes amants ?

— Ça ne compte pas. D'abord, il ne saura rien, puisque je lui recommande, dans un *Post-scriptum*, de m'écrire poste restante.

— Je ne suis pas très-curieuse, mais je voudrais bien savoir comment tout cela tournera.

— Viens me voir après-demain.

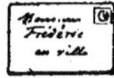

L'amie ne manque pas au rendez-vous.

— Eh bien ! dit-elle en arrivant, as-tu reçu une lettre de ton correspondant ?

— Parbleu !... la voici :

« Respectable dame,

« Vous devez être bonne parce que vous avez répondu immédiatement à l'appel que j'ai fait par l'intermédiaire de la presse.

« Vous devez être intelligente, parce que vous avez compris que les femmes avaient dû me faire souffrir.

« Oh ! oui, je vous le jure, elles m'ont causé d'horribles tourments !

« Et pourquoi m'ont-elles trompé, les ingrates ? Je leur ai toujours donné ce qu'elles pouvaient désirer.

« La dernière qui a fait battre mon pauvre cœur, brisé maintenant, recevait de moi un billet de mille francs tous les quinze jours.

« Eh bien ! cette vile créature me trompait avec un garçon coiffeur ; tandis que moi je suis instruit et bien élevé, comme je vous l'ai fait savoir dans l'annonce qui m'a procuré le plaisir d'établir une correspondance avec vous.

« Vous qui êtes une femme de bon conseil, dites-moi ce que je dois faire pour ramener le calme dans ce pauvre cœur qui ne veut plus aimer.

« Pour me distraire, j'ai voulu jouer et j'ai perdu.

« J'ai voulu voyager et je me suis ennuyé dans toutes mes pérégrinations.

« J'ai voulu recevoir des amis et ceux-ci m'empruntèrent de l'argent qu'ils ne me rendirent jamais.

« J'ai voulu aller au théâtre. J'ai pris un abonnement au Troisième-Théâtre-Français et je n'y suis pas allé trois fois.

« Vous voyez que je n'ai plus d'illusions.

« Que dois-je faire, chère dame, pour me consoler et me faire aimer la vie ?

« J'attends de vous une prompte réponse.

« Ne m'abandonnez pas, car je sens que je serais capable de

me précipiter sous les roues d'un tramway pour en finir avec l'existence.

« A vous, mes plus respectueuses pensées. »

— Qu'as-tu répondu à cet original? demande l'amie.
— Voici ce que je lui ai écrit :

« Brave cœur incompris,

« Une seule chose vous sauvera : la charité!
« Croyez ce que vous affirme une dame patronnesse qui a consacré toute son existence aux bonnes œuvres.
« Comme vous ne me connaissez pas, ma modestie ne peut m'empêcher de vous dire que chaque année je donne aux malheureux la moitié de mes revenus.
« Vous pouvez vous imaginer le bien-être que l'on éprouve quand on soulage ceux qui souffrent.
« Mais, hélas! ma modeste fortune ne me permet pas de faire tout ce que je voudrais.
« Ainsi, on vient de me signaler une famille qui meurt de faim.
« Je suis allée la voir. J'ai trouvé dans une misérable chambre une femme et un homme gravement malades tous deux et cinq enfants demandant du pain.
« Il faudrait cinq cents francs pour arracher à la mort ce père et cette mère qui succomberont faute de soins, et pour nourrir pendant quelque temps ces malheureux enfants en bas âge.
« Je ne puis vous écrire aujourd'hui une plus longue lettre, car les larmes obscurcissent ma vue et m'empêchent de lire les mots que je jette à la hâte sur ce papier, pour ne pas vous laisser un jour sans une lettre de moi.

« Votre affectueusement dévouée. »

— Ah çà! où veux-tu en venir?
— Reviens me voir, tu le sauras. J'ignore si je réussirai, mais cette adroite tentative ne coûte rien.

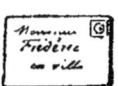

Quarante-huit heures après.

— Eh bien?... fait l'amie.
— Il m'a envoyé les cinq cents francs.
— Pas possible!...
— Les voici.
— Ah! elle est bien bonne!...
— Je ne comptais pas sur un pareil succès.
— A qui veux-tu donner cette somme?
— A la famille de ma couturière. Ça sera un à-compte sur ma note.
— C'est peut-être indélicat.
— Je te trouve magnifique... Est-ce que tu crois que je vais correspondre gratis avec ce naïf jeune homme? Je dépense tous les jours quinze centimes de timbres-poste.

UN MOIS APRÈS.

— Je viens te demander des nouvelles de ton correspondant.
— Nous n'avons jamais manqué de nous écrire tous les jours. Seulement, il y a du nouveau.
— Narre-moi cela.
— Tu seras discrète.
— Je te le jure.
— Il y a trois semaines, il m'a écrit que la charité ne suffisait pas pour le consoler.
— Ah diable!
— Alors, je lui ai écrit de se marier. Il m'a répondu qu'il était disposé à m'obéir.

— Quelle femme lui as-tu recommandée?

— Moi!... parbleu!...

— Sérieusement?...

— On ne plaisante pas avec ces choses-là. Je me suis fait présenter à lui par la veuve Roussin, marchande à la toilette. Pour la circonstance elle s'était transformée en vénérable douairière et se donnait pour l'affectueuse correspondante... Moi, j'étais la demoiselle en question.

— La présentation a eu lieu poste restante?

— Non, dans les salons de la veuve Roussin.

— Tu as plu?

— Il m'épouse dans quinze jours.

— Mes compliments, ma chère.

— Je te conseille, pour te caser aussi, de lire avec soin les petites correspondances des journaux.

— Je n'en perdrai pas une ligne.

LES PARISIENNES

ENTRE AMIES.

— Oh! moi, avec les amies, j'suis pas r'gardante ; j'ai dit à Anna : Gustave te plaît, prends-le.
— J'te c'ois il est à sec.

UNE FEMME FRANCHE

u'as-tu donc, Anténor? tu parais tout joyeux!
— Il y a bien de quoi, mon cher, car le merle blanc que je cherchais, je l'ai trouvé... J'ai mis enfin la main sur la femme de mes rêves. J'ai une maîtresse qui est bien la créature la plus franche qui existe au monde. Jusqu'à ce jour j'ai été trompé et bafoué par toutes les femmes. Elles me faisaient mille et mille simagrées, m'entouraient dans leurs bras en me disant : « Je t'aime! Je n'aimerai jamais que toi! » Elles me mangeaient mes capitaux et me plantaient là.

— Où as-tu fait connaissance de cette nouvelle conquête?
— A la musique militaire du jardin des Tuileries.
— Raconte-moi ça!
— J'étais assis à côté d'une petite blonde ravissante. Nous causâmes et elle me dit :
— Je ne viens pas ici pour m'amuser. Mon amant m'a quittée. J'ai fait des dettes et demain on vendra mon mobilier, si je ne trouve pas un jobard qui veuille bien me donner les trois mille francs que je dois.
— Et tu lui as offert d'être ce jobard?
— Parbleu!... Car cette manière d'agir me plaisait. Presque toujours on fait la connaissance d'une femme qui, quarante-huit heures après, vient en pleurant vous dire que son amant a appris qu'elle le trompait, qu'il l'avait chassée, et qu'elle avait ainsi compromis sa position par amour pour vous. Il n'y a rien de vrai dans toute cette histoire, et alors ce sont ceux qui y ajoutent foi qui, à mon avis, sont de vrais jobards.
— Quel original tu fais! Voudrais-tu me faire connaître la suite de ce petit roman?
— Parbleu!...

Anténor vit avec sa nouvelle connaissance.
Julia, — c'est le nom de la belle, — est en contemplation devant son amant.
— C'est singulier, lui dit-elle, plus je te regarde et plus je trouve que tu ressembles au comique Hyacinthe.
— Mais non, ma chère, je t'affirme que tu te trompes.
— Je le souhaite pour toi! Tu dois savoir au moins que tu n'es pas beau?
— Les femmes m'ont toujours dit le contraire. — Ah! tu es bien gentille, toi, mon ange, de ne pas dissimuler ta pensée.

— Je le voudrais que cela me serait impossible.
— Ne te force pas, je t'en prie!
— Ma franchise m'a déjà fait bien du tort.
— Elle ne t'en fera pas avec moi, je te le jure! Un jour tu ne me trouveras peut-être pas désagréable.
— Je l'espère; mais, en attendant, je te déclare que je ne t'aime pas, oh! mais là, pas du tout.
— Ma petite Julia, que ta franchise me fait du bien, et comme elle augmente mon amour pour toi!

— Julia!
— Anténor!
— On m'a dit t'avoir rencontrée hier sur les boulevards au bras d'un vieux monsieur?
— C'est vrai!
— Et quel est ce respectable vieillard?
— Je pourrais t'affirmer que c'est mon oncle, mais ce serait un mensonge.
— C'est pour cela que je t'interroge, parce que je sais fort bien que tu me répondras sans arrière-pensée.
— Ce monsieur a eu des bontés pour moi dans le temps. Nous avons cessé de nous voir, mais chaque fois qu'il me rencontre, nous causons; nous allons même de temps en temps faire un tour au bois de Boulogne.
— En voiture découverte?
— En voiture fermée. Car, comme il est marié, il ne tient pas à se compromettre.
— Julia, je te défends de...
— Tais-toi; il ne faut rien me défendre, car tu sais que je suis franche.

Anténor devient soucieux.

— Mon ami, tu ne m'attendras pas pour dîner ce soir.
— Et pourquoi?
— Je pourrais te dire que je vais poser des sangsues à ma mère... mais ce serait un mensonge.
— Alors que comptes-tu faire?
— Mon amie Pauline m'a invitée à dîner. Il y aura plusieurs personnes et l'on compte s'amuser.
— Des hommes sont aussi invités?
— Certainement, car s'il n'y avait que des femmes, on ferait des potins et on ne s'amuserait pas.
— Et tu crois que cette partie de plaisir m'en cause à moi?
— Tu ne me sais pas gré que je te dise la vérité?
— Si fait; mais pourtant je...
— Voilà que tu roules des gros yeux... Je te croyais autrement fait que les autres hommes, et cela commençait à m'attacher à toi.
— Ma petite Julia, ne te fâche pas!
— Veux-tu que je te dise que je vais poser des sangsues à ma mère, à ma tante, à ma cousine, enfin à toute ma famille?
— Ce subterfuge serait inutile, puisque maintenant je sais la vérité.
— Grâce à moi!
— Oui, ma chérie!
— Allons, adieu! Je rentrerai vers les deux ou trois heures du matin.
— Pas avant?
— Il faut bien le temps de rire.
Le nez d'Anténor s'allonge démesurément.

— Mon petit Anténor, il y a déjà un an que je suis avec toi.
— Cela prouve que tu as de la sympathie pour moi.
— Oh! non ; c'est parce que je n'ai pas trouvé mieux.
— Merci !
— Tu ne me refuses rien.
— J'aime à t'entendre me rendre justice.
— Mais tout cela n'assure pas mon avenir.
— Que veux-tu de plus ?
— Je pourrais dire que je meurs d'amour pour toi et te supplier de m'épouser.
— Ce serait avec plaisir, mais ma famille...
— Je connais la rengaine. Pour te forcer à me présenter au maire de ton arrondissement, je pourrais te dire que je vais me suicider, te montrer ce verre d'eau que tu vois là, et m'écrier d'une voix tragique : « Anténor, cette eau contient une forte dose d'acide prussique. Si tu ne m'épouses pas, je m'empoisonne ! »
— Julia, ne fais pas cela, je t'en supplie !
— Imbécile, sois tranquille, je n'ai pas envie de me tuer. La comédie du suicide est vieille comme le monde, et elle ne peut convenir à mon caractère.
— Ah! tu me rassures. Merci pour ta franchise. Je commençais à trembler. J'aurais fait toutes tes volontés pour t'empêcher de t'empoisonner et je passais aux yeux de tous mes amis pour un bon jobard.
— Quant à moi, mon cher, je ne tiens pas à te sacrifier mon avenir. Reconnais-moi une rente de deux mille francs, sinon je dis partout que es un affreux pingre.
— Julia, tu es roide !
— Alors, allons chez le notaire.
— Allons-y, répond Anténor en courbant la tête.

Quelques jours après la signature dudit contrat, Anténor reçoit le petit mot suivant :

« Mon vieux,

« J'ai assez de toi. Je prends un autre amant qui me donne cinq cents francs par mois; avec tes deux mille francs de rente, je pourrai vivre honnêtement. Tu vois que je ne cherche pas de détours pour te quitter.

« Julia. »

— Oh ! les femmes franches, s'écrie Anténor en allant se jeter dans les bras de son ami et confident, j'en ai plein le dos !

COULISSES.

— Qu'c'est qu'ça, dites, l'amour platonique?
— L'amour platonique, c'est l'amour pur, l'amour idéal, étranger à tout c'que... tu sais bien...
— Mais des p'tits cadeaux tout de même?
— Naturellement.
— J'aurais aimé ça.

GAZETTE DE CYTHÈRE

Il est de mode, depuis quelque temps, d'initier le public à ses amours.

Cocottes, cocodettes et bientôt les grandes dames feront toutes connaître les intrigues qu'elles ont eues avec MM. X..., Y..., Z...

Les libraires ne seront occupés qu'à éditer ces ouvrages de la galanterie ; quant aux journaux, leurs dix-huit colonnes ne suffiront pas pour publier toutes les correspondances, tous les récits, toutes les plaintes, toutes les réclamations des victimes de l'amour.

Nous pensons donc qu'il serait utile de créer un journal spécialement consacré à ce genre de littérature.

Il n'y aurait aucuns frais de rédaction : les amoureux et les amoureuses dans le désespoir se chargeraient de fournir de la copie, et quelle abondance de copie !

Voici un spécimen de cette feuille non politique, qui devra être intitulée :

Gazette de Cythère.

CORRESPONDANCE DES HOMMES

« Monsieur le directeur,

« J'ai aimé une femme qui s'appelle Caroline.

« Mais, un beau matin, en me réveillant, je me suis dit :

« — Tiens, je n'aime plus Caroline.

« Et j'ai pris le parti de rompre avec elle.

« Mais la femme est vaniteuse, et veut être la première à prendre l'initiative d'une rupture.

« Quand je fis part à ma maîtresse de l'énergique décision que j'avais prise, elle eut l'attaque de nerfs traditionnelle.

« En homme de cœur, je lui vidai sur la tête une carafe pleine d'eau.

« Elle revint à elle, m'arracha la carafe des mains et me la brisa sur la tête.

« Cela n'est qu'un détail ; j'arrive au fait important.

« Le bris de la carafe paraissant suffire pour me dégager entièrement envers Caroline, je la jetai à la porte en oubliant tous les égards qui sont dus au sexe faible.

« Mais la traîtresse voulut se venger en emportant le brouillon d'une chansonnette comique que je destinais à l'Alcazar.

« — Refaites-la, me direz-vous.

« — Hélas ! je n'ai pas de mémoire, et ce travail exigerait trois nouveaux mois de fatigues et de veilles.

« Je vous écris donc pour vous supplier d'aller trouver Caroline, afin de tâcher de lui faire entendre raison.

« Peut-être, grâce à un éloquent plaidoyer, parviendrez-vous à lui arracher *Fleurs de pommes de terre :* c'est le titre de mon œuvre.

« Permettez-moi de compter sur vous, et excusez mon indiscrétion.

« Votre bien dévoué,

« Boudinet, *poëte lyrique.* »

« Monsieur le Directeur,

« Ouvrez-moi, je vous prie, les colonnes de votre estimable journal, pour que l'univers entier sache que Valentine est une misérable.

« J'aimais cette femme à la folie, — oui, monsieur, à la folie, car à cause d'elle je suis obligé de prendre des douches, depuis trois mois, à l'établissement thermal de Bellevue.

« Mais je reviens à Valentine.

« Elle me dit au mois de juin :

« — J'ai envie de voyager en Suisse.

« Ses désirs étant des ordres pour moi, je l'emmène en Suisse.

« Un matin, elle reçoit une lettre et m'annonce qu'elle part pour aller poser des sangsues à sa vieille mère, tombée subitement malade à Fontainebleau.

« Desespéré de cet accident imprévu, je laisse partir celle que je qualifie de bonne fille.

« Pour occuper mes loisirs, je me rends au Havre, et en flânant je vois Valentine qui attend un navire de la Compagnie transatlantique qui entrait en ce moment dans le port.

« Je me tiens à l'écart, et je surveille celle que je ne croyais pas trouver à pareil endroit.

« Un jeune Américain descend du bâtiment et se jette dans les bras de celle qu'un devoir filial avait appelée à Fontainebleau.

« J'appris que cet étranger, qu'elle embrassait tendrement, était un ancien amant de la donzelle.

« Quand je confrontai la coupable, elle me répondit tranquillement :

« — Imbécile, il ne fallait pas me suivre, tu ne te serais pas aperçu de mon infidélité.

« Inutile de vous dire qu'après cette escapade j'ai quitté Valentine ; mais je tiens à ce que son nom, à jamais maudit par moi, soit livré à la publicité. Je sens que cela me soulagera plus que toutes les douches, simples ou écossaises.

« Excusez-moi si je ne signe pas cette lettre, mais je tiens à garder l'anonyme, à cause de ma famille. »

« Monsieur,

« Je suis marié, mais ma femme m'a quitté, en me laissant sur les bras trois enfants.

« Je tiens à faire savoir, par la voie des journaux, que je ne suis plus avec mon épouse infidèle.

« Mes amis et connaissances pourraient s'étonner de voir toujours ma femme avec d'autres hommes que moi, et il serait aisé de croire que je suis un mari complaisant.

« Il n'en est rien, monsieur, croyez-le bien ; et je souffre beaucoup de ma nouvelle position de mari trompé.

« Vous m'obligerez en donnant, dans l'honorable feuille que vous dirigez, le signalement de mon épouse.

« Elle est de taille moyenne, mais très-bien faite. Elle a des cheveux blonds magnifiques et de grands yeux noirs ; ses dents sont de véritables perles, qu'une bouche divinement taillée laisse entrevoir d'une façon charmante quand elle sourit.

« Voilà pour ma femme.

« Quant au cavalier qui l'accompagne depuis trois mois, c'est un grand brun qui porte toute sa barbe.

« Mais le signalement de l'homme est moins important que celui de la femme. Elle voyage en ce moment dans le Midi sous le pseudonyme de comtesse de Contrexéville ; elle a encore la pudeur de ne pas porter le nom de son mari, qui signe

« Anatole Coquéron. »

CORRESPONDANCE DES FEMMES.

« Monsieur,

« Je suis furieuse.

« Le vicomte de Brindisi vient de me quitter. Si c'était pour retourner avec sa femme, je ne me plaindrais pas ; mais le scélérat m'a abandonnée pour prendre une autre maîtresse.

« Permettez-moi de vous envoyer toutes les lettres que cet homme m'a adressées pendant les trois années que nous sommes restés ensemble.

« Ah ! il y en a de fort étranges.

« Je vous serai reconnaissante de vouloir bien les publier.

« Le texte pourra même être orné de curieuses vignettes.

« Ces vignettes seraient la reproduction des photographies que m'a données le vicomte. Je vous remettrai celles que je lui ai offertes. Il y en a de drôles, je vous le jure.

« J'ai même trois portraits-cartes où nous sommes représentés ensemble.

« Cette publication stupéfiera le traître; mais je crois avoir le droit de me venger de celui qui m'a lâchée au moment où, m'ayant laissé renouveler le mobilier de mon appartement, le tapissier m'apporte tous les jours sa facture, que je ne peux payer.

« Votre servante,

« BLANCHE TAUPIER. »

« Monsieur le rédacteur en chef,

« Voulez-vous publier dans votre journal, qui rend tant de services à l'espèce humaine, un feuilleton qui obtiendra un succès sans pareil?

« Le titre seul vous donnera une idée de ce piquant ouvrage.

« Il s'agit des *Mémoires d'une femme de chambre*.

« Ce sont mes mémoires que je raconterai.

« Depuis plus de vingt années, j'ai été en condition chez des femmes du monde, chez des petites dames, chez des cocodettes appartenant à la noblesse ou à la bourgeoisie.

« Je donnerai des noms véritables à mes personnages, que le fameux « tout Paris » connaît.

« Ce sera un succès de scandale qui fera monter le tirage de votre journal de cent mille exemplaires.

« Si ma proposition vous convient, je vous enverrai cette semaine le manuscrit et quelques lettres *tapageuses* que je n'ai jamais portées à destination.

« TOINETTE. »

LES PARISIENNES.

AU BAL.

— Ohé!... Lisa! l'administration qu'appelle ça mal danser!!!

AMOUR ET BEAUX-ARTS

Aupier (Alcindor) rentre tout joyeux chez lui.
— Irma, dit-il à sa maîtresse, le directeur du théâtre des Délassements-Littéraires a reçu mon grand drame.
— Pas possible!
— Voici la lettre m'accusant réception de cet ouvrage important dont j'ai composé le libretto et la partition. Un drame en prose, en vers et en musique, voilà qui va faire sensation dans le monde.
— Tu dis toujours *mon* œuvre, je crois que tu pourrais bien dire *notre* œuvre, car je t'ai aidé pas mal dans la conception de cette grande machine.
— Oui, chère enfant, mais tu ne peux m'en refuser la paternité et tu me laisseras bien lui donner mon nom.
— Oui, mon gros chéri, car je t'adore! l'amour que j'éprouve pour toi se change en folie.
— Cependant tu n'as point paru très-heureuse quand je t'ai annoncé cette bonne nouvelle?
— Parce que te voilà lancé dans le monde théâtral. Tu vas te

trouver avec des femmes, avec de jolies femmes même ; alors tu ne feras plus attention à moi.

— Chasse de ton esprit ces craintes ridicules, et ne pense qu'aux succès qui m'attendent. Je te prie surtout de ne pas me turlupiner, car j'ai encore besoin de toutes les lumières de mon intelligence. Mon ouvrage est reçu, mais je l'ai rapporté pour retoucher à certains passages qui ne me conviennent pas. Quand on veut frapper un grand coup, il faut tâcher d'arriver à la perfection.

— Sois tranquille, mon ange !

Alcindor Taupier sort pour annoncer aux journaux la réception de son grand ouvrage.

Les chroniques théâtrales font un éloge pompeux de l'auteur et de son œuvre qui doit étonner le monde entier.

Taupier est transporté au septième ciel.

— Tout cela est très-bien, se dit-il, mais il y a une épine dans mon existence. Cette épine, c'est Irma ; il est absolument nécessaire que j'en opère l'extraction... C'est une nature poétique, je le reconnais ; mais elle est trop jalouse, et je puis, sans exagérer, la classer dans la catégorie des jolies raseuses. Maintenant que je suis lancé, il faut éviter les crampons. Je ne manquerai pas de maîtresses, j'en aurai au théâtre. Je ne parle pas des femmes du monde qui me proposeront de m'enlever pour que je leur récite des vers sur les plus hautes montagnes de la Suisse, et pour que je leur joue sur le piano des valses enivrantes sorties de mon cerveau mis en ébullition par le génie. Je pourrais faire un pèlerinage à Lourdes, afin d'être débarrassé d'Irma ; mais je préfère lui écrire une lettre bien sentie.

Il entre dans un café et compose en vulgaire prose cette simple missive :

« Ma vieille camarade,

« L'amour est une belle chose, mais il ne faut pas en abuser. Comme ta passion pour moi finirait par m'abrutir, cessons de nous voir.

« J'espère que tu n'insisteras pas, et que quand je reviendrai ce soir chez moi, tu auras fait emporter par un commissionnaire tous les objets qui t'appartiennent.

« Tu trouveras, boulevard des Italiens, un hôtel meublé, où tu seras admirablement bien.

« Je t'enverrai un fauteuil de balcon pour la première représentation de mon œuvre.

« Ton bien dévoué,

« ALCINDOR. »

Là, voilà qui est fait !

Je crois qu'il n'était que temps de rompre, car, par amour pour moi, Irma aurait voulu interpréter le principal rôle. Elle m'en avait déjà parlé il y a un mois et elle voulait déjà prendre des leçons chez Talbot.

En rentrant le soir chez lui, Alcindor ne trouve plus Irma.

— Bravo ! se dit-il, elle a été raisonnable. Allons, j'avais tort de la considérer comme un crampon. Tiens, elle m'a laissé un mot sur cette table.

Il lit :

« Mon cher,

« Ne cherchez pas votre manuscrit. Je l'ai emporté; comme je sais que vous n'en avez pas d'autre, votre grande machine ne pourra pas être jouée.

« Voilà ma vengeance.

« Une femme dont on ne se moque pas impunément.

« IRMA. »

— Ciel! s'écrie Taupier, mais je suis perdu, perdu! Je veux me tuer! Qu'on me donne une arme pour me brûler la cervelle. Ah! si cette fenêtre était ouverte, je me précipiterais dans la rue, mais je n'ai pas la force d'ouvrir cette croisée!

Il tombe évanoui sur un canapé.

Et deux années étaient déjà passées depuis l'évanouissement d'Alcindor Taupier.

L'auteur de la grande œuvre était revenu à lui; mais le manuscrit n'avait pas suivi cet exemple, lui n'était pas revenu.

Désespoir du directeur. Pleurs et grincements de dents des admirateurs du beau talent de Taupier.

Un ami de Taupier est désigné comme ambassadeur chargé de se rendre auprès de la féroce Irma.

— Mademoiselle, lui dit-il, vous ne voulez pas priver la France d'un chef-d'œuvre.

— Peu m'importe la France quand je souffre!

— Rendez le manuscrit.

— Jamais!

— Pas même à certaines conditions?

— Si; mais je veux qu'elles soient toutes acceptées par celui qui m'a brisé le cœur.

— Mais vous avez brisé son avenir.
— Il ne doit s'en prendre qu'à lui.
— Enfin, je vous écoute.
— Il faut qu'il revienne à moi, qu'il me jure qu'il ne me quittera jamais, qu'il s'engage à m'épouser dans un délai de dix années.
— Vous oubliez donc qu'il est marié?
— Il y a des pays où la bigamie est permise, nous irons nous unir dans un de ces pays-là.
— C'est roide!
— C'est à prendre ou à laisser.
— Comme j'ai plein pouvoir pour traiter, j'accepte au nom d'Alcindor ces dures conditions.
— Vous n'êtes pas aimable, vous!
— Excusez ma franchise et rendez-moi le manuscrit.
— Je l'ai caché dans le sommier élastique de mon lit. Le voici.
— Merci!... s'écrie l'ami en se jetant sur le manuscrit et en le couvrant de baisers, merci, ô femme amoureuse.

On répète la pièce.
Tout le monde est dans l'ivresse, depuis le directeur jusqu'au concierge.
La veille de la répétition générale, Alcindor Taupier dit à Irma :
— Maintenant, comme je suis certain d'être joué, je te lâche!
— Je me vengerai! s'écrie Irma.

C'est le fameux jour de la première représentation.

Les billets font prime.

L'émotion est générale.

La pièce doit commencer à sept heures et demie, et à huit heures le jeune premier, chargé du rôle le plus important, n'est pas encore arrivé au théâtre.

On court chez lui. Personne. On ne l'a pas vu depuis midi.

La police est informée de cette disparition. A neuf heures du soir, Alcindor Taupier reçoit la dépêche suivante :

« Pour empêcher première représentation, ai enlevé jeune premier. Je l'emmène sur un bâtiment que j'ai acheté. Nous nous dirigeons vers l'Amérique. Voilà ma vengeance.

« IRMA. »

Ce télégramme est lu au public par le régisseur.

Alcindor Taupier devient fou, et il court chez le préfet de police, pour lui demander de faire sur l'esplanade des Invalides des essais d'un aérostat dirigeable qu'il appelle *l'Alcindor*.

LES PARISIENNES.

COURRIER DES EAUX.

— Quoi!!! une lettre de Trouville :

« *Cher Monsieur,*
« *Votre épouse... vous trompe...* »

— C'est impossible!!!
LA CONCIERGE. — Impossible? pourquoi donc ça?

UNE PRÉSENTATION AU FOYER

OULINGRIN rencontre un de ses camarades de collége.
— Eh bien, mon cher Gustave, lui dit-il en se jetant dans ses bras, te voilà lancé, tu es auteur dramatique et tu fais jouer tes pièces !
— Oui ; tu envies mon sort?
— Oh! certainement; et cela, non pour faire débiter ma prose par des artistes, mais afin d'avoir la permission d'entrer dans les coulisses, de m'étendre sur les canapés du foyer des artistes et de pouvoir parler aux femmes. Oh! causer avec les femmes de théâtre !... Quand j'y pense, cela me donne le vertige.
— Tu es vraiment bien ridicule, permets-moi de te le dire.

— Tu peux me trouver étrange, parce que tu es blasé.

— Veux-tu que je t'emmène dans un foyer de théâtre?

— Ta proposition est sérieuse?

— Viens me prendre ce soir, et je te présenterai aux dames qui font l'ornement du foyer du théâtre des *Délassements-Plastiques*.

— Ah! mon ami, cette soirée sera le plus beau jour de ma vie.

Alcide arrive vingt minutes avant l'heure fixée pour le rendez-vous.

Il est on ne peut plus correctement habillé.

— Pourquoi t'es-tu mis en habit? demande Gustave.

— Une tenue convenable est de rigueur, puisque nous allons dans le monde.

— Tu es trop bien vêtu, mon cher, on va te prendre pour un prince étranger. Mais qu'as-tu donc dans les poches de ton paletot?

— Elles sont bourrées de bonbons pour ces dames. J'ai entendu dire qu'elles les adoraient.

— Elles vont t'accueillir à bras ouverts.

— Je ne demande que cela. Mais partons vite.

— Comme tu es pressé!

— Oh! oui; je te le jure. Place ta main sur mon cœur, tu en sentiras les battements précipités.

— Calme-toi, mon cher, tu vas te faire mal.

— Mourir au milieu du foyer des artistes, ce serait encore du bonheur.

AU FOYER.

Gustave. — Permettez-moi, mesdames, de vous présenter mon meilleur ami, M. Alcide Boulingrin, venu à Paris pour s'amuser.

Alcide, *saluant*. — Mesdames, j'ai l'honneur d'être, avec le plus profond respect, votre tout dévoué et obéiss...

Gustave, *bas*. — Tais-toi donc, c'est la fin d'une lettre que tu leur débites là.

Alcide, *bas*. — Je suis si ému!

Mademoiselle Anna. — Est-ce que monsieur a l'intention d'entrer au théâtre?

Alcide. — Je le voudrais, mademoiselle, afin de me trouver plus près de vous, mais ma famille n'encouragerait pas mes goûts artistiques.

Mademoiselle Anna. — Elle a tort, votre famille; vous réussiriez peut-être, car vous avez une bonne tête de comique.

(*Alcide sourit pour se donner une contenance.*)

Gustave. — Je te laisse; il faut que je cause avec le directeur.

Alcide. — Tu m'abandonnes?

— Je viendrai te reprendre dans une heure. Fais en sorte d'avoir avec ces dames une conversation aussi spirituelle qu'intéressante. (*Il s'éloigne.*)

Alcide, *à part*. — Je crois que le moment est venu de distribuer des bonbons. (*Haut.*) Mesdames, voulez-vous accepter ces quelques sucreries?

(*Toutes se précipitent sur les fondants, qui disparaissent vite. Cette politesse produit le meilleur effet.*)

Alcide, *à mademoiselle Berthe*. — Mademoiselle, j'ai souvent regretté de ne pas connaître votre famille, pour avoir le plaisir d'être présenté à vous.

Mademoiselle Berthe. — Mais il fallait parler de moi à maman.

— Je n'ai pas l'honneur de connaître votre respectable mère.

— Elle est de service aux premières galeries... Elle donne des petits bancs et tous les renseignements qu'on lui demande. Oh ! maman est une bonne femme.

— Je ne manquerai pas de lui présenter mes hommages chaque fois que je viendrai voir jouer la pièce.

Le régisseur. — Berthe ! où est donc Berthe ?...

Mademoiselle Berthe. — Je suis ici.

Le régisseur. — Petite grue ! vous avez encore manqué votre entrée.

Mademoiselle Berthe, *se sauvant*. — Ah ! sapristi !...

Alcide, *au régisseur, d'un ton sévère*. — Monsieur, il me semble que vous pourriez traiter plus convenablement une jeune fille.

Le régisseur. — Qui vous demande votre avis, et que faites-vous ici ? Quelle est la dame qui a amené son cocodès ? Le règlement défend de...

Alcide. — Je n'ai pas été introduit subrepticement ici par une de ces dames. Je fus régulièrement présenté par mon ami Gustave.

Le régisseur. — Fallait donc le dire tout de suite, mon vieux ! mais, une autre fois, tâche de ne pas trop accaparer les femmes, car ça leur fait manquer leurs entrées. (*Il s'éloigne en tapant sur le ventre de Boulingrin.*)

Gustave. — Il a l'air d'un bon garçon, mais il est un peu familier.

Mademoiselle Berthe, *arrivant*. — J'ai été mise à l'amende de vingt francs à cause de vous.

Gustave. — Consolez-vous, ma chère enfant, je prendrai ces frais à ma charge ; voici un louis.

— Je n'aurais pas osé vous le demander, mais j'aurais trouvé bien mal de votre part de ne pas payer cette amende.

— Et pourrai-je...

— Quoi?

— Vous attendre à la sortie avec madame votre mère?

— Vous croyez que je m'en vais en famille, lorsque je ne gagne que cinquante francs par mois dans cette boîte?

— Alors pourrai-je seul vous attendre?

— Pas ce soir, mon cher, car je soupe avec mon protecteur, qui est content de me voir au théâtre, parce que, pendant ce temps-là, je ne le trompe pas. Excusez-moi si je vous quitte, mais il faut que je change de costume. (*Elle s'éloigne.*)

Alcide, *s'approchant d'Henriette, une jeune fille qui joue les ingénues.* — Vous paraissez bien triste, ma charmante enfant?

Henriette. — Hélas! il y a de quoi... Si demain je ne paye pas un billet de dix louis, on vend mon mobilier.

Alcide. — Vous n'avez donc pas de protecteur?

Henriette, *vexée.* — Pour qui me prenez-vous, monsieur?

— Excusez-moi, mademoiselle, je n'ai pas l'habitude du théâtre.

— Je vis de ce que je gagne ici. Avec mes cent francs par mois, je nourris mon grand-père, ma tante et mon enfant...

— Votre enfant?... Mais vous m'aviez dit que...

— Oh! c'est l'enfant d'une de mes amies; j'ai adopté ce cher petit être pour me faire une famille sans faillir à mes devoirs.

Alcide, *très-ému.* — C'est bien, cela, mademoiselle, et je vois que la société juge mal les gens de théâtre. Permettez-moi de vous venir en aide pour le payement de votre billet. Voici deux cents francs.

— Oh! merci, monsieur! je vous les rendrai quand mon directeur m'augmentera. En attendant, venez dans la coulisse pour m'entendre chanter mon rondeau.

(*Alcide se précipite sur le théâtre et tombe dans une trappe qu'un machiniste a oublié de fermer.*

Émoi dans les coulisses. On se précipite au secours de l'infortuné jeune homme, qui n'a reçu que quelques contusions.)

Son ami Gustave le soutient sous le bras pour l'aider à monter dans une voiture qu'on a fait avancer.

— Eh bien ! mon pauvre camarade, tu dois regretter ton excursion dans ce monde inconnu pour toi ?

— Oh ! non, mon cher ; j'y passerais ma vie ! et je te supplie de me chercher un directeur qui voudra bien m'accepter comme commanditaire.

— Ça ne sera pas difficile à trouver.

VIE PRIVÉE.

— Oh! non! t'nez! mam' Suiffard, c'est plus fort que moi, quand on m'parle de lui, faut que j'embrasse quéqu'chose!

LE DERNIER TÊTE-A-TÊTE

Georges écrit à Emma :

« Ma chère amie,

« Hier soir, après t'avoir dit tout ce que je savais sur ton compte, — il ne faut t'en prendre qu'à toi si j'ai parlé longtemps, — nous avons décidé que nous cesserions de nous voir.

« La chose a été arrêtée d'un commun accord. Tu me trompes, donc tu ne m'aimes plus ; dans ces conditions, nous avons pensé qu'il valait mieux rompre.

« La rupture a eu lieu comme dans le grand monde, sans le

moindre esclandre. Je viens te demander si tu veux bien clore nos trois années de relations par un déjeuner chez Ledoyen.

« Tu auras la complaisance de m'apporter mes lettres et mes photographies. Je te remettrai ta correspondance et ton portrait dans toutes les poses.

« Un mot de réponse, s'il te plaît.

« Ton ami,

« Georges. »

Une heure après, Emma répondit qu'elle acceptait, et donnait rendez-vous chez Ledoyen, à midi.

*
* *

— Tiens, dit le garçon à Georges arrivé le premier, vous voilà seul?

— Vous n'avez jamais dit si vrai, répond Georges; je vais déjeuner avec ma compagne que vous avez vue bien souvent avec moi ici, dans ce cabinet, mais ce sera la dernière fois.

— Vous vous quittez?

— C'est une séparation à l'amiable.

— Permettez-moi de vous en féliciter.

— Tiens, et pourquoi?

— Moi qui ai de l'expérience, je n'aime pas à voir les liaisons durer trop longtemps. C'est dans votre intérêt que je vous dis cela.

— Vous nous reviendrez avec une autre petite femme, bien gentille.

— Comme j'ai toujours été trompé, je tiens à me reposer.

— Reposez-vous pendant quinze jours, et je vous commanderai à ma façon le premier dîner galant que vous viendrez faire ici.

— J'ai envie de me marier.

— Je croyais que vous veniez de dire que vous en aviez assez d'être trompé ?

— Ce farceur de Bastien ne croira jamais à la vertu des femmes.

— Je le voudrais, mais, hélas! ma profession me le défend. Silence, j'entends le frou-frou d'une robe de soie, c'est sans doute votre ancienne.

Emma fait en effet son entrée.

Elle paraît très-nerveuse, et jette son chapeau sur une chaise.

— Que veux-tu manger? demande Georges.

— Ce que vous voudrez !

— Pourquoi cesser de me tutoyer? Il est convenu que nous nous séparons, mais nous ne nous brouillons pas pour cela.

— Je suis furieuse de tout ce que vous...

— Encore !

— De tout ce que tu m'as dit hier soir.

— A la bonne heure. Mais, hélas ! que veux-tu, c'est la vérité !

— Quand une femme prend tant de soin à la cacher, ce n'est pas d'un galant homme de la découvrir.

— Comme je ne veux pas troubler votre entretien, qui commence avant les crevettes, dit Bastien, je me retire en vous demandant la permission de vous faire préparer un déjeuner peu substantiel.

— Vous avez raison, Bastien.

Il y a quelques minutes de silence.

— Il ne fait pas très-chaud, dit Georges; si nous fermions la fenêtre ?

— Moi, j'étouffe.

— Voyons, Emma, puisque nous ne sommes plus ensemble, nous ne devons pas nous disputer.

— C'est vrai. Alors laisse-moi te poser une question, tout en mangeant ces crevettes.

— Ce n'est que pour discuter gentiment que nous faisons ce dernier déjeuner en tête-à-tête.

— Ne m'as-tu pas cherché chicane parce que tu as l'intention de te marier?

— Alors, pour aller soigner ta mère, qui soi-disant se mourait en Bretagne, tu n'es pas allée faire une excursion en Suisse avec un jeune homme brun?

— Tu m'as déjà reproché ce voyage hier.

— C'est donc moi qui l'aurais organisé, pour trouver l'occasion d'une rupture? Allons, ma chère Emma, ne te tourmente plus, et mangeons. Tu vivras désormais tranquillement avec mon heureux rival. Voici toutes tes lettres. Il y en a un fort paquet, car je n'en ai pas perdu une seule.

— Voici les tiennes; je les ai bien souvent couvertes de baisers!

— Et ces pattes de mouche, petit monstre, tu crois donc que je ne les ai pas souvent lues et relues, et portées passionnément à mes lèvres?

— C'était alors le bon temps.

— Voici des fleurs que nous avons cueillies ensemble dans le bois de Viroflay; pauvres fleurs!... elles sont fanées comme notre amour.

— Voici tes photographies, Georges; ne m'en laisseras-tu pas seulement une?

— Où la mettrais-tu?... car tu ne pourrais la laisser traîner sur ta cheminée. Mon remplaçant la verrait et cela ne lui ferait pas plaisir.

— Je la cacherais.

— Mais un jour de brouille, tu laisserais trouver avec intention cette photographie, pour faire croire au nouveau que tu regrettes ton *ancien*. Alors il la saisirait avec rage et la jetterait au feu. Je n'ai pas envie d'être brûlé en effigie.

— Mais toi, veux-tu garder un de mes portraits-cartes?

— J'aime mieux franchement te dire non. Certes, je saurais te cacher avec soin pour te mettre à l'abri des flammes, mais un jour je puis me marier.

— Georges, tu ne feras pas cela.

— Comment!... te voilà jalouse?...

— Excuse-moi, j'oubliais que je n'en avais plus le droit.

— Alors, si je me marie, je serai obligé, ou de jeter ta photographie, ou de la donner à un camarade qui se la fera voler par sa femme de ménage, laquelle te vendra dans un lot d'objets à un marchand de bric-à-brac.

Ce marchand t'exposera à la vitrine de sa boutique, au milieu des artistes du théâtre des *Folies-Cascadeuses*. Tu seras achetée par un vieux qui te mettra dans sa collection et te montrera à tous ses amis en disant d'un air malin : « Voilà une petite qui m'a bien aimé! » Je tiens à éviter à ta photographie toutes ces pérégrinations.

— Tu as une manière de vous dévoiler les petits mystères de la vie!... Ça vous donne froid dans le dos.

— Maintenant, pour nous égayer, vidons cette bouteille de champagne et buvons à nos amours futures.

Emma jette son verre, qui va se briser contre la muraille.

— Ah! tiens, tu me fais mal.

— Des larmes!... Oh! alors...

Il sonne :

— Bastien, deux voitures fermées et l'addition. Adieu, Emma.

— Adieu!... Georges.

— Mon ami?...

— Qu'as-tu à me demander?

— Ne veux-tu pas que nous trompions ensemble?

— Qui?

— L'autre!...

— Oh! les femmes!... s'écrie Georges en se précipitant hors du cabinet particulier.

— Madame, dit le garçon à Emma, permettez-moi de vous offrir mon bras pour vous accompagner jusqu'à votre voiture.

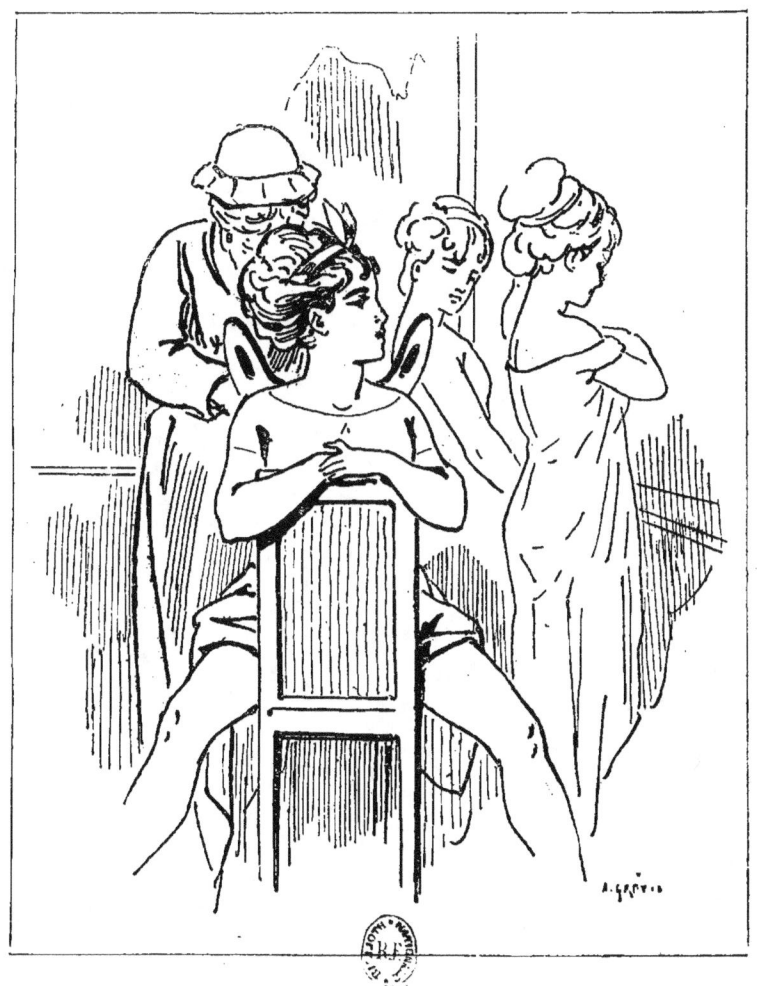

COULISSES.

— . . . .
— Eh bien! moi, mesdemoiselles (ce n'est peut-être pas très-convenable à dire), le seul homme qui m'ait jamais fait aller était en pain d'épice.

LE COSTUME DE NICHETTE

Mlle Nichette reçoit une invitation pour aller dans un bal costumé, — un bal de société.

C'est un aspirant à son cœur qui la lui a fait envoyer.

— Vous viendrez à ce bal, ma chère, n'est-ce pas? dit le petit crevé.

— Non, mon bon, je ne le puis.

— Et pourquoi?

— Parce que je n'ai pas de costume.

— Il faut vous en commander un.

— Celui qui me plairait me coûterait vingt-cinq louis et je ne veux pas faire une pareille dépense. D'abord le baron s'y opposerait.

— Vous n'avez pas besoin de le demander à ce vieux tyran. Si vous vouliez être bien gentille, vous me permettriez de vous offrir ce costume; je réclame cette faveur, moi qui n'ai, hélas! aucun droit aux vôtres... de faveur.

— Non, merci, mon ami.

— Allons ensemble chez votre couturière. Si vous me refusez cela, je me...

— Vous vous brûlerez la cervelle!... Oh! non, mon ami, je veux vous conserver à votre famille, à votre noble et excellente mère. Les jeunes gens sont terribles aujourd'hui; on ne peut rien leur refuser sans qu'ils fassent intervenir de suite le revolver.

— Je ne parle pas de mettre fin à mes jours; je voulais dire seulement que je me fâcherais.

— Vous prétendez cela maintenant pour me rassurer... Mais il faut prendre des précautions avec les cerveaux exaltés. J'accepte le costume.

— Vous êtes un ange!

*
* *

Huit jours après on vient essayer le costume.

Le jeune Hector de B..., un autre gandin, assiste à ces essais... Il en a le droit; il ne l'a pas payé en entrant, mais il l'a.

Hector de B... est un de ceux qui ont la chance d'être aimés pour eux-mêmes.

Ils vont au-devant de toutes les fantaisies de la dame et payent les dettes criardes qu'on n'ose pas avouer au *monsieur sérieux*.

Comme avantages ils ont les faveurs de la dame quand elle est libre... se cachent dans les armoires quand ils sont surpris, et sont presque toujours forcés de prendre l'escalier de service pour s'en aller.

Donc Hector de B..., le valet de cœur de Mlle Nichette, assiste au travestissement de sa bien-aimée.

— Combien coûte ce charmant costume? demande-t-il.

— Vingt-cinq louis au moins... Hélas! toutes mes économies vont y passer.

— Tu as donc des économies, toi?

— Oui, pour ma grand'mère, qui a toujours besoin de quelques douceurs.

— Et tu crois que je vais te laisser casser ta tirelire?

— Il le faut bien, mon ami.

— Tu es ridicule.

Il tire cinq billets de cent francs de sa poche et les tend à la couturière.

— Que fais-tu?

— C'est pour ton costume.

— Tu vas te taire! Je ne veux pas que tu dépenses d'argent pour moi.

— Laisse-moi faire.

— Je vais me fâcher.

— Moi aussi, car tu sais bien que je t'aime.

— Viens m'embrasser, ma petite chatte chérie.

Pendant ce temps-là il glisse les billets dans la main de la faiseuse.

La couturière (*bas à Nichette*). — Dois-je les accepter?

Nichette (*bas*). — Parbleu!...

— Mais l'autre monsieur a déjà payé.

— Qu'est-ce que ça fait?

— Compris.

— Hector de B... (*à part en s'en allant*). — Quelle bonne fille!... M'aime-t-elle assez!

**

Cinq minutes après le départ d'Hector arrive un Brésilien, un autre prétendant aux bonnes grâces de mademoiselle. On a la bonté de le faire assister à la répétition générale.

— Que ce costume vous va bien, ma ravissante amie!

— Je sais aussi ce qu'il me coûte.

— Combien ?

— Cinq cents francs ; c'est raide pour un vêtement qu'on ne peut porter qu'une fois.

La couturière prenant Nichette à part :

— Cet homme a l'air d'un jobard.

— Il l'est aussi et il m'ennuie.

— Il arrive à propos.

— Je ne vous comprends pas.

— Voulez-vous me laisser faire ?

— Oui, pourvu que cela ne m'engage à rien.

— Est-ce qu'une femme ne fait pas toujours ce qu'elle veut ? (*Haut.*) Mademoiselle, vous savez que je ne puis vous laisser ce costume, si vous ne me donnez pas un à-compte sur ce que vous me devez.

NICHETTE (*à part*). — Je la comprends. Elle n'est pas bête. (*Haut.*) Madame, vous auriez pu attendre un autre moment pour me dire cela, car ce n'est pas convenable devant le monde...

LE BRÉSILIEN. — Je ne suis pas du monde, je suis un ami. Et puisque j'ai assez de bonheur pour me trouver mêlé à ce petit entretien, permettez-moi de donner à cette fournisseuse le prix de ce costume.

— Je m'y oppose formellement.

LE BRÉSILIEN (*à la couturière*). — Mettez ces cinq cents francs dans votre poche, et ne parlons plus de rien.

NICHETTE. — Mon ami, vous êtes décidément l'homme le plus désagréable que je connaisse. Tenez, je vous permets de m'embrasser la main.

LE BRÉSILIEN (*la prenant et la couvrant de baisers*). — Ah ! comme je vous aime !... (*A voix basse.*) Et quand voudrez-vous consentir à dîner avec moi ?

NICHETTE (*retirant sa main avec colère*). — C'est-à-dire que vous voulez déjà que je vous rembourse ce que vous avez payé pour moi ? Oh ! les hommes ! quels monstres !... Ils sont tous les mêmes.

— Ma petite Nichette...

— Et en agissant ainsi ils prétendent aimer une femme.

— Ma bonne amie...

— Ils l'achètent comme on achète un objet au marché.

— Ma chère enfant...

— Oh! miséricordieux! (*Elle pleure.*) Peut-on mépriser ainsi une femme! Mais je n'ai mérité que ce qui m'arrive. (*A la couturière.*) Madame, rendez à monsieur son argent.

Le Brésilien. — Supposez que je n'ai rien dit. Je reviendrai vous voir un autre jour, quand votre attaque de nerfs sera passée. Adieu... A bientôt.

(*Il se sauve.*)

La couturière (*riant aux éclats*). — **La scène a été bien jouée.**

— N'est-ce pas?... Grâce à vous.

— Mais vous m'avez bien donné la réplique.

— Laissez-moi la note.

— Je vais l'acquitter.

— Pas encore.

— Mais le costume a déjà été payé trois fois ; et maintenant j'ai mille francs à vous. Les voici.

— Merci. Mais avec cela j'ai encore besoin d'une facture sans acquit. N'ai-je pas à faire payer mon costume à celui qui passe pour être le maître de la maison?

— Comment, vous...

— Si je n'agissais pas ainsi, cela paraîtrait par trop singulier, il s'imaginerait que je le trompe. Il pourrait mal prendre la chose, et comme c'est un homme à ménager, j'ai besoin de la facture.

*
* *

Nichette est en tête à tête avec le vieux baron, l'homme sérieux.

— Mon gros chien-chien, ta petite femme qui t'aime bien... a quelque chose à te demander.

— Quoi donc?

— Mon costume pour le bal travesti ne peut être compté dans mes dépenses ordinaires, donc tu serais gentil de me le payer.

— Mais je te donne quinze cents francs par mois.

— Si j'en prélève cinq cents pour mon costume, comment ferai-je pour me nourrir?

— Maudit bal! où je ne puis même pas t'accompagner.

— C'est dans une famille *honnête*, où l'on me croit *honnête*, il ne serait donc pas *honnête* que j'y allasse avec mon amant.

— C'est que vingt-cinq louis!...

— Voyons, mon gros singe de mes rêves, aimerais-tu mieux que je demandasse de l'argent à un autre?

— Non certes. Les voici.

— Merci et ne me gronde pas, car en m'adressant à toi je te prouve combien je te suis fidèle. (*Elle lui passe la main dans son toupet.*)

Touchant tableau!

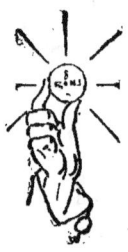

LES PARISIENNES.

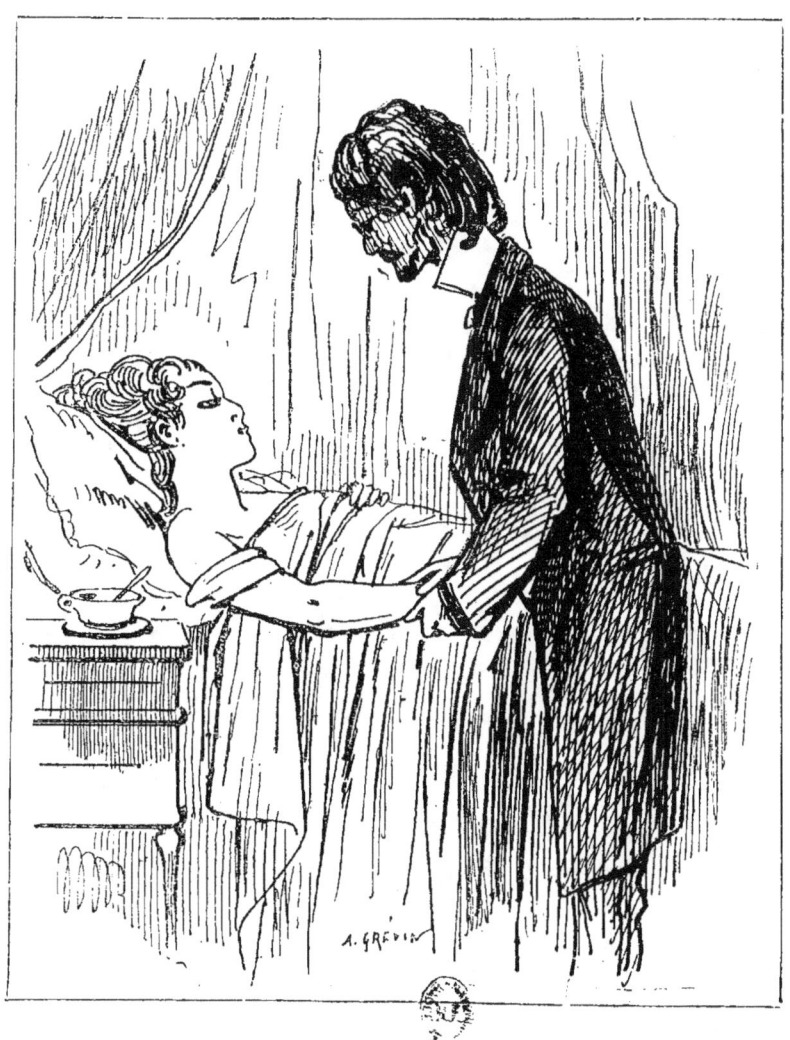

ON A SES JOURS.

— ... Le pouls est bien..... Voyons la langue.
— Je vous en prie, docteur, pas d'plaisanteries; aujourd'hui, j'ai pas du tout l'idée à la bêtise.

UNE FEMME QUI VEUT SE RANGER

La scène se passe chez une petite dame.

— Je m'ennuie! se dit Irma en se tournant et se retournant sur sa chaise longue placée près de la cheminée de son boudoir. Je trouve insupportables toutes les distractions que me proposent les hommes.

Et d'abord, qui est-ce qui pourrait me distraire?... Je n'aime personne et n'éprouve d'agrément avec aucun de mes adorateurs... Je les trouve tous bêtes et ridicules.

Si je me mariais? Il me semble que cela m'amuserait. Et pourquoi pas? Il y a beaucoup de femmes tout aussi cascadeuses que moi qui ont trouvé un homme qui les a menées devant monsieur le maire.

Devant monsieur le maire!... Il me semble que je rirais au nez de ce magistrat! Oh! que nenni!... Ma foi, j'ai gardé mon sérieux dans des circonstances bien autrement difficiles!

J'ai trente ans, je suis encore assez jolie, — on me le dit jour et nuit, — mais dans dix années j'aurai atteint la quarantaine, le calcul est facile, trop facile, hélas! et dix années passent vite, surtout quand on voudrait prolonger l'espace de temps qui sépare le 1er janvier de la Saint-Sylvestre.

Mais qui voudra de moi ?

Si je prenais à part chacun de mes amis pour en prier un de m'épouser, tous me riraient au nez; j'aurais beau jurer à chacun que je l'aime et que je ne le trompe pas, le résultat serait négatif.

Inutile de jouer cette comédie, j'en serais pour mes frais d'inventions plus ou moins ingénieuses.

Il faut donc trouver une autre combinaison.

Je vais m'adresser non à un *faiseur*, mais à une *faiseuse* d'hyménées.

Entre femmes on se comprend mieux.

C'est une idée excellente que je vais mettre immédiatement à exécution. On ne doit pas faire traîner en longueur les projets que l'on croit bons.

Elle écrit aussitôt à une dame dont le métier est d'unir les cœurs :

« Madame,

« Veuillez, je vous prie, passer demain matin chez moi pour affaire urgente. »

Le lendemain, Irma expose sa situation à Mme veuve Boussingot, *agente* matrimoniale.

— Vous n'aviez pas besoin de me raconter tout cela, dit la vieille et respectable dame, j'ai deviné tout de suite que vous apparteniez à la catégorie des femmes galantes.

Je n'ai pas toujours fait des mariages, chère madame; moi aussi j'appartiens à votre monde...

J'ai été bien aimée de 1830 à 1850. J'avais chevaux et voitures et pas mal d'économies... Un scélérat m'a dévoré tout cela! Je me suis trouvée dans la plus grande misère, et aujourd'hui, pour vivre, je me vois obligée de travailler au bonheur des autres. Ah! c'est bien dur!... Excusez-moi si ces souvenirs m'arrachent des larmes, mais je ne puis penser à tout cela sans pleurer.

— Eh bien! n'y pensez pas et occupons-nous de ce qui m'intéresse.

— Je ne demande pas mieux; mais il faut agir avec prudence et habileté. D'abord, permettez-moi de vous demander votre situation de fortune.

— J'ai deux cent mille francs en rentes sur l'État et en obligations du chemin de fer de Lyon.

— Je vois que vous êtes une femme sérieuse. J'avais le double de cette somme, et pourtant...

— Ne revenons pas à vos affaires personnelles... J'ai aussi beaucoup de bijoux qui représentent bien une somme de soixante mille francs.

Je ne parle pas de ce mobilier qui a une certaine valeur.

— Faudra le vendre. Je vous trouverai un imbécile qui vous épousera et ne s'apercevra de rien. Mais s'il amène chez lui des parents ou des amis expérimentés, ils verront bien que vous avez été cocotte... Excusez mes expressions; mais, entre nous, il est inutile d'employer des périphrases. Je vous conseille aussi de déménager immédiatement. Allez demeurer loin, très-loin de ce quartier où vous êtes trop connue. Ne donnez pas votre nouvelle adresse à votre concierge, ce sera surtout pour lui que vous changerez de domicile, car si on l'interrogeait, il ne manquerait pas, moyennant finances, de faire connaître toute la vérité. Je vous engage à vendre votre mobilier et à aller demeurer à l'hôtel du Louvre. Je dirai à ma clientèle que j'ai une demoiselle orpheline qui arrive d'Amérique.

— Vous ne voulez pas que je me fasse passer pour veuve?
— Non.
— Je croyais cependant ce truc assez prudent!
— Vos papiers de famille prouveraient que vous n'avez jamais été mariée. On ne se donne la qualité de veuve que quand on se contente d'avoir des amants.
— Mais, à propos, à mes amis que leur écrirai-je pour ne plus les recevoir?
— Vous leur direz que vous partez pour la Russie; ils n'iront pas vous y chercher.
— Trouvez-moi vite ce qu'il me faut, je n'ai pas envie de poser longtemps dans un appartement de l'hôtel du Louvre.
— Soyez tranquille, avec moi ça ne traîne pas.

Huit jours après, Irma, installée à l'hôtel du Louvre, donne un thé à un riche Brésilien répondant au nom de signor Francesco Canarès.

Mme Boussingot assiste à cette entrevue. Ledit Canarès a quarante-cinq ans, de nombreux bijoux aux doigts et une mine de pétrole dans l'Amérique du Sud.

Pendant quinze jours on va au théâtre, on dîne dans les meilleurs restaurants, on se promène en calèche au bois.

Mme Boussingot est de toutes les fêtes.

— Vous convient-il? demande-t-elle à Irma.
— Il est charmant; et je sens que si j'étais capable d'aimer quelqu'un, j'aurais de l'affection pour ce Brésilien. Mais, moi, est-ce que je lui conviens?
— Il est fou de vous, ma chère!

— Alors, rien ne s'oppose à notre mariage?
— Non, rien.
— Que je suis heureuse! D'abord, de pouvoir devenir comme toutes les femmes qui font leur tête parce qu'elles sont légitimement mariées; ensuite parce que je ferai enrager mes amies, qui sont toujours furieuses d'apprendre qu'une des leurs est parvenue à se caser. Vous avez créé une agence bien utile, chère madame Boussingot. Elle permet aux femmes déclassées de se régénérer.
— Oui, et je crois que je pourrai me mettre sur les rangs pour obtenir un prix de vertu.
— Si vous avez besoin d'un certificat, je vous le donnerai. Mais, maintenant, ne me conseillez-vous pas de prendre des renseignements sur ce monsieur?
— Gardez-vous-en bien! En sachant cela, il pourrait vous imiter, et s'il prenait, lui aussi, des informations sur votre passé, cela entraverait peut-être nos projets.
— Vous avez raison. Mais puisque le mariage paraît devoir se conclure, qui aurai-je pour témoins?
— Ne vous inquiétez point de ce détail. Je me charge des témoins : j'ai des amis qui remplissent ces fonctions moyennant une pièce de dix francs; mais ils assistent aussi au repas de noce, que je réglerai comme tous les autres détails de la cérémonie.
— Ont-ils bonne tenue?
— On jurerait que ce sont des hommes du monde.
— Ils n'en sont donc pas?
— L'un a été condamné à dix années de réclusion pour escroquerie, et l'autre à vingt années de travaux forcés pour tentative d'assassinat.
— Oh! quelle horreur!
— Rassurez-vous, ils ont fini leur temps.

Trois mois après la célébration de ce mariage organisé par cette utile agence matrimoniale, Irma arrive affolée chez Mme Boussingot.

— Qu'avez-vous donc ? lui demande cette dernière.

— L'homme que vous m'avez donné est un misérable, il vient de se sauver en m'emportant mes deux cent mille francs et mes diamants.

— Ça peut arriver tous les jours ; ainsi moi, par exemple...

— Je ne m'occupe pas de vous, mais de moi.

— Ne vous plaignez pas, ma chère, votre mari vous a donné un joli nom que vous avez le droit de porter.

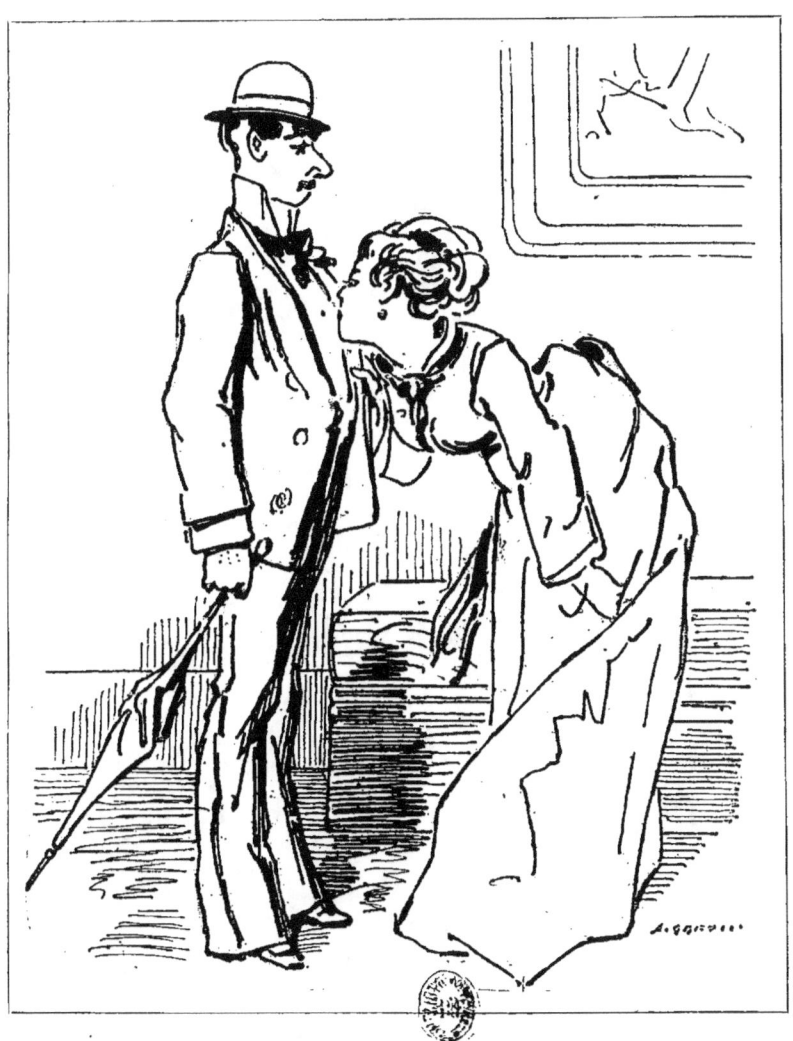

ODEURS ET PARFUMS.

— Tu viens d' chez Nichette... y a pas d' voyons, chère amie, tu viens d' chez Nichette, tu la sens.

LES ŒUFS DE PAQUES DE LUCIE

A QUATRE ANS.

E père Bastien, un brave ouvrier, revient de son travail.
— Tiens, ma femme, j'ai économisé cent sous pour acheter un œuf de Pâques avec une poupée dedans pour notre petite Lucie.
— Oh ! sera-t-elle contente !
— Va acheter ce bibelot, car il faut que demain les enfants d'ouvriers soient aussi heureux que les enfants des riches.
— Mais j'avais cru que tu faisais des économies pour acheter un pantalon neuf.
— J'attendrai quelque temps. Avec une bonne pièce bien ajustée,

mon pantalon pourra encore faire une quinzaine de jours. Il vaut mieux économiser sur ses vêtements que sur sa nourriture.

— T'as bon cœur, mon homme !...

L'œuf de Pâques est placé sur la cheminée. Lucie le trouve le matin à son réveil.

— Oh ! le joli œuf, s'écrie-t-elle avec joie, la belle poupée !...

Elle court l'exhiber à toutes ses petites amies de la maison.

A DIX-HUIT ANS.

Lucie est fleuriste.

M. Paul, son prétendu, l'attend à la sortie de son magasin.

— Lucie, lui dit-il, c'est demain Pâques, et je vous demande la permission de vous offrir cet œuf.

— Oh ! merci, Paul.

Elle brise l'œuf et trouve une bague.

— Lucie, cette bague sera votre anneau nuptial.

Une fois Paul parti, un vieux monsieur s'approche de Lucie.

— Encore vous ! fait celle-ci avec impatience.

— Je n'aurais pas voulu laisser passer Pâques sans vous apporter un petit souvenir. Acceptez cet œuf.

— Je n'en veux pas.

— Il contient un souvenir très-utile pour vous.

— Quoi donc ?

— Brisez l'œuf, curieuse.

— Eh quoi ! dix billets de mille francs !...

— Ne m'avez-vous pas dit que votre patronne désirait vendre son magasin ?

— Oui.

— Eh bien ! achetez-le.

— Oh ! non, je ne puis accepter cet argent.

— Mais ce magasin vous permettra d'amasser une petite dot et d'épouser celui que vous aimez.

— Paul !...

— Oui ; mais de l'épouser dans quatre ou cinq ans.

— Nous nous aimons et nous voulons nous marier dans un mois.

— Quelle folie ! Vous n'avez rien et lui n'est pas plus riche que vous.

— Notre travail nous fera vivre.

— Quand vous aurez des enfants vous serez dans la misère. Tandis que si vous achetez le magasin de fleurs, vous gagnerez de l'argent, même beaucoup d'argent ; car vous êtes intelligente et ne manquerez pas d'augmenter la clientèle d'une maison qui périclite.

— Mais vous êtes le diable !

— Dites un bon diable, puisqu'il vous apporte des œufs de cette valeur.

— Qu'exigez-vous en retour du service que vous tenez à me rendre ?

— La permission de venir vous voir tous les jours.

— Mais seulement pour tenir mes livres.

— C'est cela... je serai votre entreteneur...

— Vous dites ?

— Pardon !... votre teneur de livres.

A VINGT-DEUX ANS.

On fait cercle à Bullier autour d'une danseuse qui lève la jambe avec une grâce qui attire l'attention des amateurs.

Après le quadrille, un vieux monsieur s'approche de Lucie.

— Mademoiselle, lui dit-il, voulez-vous me permettre de vous offrir un bock ?

— Tiens, le père Badurel !... Mais c'est vous qui avez saisi tout ce qui se trouve dans ma maison de commerce?

— J'ai eu cet honneur.

— Et vous venez à Bullier?

— Il faut bien s'étourdir un peu le soir, lorsque, dans la journée, on a eu des corvées pénibles. Si vous ne vous étiez pas tant amusée, vous auriez pu gagner de l'argent en vous occupant activement de votre commerce.

— Ce qui m'a porté préjudice, c'est d'avoir trompé mon commanditaire. Mais, à propos, est-ce que vous m'avez accostée pour me faire de la morale?

— Que le ciel m'en préserve ! D'abord ! je dois vous dire que j'aurai le plaisir de ne pas assister à la vente de votre mobilier.

— Est-ce que mes créanciers me font remise entière de ce que je leur dois? Ce serait une jolie surprise pour le jour de Pâques.

— Il ne faut pas compter sur le désintéressement des créanciers. Mais je cède mon étude parce que j'ai hérité d'un oncle qui me laisse quarante mille livres de rente.

— Voilà un bel œuf que vous recevez !

— Voulez-vous le partager avec moi?

— Vous me faites des propositions?

— Très-sérieuses. J'ai cinquante-cinq ans, une nature ardente, je n'ai encore aimé que ma femme; vous devez comprendre que ça ne compte pas.

— Quels sont vos projets?

— Je vous enverrai demain un superbe mobilier.

— Dans un œuf?

— Non; nous mettrons l'œuf dans le tiroir d'un des meubles en palissandre.

— Et nous installerons le tout dans un joli appartement qui est libre en ce moment rue de Maubeuge.

— C'est entendu.

— Vous êtes un huissier à monter en broche.

A TRENTE ANS.

La femme de chambre (à *Lucie*). — Madame, voici le vicomte.

Lucie. — Dis-lui que je n'y suis pas, car j'attends mon Brésilien.

— Mais le vicomte a un œuf de Pâques sous le bras.

— Ah! diable!... il ne faut pas plaisanter avec les gens sérieux. Que le vicomte entre dans le salon.

Cinq minutes après.

La femme de chambre. — Madame, c'est le gros boursier.

Lucie. — Qu'il s'en aille.

— Il a un œuf.

— Fichtre!... Fais-le entrer dans mon boudoir.

Autre coup de sonnette.

La femme de chambre. — Madame, c'est l'Anglais.

— Celui-là m'ennuie.

— Il a un œuf qu'il porte avec beaucoup de précaution.

— Ah! sapristi!... qu'il attende dans la salle à manger.

Nouveau coup de sonnette.

La femme de chambre. — Madame, c'est ce grand imbécile dont je ne sais pas le nom.

— Il a aussi un œuf?

— Parbleu!... sans cela il sait bien qu'il ne serait pas reçu.

— Fais-le attendre.

— Où cela?... toutes les pièces sont occupées.

— Eh bien!... dans ta chambre.

— Madame ne sera pas jalouse?

— Non; seulement... tu descendras l'œuf.

A CINQUANTE ANS.

Une mendiante est accroupie à la porte d'un restaurateur.

C'est Lucie, maigre, pâle et couverte de haillons.

— J'ai faim, dit-elle au chef de cuisine, ne pourriez-vous pas me donner quelques restes des soupers de cette nuit?

— Nous n'avons plus rien, d'autres pauvres sont venus avant vous.

— Mais je meurs de faim!...

— Tenez, ma brave femme, voici un morceau de pain et quelques œufs durs.

— C'est aujourd'hui Pâques, murmure Lucie avec un étrange sourire, je recevrai donc encore des œufs!

Et elle mange avidement ces œufs, qui prolongeront sa triste existence peut-être de quelques jours.

COULISSES.

— Quand parlerez-vous de moi dans votre canard infect ?...
— Oh! soyez tranquille, on est solvable.

ELLE, LUI ET... L'AUTRE

E vicomte de Becsalé fait ses malles pour partir en voyage.

Il reçoit une lettre, l'ouvre et lit :

« Mon ami,

« Au dernier moment, mon mari a changé d'idée. Nous n'allons plus en Italie, mais à Biarritz.

« Comme une femme doit obéissance à son mari, je n'ai pu faire aucune observation.

« Donc, demain matin, trouvez-vous à huit heures à la gare d'Orléans et non à celle de Lyon.

« N'oubliez pas ma recommandation : défense expresse de monter dans un compartiment où il y aura des dames.

« Ma tyrannie est bien excusable, puisque je vous aime.

« Julia. »

— Et moi, se dit le vicomte, moi qui ai déjà pris un billet circulaire pour faire le voyage d'Italie. Encore une dépense inutile. Si ce n'était que cela !... mais que vais-je faire à Biarritz ? Je connais comme ma poche cet endroit. On avait bien raison de me dire que quand on était l'amant de cette femme, on était aussi son caniche. Allons, mon pauvre vicomte, tu n'as plus qu'à payer la taxe.

A peine installé à l'hôtel, le vicomte reçoit la lettre suivante :

« Mon cher ami,

« Depuis notre arrivée, je n'ai pas encore eu l'occasion de me trouver une minute seule avec vous. Mais je vous vois, et cela suffit pour me rendre heureuse.

« Seulement, afin que votre présence, partout où nous allons, n'étonne pas mon mari, je vous engage à ne pas manquer d'aller tous les matins en même temps que lui prendre votre bain de mer. Je ferai semblant de le regarder nager, mais je n'aurai d'yeux que pour vous.

« Ce sera une corvée pour vous, je le sais bien, mais il faut toujours sauver les apparences, quoique vous ayez l'eau en horreur.

« Plus vous vous baignerez pour moi, plus vous me prouverez que vous m'aimez.

« Je vous embrasse,

« JULIA. »

Le lendemain, autre lettre :

« Monstre,

« Je suis furieuse contre vous, et je ne veux pas attendre une heure de plus pour vous le faire savoir.

« Hier soir, à table d'hôte, vous avez causé tout le temps avec votre voisine, une petite brune qui n'est pas jolie, mais qui a le talent d'attirer l'attention de tous les hommes.

« Il y a des femmes qui sont si effrontées !

« Vous n'avez cessé d'être aux petits soins pour elle. Grâce à vous, son verre n'a jamais été vide un instant, et vous lui serviez les meilleurs morceaux.

« Ce n'est point par gourmandise que je vous dis cela, mais bien par jalousie, parce que je vous aime comme une femme n'a jamais dû vous aimer, ingrat don Juan !

« Je vous défends *expressément* de rester à côté de cette dame. Dites au maître de l'établissement de vous placer plus loin ; par exemple, entre le vieux général et l'Anglaise qui est bossue. On dit que cette dernière a beaucoup d'esprit, vous ne vous ennuierez donc pas.

« Obéissez-moi, mon ami, je vous en prie, sans quoi vous me rendriez trop malheureuse. Et puis, je me connais, je suis très-vive ; au milieu du dîner, je serais capable de vous lancer une carafe à la tête, si ce soir je vous voyais encore à côté de cette dame.

« Inutile de vous dire l'esclandre que cela ferait. Mon mari ne manquerait pas de me demander des explications, et je serais fort embarrassée pour lui répondre.

« Tout se passera comme je l'espère, n'est-ce pas ?

« Celle qui ne vit que pour vous.

Julia. »

« Mon ami,

« A quoi pensez-vous donc ?

« Votre chambre se trouve vis-à-vis la nôtre, et je vous ai toujours recommandé de ne jamais vous coucher avant trois heures du matin et de vous tenir appuyé sur la balustrade de votre fenêtre en ayant soin de mettre la lumière au fond de la pièce.

« Souvent, la nuit, je me lève et je donne pour prétexte à mon mari que j'aime à contempler le ciel étoilé. Comme il dort, je puis soulever le rideau de la fenêtre et vous envoyer un baiser.

« Il est évident que si vous ne m'aimez pas, cette marque de tendresse doit vous laisser complétement froid.

« Mais c'est impossible, mon chéri, car vous m'adorez, je le sens, et mes rêves me l'affirment.

« Je crois aux rêves.

« Donc, mon ami, ne vous couchez pas, et n'éteignez pas votre bougie avant trois heures du matin. Si je n'ai que ce moment de bonheur, ne me le refusez pas. »

« Mon bien-aimé,

« Nous partons demain pour aller passer une huitaine de jours à Saint-Sébastien.

« Mon mari a loué une voiture particulière.

« Voici le sacrifice que je vous demande :

« Déguisez-vous en mendiant et grimez-vous avec soin.

« Vous monterez sur le marchepied et vous nous accompagnerez ainsi là où nous devons aller.

« Mon mari qui, au fond, a très-bon cœur, empêchera le cocher de vous chasser.

« Si on vous offre quelques sous, gardez-les, pour ne pas éveiller l'attention, vous les donnerez plus tard à un vrai pauvre.

« Nous partons demain matin à six heures. Je compte sur vous.

« Celle qui voudrait être enterrée avec vous.

« JULIA. »

— Pour le coup, c'est trop fort, s'écrie le vicomte anéanti. Dois-je rompre ? Non, car elle en mourrait, et je ne veux pas avoir sur la conscience la vie d'une femme.

Je vais me procurer un costume de mendiant avec tous ses accessoires, sans oublier la vermine, car il faut être bien dans son rôle.

LES PARISIENNES.

VIE PRIVÉE.

— C'est amusant d'êt' homme.

LA BLAGUE

I

La scène se passe chez Mlle Olympe.

La tendre tourterelle embrasse son tourtereau Ernest.

Ils conjuguent le verbe aimer.

Ils n'en sont qu'au présent de ce verbe actif.

— Mon ami, dit Olympe, me permets-tu de te faire une surprise pour ta fête ?

— Si tu me préviens, la surprise n'existera plus.

— Comme tu es dans ta famille, je ne sais si tu pourras porter un objet que je te brode.

— Mais, parfaitement, pourvu que ça ne soit pas une calotte grecque.

— Il s'agit d'une blague.

— C'est parfait.
— Tu la porteras?
— Toujours et sur mon cœur, alors.
— Elle sera bientôt terminée. J'en suis à l'initiale de ton prénom.
— Et c'est à ce travail que tu passes tes soirées quand je ne puis venir te voir?
— Oui, mon ami.
— Tu es un ange.
— Sans me flatter, tu ne trouveras pas beaucoup de petites femmes comme moi.

II

Trois semaines après, Ernest a surpris son ange en tête-à-tête avec un officier de cavalerie.

Bien que l'amour soit aveugle, Ernest n'a pu s'abuser : Olympe le trompait. Sa maîtresse travaillait probablement en son absence à la fameuse blague, mais il est probable que le capitaine tenait les écheveaux de laine destinés à la confection de ce souvenir.

Il y a eu rupture.

— Je suis bien heureuse d'être débarrassée de ce gêneur, dit Olympe à son nouvel amant, il était trop gommeux. J'aime les militaires, et surtout ceux qui montent à cheval comme toi.

— Alors, tu ne me tromperas jamais?

— Non, mon Hector adoré.

— Je te surveillerai de près.

— Pourquoi te tromperais-je? Tu es beau, tu es riche, tu es brave, tu es enfin l'homme de mes rêves. Mais nous bavardons, et j'oublie de te souhaiter ta fête.

— C'est donc aujourd'hui?

— Certainement; et tu vois que j'y pense depuis plusieurs jours, car je t'ai brodé cette blague.

— Oh! comme tu es gentille! Mais quelle est donc cette lettre qui se trouve sur ce souvenir?

— Un E.

— Eh bien?

— C'est la première lettre de ton nom.

— Tu te trompes.

— Ne t'appelles-tu pas Hector?

— Mais il y a un H au commencement du nom.

— Ah bah!... Tu aurais dû me prévenir. Je garde la blague pour corriger mon erreur.

III

Quelques jours après, Olympe se brouille avec son protecteur.

— Ma chère, dit-elle à une de ses amies, il a eu l'indélicatesse de me surprendre avec un vieux monsieur.

— Et il t'a fait une scène de jalousie?

— Oui, ma chère; j'ai voulu lui affirmer que c'était mon oncle, mais il n'a pas voulu me croire. Les hommes sont trop sceptiques maintenant et nous rendent l'existence impossible. Mais je suis contente d'avoir gardé la blague.

— Elle va encore te servir?

— Oui, pour le jour de l'an, et sans avoir besoin d'y retravailler : mon nouveau protecteur se nomme Edmond.

— Tu as de la chance.

— Je te crois, car je ne voudrais pas recommencer souvent un pareil ouvrage.

IV

Edmond arrive fort triste un jour chez Olympe.

— Je suis désolé! lui dit-il.

— Pour quelle cause?

— Tu sais, la blague que tu as eu la bonté de me broder pour mes étrennes.

— Eh bien?

— Mon épouse me l'a arrachée en me disant qu'une femme me l'avait donnée. J'ai eu beau nier, elle ne m'a pas cru.

— Et elle l'a gardée?

— Oui.

— On vous en brodera désormais des souvenirs, gros maladroit!

— Ma petite Olympe, fais-moi des bretelles en tapisserie pour ma fête, je t'en supplie!

— Jamais de la vie!

V

Pour se distraire, Olympe a fait la connaissance d'un attaché d'ambassade qui la conduit au théâtre quand le vieil Edmond est obligé de mener sa légitime dans le monde.

Un soir qu'ils soupent ensemble chez Brébant, le jeune diplomate tire de sa poche une blague pour faire une cigarette.

— Eugène, s'écrie Olympe, qu'est-ce que cela?

— Tu le vois bien... c'est une blague.

— Mais qui te l'a donnée?

Le jeune homme se trouble.

— Voyons, vas-tu répondre à ma question?

— C'est ma tante qui me l'a brodée pour mes étrennes.

— Tu mens!

— Je te jure que...

— Cette blague a été brodée par moi et elle t'a été donnée par Mme Edmond de C...

— Comment peux-tu savoir si...

— Ça... c'est mon affaire. Et cette Mme de C... t'a fait ce cadeau parce que tu es son amant.

— Ta perspicacité m'épouvante... je ne puis plus nier. Mais je te jure, et cela très-sérieusement, que je ne vois plus Mme de C...; je l'ai quittée il y a huit jours.

— C'est possible, mais je ne veux pas que tu conserves ce souvenir.

Elle arrache la blague des mains d'Eugène et la met dans sa poche.

— Enfin, je la retrouve ! se dit-elle avec une vive satisfaction.

VI

Les créanciers d'Olympe ont fait vendre son mobilier.

Elle pourrait payer ses dettes, mais elle aime mieux laisser vendre ses meubles pour se faire une petite réclame, — une femme n'étant vraiment lancée que quand on a vendu une demi-douzaine de fois son mobilier.

— Je vous charge de racheter pour moi un seul meuble, dit-elle à son tapissier ; c'est une table à ouvrage.

— Elle n'est pas jolie, et je vous en vendrais une plus convenable, répond le marchand.

— Je tiens à celle-là, parce que dans un de ses tiroirs se trouve une blague que je dois offrir à un Américain qui m'installe dans un petit hôtel des Champs-Élysées. Je veux donner à mon nouveau protecteur un souvenir.

— Est-ce pour sa fête?

— Non ; c'est en l'honneur du centenaire de la guerre de l'Indépendance.

VIE PRIVÉE.

— Madame, une visite.
— Mariette, mais vous savez bien que je ne puis recevoir, je m'habille.
— Madame, c'est pas un monsieur, c'est votre notaire.

LES VOITURES D'ERNESTINE

LA PETITE VOITURE DU BÉBÉ.

ous sommes chez des ouvriers.
— Mame Mathurin?
— Mon homme.
— Je ne veux pas que tu te fatigues à porter la petite. Elle a déjà six mois et elle est lourde.
— Comment veux-tu que je fasse pour aller promener l'enfant au square?
— Tu traîneras Ernestine dans une voiture comme on en fabrique aujourd'hui et qui sont d'une si grande commodité.
— Mais, mon ami, cela coûte cher, et nous n'avons pas les moyens de...
— Rassure-toi et admire cette tirelire ; elle contient des écono-

mies faites par moi à ton insu. Au lieu d'aller avec les amis chez le marchand de vins, je mettais chaque jour de côté quelques petites sommes. (*Brisant la tirelire.*) Tiens, voici une jolie voiture que tu pousseras sans difficulté.

LE CHAR-A-BANCS.

Ernestine a seize ans.

Elle travaille dans un magasin de fleurs.

La Patronne. — Mesdemoiselles, en l'honneur de ma fête je vous paye une promenade à Ville-d'Avray. Nous déjeunerons sur l'herbe, et nous ferons cette excursion dans un grand char-à-bancs.

Toutes les Demoiselles. — Oh! quel bonheur!

Ernestine. — Je suis bien heureuse... moi qui aime tant la campagne et qui y vais si rarement. En fait de campagne, je ne connais que le bois de Vincennes et les buttes Chaumont.

Toutes les fleuristes montent dans un char-à-bancs.

C'est une joie indescriptible.

LE FIACRE.

Ernestine (*à une amie*). — Permets-moi de te prendre pour ma confidente, car il s'agit d'une chose très-grave.

L'amie. — Quel air sévère! Parle, ma chère Ernestine; tu sais que j'ai de l'expérience et que je puis te donner de bons conseils.

— Voici la lettre que je viens de recevoir :

« Mademoiselle,

« Permettez-moi de vous donner aujourd'hui un rendez-vous sérieux.

« Je vous attendrai ce soir à huit heures à la sortie de votre magasin.

« Je serai place Louvois dans une voiture. Nous irons faire une promenade aux Champs-Élysées, et je vous dirai combien je vous aime.

« Celui qui vous sera fidèle pour la vie.

« Jules. »

— Tu connais donc ce jeune homme?
— Depuis quinze jours je le rencontre tous les matins en venant au magasin.
— Il t'a parlé?
— Oui.
— Et tu lui as répondu?
— Pour lui dire qu'il avait bien tort de perdre son temps à me faire la cour.
— Pourquoi rougis-tu? Il n'y a aucun mal à cela.
— Tu crois?
— Ce jeune homme est-il bien?
— Charmant!
— Il ne faut pas le faire souffrir.
— Mais je suis promise à un autre que ma famille veut me faire épouser.
— Ah! oui, ton ouvrier ébéniste, un garçon qui gagne trois francs cinquante par jour. Envoie donc promener tes parents et trouve-toi ce soir au rendez-vous.
— Ce conseil est-il vraiment bon à suivre?
— N'en doute pas. D'abord, je te le répète, j'ai beaucoup d'expérience.

Le lendemain matin, nouvelles confidences faites par Ernestine à son amie.

— A quelle heure t'a-t-il quittée?
— A minuit.
— Depuis huit heures du soir... Sapristi!...
— Si tu savais comme il m'a dit de jolies choses. Et puis, il est si beau garçon!... Tu le verras dimanche.
— Nous faisons donc une partie ensemble à la campagne?...

— Oui ; mais il faut que tu viennes dire à mes parents que tu m'emmènes chez ta tante.

— Tu as déjà de bonnes dispositions, ma chère, tu iras loin.

LA VOITURE AU MOIS.

Ernestine (*à sa patronne*). — Madame, je viens vous faire mes adieux.

La Patronne. — Vous me quittez pour aller dans un autre magasin?

— Non, madame, je ne travaille plus. J'ai bien changé d'idée depuis que j'ai voulu me suicider pour cet animal de Jules qui, un jour, est descendu soi-disant pour aller chercher des cigarettes et n'est plus revenu.

— Tous les hommes, mon enfant, sont des trompeurs.

— Aussi, je tiens à les tromper à mon tour. J'ai fait la connaissance d'un vieux monsieur de soixante ans, qui est un père pour moi. Il m'a installée dans un appartement de dix-huit cents francs, et il m'a donné une voiture au mois. Regardez le joli coupé qui stationne devant la porte.

— Il est à vous?

— Oui, et je vous emmènerai dimanche prochain aux courses de Longchamps. Adieu, ma chère! Il est cinq heures, je vais faire mon persil au bois.

LE HUIT-RESSORTS.

L'amie. — Qu'ai-je lu aux *Petites-Affiches*, ma chère? On vend ton mobilier à l'hôtel Drouot?

Ernestine. — J'ai ce bonheur.

— Comment! Tu t'en réjouis?

— Oui, car lorsqu'une femme vend son mobilier, c'est qu'elle fait de bonnes affaires. Je viens de louer boulevard Haussmann un magnifique hôtel, et tu dois bien comprendre qu'il faut qu'il soit meublé convenablement, surtout quand j'ai dans mon écurie une calèche à huit ressorts.

— Huit ressorts, rien que ça !

— Depuis qu'un Anglais s'est brûlé la cervelle pour moi, ça m'a lancée. Si on pouvait avoir seize ressorts à une voiture, je n'hésiterais pas à sacrifier l'existence de l'Américain qui fait des folies pour moi en ce moment.

— Mets-tu de l'argent de côté ?

— Je suis jeune, pourquoi faire des économies ?...

LA VOITURE DE LA PRÉFECTURE.

Entre concierges du quartier :

1re CONCIERGE. — Qui emmène-t-on ?

2e CONCIERGE. — Vous ne le savez pas ?...

— Mais non, pisque j'vous interroge.

— Eh ben, c'est c'te grande cocotte qui demeurait au 17.

— Qu'a-t-elle donc fait ?

— Elle avait organisé des soirées de jeux, ousqu'il y avait des dupeurs et des dupés. La préfecture est intervenue, et on emmène la donzelle à Saint-Lazare. Son affaire est claire : elle en aura pour quelques années.

VINGT ANS APRÈS. — LA VOITURE A BRAS.

Une vieille femme tire avec peine une voiture chargée de légumes.

LA VIEILLE (criant). — Qui veut des haricots, des carottes, des navets ! — Chasselas de Fontainebleau !

Une garde-malade. — Donnez-moi une livre de raisin pour mon malade qui ne peut manger que ça.

— En voici à six sous et à quinze sous.

— Donnez-m'en à six, je lui ferai payer quinze.

— Pourquoi me regardez-vous ainsi ?

— Mais je vous connais, n'êtes-vous pas la petite Ernestine, une ancienne fleuriste qui...

— Eh parbleu ! je vous reconnais aussi, car depuis dix ans seulement nous avons cessé de nous voir. (*Montrant sa voiture.*) Hein ! quelle dégringolade !... Je traîne après avoir été traînée toute ma vie.

— Venez donc déjeuner demain avec moi chez mon malade ; il a d'excellent vin dans sa cave.

LE BRANCARD.

On porte une femme à l'hôpital. C'est la mère Ernestine qui est atteinte d'une grave maladie.

Près du brancard se tient la garde-malade, l'ancienne camarade d'atelier et sa confidente.

La vieille (*d'une voix faible*). — Allons, ma chère, il était écrit que je me servirais de tous les moyens de transport. Eh bien, je te jure que la seule voiture que je regrette, c'est le char-à-bancs dans lequel nous étions toutes entassées le jour de la fête de la patronne.

LES PARISIENNES.

VIE PRIVÉE.

— Père!... mère ne déjeune pas, n' monte que deux saucisses.

LES EFFETS DU PRINTEMPS

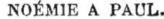

NOÉMIE A PAUL.

« Mon Paul adoré,

'ai dit à mon mari que j'étais invitée à dîner par les Ducornet. Comme il est brouillé avec cette famille, il ignorera toujours que je n'ai pas mis les pieds chez elle.

« Nous pourrons donc aller nous promener amoureusement dans les bois de Ville-d'Avray.

« Je t'attendrai à la gare Saint-Lazare à dix heures et demie.

« Je te serre dans mes bras à t'étouffer.

« NOÉMIE. »

Paul (anéanti). — Bon !... trois lettres dans la même journée. Trois lettres de trois femmes !

Toutes trois me donnent rendez-vous pour dimanche.

Je ne puis pourtant pas... Je ne vois qu'un moyen d'en sortir, c'est de tirer au sort. Mais je vais me fâcher avec les deux autres, des femmes charmantes.

Maudit printemps, voilà bien de tes coups !

AU SQUARE MONTHOLON.

Mademoiselle Françoise. — Polydore, je t'en supplie, laisse-moi partir ; voici bientôt trois heures que je suis dehors, soi-disant en train de faire le marché.

Un sapeur. — Que mon cœur z-incandescent ne tient z'aucun compte de tes observations, ô Françoise ! Que je ne puis me passer de ta présence.

— Je ne t'ai jamais vu ainsi.

— Que ça m'a pris cette nuit. Je me suis-t-instantanément levé sur mon séant et je me suis mis à débiter les vers d'un mirliton que nous avons acheté-z-ensemble à la foire au pain d'épice ; et que z-alors toute la chambrée z-a été stupéfaite de cette sortie poétique z-et intempestive. Puis, nonobstant, je me suis rendormi et je t'ai vu dans mes cauchemars dorés. Tu étais en sultane et moi z-en pacha ; je te jetais le mouchoir et tu me le rapportais toujours. Ah ! comme nous étions heureux !

— Mais laisse-moi aller mettre mon pot-au-feu.
— Non, je t'aime, je t'adore ; plutôt la mort que de me séparer de toi !
— Ne me dis pas ces choses, car je serais capable de ne plus rentrer.
— Il y a un moyen de concilier l'amour z-et le service des bourgeois.
— Lequel ?
— Emmène-moi ; je me cacherai dans l'office ; car que j'ai présentement permission de minuit.
— Alors je vais retourner chez le boucher.
— Pourquoi faire nonobstant ?
— Afin de prendre encore des os pour mettre dans le pot-au-feu pour qu'il soit meilleur.
— Inutile d'acheter de la réjouissance ; car que nous en aurons assez simultanément z-ensemble.

DANS UN COLLÉGE.

Il est minuit.
Deux collégiens se glissent dans la cour et filent le long des murs.
— Guguste, tais-toi donc !
— Ça n'est pas de ma faute si j'ai envie d'éternuer.
— Mais tu vas nous faire pincer. Comme tu es plus fort que moi

en gymnastique, passe le premier ; quand tu seras de l'autre côté du mur, tu me feras la courte échelle.

— Dis donc, je pense à une chose.

— Laquelle?

— Si les femmes du monde à qui nous avons donné rendez-vous place de la Concorde n'allaient pas s'y trouver ?

— C'est impossible ; elles nous ont fait trop d'œil chaque fois que nous avons flâné sous leurs fenêtres. D'abord, notre lettre était bien explicite ; il était convenu que si elles ne nous donnaient pas de réponse, c'est qu'elles acceptaient.

— Tu aurais mieux fait de demander le contraire.

— Que t'es bête, Guguste ! Les femmes veulent bien être légères, mais il ne faut pas exiger d'elles qu'elles vous écrivent. Elles ont toujours peur de se compromettre ; ensuite, souvent elles craignent de ne pas être assez ferrées sur l'orthographe. Allons, vas-y de ton élan.

— Une, deux, trois, c'est fait.

— Sapristi ! l'Université a eu tout de même une bonne idée de nous faire apprendre la gymnastique !

DANS L'ARBRE DE ROBINSON.

(*Première branche.*)

Mademoiselle Lodoïska. — Gros monstre, on a donc fait des infidélités à sa femme aujourd'hui.

Le vieux monsieur. — Que veux-tu, ma chère enfant, c'est plus fort que moi ; c'est le printemps qui me pousse à donner des coups de canif.

— Je ne t'en fais pas de reproches. Viens ici que je t'embrasse. Comme je l'aime cet homme ! A propos, ne manque pas de m'envoyer demain le bracelet en question.

(Deuxième branche.)

Une dame. — Non, c'est mal, Ernest, c'est très-mal ; car enfin vous êtes le cousin de mon mari.

Lui. — Raison de plus pour aimer sa femme ; cela vaut bien mieux que de se haïr comme cela a lieu trop souvent dans les familles. Mais pourquoi cet air rêveur ?

— Je pense à mon mari.

— Sois tranquille, il est loin d'ici.

(Première branche.)

Lodoïska. — Ah çà, garçon, vous servez avec empressement les personnes qui sont au-dessus, et nous, nous attendons toujours.

Le garçon. — Les commandes ne sont pas les mêmes. Vous avez demandé un potage à la bisque, un filet aux truffes, un buisson d'écrevisses.

— Et qu'ont-ils demandé là-haut ?

— Du veau, de la salade, des légumes et un fromage à la crème.

— Nom d'un petit bonhomme ! il faut que ces gens-là s'aiment bien.

(Après le dîner. — Au pied de l'arbre.)

Le monsieur. — Comment ! toi..., ma femme, ici !

La dame. — Je vous y trouve bien avec une drôlesse.

Lodoïska. — Veux-tu te taire, espèce de femme du monde !

Le garçon. — Chut !... pas de scandale. Il y a dans l'arbre un chroniqueur, et je viens de le voir tirer son carnet pour prendre des notes.

(Tous se sauvent.)

Le garçon *(à part)*. — C'est un truc que j'ai trouvé pour éviter les explications dans ce restaurant. Il réussit toujours.

MAILLOTS SUR MESURE.

— Vous avez inscrit tour de reins, 1,27?
— 1,27.
— Maintenant, mettez : longueur de jambes.....

CE QU'UNE PIERRE DÉPLACE

 ôtel du baron de Z...

LE DOCTEUR. — Mon cher baron, il faut absolument suivre un traitement très-sérieux. Je vous conseille de partir pour Contrexéville.

LE BARON. — C'est un endroit bien triste, docteur, et ma femme s'y ennuiera beaucoup.

— Pendant la saison que vous passerez à Contrexéville, la baronne pourra aller à Dieppe.

— Ma femme m'aime trop pour se séparer de moi ; aussi ne lui ferai-je jamais une semblable proposition.

— Vous partirez donc cette semaine avec elle.

— Hélas ! oui, puisque vous l'exigez.

.⁎.

Le baron. — Ma chère amie, vous connaissez l'ordonnance du médecin ?

La baronne. — Oui, mon ami ; cette ville d'eaux est fort ennuyeuse, mais pour rester avec vous, quels sacrifices ne ferais-je pas ?

— Vous êtes un ange.

Il embrasse sa femme.

.⁎.

La baronne arrive subitement chez Léon de V...

Léon. — Qu'avez-vous donc, ma toute belle ? comme vous paraissez émue !

La baronne. — Ce maudit docteur vient de nous jouer un tour ridicule !

— Et lequel ?

— Il nous ordonne les eaux de Contrexéville.

— Comment cela ? Il nous ordonne ?...

— Oui, à mon mari ; je l'accompagne... et vous aussi vous irez à Contrexéville.

— Est-ce nécessaire ?

— Vous me faites là une question bien sotte! Vous ne m'aimez donc plus?

— Oh! ma chère Adèle, pouvez-vous supposer cela?

— Puisque vous me demandez si vous devez me suivre!... Certes, nous aurions passé un été plus agréable à Trouville; nous nous serions retrouvés dans la mer, au Casino, enfin dans tous les endroits où l'on s'amuse et où l'on peut se parler.

— Et à Contrexéville, je serai obligé de boire les eaux pour empêcher les soupçons de votre mari?

— Certainement; car habitant le même hôtel que nous, le baron trouverait étrange de ne pas vous voir à la source; comme il ne vous connaît pas, il faut qu'il suppose que vous aussi vous êtes atteint de la pierre.

— C'est bien, je boirai.

— Nous partons jeudi prochain.

— Et nous partirons jeudi prochain!...

*
* *

M. Léon de V..., après le départ de la baronne, appelle son domestique.

— Baptiste!

— Monsieur?

— Préparez mes bagages.

— Nous partons pour Trouville?

— Non, pour Contrexéville.

— Ah! bah!... En voilà une scie!...

— Vous savez bien, Baptiste, que je ne suis pas libre de faire ce que je veux.

— Mais cela va déranger toutes mes combinaisons!

— Vous en aviez, Baptiste?

— Vous devez bien comprendre qu'on n'est pas sans avoir une affection. J'aime Fanny, une petite bonne charmante...

— Eh bien! je ne vois pas quel rapport cela peut avoir avec mon départ pour Contrexéville?

— J'avais dit à Fanny que nous partions pour Trouville, et elle devait y emmener son vieux maître.

— Tiens! tiens!...

— Elle en fait tout ce qu'elle veut.

— Je comprends.

— Oh! monsieur, en tout bien tout honneur.

— Je n'en doute pas.

— Seulement, il l'a couchée sur son testament, parce qu'elle est très-prévenante pour lui.

— Enfin, il faudra changer tout cela.

— Hélas! oui; mais on s'amusera moins là-bas.

* *
*

BAPTISTE (*à Fanny*). — Ma chère, nous avons changé notre itinéraire, nous avons remplacé Trouville par Contrexéville.

FANNY. — Ça n'est pas drôle! C'est sans doute encore un tour de la femme du monde de ton maître?

— Tu devines juste.

— Tu devrais bien la lui faire quitter, cette femme; avec elle, on ne sait jamais ce qu'on fera le lendemain.

— Il a une forte toquade pour elle, et je ne crois pas qu'il serait possible d'arriver à une rupture.

— Un jour, tu m'apprendras que nous partons pour l'Amérique du Sud!

— Alors, je renoncerai à servir M. Léon... Mais comment vas-tu agir pour ton maître?

— Sois tranquille; je lui ferais faire le tour du monde en quatre-vingts jours si ça me convenait.

— A jeudi prochain, gare de l'Est, huit heures du matin.

*
* *

— FANNY (*à son maître*). — Je suis allée voir un médecin que vous ne connaissez pas ; je l'ai consulté pour vous, et il est d'avis que l'air de la mer ne peut vous convenir cette année.
— LE VIEUX MONSIEUR. — Mais il ne connaît pas mon tempérament.
— Je le lui ai expliqué, et je le connais, moi, n'est-ce pas?
— Oui, Fanny.
— Nous irons passer un mois à Contrexéville.
— Qu'est-ce que cela?
— Un endroit où l'on boit de l'eau.
— Ah!
— Mais vous n'en boirez pas, vous; il vous suffira de regarder les autres absorber ce liquide minéral.
— C'est le médecin qui a recommandé cela?
— Oui.
— Ne pourrais-je m'entretenir un moment avec lui? car enfin...
— C'est inutile.
— Bien, Fanny.
— Nous partirons jeudi matin.
— Mais, ce jour-là, j'ai invité plusieurs amis à déjeuner.
— Vous décommanderez ce déjeuner, qui n'aura lieu qu'à votre retour.
— Bien, Fanny.

*
* *

Le jeudi matin, tout ce monde se trouve à la gare de l'Est, et monte dans le même wagon.

Ces touristes, qui se dérangent pour le traitement d'un seul malade, sont tous très-liés après deux heures de locomotion.

Le baron, Léon de V... et le maître de Fanny se promettent de descendre dans le même hôtel.

PHILOSOPHIE MÊLÉE.

— Plains-toi!... c'est des *mon ange* par-ci, *mon trésor* par-là...
— Et p't'être qu'avant deux mois, i m'appellera punaise.

17ᵉ LIVR.

EN CHEMIN DE FER

Un jeune homme et un vieillard montent dans un wagon de première classe.

Ils s'installent le plus commodément possible, comme des touristes qui doivent faire un long voyage.

— Personne ne montera plus, dit le vieux monsieur.

— Espérons-le, murmure le jeune homme qui se blottit dans un coin et ne dit plus un mot.

PREMIÈRE STATION.

Le vieux monsieur. — Comme vous avez plusieurs journaux, voulez-vous me permettre de vous en emprunter un?

Le jeune homme. — Très-volontiers, car je n'éprouve aucun plaisir à lire.

— Vous êtes pâle, monsieur; seriez-vous souffrant?

— Je suis très-fatigué.

— Si vous aviez été indisposé, j'aurais pu vous offrir un peu d'eau-de-vie que contient cette gourde. C'est de l'excellente fine champagne qui est préférable à l'eau de mélisse.

— Je vous remercie, monsieur, de votre bienveillante proposition.

DEUXIÈME STATION.

Le vieux monsieur. — Connaissez-vous le pays?

Le jeune homme. — Non; c'est la première fois que je voyage de ce côté.

— Il y a plus loin une rampe assez dangereuse. On craint toujours un déraillement à cause d'une courbe très-prononcée... et si le chauffeur ne ralentissait pas à temps sa machine, les plus grandes catastrophes seraient à redouter.

— Je ne partage pas ces craintes; je souhaite même un accident.

— Je ne m'explique pas ce vœu.

— Il est bien naturel, car je voudrais mourir.

— Parlez pour vous, monsieur, mais moi je tiens à vivre.

— C'est tout naturel, car vous n'avez sans doute pas de chagrin?

— Non, certes; ce sont donc les tourments qui vous font souhaiter ainsi la mort?... Oh! pardonnez-moi cette question indiscrète. Mais je vois devant moi un charmant jeune homme, et je m'étonne qu'à votre âge on ne soit pas heureux.

— L'amour n'épargne pas la jeunesse.

Le jeune homme soupira et retomba dans un profond abattement.

TROISIÈME STATION.

Le jeune homme. — Tel que vous me voyez, monsieur, je suis amoureux fou d'une femme...

Le vieux monsieur. — Qui vous résiste?

— Oh! non!

— Alors, de quoi vous plaignez-vous?

— Elle ne veut pas être entièrement à moi.

— Elle est mariée sans doute?

— Non; elle a un protecteur, un vieux monsieur qui lui donne tout ce qu'elle peut désirer, — et ses désirs sont nombreux : tantôt c'est un chalet qu'il faut lui acheter, tantôt c'est une parure, tantôt c'est une magnifique paire de chevaux; tantôt c'est ceci, tantôt c'est cela. Hélas! je ne pourrais satisfaire tous ses caprices, et c'est pour cela qu'elle ne veut pas quitter l'autre, pour mener avec moi une vie simple. Elle ne serait pourtant pas malheureuse, car j'ai vingt-cinq mille livres de rente.

— Les femmes sont ambitieuses.

— Il y a trois jours je l'ai engagée à choisir entre les deux, et elle n'a pas hésité un instant. « Je t'aime bien, m'a-t-elle répondu, je ne te quitterai jamais. Seulement je garderai mon protecteur. Comme je ne puis le souffrir, tu ne dois pas être jaloux. » Voilà, monsieur, la réponse qu'elle m'a faite; et voilà comment les femmes arrangent les choses.

— Elles aiment le cumul.

— Un moment je voulus me tuer après lui avoir fait mes adieux. Mes amis me conseillèrent de voyager, m'affirmant qu'un voyage changerait mes idées. Je montai donc ce matin dans ce wagon sans savoir où me rendre. Si mon voyage continue comme il commence, je ne m'amuserai pas beaucoup, car je ne cesse de penser à la cruelle.

— Pauvre jeune homme, vous m'intéressez.

QUATRIÈME STATION.

— Voulez-vous voir la photographie de celle qui me torture le cœur?
— Oui.
— La voici.
Le vieux monsieur (*stupéfait*). — Ah! diable!... ah! fichtre!
— Qu'avez-vous donc?
— Mais c'est ma petite Léona.
— Vous êtes le protecteur!
— Oui, monsieur, le protecteur âgé. Et vous étiez mon...
— Copain.
— Pauvre ami! (*Il lui tend la main.*)
— Vous me plaignez?
— Oui, certes; car vous qui n'avez pas d'expérience vous avez dû être mené de la belle manière par la jeune donzelle.
— Et vous vous consolez de penser que vous étiez trompé par elle?
— Je l'ignorais parce que je ne m'étais pas donné la peine d'épier sa conduite... Je me disais : Léona doit me tromper, mais il est inutile d'ouvrir une enquête pour savoir cette chose désagréable, si elle m'est infidèle je ne l'apprendrai que trop tôt... Jusque-là, vivons avec nos illusions.
— Vous êtes philosophe?
— Non, mais j'ai soixante ans.
— A propos!...
— Qu'avez-vous donc?
— Ne devez-vous pas partir aujourd'hui avec elle pour faire un voyage d'une quinzaine de jours?
— Je suis parti, mais seul, comme vous pouvez vous en convaincre, pour aller dans mon château, où je retrouverai ma fille qui s'y trouve déjà.
— Léona m'avait dit qu'elle ne pourrait me voir pendant quinze jours, parce que vous l'emmeniez.

— Cela prouve, mon cher ami, que nous étions trompés tous les deux.

— Oh! l'infamie!

— Cela vous étonne, jeune homme? Il serait malheureux de vous faire mourir, car vous avez bien peu vécu.

— Il y a six mois, n'avez-vous pas fait, avec Léona, un voyage en Italie?

— Non certes. D'abord je ne pourrais ainsi me compromettre... Je suis veuf, il est vrai, mais j'ai une grande demoiselle de dix-neuf ans, et je ne voudrais pas qu'elle connût les fredaines de son respectable père.

— Oh! les femmes! les femmes!...

Et le jeune amoureux se frappe la tête contre les portes du wagon, qui, par bonheur, sont très-bien rembourrées.

CINQUIÈME STATION.

Le vieux monsieur. — Comme nous avons habité le même cœur, je puis vous poser une question?

— Certainement.

— Où allez-vous?

— Probablement passer quelques jours chez mon oncle, le colonel X...

Le vieux monsieur. — Le colonel X...! C'est mon meilleur ami... Il m'a souvent parlé de vous... Je lui ai demandé de vous amener à mes réceptions, mais il m'a toujours répondu que vous ne vouliez voir personne. Je m'explique cela. Vous étiez chez *notre amie* les jours où je recevais... Eh bien! vous ne trouverez pas votre oncle, car je l'ai invité à venir passer quelques jours chez moi.

— Étrange coïncidence!

— Et je vous emmène.

— Ma foi, j'accepte.

QUINZE JOURS APRÈS.

Le vieux monsieur. — Eh bien, mon cher Gaston, vous avez un air singulier depuis quelques jours ; vous ennuieriez-vous ici ?
— Oh ! non, mon sauveur.
— Penseriez-vous à Léona ?
— Elle est bien loin de mon esprit et de mon cœur. J'aime... j'adore Mlle Angèle, votre fille, et je vous demande sa main.
— Eh parbleu ! Je vous l'accorde avec joie.
— Quel bonheur !
— Léona ne se doute pas que c'est elle qui fait ce mariage.

COULISSES.

— Un mot, mademoiselle, un mot; un simple petit renseignement à vous demander.
— Avez-vous les mains propres?

LA CLIENTÈLE DU COMMISSIONNAIRE

A scène se passe chez un marchand de vin.

Un commissionnaire et un de ses amis sont installés devant une table.

— Donc, Jean, dit l'homme à la médaille, tu consens à m'acheter mon fonds?

— Oui, mais à la condition que tu me présenteras à ta clientèle...

— Tu es toujours incrédule.

— Je ne puis croire qu'un commissionnaire possède une clientèle.

— Viens avec moi devant mon crochet et tu t'assureras par toi-même que je ne te trompe pas. Nous reviendrons ensuite ici pour terminer l'affaire en trinquant.

Le commissionnaire et son futur successeur sont assis sur le crochet servant de banquette.

Un gommeux (*arrivant*). — Portez cette lettre au 27.

Le commissionnaire. — A la dame blonde du troisième?

Le gommeux. — Comment savez-vous ça?

— On connaît son quartier.

— Je viendrai prendre la réponse dans un instant. (*Il s'éloigne.*)

Le commissionnaire. — Mon brave Jean, tu débutes par ma meilleure pratique.

Jean. — Ce monsieur?

— Mais non, la dame du 27.

— On la connaît sous cette désignation?

— Oui : par moi elle est matriculée. Cette femme est une petite dame à laquelle on donne beaucoup de rendez-vous. Comme je suis installé vis-à-vis d'elle, les messieurs qui la remarquent en passant, — et elle ne se gêne pas pour se faire remarquer, — s'adressent naturellement à moi.

— Et tu as de la besogne?

— La fatigue n'est pas grande, je n'ai que trois étages à monter, quand je les monte.

— Comment cela?

— Chut!... voici mon gommeux qui revient.

Le gommeux. — Et la réponse?

Le commissionnaire. — Vous pouvez vous présenter.

Le gommeux (*rayonnant de joie*). — Ah! très-bien. Tenez, voici quarante sous pour vous. (*Il frise sa moustache et se dirige vers la demeure de la belle.*)

Jean (*stupéfait*). — Quel est ce mystère?

— Ça t'étonne, hein?...

— Mais tu n'as pas bougé d'ici.

— Je n'ai pas besoin de me déranger. Dans sa lettre le petit crevé demande la permission de se présenter. La réponse est toujours affirmative. Donc, pourquoi grimper quatre étages ?

Un vieux monsieur (*arrivant*). — Bonjour ! mon ami.

Le commissionnaire. — Qu'y a-t-il pour votre service, docteur ?

— Ce soir, je suis obligé d'aller dîner en famille chez la tante de ma femme, et il faut que j'aie ma soirée libre vers neuf heures.

— Alors, vers huit heures et demie, j'accourrai chez la tante en question pour vous annoncer qu'un malade réclame en toute hâte vos soins.

— Vous êtes bien au courant ?

— Parbleu ! docteur, ce n'est pas la première fois que je fais cette commission. Faut-il maintenant allez chez Mlle Fanny pour lui dire que vous irez la voir vers neuf heures ?

— Je n'ai plus besoin de rien vous dire, vous connaissez mes habitudes.

— Je sais que le docteur est un homme sérieux et qu'il n'aime pas à écrire de peur de se compromettre.

— Surtout, vous, mon ami, soyez discret.

— Célérité et discrétion, telle est ma devise. Si je n'avais pas été commissionnaire, je me serais mis médecin.

— Voici trois francs pour vos deux courses.

Un brésilien (*arrivant*). — Veuillez porter cette lettre au...

Le commissionnaire. — 27.... oui, monsieur.

— A une dame qui...

— Est blonde, oui, monsieur.

— Comment savez-vous que?...

— J'ai de l'intuition. Repassez dans dix minutes, et je vous donnerai la réponse. (*Le Brésilien s'éloigne.*)

Jean. — Vas-tu monter, cette fois?

Le commissionnaire. — C'est inutile, puisqu'elle est en ce moment en conférence avec notre gommeux de tout à l'heure.

Dix minutes après le Brésilien revient.

— Eh bien?

Le commissionnaire. — J'ai remis votre lettre. Madame est sortie pour aller poser des sangsues à sa mère, qui est très-malade. Mais vous pourrez vous présenter dans deux heures.

Le Brésilien. — Très-bien. (*Il met cinq francs dans la main du commissionnaire.*)

— Faut-il vous rendre de la monnaie?

— Non.

— Merci, mon prince.

Un monsieur arrive mystérieusement :

— Mon ami, vous allez encore suivre ma femme.

— Vous croyez donc qu'elle vous trompe?

— J'en ai bien peur.

— Vous savez qu'hier je l'ai suivie, et qu'elle n'est allée qu'aux bains.

— Mais aujourd'hui, si elle sort, elle peut se rendre ailleurs.

Enfin, je vous prie de la suivre avec le plus grand soin. (*Le mari jaloux s'éloigne.*)

Quelques minutes après arrive une femme charmante.

— Mon ami.

— Madame ?

— Je vous ai vu, à travers le rideau de mon salon, causer avec mon mari.

— Oui, et, comme de coutume, il m'a recommandé de vous suivre.

— Et, pour cette active surveillance, il vous donnera encore dix francs ?

— Naturellement !

— En voici dix pour acheter votre silence.

— Merci, madame ; mais où dirai-je que je vous ai vue vous rendre ?

— Chez ma couturière.

La dame monte dans un coupé qui stationne un peu plus loin au coin d'une rue. — Dans cette voiture, un jeune homme attend l'épouse qui ne veut pas être suivie.

Jean (*au comble de l'étonnement*). — Ça va bien !

Le commissionnaire. — Maintenant, mon cher Jean, aimes-tu le théâtre ?

— J'en suis fou !

— Voici un monsieur qui m'apporte une lettre. C'est un journaliste. Il me charge de remettre sa copie à l'imprimerie. Il me paye ma course, et, par-dessus le marché, me donne des billets de spectacle.

Le journaliste (*s'approchant du commissionnaire*). — Voici pour l'imprimerie. Voulez-vous aller ce soir à Cluny ?
— Volontiers.
— Prenez ces deux fauteuils d'orchestre.

Jean. — L'épreuve me suffit, j'achète ton fonds. Nous en fixerons le prix ce soir en sortant du théâtre.
— Et demain je te présenterai à ma clientèle.

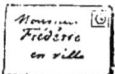

LES PARISIENNES.

VIE PRIVÉE.

— Encore lui?... Qui diable ça pourrait-il bien être c't'animal-là ?

LA COMÉDIE DU RECENSEMENT

 N employé de la préfecture de la Seine se présente rue Maubeuge.

— Mademoiselle Blanche Taupier, s'il vous plaît? demande le recenseur à une charmante camériste.

— Ce n'est pas ici.

— Excusez-moi, mais vous devez faire erreur. Le registre des contributions que j'ai consulté avant de venir indique bien que Mlle Blanche Taupier demeure 217, rue Maubeuge, au troisième.

— Vous êtes bien, en effet, au troisième du 217 de la rue Maubeuge.

— Il n'y a pas longtemps que vous êtes dans cette maison?

— Depuis six semaines seulement.

— Que demandent les personnes qui viennent voir votre maîtresse?

— Elles s'informent si Mlle Blanche est chez elle.

— Eh bien, je profite de l'occasion pour vous apprendre que votre maîtresse s'appelle Taupier, c'est son nom de famille.

— Ah! bah!... mademoiselle a bien tort de me faire de pareils mystères; je lui adresserai à ce sujet de sévères remontrances.

— On voit que vous êtes en bons termes avec elle.

— Elle n'a rien de caché pour moi, elle me raconte tous ses tracas. Mais vous, monsieur, qui êtes-vous?

— Le recenseur.

— Ah! oui, on vous place dans la cage de l'escalier pour monter les gens. J'ai entendu parler de cela.

— Vous confondez, mademoiselle, ascenseur avec recenseur... Je viens pour le recensement de la population du département de la Seine...

— Ah! j'y suis. Mais vous n'êtes pas un farceur, j'espère bien?

— Pourquoi cette question?

— Parce qu'au dernier recensement, j'étais comme aujourd'hui au service d'une petite dame. L'amant de ma maîtresse, afin de savoir comment elle se conduisait, pria un de ses amis de se travestir en recenseur.

Il arriva en l'absence de madame et me posa toutes sortes de questions indiscrètes. Mais il insista surtout par savoir combien elle avait d'amants. Ne m'attendant pas à être pincée par un espion, je me mis à compter les amis de madame... J'entends par amis ceux qui avaient le soin de venir pendant que monsieur n'était pas là... J'en comptai huit. Il me fit donner leur signalement. Je n'hésitai pas à répondre à toutes ses questions. Le lendemain, l'époux de madame annonçait qu'il ne reviendrait plus, ayant tout appris. Comme le véritable recenseur arriva huit jours après, je sus que j'avais donné dans un piége.

— Ne craignez rien, mademoiselle, je ne suis pas un traître. Mais veuillez me conduire auprès de votre maîtresse, parce que je suis pressé.

— Elle est sortie.

— Comme elle n'a rien de caché pour vous, ayez la bonté de me fournir tous les renseignements nécessaires.

— Avec plaisir, monsieur; mais auparavant, jurez-moi que vous n'êtes pas un farceur.

— Mieux que ça... examinez cette carte qui prouve mon identité.

— Cela suffit... je suis à vous.

— Je le voudrais bien, répond le recenseur en esquissant un gracieux sourire.

— Voulez-vous bien vous taire, polisson!...

— Quel âge a votre maîtresse?

— Elle le cache à tout le monde, mais comme je fouille toujours dans les tiroirs, j'ai découvert son acte de naissance; elle a eu trente ans il y a huit jours, mais elle affirme qu'elle n'a que vingt-trois ans. Surtout, soyez discret.

— Ces renseignements sont consignés discrètement dans les bureaux de la préfecture de la Seine. Comme profession, nous allons mettre rentière.

— Oh! non, monsieur, car M{ile} Blanche est sans cesse poursuivie par des créanciers. Elle m'a dit assez souvent que si elle avait seulement trois mille livres de rente, elle irait vivre tranquillement à la campagne sans le moindre homme.

— Alors, quelle mention insérer dans la colonne réservée aux professions?

— Eh! parbleu!... vous êtes embarrassé pour bien peu de chose; mettez : Cocotte.

— Il faut avoir plus de ménagements pour les professions libérales.

— Mettez alors : Femme entretenue.

— Hum !... hum !...

— Tenez, je vais vous tirer d'embarras. Mlle Blanche est en ce moment en pourparlers pour jouer un bout de rôle dans une pièce que monte le théâtre de l'Athénée-Comique. Disons que madame est artiste dramatique.

— C'est généralement l'expression qu'on emploie en pareille circonstance, car les cocottes jouent toutes la comédie.

Sur ces entrefaites arrive le type le plus réussi du gommeux parisien : c'est le protecteur de mademoiselle Blanche Taupier...

Le dialogue suivant s'engage entre les trois personnages.

LA CAMÉRISTE, *au recenseur*. — Je vous présente monsieur Oscar, l'époux de madame.

OSCAR, *étonné*. — Quel est ce monsieur? (*Avec colère.*) Un rival, peut-être. Voici ma carte, monsieur, si vous avez du cœur, nous nous battrons.

— LE RECENSEUR. — Calmez-vous, monsieur, je ne suis qu'un modeste employé de la préfecture de la Seine ; je viens pour le recensement.

OSCAR, *calmé*. — Excusez-moi, monsieur, mais je suis jaloux, et j'aime tant Blanche que je vois partout des rivaux. Si elle me trompait, j'en mourrais. (*Il essuie une grosse larme.*)

LE RECENSEUR. — Habitez-vous ce logement?

— J'y passe toutes mes journées et souvent mes nuits.

— Alors, je vais vous porter comme demeurant au 217 de la rue Maubeuge.

— Oh ! oui, monsieur, car si je ne puis épouser Mlle Blanche, je veux du moins avoir la consolation d'être porté avec elle sur le registre de recensement... Il me semble ainsi que c'est déjà une première formalité remplie devant M. le maire.

— Quelle est votre profession?

— Je mange l'argent de papa.

— Voulez-vous que nous mettions : Étudiant?

— Si cela vous convient ; mais je n'étudie que le cœur de ma Blanche.

— Quel âge avez-vous?

— Vingt-deux ans.

— Que cela?

— Vous en êtes étonné, parce que je n'ai plus beaucoup de cheveux. Hélas !... les femmes m'ont déjà fait tant souffrir... Je ne dis pas cela pour Blanche, qui est un ange.

— Si vous n'avez plus de cheveux, vous avez encore des illusions.

— Monsieur, je veux bien donner à l'employé de la préfecture tous les renseignements qu'il me demandera concernant le recensement, mais je n'accepterai jamais de conseils... je repousse même ceux qui viennent de ma famille.

— Excusez la remarque déplacée que j'ai pu faire.

— Vous êtes pardonné.

— Ah ! j'oubliais de vous demander votre nom de famille. Oscar est votre prénom?

— Oui, pour les dames. Je me nomme Boulinier... Aristide-Achille-Oscar Boulinier.

— N'êtes-vous pas le fils de M. Boulinier?

— Naturellement.

— De M. Boulinier, employé supérieur de la préfecture de la Seine?

— Oui, monsieur ; vous le connaissez?

— C'est mon chef... c'est à lui que je dois remettre mon travail.

— Ah ! diable !...

— Cela vous contrarie?

— Mais mon papa verra que je me suis fait inscrire comme vivant maritalement avec Blanche Taupier?

— C'est probable!...

— Il sera furieux... Rayez mon nom, je vous en prie.

— Il est trop tard... Vous avez votre numéro matricule... Je ne puis vous effacer sans un ordre de mon chef.

— Ah! bien, merci... papa va être content... il me retiendra mon indemnité mensuelle pendant au moins une année. (*Tombant anéanti sur un fauteuil.*) Que le diable emporte le dénombrement de la population et les recenseurs!

LES PARISIENNES.

SCÈNE CONJUGALE.

— Chaque fois que je veux lui parler de mes devoirs d'époux, v'la c'quelle me fait... vous concevez, belle maman, qu'à la fin du compte...

LE DERNIER MORCEAU DE PAIN

ROMAN PARISIEN

CHAPITRE PREMIER.

THÉRÈSE et Paul s'aimaient d'amour tendre.
— Jamais, dit-elle à son amant, jamais je n'avais aimé. Si tu me quittais, je sens que je mourrais.
— Sapristi! — Pas de bêtises, ma chère Thérèse. D'abord il n'est pas question de notre séparation, puisque nous sommes heureux ensemble.

CHAPITRE II.

— Qu'as-tu donc, Paul? Tu parais tout bouleversé... Tu as pleuré... tu pleures encore...

— Un immense malheur nous frappe.
— Parles... tu me fais peur.
— Ma famille est complétement ruinée. Elle n'a plus d'argent à me donner, je ne pourrai donc te procurer des moyens d'existence.
— Que m'importe... Je travaillerai.
— Hélas !... Tu ne sais pas plus que moi ce que c'est que le travail.
— Avec du courage on arrive à tout. Mais tu ne me quitteras pas, mon Paul bien-aimé, n'est-ce pas?
— Non ; mais qu'allons-nous devenir?
— Nous nous aimons, cela suffit. D'abord, j'ai des bijoux et des toilettes, je vendrai tout cela. Nous verrons plus tard. Mais je veux trouver de l'ouvrage; cherches-en aussi, et tu verras que nous nous tirerons d'affaire.

CHAPITRE III.

— Eh bien? demanda Paul en voyant rentrer Thérèse qui paraissait brisée par la fatigue.
— J'ai couru tout Paris.
— Et tu n'as rien trouvé?
— Je suis allée chez l'éditeur qui me vendait de la musique. Étant quelque peu pianiste, je lui ai demandé s'il ne pouvait pas me procurer quelques élèves... trois seulement à un franc le cachet... Cela me permettrait de vivre.
— Quelle réponse t'a-t-il donnée?
— Il m'a fait le plus gracieux accueil, et m'a inscrite sur son livre. J'ai le numéro 380.
— Alors, dans une dizaine d'années tu pourras espérer avoir une leçon.
— Oui. Je me suis présentée aussi pour être demoiselle de com-

pagnie dans une famille. On m'a demandé mes diplômes, on m'a demandé si je savais l'anglais et l'allemand, on m'a demandé des certificats des personnes chez lesquelles j'avais été... Je ne sais plus tout ce que l'on m'a encore demandé.

Enfin, j'étais sortie ce matin avec quelques illusions, parce que les cartes m'avaient annoncé de bonnes choses, et je reviens désespérée. Toi, as-tu eu plus de chance ?

— J'ai trouvé une place dans un chemin de fer.

— Oh ! quel bonheur !... Que ne me le disais-tu plus tôt !

— Je gagnerai douze cents francs par an pour nettoyer les wagons et graisser les roues.

— Et tu acceptes ?

— C'est tout ce que j'ai trouvé de mieux.

CHAPITRE IV.

En l'absence de Paul, la concierge arrive.

— Madame Thérèse, dit-elle, voici un bouquet que je suis chargée de vous remettre.

— Qui m'envoie ces fleurs ?

— Le vieux monsieur qui vous suit depuis plusieurs jours et qui demeure en face.

— Rendez-lui ses fleurs... il les donnera à une autre femme.

— C'est un monsieur bien comme il faut... il a voiture et au moins cinquante mille livres de rente.

— Je vous ai dit de lui rendre ses fleurs.

— Acceptez-les toujours, ça n'engage à rien.

Thérèse prend le bouquet et le jette par la fenêtre.

Il tombe sur la tête du vieux lovelace qui attendait une réponse favorable.

— Quelle étrange femme ! s'écrie la concierge en s'éloignant, elle aime un homme qui est ruiné et elle ne veut pas prendre un autre amant ! Quand cette créature-là mourra, il faudra procéder à son autopsie, car elle n'est pas faite comme les autres de son sexe.

CHAPITRE V.

Une autre visite arrive.

C'est celle d'un commissaire-priseur.

— Madame, dit ce dernier, l'huissier a opéré la saisie de vos meubles, le tribunal en a ordonné la vente, j'ai le regret de venir les chercher... Je ne puis vous laisser que votre lit et quelques effets de toilette. Vous ne vous opposez pas à l'enlèvement de ces objets?... Vous pourriez gagner du temps. Une aussi jolie femme que vous peut aujourd'hui être dans la misère et avoir demain tout l'argent qui lui est nécessaire pour sortir d'embarras.

— Ni demain, ni dans huit jours, ni dans un mois je ne serai plus riche qu'aujourd'hui.

— Alors je vais, à mon grand regret, faire enlever tous ces meubles.

CHAPITRE VI.

— Je viens, se dit Thérèse, en regardant une pièce de vingt francs, je viens de mettre au mont-de-piété mon dernier bijou, un petit médaillon que mon père m'avait donné quand j'étais enfant. Avec ces vingt francs, je vais pouvoir vivre encore quelques jours ; toi aussi, mon pauvre Tick.

Et elle caresse un petit chien havanais qui se met à faire le beau, parce qu'il croit que sa maîtresse lui donnera un morceau de sucre.

— Tu veux du sucre, mon Tick, hélas ! C'est un extra que nous ne pouvons plus nous permettre. Mais sois tranquille, il y aura peut-être bientôt des jours meilleurs pour nous. Ton maître est parti pour s'entendre avec le patron d'une grande usine... il espère être nommé contre-maître... il aura trois mille francs... une fortune pour nous... Alors nous quitterons Paris, et nous irons vivre à la campagne, près de l'usine... Ah ! nous serons bien heureux.

CHAPITRE VII.

— C'est mon dernier morceau de pain ; quand celui-là sera mangé je n'aurai plus rien.

Paul ne se doute pas de ma misère. Il croit que je travaille pour une lingère. Lui qui est tombé malade pendant le voyage et qui, en arrivant, a été obligé de se faire soigner à l'hôpital !... Si je lui écrivais pour lui avouer l'affreuse vérité... il voudrait revenir, et épuisé comme il est lui-même par la fatigue et les privations.... il succomberait en chemin.

(Tick le chien se met à aboyer.)

Toi aussi, mon loulou, tu as faim, tiens, mange ce qui me reste. Je tâcherai de lutter jusqu'à demain... demain j'irai dans la rue implorer la charité des passants.

Pourrai-je attendre jusqu'à demain? Je ne le crois pas, car j'ai bien faim... Tiens, c'est vous, mère Chaffaroux?

— Oui, répond la portière en entrant timidement.

— Que voulez-vous?

— Jetez donc les yeux sur la salle à manger du monsieur d'en face... la fenêtre est ouverte.

— Peu m'importe ce qui se passe chez lui... Il donne sans doute un grand dîner, car la table est somptueusement servie.

— Oui, madame, un dîner composé des mets les plus exquis.

— Je ne veux pas voir cela, car j'ai trop faim.

— Pour se mettre à table, ce monsieur n'attend qu'une personne : vous !

— Moi?...

— Résisterez-vous cette fois à la tentation ?

— Oh ! non... Viens, mon Tick, on va manger.

LES PARISIENNES.

PARISINE.

Attend son agent de change.

UNE FANTAISIE DE CARMEN

Carmen entre dans le modeste appartement de Paul.

Elle jette sa pelisse sur une chaise et se précipite dans les bras du jeune homme.

— Mon Paul chéri, lui dit-elle, je vais t'apprendre une bonne nouvelle pour toi et pour moi.

— Quoi donc?

— Demain on vend mes meubles.

— Tu appelles cela une bonne nouvelle?

— Oui, car je ne veux plus vivre qu'avec toi, toi seul. Le produit de la vente de mon mobilier payera les quelques dettes que j'ai encore et nous serons heureux tous deux, oh! oui, bien heureux, n'est-ce pas, Paul?

— Tu es un ange.

Ils s'embrassent tendrement.

— Tu parais triste, Paul, pourquoi cela?

— Parce que je ne sais si tu te rends bien compte du sacrifice que tu viens de faire. Tu étais une des femmes à la mode, on te voyait au théâtre, à toutes les premières représentations. Tu faisais sensation au Bois dans ton charmant petit coupé marron.

— Eh bien, continue Carmen, je renonce à tout cela pour vivre avec un brave cœur qui n'a pas d'argent, mais qui m'aimera bien, tandis que les autres hommes me couvraient de billets de banque, mais me méprisaient.

— C'est vrai, ma chère Carmen.

— D'abord, tu es peintre, tu fais des portraits et tu gagnes de l'argent.

— A peine quatre cents francs par mois.

— Mais c'est énorme, et cela suffira bien pour mener avec toi l'existence que j'ai rêvée.

— Cesse de me parler ainsi; il me semble que je deviens fou. Ou plutôt, parle, parle encore, pour bien me prouver que ce qui se passe en ce moment est la réalité, et que je ne suis pas le jouet d'un songe.

Elle lui donne deux gros baisers.

— Tiens, voilà pour te réveiller. Si tu dormais, ces baisers te tireraient bien vite de ton profond sommeil.

Le lendemain Carmen est installée chez Paul.

Elle est en robe de chambre et se met à frotter les meubles avec ardeur.

— Ma chère amie, tu vas te fatiguer, lui dit son amant, reste tranquille.

— L'exercice me fera grand bien, mon docteur me l'a toujours dit.

— Je vais prendre une bonne.
— Je m'y refuse; pourquoi faire de folles dépenses?
— Mais qui préparera la cuisine?
— Moi.
— Et qui lavera la vaisselle?
— La portière.

Nos deux amoureux s'occupent du menu du dîner. Il se compose d'un pot-au-feu et d'un plat de pommes de terre.

— Ce sera peu pour toi qui es habituée à bien vivre, fait observer Paul.

— Je suis fatiguée de tous les dîners des grands restaurants : un plat de bouilli avec quelques bons gros cornichons autour, mais c'est mon rêve!

Carmen et Paul se mettent à table.

Le consommé n'est pas des mieux réussis, car les légumes ont été oubliés; quant aux pommes de terre, elles sont brûlées.

Mais qu'importe!... est-ce que l'amour ne remplace pas les mets les plus succulents?

Le lendemain il y avait des courses au bois de Boulogne.

— Je veux y aller, dit Carmen.

— Tu vois bien que tes anciennes passions te reprennent. Tu vas vouloir louer une victoria.

— Moi!... mais nous irons tous deux aux courses par le chemin de fer, ou plutôt par le bateau-mouche, ce moyen de transport est plus économique. Je mettrai cette petite robe de toile.

— Décidément, tu es plus qu'un ange.

— Ne vas-tu pas dire que je suis le bon Dieu?

— Pourquoi pas!...

— Nous parierons, Paul, si tu le veux.

— Oui; mais c'est que le jeu...

— Nous prendrons une poule de quarante sous.

Sur le champ de courses Carmen fait sensation. Elle attire bien plus l'attention que les célébrités demi-mondaines se pavanant dans leurs huit-ressorts.

Les jeunes gens du Jockey se la montrent et les reporters des journaux les mieux renseignés la suivent et prennent des notes.

Jamais Carmen n'a produit autant d'effet.

Paul est heureux, car cela flatte son amour-propre.

— Le monde, pense-t-il, voit bien que Carmen fait tous ces sacrifices parce qu'elle m'aime, et l'amour d'une femme... qui n'a jamais aimé est chose précieuse.

Le dimanche suivant, il n'y avait pas de courses.

— Comment passerons-nous notre journée? demande Carmen en dissimulant un fort bâillement.

— Nous irons nous promener au Jardin des Plantes; jeudi dernier les singes t'ont amusée.

— Oui; mais ils ne me feront plus rire cette fois-ci, il ne faut pas abuser de ces choses-là.

— Carmen, dit Paul d'un ton soucieux, tu t'ennuies déjà avec moi, ne le cache pas.

— Oh! peux-tu dire cela!... tu me juges bien mal. Tiens, pour te prouver que tu te trompes, nous retournerons aujourd'hui voir les singes, et nous leur rendrons visite tous les dimanches.

Un soir Carmen manifeste le désir de manger des marrons et de boire du cidre.

Paul achète un litre de cidre et dix sous de marrons.

Carmen ne paraît pas du tout s'amuser.

— Mon ami, dit-elle à son amant, il me passe par la tête une singulière fantaisie.

— Fais-m'en part.

— Non; car tu me diras que je suis ridicule.

— Tu as sans doute vu une toilette qui te plaît. Parle, ma bonne amie, si ce mois-ci je ne vends pas assez de tableaux, je peindrai des enseignes de boutique, cela augmentera toujours un peu nos revenus.

— Il ne s'agit pas d'une robe, ou de tout autre objet de toilette.

— Explique-toi donc vite, car tu m'intrigues.

— Veux-tu nous asphyxier?

Stupéfaction de Paul.

— Nous asphyxier, répète-t-il avec effarement.

— Tu refuses?

— Avec énergie.

— Que les hommes sont lâches; ils ne savent pas mourir avec une femme qui les aime.

Le lendemain elle profita de l'absence de Paul pour lui laisser sur son secrétaire une lettre contenant ces simples mots :

« Adieu, mon cher Paul, je te quitte, non parce que je ne t'aime plus, mais parce que je m'ennuie; si tu avais voulu mourir avec moi, nous serions restés ensemble, je te le jure.

« A toi de cœur,

« CARMEN. »

Aujourd'hui, Carmen a un appartement de dix mille francs et huit chevaux dans ses écuries. Avant, elle ne payait que trois mille francs de loyer et elle n'avait que deux chevaux.

Depuis sa singulière fantaisie, Carmen a beaucoup plus d'attrait pour les amateurs millionnaires.

LES PARISIENNES.

LES MIETTES DE L'HISTOIRE.

— Ce que Louise de Nevers appelait tout bonnement le côté platonique du bilboquet.

PLAISIRS CHAMPÊTRES

— Bon!... une lettre d'Ernestine!... Que peut-elle bien me demander?

« Mon gros Gustave,

« J'ai dit à ma famille que je travaillerai dimanche prochain toute la journée au magasin. Je serai donc libre. Tu vas m'emmener à la campagne, comme tu me l'as promis, car il faut profiter du printemps.

« Oh! passer une journée à la campagne avec toi, quel bonheur!

« Cette nuit, je n'en dormirai pas de joie.

« A dimanche matin, à neuf heures, gare Saint-Lazare.

« Celle qui t'adore,

« Ernestine. »

— Que le diable t'emporte! s'écrie Gustave. Aller à la campagne le dimanche, quel agrément! Ces jeunes fleuristes ont la passion des champs. Elles sont toute la journée au milieu des fleurs artificielles, et ça ne leur suffit pas!

Il va falloir que je me lève à six heures du matin pour être à la gare à neuf heures.

Gustave, en amant empressé, est exact au rendez-vous; mais, à neuf heures et demie, Ernestine n'est pas encore en vue des marches de la salle d'attente.

Enfin, à dix heures cinq, elle arrive.

— Ma mère m'a suivie, dit-elle. Cette brave femme tenait à savoir si j'allais vraiment au magasin. Je me suis donc trouvée forcée de suivre la même route et d'entrer chez la concierge de la patronne pour détourner les soupçons de maman.

— C'est possible! répond Gustave avec colère, mais voilà le deuxième train que nous manquons.

— Ne me gronde pas, mon bon chéri, car je ne suis pas coupable!

— Enfin, pour tuer le temps, en attendant le prochain train, nous allons regarder les touristes qui, eux aussi, manquent l'heure du départ pour les autres stations; cela nous distraira.

— Nous ferions mieux d'acheter un pâté de volaille pour déjeuner sur l'herbe.

— Tu aimes ça?

— Je ne l'ai pas encore fait, mais je le désire depuis que je suis au monde.

— Très-bien! faisons des provisions. Ça me rappelle le siége, lorsque j'emportais des vivres pour monter ma garde sur les remparts.

A midi, les deux amoureux déjeunent à Ville-d'Avray, au milieu des champs.

— L'herbe est trempée par la rosée, dit Gustave, je suis certain d'attraper des douleurs rhumatismales.

— Tu préférerais déjeuner en cabinet particulier, chez Brébant, comme tu l'as fait, sans doute, fort souvent avec des cocottes qui demandaient les plats les plus recherchés. Tu dépensais une trentaine de francs et tu n'étais pas aimé par ta compagne; tandis que ce déjeuner ne te coûte que cent sous, et je t'adore. Les hommes ne savent jamais rendre justice aux goûts modestes de la grisette.

— Pas de reproches amers, n'est-ce pas? car je ne les aime point quand je mange de la viande froide. Nous n'avons ni couteaux ni fourchettes.

— C'est bien plus drôle de manger avec ses doigts!

— Et nous n'avons pas de verre.

— Nous boirons à même la bouteille. J'espère, monsieur, que vous n'êtes pas dégoûté de moi?

— Allons, bon!...

— Qu'as-tu?

— Un crapaud vient de sauter dans la croûte du pâté!

— Que tu es sale!...

— Je te jure que ce n'est pas moi qui l'y ai mis.

— Après tout, on mange bien des grenouilles...

— Veux-tu que je t'en donne une cuisse?

— Du poulet?

— Non, du crapaud.

— Tu es ridicule. Mais ne nous fâchons pas pour une pareille bagatelle.

Le déjeuner continue avec accompagnement de bourdonnements de guêpes, d'abeilles, de mouches vertes et d'insectes de toutes sortes, qui viennent se poser sur la figure et les mains des campagnards.

— Un garde champêtre accourt.

— Ah çà, dit-il, est-ce que vous vous fichez du monde?

— Pourquoi cette question adressée en termes si peu gracieux? demande Gustave.

— Parbleu! parce que vous êtes assis au milieu d'un champ de blé; croyez-vous que celui-ci pourra pousser si vous vous asseyez dessus?

— Cette herbe, c'est du blé?

— Oui, m'sieu le Parisien.

— J'avoue l'ignorer.

— Pour vous donner des connaissances agricoles plus étendues, j' vas vous dresser procès-verbal.

— Prenez donc plutôt ce restant de pâté.

— Comment! vous tentez de me séduire pour me détourner de mes devoirs!... Je vais consigner la chose au procès-verbal.

Et le garde champêtre s'empresse de verbaliser.

— J'en ai au moins pour mes quinze francs, se dit Gustave; pour ce prix-là, nous aurions fait un excellent déjeuner chez Brébant.

Après le départ du garde, Ernestine cueille des fleurs.

— Oh! dit-elle, les magnifiques lilas!

— Tu ne peux les prendre, car ils sont dans une propriété privée.

— Il suffit d'escalader cette petite haie.

Et elle met aussitôt son projet à exécution. Mais elle a beaucoup de peine à recommencer son escalade.

Elle appelle Gustave à son aide.

A peine est-il dans la propriété qu'il aperçoit dans un taillis un bourgeois qui le met en joue en criant :

— Ah! gredin, on vous apprendra à escalader les haies des propriétés particulières!

Et piff!... paff!... une légère détonation.

— Touché! s'écrie Gustave en portant ses mains au bas de ses reins. S'il est vrai que le sel conserve, grâce à ce monsieur, je paraîtrai jeune longtemps.

— Tu es blessé, Gustave? s'écrie Ernestine en tremblant.

— Non, je suis salé... mais, sapristi!... ça cuit!

Pour se remettre d'une alarme aussi chaude, Gustave entre dans un restaurant pour commander le dîner et s'appliquer des compresses.

— Quelle manie d'aller à la campagne le dimanche! murmure le blessé en se tenant les... reins.

— J'ai eu tort de cueillir des lilas, dit Ernestine; je te demande pardon.

— N'en parlons plus et dînons. Donnez-nous un potage gras, dit-il au garçon.

— Nous n'en avons plus, répond celui-ci.

— Alors, un poisson?

— Il ne nous en reste pas.

— De la viande?

— Nous avons encore une côtelette.

— Pour deux?

— Si vous n'avez pas bien faim.

— Ah çà, vous n'avez donc rien ici?

— Tout a été pris d'assaut à la cuisine, et nous n'avions pas fait de grandes provisions, parce que nous ne pensions pas avoir tant de monde.

— Il n'est pas encore six heures, et je ne vois pas plus de dix personnes.

— C'est déjà beaucoup pour un restaurant champêtre.
— Allons dîner à Paris.
— Monsieur, dit le garçon, me payera bien ses compresses d'eau fraîche?
— Combien?
— C'est trois francs.

Les deux amoureux reviennent à Paris.
Un orage épouvantable a éclaté, et pas une voiture libre.
— Ma robe va être perdue! s'écrie Ernestine en pleurant.
— Que veux-tu que j'y fasse?
— Et si je rentre chez moi toute trempée, mes parents me diront que je n'ai point passé ma journée au magasin.
— Je n'y puis rien.
— Si fait! car, pour me sauver, tu n'auras qu'à venir demander ma main à ma famille.
— Ernestine, tais-toi; après une journée comme celle-là, je ne suis pas en train d'entendre dire des bêtises.

LES PARISIENNES.

COULISSES.

— Combien t'offre-t-on, dis-tu, par mois, à ce théâtre ?
— Quinze cents.
— Bigre !
— Peuh ! ça n'fait jamais guère plus qu'quarante sous l'heure.

LE TÉMOIN CLARISSE

u'y a-t-il, mère Pitanchu?
— Une lettre pour vous, madame Clarisse.
— Est-elle chargée?
— Non, il y a, au contraire, six sous à payer.
— C'est sans doute un créancier qui m'écrit des sottises. Vous pouvez garder ce papier pour vous.
— C'est une lettre qui vient du Palais de Justice. Et comme elle n'est pas sous enveloppe, j'ai pu voir qu'on vous appelle comme témoin.
— Ah! oui, pour le procès de Justine, qui a donné un coup de couteau à son amant.

— Vous avez de la chance d'être citée comme témoin, vous pourrez assister à ce procès, qui sera très-intéressant.

— Je ne pensais pas être demandée sitôt.

— Vous allez d'abord déposer chez le juge d'instruction.

— Cette corvée-là doit être ennuyeuse. Madame Pitanchu, les juges d'instruction sont-ils beaux garçons?

— Ils ont pu l'être, car ils ont tous passé la cinquantaine.

— Enfin, nous causerons avec ce monsieur-là dans huit jours. Je lui demanderai quelle toilette je devrai porter à l'audience.

* *

Huit jours après.

Mme Clarisse revient de chez le juge d'instruction.

La concierge court après elle.

— Que s'est-il passé?

— Rien d'amusant. D'abord parce qu'il était trop laid. Mais j'aurais bien voulu causer avec un jeune homme qui se trouvait en face de lui et qui écrivait tout le temps. La belle tête!... Ce charmant garçon paraissait ravi de savoir que je le regardais. J'ai essayé de lui glisser ma carte, mais je n'ai pu y parvenir.

— Il connaît votre adresse, puisqu'il écrivait tout ce que vous disiez au juge d'instruction.

— Vous avez raison.

— S'il désire vous envoyer un bouquet, cela lui sera facile.

— Vous me rassurez. Mais le vieux n'était pas aimable. Quand je lui ai demandé quelle toilette je devais mettre pour le procès, il m'a répondu que cela me regardait. Quel ours!... En voilà un qui ne doit pas rendre sa femme heureuse!

— Et quand le procès aura-t-il lieu?

— Dans un mois. Je vais me commander une robe neuve; car on prétend que le « Tout-Paris » des premières sera dans la salle.

— Quand j'étais jeune, je me suis offert toutes les satisfactions :

j'ai eu des chevaux, des voitures, des chalets au bord de la mer, tout enfin... mais je n'ai pas eu le bonheur d'être témoin dans un procès.

— Ajoutez qu'il y a procès et procès... Celui-ci est en cour d'assises, et on en parle depuis trois mois. Enfin, les femmes du monde font déjà des bassesses pour avoir des places.

— On peut vous qualifier de veinarde !

* * *

Le jour des débats.

Mme Clarisse attend, comme les autres témoins, dans le couloir sur lequel donne une petite porte basse, qui s'ouvre sur l'ordre du greffier pour laisser entrer les témoins quand le président les fait demander. Clarisse a une robe aux couleurs criardes. Elle est coiffée d'un chapeau extravagant.

— Ciel! se dit-elle, en fouillant dans sa poche, j'ai oublié ma pomme de poudre de riz; monsieur le gendarme, fait-elle d'une voix suppliante, auriez-vous la bonté de descendre m'acheter de la poudre de riz?

— Que je ne suis pas ici présentement pour faire les commissions, mais pour maintenir l'ordre, répond brièvement le brave soldat.

— Vous n'êtes pas aimable.

— Je n'aime pas les réflexions intempestives.

— Ah! vous voilà, Juliette, dit Clarisse s'adressant à une dame qui vient d'arriver.

— Bonjour, chère amie.

— Avez-vous votre poudre de riz?

— Parbleu!

— Prêtez-m'en.

— Volontiers!... Mais quelle toilette, ma chère! Voilà une robe qui vous coûte au moins quinze cents francs. Vos protecteurs se sont cotisés pour vous la donner.

— Malhonnête!... Ils ne se sont pas mis plus de trois. Et je suis bien certaine qu'en sortant de l'audience vingt hommes galants s'offriront pour payer la note de la couturière.

— Vous croyez qu'il y a des gens sérieux dans l'audience?

— Tous les journaux l'ont annoncé.

Mme Juliette arrange avec soin les plis de sa robe.

Le greffier appelle Clarisse.

— C'est à moi! s'écrie celle-ci, mon cœur bat comme la première fois que j'ai mangé une douzaine d'huîtres, avec un homme, en cabinet particulier.

*
* *

Clarisse fait son entrée dans la salle d'audience. Commence l'interrogatoire du témoin.

Le président. — Levez la main droite, et jurez de dire la vérité, toute la vérité, rien que la vérité.

Clarisse. — Je ne ferai pas le plus petit mensonge.

— Répondez simplement : Je le jure!

— Je le jure!...

— Quels sont vos nom et prénoms?

— Je me nomme Clarisse Michoux.

— Votre âge?...

— Vingt-trois ans.

— Au juge d'instruction, vous avez avoué vingt-neuf ans.

— Comment!... il vous l'a répété?...

— J'ai là sous les yeux votre déposition.

— Le soir, en rentrant, j'ai retrouvé mon acte de naissance, et j'ai vu que je m'étais trompée.

— Où demeurez-vous?

— Clarisse (*d'une voix très-forte, en promenant ses regards sur toute l'assemblée).* — Rue de Maubeuge, 217, au troisième, la porte à droite. Il y a devant la porte un paillasson vert.

— Ces derniers détails sont inutiles.

— Vous m'avez recommandé de dire toute la vérité... Mais au terme je déménagerai et j'irai demeurer...

LE PRÉSIDENT (*vivement*). — C'est bon!... taisez-vous!

CLARISSE (*à part, voyant les rédacteurs judiciaires qui écrivent*). — Bonne affaire, tous ces messieurs ont pris mon adresse.

LE PRÉSIDENT. — Travaillez-vous?

CLARISSE. — Si je travaille?...

— Avez-vous un métier?

— J'ai joué, il y a deux ans, dans une revue aux Menus-Plaisirs. Si ce théâtre n'avait pas fermé, j'y serais encore. Si vous entendez parler pour moi d'un engagement, je l'accepterai avec plaisir.

— Ce n'est pas ici une agence théâtrale.

— Non, mais on peut trouver par relations.

— Racontez-nous ce que vous savez sur le crime qui a été commis.

— Ce jour-là M. Bigordot était venu me chercher.

— Qui est-ce, M. Bigordot?

— Mon amant.

— Ce monsieur ne joue aucun rôle dans cette affaire; je vous prie donc de ne pas prononcer son nom.

— Alors je lui dis que je ne peux pas sortir avec lui, parce que j'ai promis à M. Clampinet d'aller dîner au *Moulin-Rouge*.

— Quel est ce monsieur Clampinet?

— Mon protecteur le plus sérieux.

— Vous avez donc juré de jeter le trouble dans des familles honnêtes, en faisant connaître dans des débats publics les noms des personnes que vous recevez?

— Ce sont des gens très-bien posés.

— Raison de plus pour être discrète.

— Il faut expliquer par quelle suite de circonstances imprévues je me trouvais chez la victime au moment du crime.

— Donnez les renseignements qui peuvent intéresser MM. les jurés.

— Alors, je... (*A part.*) Ce président me trouble, et, à cause de lui, je manque mes effets.

— Parlerez-vous?

— Oui, monsieur le président, mais je...

— Nous vous écoutons.

— Je n'ai pas grand'chose à vous débiter.

— Cependant votre déposition chez le juge d'instruction donne ces quatre pages, et voyez qu'elles sont longues.

CLARISSE (*à part*). — Maintenant que j'ai exhibé ma toilette, j'ai bien envie de m'en aller. J'ai un truc, je vais me trouver mal.

LE PRÉSIDENT. — Parlez donc !

— Ah! j'étouffe!... de l'air, je vais mourir. (*Elle tombe évanouie dans les bras du greffier.*)

LE PRÉSIDENT. — Portez cette femme dans une pièce voisine. En vertu de mon pouvoir discrétionnaire, je lirai sa déposition.

CLARISSE (*à part*). — Je me plais à croire que, s'il y a des hommes galants dans l'auditoire, ils viendront demain prendre de mes nouvelles.

VIE PRIVÉE.

— Tu sais, mère, pas trop haut... que j' puisse me décolleter.

LE BAL DES CANOTIERS A BOUGIVAL

C'était un dimanche.

Gaston et Jules se trouvaient seuls à Paris.

Les femmes légitimes de ces messieurs étaient parties la veille pour s'installer dans un chalet de Houlgate.

Comme ils étaient dispensés de prendre, pour cette première semaine, le train des maris, ils avaient décidé qu'ils passeraient la journée ensemble.

Ils erraient donc dans la gare Saint-Lazare.

— Qu'allons-nous faire pour tuer le temps? demanda Gaston à Jules.

— Ce que tu voudras; puisque nous voilà garçons, nous sommes libres de...

— Oui, mais pas de bêtises… n'oublions pas que nous n'avons que six mois de mariage, nous devons donc être convenables.

— Tu as raison ; il faut attendre au moins un an.

— Voyons… que faisons-nous ?

— Si nous allions à Bougival, au bal des canotiers ?

— Tu appelles cela une conduite régulière ?

— Quel mal y a-t-il à cela ?

— C'est vrai.

— Je n'y suis pas allé depuis la guerre.

— Ni moi. Ah ! jadis y avons-nous fait assez de folies avec Amanda, Julia-la-Cascadeuse, Follemèche et autres adorables canotières !

— Toutes de bonnes filles !

— Qui nous trompaient.

— Mais étaient heureuses de faire partie de notre équipe et de manger une friture arrosée de nombreuses bouteilles de vin blanc.

— Que sont-elles devenues ?

— Ah ! je l'ignore… il a dû se passer bien des choses dans ce monde-là depuis que nous sommes devenus des hommes sérieux.

— Ma foi, allons à Bougival au bal des canotiers, comme des hommes graves, amateurs d'intéressantes études de mœurs.

— En route !

*
* *

Gaston et Jules entrent dans le bal.

Ils rencontrent un de leurs anciens camarades.

GASTON. — Toi ici, en canotier, mon cher Henri.

— Appelle-moi Boulenbois, mon sobriquet est resté le même.

JULES. — Toujours canotier?

BOULENBOIS. — Je n'ai pas changé de position sociale. J'ai essayé de travailler, mais ça n'a pas pris... alors mon oncle m'a fait la gracieuseté de mourir pour me laisser cinq mille livres de rente.

GASTON. — Quel excellent oncle!

BOULENBOIS. — Aussi l'ai-je fait enterrer dans le cimetière de Bougival. Mais vous, hommes sérieux et mariés, que venez-vous faire ici?

JULES. — Retrouver le passé pendant quelques heures.

BOULENBOIS. — Tout est bien changé.

GASTON. — On ne s'amuse plus?

BOULENBOIS. — Si; mais nos anciennes compagnes...

GASTON. — Elle sont changées aussi probablement, parce qu'elles ont quelques années de plus.

BOULENBOIS. — Elles aussi sont devenues des femmes sérieuses.

JULES. — Seraient-elles mariées?

BOULENBOIS. — Il n'y en a qu'une : Julia-la-Cascadeuse.

JULES ET GASTON (*stupéfaits*). — Pas possible!

BOULENBOIS. — C'est épatant... Mais c'est comme ça. Pendant la guerre elle est allée dans sa famille... et là-bas elle a fait la connaissance d'un riche fermier. Elle s'est fait passer pour la fille d'un contre-amiral commandant la flottille de Bougival, tué au commencement de la campagne de 1870; le fermier a aimé cette intéressante orpheline et l'a épousée. Maintenant Julia s'occupe d'œuvres de charité et elle a dû partir dernièrement pour Lourdes, afin d'avoir un enfant.

GASTON. — Oh! la bonne plaisanterie! Mais je ne me trompe pas... c'est Follemèche, une de mes anciennes, que j'aperçois là-bas.

JULES. — Elle ne te reconnaîtra pas.

Gaston. — Je veux m'en assurer. (*Il s'approche de la dame.*) Voulez-vous me permettre de vous offrir un bock?

Follemèche (*furieuse*). — Monsieur... pour qui me prenez-vous?

— Pour Follemèche.

— Qui êtes-vous donc pour oser m'appeler ainsi?

— Un homme que vous avez bien aimé... Faut-il vous donner deux heures pour chercher et trouver... Si deux heures ne suffisent pas je repasserai dans quinze jours.

— Vous m'intriguez. Faites-vous connaître.

— Je suis Gaston, le capitaine de l'*Orageuse*, dont tu tenais si habilement le gouvernail.

— Pas possible!

— Quel air de princesse!...

— Je suis devenue une femme sérieuse... j'ai un hôtel boulevard Malesherbes.

— Cela vaut mieux que l'appartement de cinq cents frans que tu occupais rue Pigalle.

— J'ai voiture... Mon coupé m'a amené jusqu'ici.

— Cela est préférable à la tapissière qui mettait quatre heures pour nous ramener à Paris, quand nous manquions le dernier train.

— Ma paire de chevaux m'a coûté dix mille francs.

— Je conçois que tu ne me reconnaisses plus?

— Toi-même, tu as une belle position?

— Je suis quart d'agent de change.

— Quelle chance!

— Je te remercie de la joie que tu éprouves en apprenant cette nouvelle.

— Je dis, quelle chance! parce que tu vas pouvoir me donner de bons conseils, car j'ai de l'argent à placer.

— Ce qui prouve qu'un de tes adorateurs a vendu ses fonds.

— Les agents de change s'enrichissent en vendant et en achetant pour leurs clients. Me conseilles-tu de prendre de l'Emprunt de la Ville de Paris? Ou bien veux-tu m'indiquer la valeur qui te semble la plus avantageuse? (*Elle tire de sa poche un Cours de la Bourse.*)

— Comment! Nous allons causer d'affaires financières?

— Je ne suis pas la seule à agir ainsi. Quand une femme a atteint la trentaine elle doit devenir sérieuse. Si je suis venue ici ce soir, c'est parce que j'avais reçu dans la journée des renseignements très-importants sur les affaires d'Orient, et je voulais faire une opération avec un boursier que je savais devoir rencontrer à ce bal.

— Et l'as-tu vu?

— Oui; la chose est faite et je saurai demain si je gagne dix mille francs.

— Ou si tu les perds...

— Ça m'étonnerait bien, car on n'a pas pour rien des amis dans les Ambassades.

JULES. — Je vous écoute silencieusement, mais je dois vous prévenir que c'est l'heure du train.

FOLLEMÈCHE. — Je vous offre deux places dans ma voiture.

GASTON. — Pour des hommes mariés, ça ne serait pas sérieux. Nous reviendrons en tapissière.

FOLLEMÈCHE. — Je vous accompagnerai... ça me changera et ça reposera mes chevaux qui nous suivront au pas.

(*Ils s'en vont. Une pauvre femme court après eux pour leur demander la charité en échange d'une rose. On paraît s'intéresser peu à cette malheureuse.*)

JULES. — Moi, j'aurais bien voulu retrouver mon ancienne compagne de nos folles orgies. Qu'est devenue Amanda?

FOLLEMÈCHE. — Je l'ignore. Elle a dû mal tourner, car ça n'était pas une femme sérieuse... elle t'aimait trop.

LA MENDIANTE. — C'est vrai, Jules... c'est vrai.

JULES (*étonné*). — Vous savez mon nom?

LA MENDIANTE. — Je suis Amanda.

192 — LES PARISIENNES.

BOULENBOIS. — J'avais, en effet, oublié de vous parler de cette pauvre femme qui mendie à la porte de ce bal, où elle a eu tant de succès.

AMANDA. — J'ai été malade... bien malade... je suis restée deux ans à l'hôpital... j'en suis sortie pour mendier, car la maladie m'a défigurée.

JULES. — Pauvre créature!.., Tiens, prends ces cinq billets de cent francs.

AMANDA. — Oh! merci!

JULES. — Ma femme elle-même ne me reprocherait pas cette bonne œuvre.

FOLLEMÈCHE. — Non, car elle ne pourrait être jalouse de cette malheureuse!... Ah! comme j'ai bien fait de n'avoir jamais la moindre affection pour un homme.

LES PARISIENNES.

SUR LE TURF.

— Cinq jockeys qui viennent de s' casser la margoulette, cinq!!! En v'.à une course intéressante!!!

LE PARATONNERRE

Richard arrive chez son ami Lucien.
— Mon cher, j'ai un service à te demander.
— Trop heureux de pouvoir te le rendre. Veux-tu vingt-cinq louis, cinquante, cent louis?
— Il ne s'agit pas d'argent.
— Te battrais-tu et aurais-tu besoin d'un témoin? Bien que cette corvée soit désagréable, tu peux compter sur moi.
— Il ne s'agit pas d'un duel.
— Tant mieux. Alors je t'écoute.
— Veux-tu avoir la complaisance de faire la cour à ma maîtresse?

Lucien bondit de trois pas en arrière.

— Tu veux plaisanter, n'est-ce pas? s'écrie-t-il.
— Je parle très-sérieusement.
— Mais Maria est charmante.
— Adorable! aussi ta besogne ne sera-t-elle pas ennuyeuse.
— Tu veux donc te débarrasser de ta maîtresse!
— Je tiens au contraire à la garder.
— Mais toi si jaloux, tu viens me proposer de...
— C'est justement parce que je suis jaloux.
— A ne te rien céler, je n'y comprends plus rien.
— Aussi vais-je te donner en quelques mots l'explication de la chose. Il y a deux ans que je suis avec Maria ; nous entrons donc dans une période où la femme, tout en aimant bien son amant, a besoin de distraction.
— Tu lui en donnes, puisque tu l'emmènes au théâtre, à la campagne, en voyage, enfin partout.
— C'est vrai, mais c'est toujours moi, c'est toujours le même homme qui lui dit qu'elle est jolie, qui l'aime, qui l'embrasse. La femme désire se faire courtiser par les galants, quelquefois, rarement, je dois l'avouer, en tout bien tout honneur, seulement pour se distraire. J'admets que Maria soit de celles qui font exception, mais en commençant seulement, car elle peut céder. Et voilà ce que je veux éviter en te priant de lui faire la cour, soi-disant à mon insu. Tu lui diras qu'elle est jolie, que tu l'aimes, mais tu n'iras pas plus loin.
— Sois tranquille, je...
— Enfin cela la distraira, et je serai tranquille, car je compte sur toi. Je veux que tu détournes l'orage qui pourrait éclater sur ma tête.
— En un mot, tu désires me faire remplir les fonctions d'un paratonnerre.
— Oui ; ma proposition te convient-elle?
— Elle est originale, mais je l'accepte pour te rendre service.
— Tu fonctionneras pas plus tard que demain. Nous irons déjeuner tous trois à Montmorency, puis vers la fin du repas, je dirai que je vais rendre visite à ma tante qui a une propriété dans les environs ; tu resteras seul avec Maria et tu commenceras l'attaque.
— C'est entendu. Je ferai tous mes efforts pour être bien dans mon rôle ; car il n'est pas aisé d'être amoureux à froid.

— Sois tranquille, je te ferai bien déjeuner et Maria croira *que c'est arrivé*.

Les deux amis et Maria sont à Montmorency. Il y a dix minutes que Richard s'est éloigné pour aller voir sa tante.

Lucien a approché sa chaise de celle de Maria.

Il pousse un gros soupir.

— Qu'avez-vous donc, Lucien?

— Je suis jaloux de Richard. Je le trouve trop heureux d'avoir une femme aussi charmante que vous.

— En voilà une idée! Pourquoi ne prenez-vous pas une maîtresse?

— Parce que j'en ferais la comparaison avec vous que je connais, et alors je ne pourrais l'aimer.

— Mais, cher ami, c'est presque une déclaration que vous me faites là.

— Je ne m'en cache pas.

— Et si Richard venait à l'apprendre!...

— Tant pis; au collége nous étions copins et c'était même lui qui mangeait toutes mes confitures.

— Et maintenant vous voulez manger les siennes?

— Cela vous fâche?

— Mais non, mon ami.

— Vous ne devez pas être toujours d'accord avec Richard, car il a un maudit caractère.

— Nous nous disputons quelquefois. Ensuite je lui reproche de me laisser trop souvent seule pour aller dans sa famille. Trois fois par semaine au moins je dîne sans lui.

— Je voudrais bien aller vous voir ces jours-là pour vous tenir compagnie.

— Pourquoi ne le faites-vous pas?

— Je crains la jalousie de mon ami, puis j'ignorais que cela vous conviendrait.

— Je suis bien libre de faire ce que bon me semble, ensuite nous n'avons pas besoin de le prévenir.

— Voulez-vous que nous dînions demain ensemble au *Moulin-Rouge?*

— Très-volontiers. Chut!... voici Richard.

Le lendemain de grand matin, Richard va voir son ami.

— Eh bien! est-ce que ça marche?

— Oui; j'ai été très-aimable avec elle.

— Je suis certain que tu t'y es pris gauchement.

— Non; mais Maria t'aime bien et ne te trompera jamais.

— Lui as-tu débité des choses gracieuses?

— Oui; et cela n'a pas paru lui plaire.

— Toutes les femmes sont coquettes et toutes aiment à s'entendre dire qu'elles sont jolies. Tu aurais dû lui faire une déclaration et même l'inviter à une petite partie à mon insu.

— Tu crois?

— Certainement.

— Eh bien, je...

— Quoi?

— Rien.

— Allons, je vois avec peine que tu es un paratonnerre bien émoussé. Ah! si j'avais été à ta place, comme j'aurais mené cela.

— Je suis si timide.

— Quelle bêtise, je conçois que tu aies envie de rire, mais ne sois pas timide.

Quinze jours après, Richard a un nouvel entretien avec Lucien.
— Eh bien! Richard, comment as-tu trouvé le bouquet que j'ai envoyé hier à Maria?
— Comment! c'est toi qui..., ah! elle est bien bonne, elle m'a dit que ces fleurs lui avaient été données par sa tante.
— Tu fais la grimace, est-ce que cela te contrarie?
— Non; je me félicite au contraire de la tactique que j'ai adoptée.
— Mon cher, vois-tu, entre nous, je crois qu'il vaudrait mieux renoncer à cette comédie. Je vais faire un voyage et je reviendrai dans cinq ou six semaines.
— Comment! tu m'abandonnerais déjà? Oh! non, ce serait mal!..., tu n'es donc pas mon ami!
— Si, mais...
— Reste, je t'en prie.

— Trois jours après, au moment où Richard s'apprête à aller chez Maria, il reçoit la lettre suivante :

« Mon cher ami,

« L'amitié que j'ai pour toi me force à te faire un aveu : la foudre est tombée sur le paratonnerre.

« Je suis parti cette nuit avec Maria. Ne nous cherche pas, car il me serait désagréable de te serrer la main en ce moment.

« Tu as la consolation de te dire que ta maîtresse ne t'a pas trompé avec un étranger.

« Mais crois bien que partout où nous irons nous penserons à toi.

« Cela te prouve, mon cher, qu'il ne faut pas jouer avec la foudre.

« Ton vieil ami,

« Lucien. »

Cette lettre tombe des mains de Richard, qui murmure d'une voix mélancolique :

— Tu l'as voulu, Georges Dandin, ne te plains pas.

ENTRE SOI.

— Je n' sais vraiment pas auquel donner la préférence.

UNE AGENCE A CRÉER

SIMPLE AVANT-PROPOS.

Nous supposons qu'elle existe, et nous indiquons ainsi aux amateurs comment elle devrait fonctionner.

*
* *

Un jeune homme arrive très-pressé.

— Monsieur, dit-il au directeur de l'agence, je n'ai pas une minute à perdre ; j'ai une voiture à l'heure, donc il ne faut pas que je flâne.

— Vous venez pour que je vous marie?

— Oui, monsieur. J'ai lu dans les journaux les annonces que vous y publiez depuis quelque temps. Il paraît qu'un jour vous suffit pour marier un jeune homme ou une jeune fille.

— Oui, monsieur.

— Je n'y crois pas. Néanmoins, je ne suis pas fâché d'expérimenter votre système. J'ai un grand commerce en province, et je ne suis venu à Paris que pour me marier. Il faut que je retourne ce soir à mes affaires, car tout s'arrête quand je ne suis pas là.

— Demain, vous pourrez présenter votre femme à vos employés.

— Vous m'étonnez!

— Vous avez l'autorisation notariée de vos parents pour vous marier?

— La voici.

— C'est l'important, et cela me suffit.

— Maintenant, que faut-il faire?

— Peu de chose. Regardez dans ce jardin.

— Mais c'est un pensionnat de jeunes filles!

— Il y a aussi des veuves; ces dernières ont un ruban rose à leur corsage. Vous pouvez faire votre choix et prendre la femme qui vous plaira.

— Attendez que je mette mon binocle. Cette grande fille blonde me plaît assez.

— C'est très-bien. Prenez cette fleur et descendez la lui offrir. Si elle l'attache à son corsage, cela signifie qu'elle vous accepte pour époux.

Le jeune homme descend et remonte cinq minutes après.

— Je suis agréé.

— Je le sais; je l'ai vu de cette fenêtre. Maintenant, nous allons procéder aux formalités ordinaires. Commençons par la publication des bans.

— Cela exige plusieurs jours.

— D'accord avec le clergé, nous avons modifié tout cela. Dans cinq minutes, les bans seront publiés et le curé de la chapelle vous délivrera un billet de confession.

— Je suis stupéfait.

— Maintenant, cher monsieur, dit l'agent, veuillez faire votre commande pour le repas des fiançailles.

— Mais, et les invités ?

— Je les fournis. Il n'y a pas de cérémonie nuptiale possible sans invités. Ils attendent dans un salon voisin.

— Je ne les connais pas.

— Ils sont très-bien. Vous savez que ma maison est une maison de confiance ; ne soyez donc pas inquiet. Au nombre de vos invités, vous verrez votre beau-père et votre belle-mère. Les parents viennent tous les jours, entre deux et trois heures, savoir si leur fille a trouvé un mari, et ils sont toujours en tenue de cérémonie.

— Je ferais peut-être bien de prévenir quelques amis.

— Pourquoi perdre du temps ?

— C'est vrai ; j'oubliais que j'ai un fiacre à l'heure. Commandez un repas de vingt-cinq couverts.

— Nous allons passer maintenant dans la pièce voisine pour la signature du contrat.

— Comme c'est étrange !

Le directeur de l'agence ouvre une porte. Le notaire et tous les invités sont installés.

— Monsieur, dit l'officier ministériel, en vous attendant, nous avons déjà lu le contrat. Mademoiselle apporte en dot cent mille francs. Et vous?

— Deux cent mille.

— Je n'ai que ce chiffre à ajouter, si, maintenant, vous voulez bien prendre la peine de mettre votre signature au bas de ce papier timbré.

Un suisse annonce que le prêtre est à la disposition des mariés pour les bénir.

Tous les invités se rendent dans la chapelle qui dépend de l'établissement.

— Voulez-vous que je vous fasse le petit sermon ordinaire? demande le curé.

— Non, je le connais, répond le marié; j'ai assisté à tant de bénédictions nuptiales!

— C'est pour cela que je vous ai posé cette question. En supprimant le discours, nous gagnons une demi-heure.

— Ça me va, car j'ai un fiacre à l'heure qui m'attend à la porte. Je ne suis pas avare, mais je ne tiens pas à engraisser un ver rongeur.

On passe dans la salle du festin, où tout est préparé pour le banquet.

Avant de se mettre à table, le mari demande à sa femme s'il n'y a pas indiscrétion à connaître son petit nom.

— Je me nomme Alphonsine.

— Et moi Edgard.

Alphonsine et Edgard se serrent tendrement la main.

Le repas est très-gai.

Il y a un invité qui, au dessert, chante des chansonnettes comiques.

— Est-ce compris dans les frais du repas? demande le marié à l'administrateur.

— Oui.

— Votre agence est vraiment un chef-d'œuvre ; permettez-moi de vous embrasser.

Le marié attend qu'on ait servi le café et les liqueurs.

Alors il se lève :

— Messieurs, dit-il à ses invités, excusez-moi de vous quitter si brusquement. Mais il est déjà neuf heures, et non-seulement j'ai un fiacre à l'heure, mais le train que je dois prendre pour retourner chez moi part à neuf heures cinquante.

On accompagne les mariés jusqu'au fiacre. Le cocher porte à sa boutonnière un bouquet de fleurs d'oranger; — attention délicate du directeur de l'agence.

Au moment de monter en voiture, le marié est arrêté par une dame qui verse d'abondantes larmes.

— Vous la rendrez bien heureuse, dit-elle en poussant un sanglot.

— Qui ça?

— Ma fille.

— Ah! vous êtes sa mère! Excusez-moi, je n'avais pas l'honneur de vous connaître. J'ai eu tant à faire pendant cette journée, que je n'ai pas trouvé une seconde pour causer avec ma nouvelle famille. Venez nous voir à Pâques ou à la Trinité : voici mon adresse.

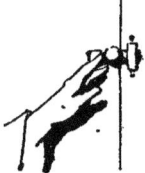

AUX CHAMPS-ÉLYSÉES.

— Rue Neuve-Co-que-nard, cent-treize *bis*... puisque madame le permet, j'aurai le plaisir, un de ces soirs, d'aller lui dire un petit bonjour.
— Le plaisir, monsieur, sera vivement partagé.
— Sans blague?

LA DAME AUX ASSURANCES

I

Dans le boudoir de M{}^{lle} Léona :

Le vieux baron de Z..., le protecteur en titre de la demoiselle, fume son cigare.

— Voyons, Léona, mon enfant, qu'avez-vous ? Vous paraissez triste depuis quelques jours. Vos humeurs noires vous reprennent-elles ?

— J'ai : que l'existence que je mène me pèse ; je m'ennuie et je voudrais mourir.

— Est-ce que je ne vous donne pas tout ce que vous désirez ?

— Si, mon ami, mais cela n'empêche pas que je ne suis qu'une femme entretenue.

— Vous ne pouvez pas me demander de vous épouser, car je suis marié.

— Et je souffre assez de vous savoir à une autre femme.

— Vous n'avez pas à être jalouse, ma mignonne, car vous savez bien aussi dans quelles conditions je suis avec la baronne.

— Oui, mon ami, mais après votre mort, que deviendrai-je? Excusez-moi de vous entretenir de cette triste chose; mais tout le monde est mortel, vous ne l'ignorez pas.

— C'est vrai.

— Je n'ai pas de ressources, et je serais donc obligée, si j'avais le malheur de vous perdre, de prendre un autre amant. Oh! cette idée seule me bouleverse. (De grosses larmes tombent des yeux de Léona.)

— Ne pleurez pas, ma chère enfant. Votre douleur m'émeut.

— Vous ne me blâmez donc pas d'avoir ces idées qui me troublent le cerveau?

— Je conçois votre inquiétude et veux y remédier. J'avais moi-même songé souvent à ce qui vous préoccupe. Quand je vous connus, il y a quelques années, vous aviez l'intention de vous mettre à travailler, d'entrer comme caissière dans un grand magasin de modes. Je vous détournai de cette résolution, ne voulant pas qu'une nature aussi faible que la vôtre se fatiguât en menant la vie laborieuse de l'ouvrière. Mais, si je vous ai fait perdre le goût du travail, j'en ai seul la responsabilité.

— Merci, mon ami; vous avez un grand et noble cœur.

— Que voulez-vous que je fasse pour vous? Je ne puis vous faire une donation, car à ma mort cela pourrait paraître étrange à ma famille. Si je versais, chaque année, une certaine somme à une compagnie d'assurances, afin que, quand vous aurez atteint la quarantaine, vous puissiez toucher une pension viagère?

— C'est une excellente idée.

— Une rente de quatre mille francs vous suffirait-elle pour vivre?

— Oh! oui, mon ami, car je me retirerais à la campagne où je vivrais bien heureuse. Je ne viendrais qu'une fois par an à Paris pour déposer un bouquet sur la tombe de mon bienfaiteur.

— Parlons moins de ma tombe et plus de votre avenir, ma chère Léona.

— Seulement, si vous mourez, vous ne pourrez plus faire le versement annuel jusqu'à ma quarantième année.

— Je prendrai des arrangements avec mon notaire pour éviter des ennuis.

— Oh! oui; car ils sont toujours à craindre avec les parents qui ignorent que je vous ai tant aimé. Et d'abord cela ne serait pas une raison pour que votre femme ne s'opposât pas au versement annuel; bien au contraire.

— N'ayez aucune crainte. Nous irons demain dans une compagnie d'assurances.

— Pourquoi pas aujourd'hui?... Cela nous fera du bien de sortir un peu. Puis vous vous rendrez chez votre notaire pour les arrangements à prendre en cas de mort. Ne me faites pas de reproches si je suis pressée, mais il y va de mon avenir, c'est-à-dire de ne pas être forcée de me donner à un autre si j'avais le malheur de vous perdre.

— Léona, vous avez d'honnêtes sentiments et je vous adore. Partons.

— Donnez-moi le temps de m'habiller; mais soyez tranquille, je ne serai pas longue.

Le baron et Léona se rendent à la compagnie d'assurances de la *Comète*.

Le directeur prend tous les renseignements nécessaires. Léona est obligée de dévoiler son âge; mais enfin elle se résigne, car il s'agit d'une affaire sérieuse.

— La prime annuelle, dit l'employé, sera de trois mille neuf cent quatre-vingt-dix-neuf francs trente-trois centimes.

— Maintenant, s'écrie Léona en serrant avec effusion les mains ridées du baron, je puis toujours être indépendante, car si je venais à vous perdre demain, la vente de mes bijoux et de mon mobilier pourrait me permettre de vivre en attendant ma pension viagère.

— Rassurez-vous, mon ange, je suis solide et me porte encore bien, s'empresse d'ajouter le baron.

— Malheureusement! se dit en elle-même Léona.

II

La scène se passe quelques jours après dans le même boudoir de Léona.

Le baron est en voyage; un dix-septième d'agent de change est aux genoux de Léona.

— Ma petite femme chérie, si tu savais comme je t'aime!

— Moi aussi, mon Gustave adoré, et je te le prouve, il me semble, en risquant de perdre ma position pour toi; car si le baron connaissait notre liaison, il me quitterait. Alors que deviendrais-je?

— Tu resterais avec moi; tu n'aurais pas une vie aussi luxueuse, mais tu ne manquerais de rien.

— Tu peux me quitter...

— Oh! ne dis pas cela!

— Tu peux mourir; alors je serai comme toutes les misérables créatures forcées de vendre leur corps pour vivre... Oh! cette idée me rend folle. (Elle se met à sangloter... Voir plus haut pour les autres détails.)

— Serait-il vrai, mon ami, tu consentirais à payer une prime d'assurances pour que je sois à l'abri de la misère?

— Mais, c'est mon rêve.

(Voir plus haut pour les détails de la combinaison.)

On part pour la *Comète*, compagnie d'assurances.

— Monsieur, dit Gustave à l'employé, je désirerais assurer à madame une pension viagère de quatre mille francs à partir de quarante ans.

— Très-bien, fait l'employé après avoir regardé un moment en souriant Léona, vous aurez à payer annuellement une prime de trois mille neuf cent quatre-vingt-dix-neuf francs trente-trois centimes.

— C'est vite fait, dit Gustave à Léona, ils ne sont pas longs pour les renseignements.

III

La scène se passe un autre jour non plus chez Léona, mais chez Octave de Boidoré, un gommeux.

Pendant qu'il joue une valse, Léona l'enlace dans ses bras.

— Je t'aime, mon Octave, non-seulement parce que tu es beau, tu es spirituel, mais aussi parce que tu es un musicien distingué. Comme je serais heureuse avec toi, au lieu d'être enchaînée à ce vieux baron que je déteste!

— Lâche-le.

— Ton père ne te donne pas assez pour vivre... et alors je te serais à ta charge. Oh! que je suis malheureuse!

(Se reporter au paragraphe I pour la scène de désespoir et celle des propositions d'assurances.)

— Eh parbleu! s'écrie Octave, je puis bien faire pour toi ce sacrifice qui te prouvera mon amour. De cette manière, si ma famille veut me marier, je serai certain du moins que je ne laisserai pas dans la misère une femme qui aura peut-être perdu sa position pour moi.

Les deux amoureux se dirigent vers la *Comète*.

— Très-bien, fait l'employé dès qu'il voit entrer Léona, madame vient pour une rente viagère de quatre mille francs... La prime est de trois mille neuf cent quatre-vingt-dix-neuf francs trente-trois centimes.

— Ils sont bien intelligents dans cette maison, dit Octave de Boidoré à sa maîtresse en société coopérative.

Et le couple va dîner chez Ledoyen pour célébrer la signature de cet heureux contrat.

VINGT ANS APRÈS.

Léona s'est, en effet, retirée en province où elle vit sous le nom de Léonie Duchemin.

— Ainsi, chère madame, lui dit un vieux colonel retraité, vous consentez *à devenir ma femme ?*

— Oui, mon ami, mais vous savez que je n'ai pas de fortune, je n'ai qu'une rente viagère de douze mille francs qui m'a été faite par mon oncle le général Ostrokoff, mort glorieusement à la bataille de l'Alma, tué peut-être par vous, colonel.

— Je serai donc d'autant plus heureux de vivre pour faire le bonheur de sa nièce. Demain, chère Léonie, je vous présenterai au préfet, mon meilleur ami.

LES PARISIENNES.

LE GRAND JEU.

— J'étais sûre que vous viendriez... voyez les cartes.

UNE MAITRESSE LAIDE

Je ne te vois plus au cercle depuis quelque temps, mon cher Gustave. Aurais-tu une intrigue amoureuse?
— Justement.
— Tu es resté veuf bien longtemps.
— Ma dernière maîtresse m'avait causé tant d'ennuis et de tourments que j'éprouvais le besoin de vivre en paix pendant quelques mois.
— Et peut-on connaître celle qui fait battre ton cœur?
— Ah! scélérat, tu es un amateur de jolies femmes, toi.
— Tu sais que je suis un ami dévoué et qu'avec moi tu n'as rien à craindre.

— Oui, tu fais exception ; je dois te rendre cette justice. Tiens, voici la photographie de ma nouvelle compagne.

— Ah ! c'est elle, murmura l'ami d'un air embarrassé.

— Tu ne la trouves pas jolie.

— Oh ! je ne dis pas cela.

— Mais tu le penses. C'est à cause de la figure peu agréable de Caroline que je l'ai prise pour maîtresse.

— Quelle idée !

— Parce que je veux vivre heureux et tranquille.

Gustave reçoit quelques amis.

Caroline fait les honneurs de la maison. Gustave prend un confident.

— Depuis que j'ai une maîtresse laide, dit-il, j'ai pu recommencer à réunir chez moi mes anciens camarades. Quand j'avais pour compagne ce petit démon de Julia, qui était belle à faire tourner toutes les têtes, tous mes amis étaient empressés auprès d'elle. Julia, comme toute femme qui se sait jolie, aimait qu'on lui fît la cour, et c'était avec ceux qui étaient les plus réservés qu'elle manœuvrait avec plus de coquetterie.

— C'est vrai, je m'en souviens; et bien souvent j'ai vu que tu te tirais avec rage les poils de tes favoris en la regardant faire la coquette.

— Et que de scènes violentes après le départ de mes invités ! Tous mes objets d'art volaient en éclats. Cette glace, que tu vois au-dessus de mon divan, a été remplacée plus de dix fois.

— Julia te coûtait cinq cents francs par mois, sans compter la casse.

— J'avais fini par ne plus recevoir mes amis; avec plusieurs même je m'étais brouillé sérieusement. Et cependant Julia seule était souvent la plus coupable. L'aventure de Mme Putiphar et de Joseph ne s'est pas fréquemment renouvelée.

— C'est vrai. Il y a toujours eu beaucoup de Mme Putiphar, mais peu de Joseph.

— Grâce à la résolution que j'ai prise, j'ai pu faire revenir à moi mes amis; et l'amitié d'un bon camarade vaut mieux que l'amour d'une femme... qui vous trompe.

— Bien pensé, mon cher.

Caroline annonça que le thé était servi. Elle présenta le sucre, le rhum et les gâteaux. Tous les invités furent très-gracieux, mais réservés.

— J'ai bien fait de prendre une maîtresse laide, se dit Gustave en se couchant.

Caroline range avec le plus grand soin les effets de son amant.

Elle prend chaque chemise, l'examine et coud les boutons qui manquent.

— Comme tu travailles! ma chère enfant, lui dit Gustave.

— Si on te dit que tu as une maîtresse qui n'est pas jolie, je veux que tu puisses répondre que c'est une femme d'ordre, qui veille à l'entretien de tes affaires. Je suis certaine que celle que j'ai remplacée n'était pas comme moi.

— Oh! non... et quand je lui faisais une observation, elle me répondait qu'elle n'était pas ma femme de ménage. Veux-tu sortir, aujourd'hui?

— Non; j'ai à recevoir le linge de la blanchisseuse. Et puis, tu ne peux éprouver aucun plaisir à m'avoir à ton bras. Un homme aime qu'on se retourne et que l'on dise : « Tiens! il est avec une jolie femme. »

— On ne l'a que trop dit pour Julia; et cela ne m'a pas procuré d'agrément.

Il reçoit, un matin, la visite d'un de ses amis.

— Mon cher, lui dit-il, j'ai un service à vous demander. J'ai un duel, et je viens vous prier de me servir de témoin.

— Un duel!... et pourquoi?

— Pour ma maîtresse. J'ai été assez maladroit pour recevoir chez moi un monsieur, une espèce de don Juan, qui a fait la cour à Berthe, et je crois même qu'ils ont dîné ensemble.

— Je connais cela. Pourquoi êtes-vous assez naïf pour avoir une jolie femme?

— Mais il me semble que vous-même, il y a quelques mois...

— Oui; j'ai eu cette faiblesse. Et, comme vous, j'ai cru devoir me battre en duel. J'ai reçu un coup d'épée en pleine poitrine. Je vous jure que je regrette cette blessure, bien qu'elle me serve de baromètre; car, lorsque le temps veut changer, elle me cause de cruelles souffrances. Ne vous battez pas, mon cher : laissez Mlle Berthe à votre rival et prenez pour maîtresse une femme ressemblant à la mienne. Vous serez le plus heureux des hommes et vous vivrez en paix avec tout le monde.

*
* *

Un jour on propose à Gustave un superbe parti : une jeune fille charmante et fort riche.

— Cette union me conviendrait, répond Gustave ; mais je ne puis quitter cette pauvre Caroline. Que deviendra-t-elle quand elle ne m'aura plus? Personne ne voudra l'entretenir.

— Celui qui se propose pour être votre beau-père connaît votre liaison, et c'est ce qui le rassure. Il sait qu'une fois marié, vous ne retournerez pas chez votre ancienne maîtresse, comme cela arrive souvent.

— C'est possible ; mais cette bonne Caroline...

— Votre beau-père, qui est fort riche, consent à lui servir une rente viagère de dix-huit cents francs.

— Bravo !... alors, j'accepte. Mais une chose me contrarie : je vais épouser une jolie femme, je serai obligé de me brouiller de nouveau avec mes amis et de retourner chez mon maître d'armes pour devenir un tireur de première force.

EN MARNE.

— Le laisse pas aller comme ça dans les *Énuphas*;... le laisse pas, j'te dis, aller comme ça dans les *Énuphas!*

LES BALS DE NICHETTE

A HUIT ANS. — AU BAL D'ENFANTS.

Nichette a été amenée par sa mère à un bal costumé donné à Frascati pendant la journée, le mardi gras.

Un pierrot de neuf ans, l'invitant à danser :

— Veux-tu polker avec moi ?

— Oui, mais ne me fais pas tomber. J'ai roulé tout à l'heure avec un arlequin et ma robe a été chiffonnée.

Après quelques sauts de polka faits sans la moindre mesure :

NICHETTE (*au pierrot*). — Je t'aime bien, parce que tu ne me bouscules pas.

— Voudrais-tu être ma petite femme?

— Oui, si tu me donnais beaucoup de bâtons de sucre d'orge.

— Tu es avec ta maman ici?

— Oui ; cette belle dame qui est là-bas.

— Et ton papa, où est-il?

— Ils ne sont pas venus.

— Tu en as donc plusieurs?

— Oh! oui, et cela vaut mieux que de n'en avoir qu'un, parce que je reçois bien plus de joujoux. J'ai soif, veux-tu me payer à boire au buffet?

— Je vais aller demander de l'argent à maman. (*Il revient un instant après.*) Ma petite amie, maman ne veut plus que je danse avec toi, parce qu'elle prétend comme ça que tu es la fille d'une cocotte.

— Mais maman n'est pas une cocotte, puisque c'est une dame. Oh! je vais aller dire ça à maman.

(*Pendant tout le bal, les deux mères se lancent des regards furibonds.*)

A DIX-HUIT ANS. — AU COUVENT.

Deux vieux messieurs causent en voyant danser les jeunes filles qui, avec la permission de la supérieure, ont organisé un bal en l'honneur de la Sainte-Catherine.

1er VIEILLARD. — Quelle charmante blonde là-bas, à droite!

2e VIEILLARD. — C'est une camarade de ma fille.

— Et elle est encore au couvent?

— Sa mère ne voudrait pas l'avoir près d'elle, parce qu'elle est trop grande. Cette belle personne lui porterait préjudice.

— Et que fait donc sa mère?

— C'est une femme galante sur le retour.
— Ah! diable!...
(*Il s'éloigne de son ami pour tâcher de se rapprocher de Nichette. Il cause longtemps avec elle.*)

Nichette (*rougissant*). — C'est vrai... monsieur, je m'ennuie beaucoup dans ce couvent.

— Acceptez donc ce que je vous propose.

— Ce serait mal.

— Que craignez-vous, ma belle enfant? Vous trouverez en moi un ami dévoué, un protecteur sérieux et non un amant.

— Je le suppose bien, monsieur.

— Rendez-vous donc dimanche prochain où je vous ai dit. Vous monterez dans une victoria qui vous attendra pour vous conduire dans un somptueux appartement. Je suis riche et célibataire : c'est donc la fortune qui vous parle ce soir par ma bouche.

— Mais, monsieur...

— Si vous refusez, votre mère, qui est une coquette, vous laissera dans cette maison jusqu'à l'âge de trente ans, car une mère telle que la vôtre n'admet pas la concurrence, surtout quand elle lui vient de sa propre fille.

A VINGT ANS. — AU BAL BULLIER.

Nichette (*se penchant amoureusement au bras d'un jeune homme*). — Vive Bullier! vive l'étudiant! vive toi que j'adore!

— Tu es heureuse, maintenant?

— Oui, et cependant j'ai quitté un appartement de 6,000 francs pour une chambrette rue Mazarine ; je suis descendue d'un joli coupé pour monter dans un omnibus. Mais je ne regrette pas les sacrifices que j'ai faits, parce que je t'aime.

— Je me plais à croire que tu ne regrettes pas le vieux que tu as lâché.

— Oh! non, mon chéri. Viens danser ce quadrille et donne-moi des leçons pour le cavalier seul, parce que je ne veux point paraître plus maladroite que les habituées de ce bal, je tiens à te faire honneur.

— Sois tranquille, je te promets qu'avant huit jours le garde municipal te conduira au violon.

— Mais alors, ça sera la gloire!

A VINGT-CINQ ANS. — AU BAL DE L'OPÉRA.

Nichette est dans une loge avec un gommeux du *high-life*.

Un jeune homme entre précipitamment.

— Nichette, tu peux enlever ton masque, je sais que c'est toi qui es ici avec ce monsieur.

NICHETTE. — Eh bien! et après?

LE JEUNE HOMME. — Tu me trompes! Et cependant je me ruine pour toi!

— Alors, tu ne dois pas regretter que je cherche d'autres protecteurs.

— Tu ne m'aimes donc plus?

— Est-ce qu'une femme comme moi peut avoir de l'amour pour un homme!

UN DES COMPAGNONS DE LA DAME. — Ah çà, monsieur, vous commencez à nous ennuyer... Vous venez jeter le trouble au milieu de nos plaisirs.

LE JEUNE HOMME. — Si vous n'êtes pas content, voici ma carte.

— Voici la mienne.

(*Le jeune homme s'en va en s'arrachant une poignée de cheveux.*)

NICHETTE (*à son cavalier*). — Ne tuez pas ce pauvre garçon, blessez-le seulement, et tâchez de faire raconter la chose par quelques journaux bien informés. Une petite réclame de ce genre pose toujours une femme.

A TRENTE-CINQ ANS. — AU BAL VALENTINO.

Une amie. — Comment vas-tu, ma chère Nichette? Tu es pâle.
Nichette. — Je souffre de plus en plus. J'ai encore eu aujourd'hui un crachement de sang.
— Pourquoi es-tu venue au bal?
— Pour trouver quelqu'un qui me fera souper.
— Tu as donc bien faim?
— Depuis quarante-huit heures je n'ai mangé qu'un petit pain de deux sous que m'a donné ma concierge.
— Pauvre Nichette!...
— Ne me plains pas, car je ne suis pas digne de pitié.
— Pourquoi?
— Je n'avais qu'à ne pas tromper les hommes qui m'aimaient... je ne serais pas obligée de traîner maintenant dans les bals pour trouver un souper.
Un pierrot. — Viens-tu danser, Nichette? On joue un quadrille.
Nichette. — Oui; mais ne me secoue pas trop, parce que je pourrais mourir dans tes bras.
— Ah! bien, merci, l'administration ne serait pas contente, elle qui nous recommande de jeter de la gaieté dans le bal...
— C'est vrai.
— Si tu veux, à la sortie du bal, si tu n'as rien fait, je t'emmènerai. J'ai chez moi du jambon et des œufs.
— C'est entendu et merci. (*A part.*) Ah! où est l'époque où je mangeais sans appétit des perdreaux truffés chez Brébant!...

A QUARANTE ANS. — A LA PORTE DU BAL DE LA REINE BLANCHE.

NICHETTE (*vendant des bouquets de violettes*). — Allons, je devrais encore renoncer à ce commerce. Depuis deux heures, je n'ai pas vendu pour dix centimes de violettes que j'ai cueillies ce matin dans les bois par un froid cruel. (*Elle s'affaisse le long de la muraille.*)

UN DÉCROTTEUR. — Eh bien! Nichette, qu'avez-vous donc?

— Je meurs de faim. (*Elle s'évanouit.*)

LE DÉCROTTEUR (*à un sergent de ville*). — Monsieur l'agent, voyez donc cette malheureuse qui est étendue par terre.

L'AGENT. — Portons-la chez un pharmacien.

UN MÉDECIN (*après avoir examiné Nichette*). — Trop tard!... elle a cessé de vivre.

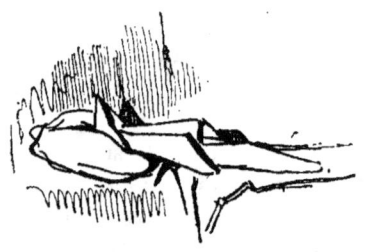

SUR LA PLAGE.

— Et qu'est-c' qu'il fait, c' monsieur ?
— J' te l' dis, il est avec Nana.
— Il ne fait pas qu' ça?
— D'mande pardon, il ne fait qu'ça.

NOUVELLE BONNE

LA scène se passe chez une petite dame qui, à force de persévérance, est arrivée à jouir d'une assez mauvaise réputation.

Elle a renvoyé sa bonne, parce qu'elle commençait à tutoyer les amis de madame et faisait des potins dans le quartier.

Une nouvelle domestique s'est présentée.

— Vous me convenez, dit Fanny à cette dernière, je vous arrête.

— Si madame veut aller aux informations?

— Oh ! non ; c'est inutile... Dites-moi seulement où vous avez servi.

— Chez des bourgeois.

— Oh ! alors vous devez être bien novice !

— Je sais faire la cuisine et prendre soin du ménage.

— Cela ne suffit pas. Savez-vous chez qui vous rentrez ?

— Oui, chez une coc... Pardon, je veux dire chez une personne qui a un protecteur.

— Un seul !... Insolente !

— Excusez-moi, madame.

— Je vous pardonne. Mais vous voyez bien que vous êtes novice. C'est grave ; car une bonne peut avoir une grande influence sur l'avenir d'une femme.

— Ma bourgeoise, une gentille personne, ma foi, avait une intrigue avec un ami de la maison.

— Qu'aviez-vous à faire ?

— Rien, puisque mon maître lui ouvrait toutes grandes les portes de son logis.

— Oui, je comprends ; dans ce monde-là, les intrigues sont d'une simplicité ridicule. Il y a plus à faire ici. Prenez cet album de photographies qui se trouve sur la table.

— Voici, madame.

— Ouvrez-le.

— Je suis à la première page. Tiens, un colonel en grand uniforme !

— C'est mon oncle.

— Madame est d'une bonne famille.

— Cet oncle, je l'ai trouvé dans un lot de photographies achetées au rabais.

— Je vous comprends : cela produit bon effet au commencement d'un album.

— Quand on n'a pas de famille, il faut bien s'en fabriquer une.

— Madame a eu des malheurs ?

— Je vous les raconterai un soir que j'aurai mes nerfs et que nous dînerons en tête-à-tête. Continuez à feuilleter cet album.

— Ah ! voici un vieillard qui a l'air respectable.

— C'est le vieux baron, l'homme sérieux ; il mange avec moi l'argent qu'il ne veut pas laisser à ses neveux. Je ne cherche pas à le rapprocher de sa famille. Quand on sonne et que le baron est là, vous venez me dire que c'est le cordonnier qui vient m'essayer des bottines.

— Mais si on sonne plusieurs fois dans une même journée ?

— Vous êtes une fille intelligente. Eh bien, vous variez le genre de fournisseurs. Continuez votre revue.

— Oh ! comme ce monsieur a l'air méchant !

— C'est le Brésilien. Il ne vient passer qu'un mois à Paris tous les ans. Je l'attends dans trois semaines.

— Et alors ?...

— Nous nous installons dans une petite villa, à Auteuil, et je dis à mon baron que je quitte la France pour aller recueillir un héritage en Bretagne.

— Mais, madame, la Bretagne est en France.

— C'est vrai ; je vois avec plaisir que vous avez reçu de l'instruction ; cela pourra me servir.

— Je continue ma revue. Ah ! voici un gentil garçon.

— N'est-ce pas ?

— Il doit être un des fournisseurs classés dans la catégorie des cordonniers ou des pédicures.

— Bravo, ma chère enfant ! on fera quelque chose de vous !

— Tiens, un saltimbanque !...

— Non, vous vous trompez... c'est un gymnasiarque.

— C'est la même chose.

— Oh ! je vous permets de ne pas établir de différence, car je n'aime plus ce garçon. Vous pouvez enlever cette photographie.

— Ah! le bel homme!... Qu'il est grand, et comme il doit être fort!

— J'en sais quelque chose.

— Il vous bat?

— Souvent.

— Alors, vous l'aimez?

— Parbleu! Quand il viendra, vous pourrez le faire rentrer à la cuisine.

— Il n'est pas fier?

— Oh! non!

— Voici maintenant quelques photographies de souverains étrangers... mais c'est pour garnir l'album.

— Je n'en doute pas.

— Tu peux fermer ce recueil... Laisse-moi te tutoyer, ça m'est plus facile pour te parler.

— Ça m'est égal, je ne suis pas susceptible. Combien me donnez-vous par mois?

— Trente francs.

— Ce n'est guère. Vous payez la bonne et non la confidente.

— Il y a pour cette dernière des gratifications qui triplent le mois.

— Cette perspective est assez séduisante. Dans l'autre maison, l'ami se contentait de m'embrasser à l'insu de madame.

— Chez des bourgeois, une fille intelligente perd son temps. Je te donnerai aussi mes vieilles robes et mes vieux chapeaux; mais sois tranquille, je n'use pas mes effets. Quand tu sortiras avec moi, tu auras l'air de ma sœur et non de ma domestique.

— Cette existence doit être amusante.

— De temps en temps, je t'emprunterai peut-être une cinquantaine de francs pour compléter la somme que je dois donner chaque trimestre à mon propriétaire.

— Comment!... vous qui avez un loyer de deux mille francs, vous avez parfois besoin d'une cinquantaine de francs?

— Si je n'étais jamais gênée au moment du terme, je ne serais pas femme. Mais sois sans inquiétude, je te rembourserai exactement tes avances, et pour les intérêts, je te donnerai une bague ou des pendants d'oreilles qui auront cessé de me plaire.

— Alors, c'est entendu. Mais pour quel motif la bonne que vous aviez avant moi est-elle partie?

— Parce qu'elle avait dit dans le quartier que j'étais allée dans une agence matrimoniale pour me marier.

— Quel mal y avait-il à répandre ce bruit?

— Ça me faisait du tort. A vingt-cinq ans, je n'ai pas envie d'avoir l'air de devenir une femme sérieuse. Et d'abord ce cancan me vieillissait... Nous autres, nous ne pensons à faire le bonheur d'un mari que quand nous frisons la quarantaine.

— N'ayez crainte, madame, je ne tiendrai pas des propos aussi extravagants.

— Maintenant que tu connais les tours que je joue à mes amis, il faut que je te montre les détours de la maison.

Il y a d'abord l'escalier de service, qui est d'une grande utilité. Grâce à lui, on peut éviter les rencontres désagréables. Seulement, je t'engage à balayer avec soin ta cuisine. Un jour, un monsieur, en se sauvant, a glissé sur une pelure de pêche. Le malheureux s'est cassé la jambe. Il a fallu le porter sur mon lit. Cet accident m'a brouillée avec le visiteur qu'on évitait avec tant d'empressement. Cette pelure de pêche et cette jambe cassée m'ont fait perdre un huit-ressorts que j'allais obtenir.

— Ma cuisine sera toujours aussi propre que le salon.

— Maintenant, je crois t'avoir mise au courant des principales choses...

— Je puis aller chercher ma malle?

— Oui, et je t'en donnerai cinq vides que tu garderas dans ta chambre.

— Et pourquoi?

— J'y serrerai mes affaires les plus précieuses, et, en cas de saisie et de vente de mon mobilier, — on ne sait jamais ce qui peut arriver, — tu affirmeras que tous ces bibelots sont à toi.

— Même les colliers en perles fines?

— Tu diras à l'huissier que tu les as achetés avec le sou par franc que te donnent les marchands.

L'ATTENTE.

— Il y a quinze jours que Paul est marié, il n'est pas encore venu me voir... serait-il heureux en ménage?

CE QUE FEMME VEUT...

A PARIS, RUE DE LA CHAUSSÉE-D'ANTIN.

Mme GRANCHAMP (*seule*). — Ainsi, je suis forcée de rester à Paris; mon mari ne veut pas m'emmener aux eaux... Mais je me vengerai; depuis six mois, je fais des projets de voyage, et... Ah! il me vient une idée... J'espère qu'elle réussira.

AU MOMENT DU DINER.

M. Granchamp. — Eh bien! Clémentine, qu'as-tu donc? Tu ne manges pas.

Mme Granchamp. — Je n'ai pas faim; je ne me sens pas à mon aise. Je ne serais pas étonnée si je faisais une grave maladie.

— Tu m'inquiètes. Je ne sortirai pas ce soir, je veux rester près de toi.

— Non, va à ton cercle, je le désire. Tu rentreras de bonne heure, voilà tout. Moi, je vais me coucher.

OÙ LA NATURE REPREND SES DROITS.

— Julie !
— Madame.
— Mettez-vous à la fenêtre et voyez si mon mari a tourné la rue.
— Oh ! madame, il est déjà loin.
— Alors, servez-moi vite à dîner, car je meurs de faim.
— J'ai mis le dîner au coin du feu, comme madame me l'a ordonné.
— J'ai cru un moment que mon mari ne s'en irait pas. Il serait resté quelques minutes de plus, que je me serais trouvée mal d'inanition.
— Cela aurait produit bon effet, puisque madame veut faire la malade.

(*Arrive Mme de Boissy, une intime de Mme Granchamp.*)

— Comment se fait-il, ma chère Clémentine, que tu dînes seule à pareille heure?

Clémentine raconte ce qui s'est passé.

Mme DE BOISSY. — Ma toute belle, il ne suffit pas de feindre une indisposition.

— Que faut-il encore?
— Il faut que ton médecin t'ordonne les eaux. Mais pour cela, il est nécessaire que tu t'adresses à un docteur pour dames, je te recommande le mien, M. de Varennes, l'homme de la circonstance.
— Envoie-le-moi demain matin, de bonne heure, pour qu'il puisse se rencontrer avec mon mari.
— Oui ; je te quitte. Je vais prévenir M. de Varennes.

UNE IDÉE DE MARI.

(*M. Granchamp arrive quelques instants après, accompagné du docteur Morin, un vieux médecin de la famille.*)

M. Granchamp. — Ma bonne petite Clémentine, comme ton indisposition m'inquiète, au lieu de me rendre au cercle, je me suis empressé d'aller chercher le docteur.

Le docteur Morin. — Que ressentez-vous, madame ?

Mme Granchamp (*à part*). — Je ne m'attendais pas à cette visite. Que dire ? Que faire ? (*Haut.*) Je ne me sens pas bien.

Le docteur. — Vous n'avez pas la figure fatiguée.

Mme Granchamp. — C'est ce que me disait ce matin mon mari. Néanmoins, docteur, je suis bien malade.

Le docteur. — Pouvez-vous m'expliquer votre malaise ?

Mme Granchamp. — J'ai une grande lassitude.

Le docteur. — Ensuite ?

— Mme Granchamp. — J'ai très mal à la tête.

Le docteur. — Vous ne sortez pas assez souvent.

Mme Granchamp. — C'est vrai ; mais Paris est si ennuyeux, surtout l'été. (*A part.*) Espérons qu'il va me comprendre et qu'il me fera voyager.

— Montrez-moi votre langue... Ah! comme elle est noire!

— N'est-ce pas. (*A part.*) C'est l'effet de la crème au chocolat que je viens de manger.

— Ne soyez pas inquiète, ce n'est qu'une simple indisposition.

— Vous croyez?

— Je vais vous faire une ordonnance. Demain matin, vous boirez une bouteille d'eau de Sedlitz, et après-demain, on vous posera douze sangsues.

Mme GRANCHAMP (*effrayée*). — Comment!... vous voulez?

M. GRANCHAMP. — Mon amie, il faut faire ce que te dit le docteur, il connaît ton tempérament.

Mme GRANCHAMP (*à part*). — Je suis mystifiée!

LE DOCTEUR. — Ainsi, pas de craintes, ma charmante cliente, je reviendrai après-demain. Si vous faites ce que je vous dis, vous serez en bonne santé.

Mme GRANCHAMP (*à part*). — Je crois que je me porterai mieux si je ne fais rien.

OU LA FEMME TRIOMPHE.

Mme GRANCHAMP (*à son mari*). — Ce docteur est un vrai fou; il ne sait plus ce qu'il dit. Je désire être soignée par M. de Varennes, le médecin de Mme de Boissy, je lui ai fait dire de venir.

— Comme tu es capricieuse !

La bonne (*annonçant*). — M. de Varennes.

Le jeune docteur (*entrant*). — Vous êtes malade, madame ?

Mme Granchamp. — Oui, monsieur, j'ai de violentes migraines ; j'éprouve une très-grande lassitude, et je n'ai de goût à rien.

— C'est grave... très-grave. (*Au mari.*) Madame a un commencement d'hypocondrie, il faut l'envoyer immédiatement à Trouville, il n'y a pas un instant à perdre.

M. Granchamp (*effrayé*). — Que me dites-vous là ?... Je vais tout préparer pour le départ. Je voulais rester à Paris, mais du moment qu'il s'agit de sauver ma femme, je suis prêt à faire tout ce que la science ordonne.

Mme Granchamp (*à part*). — Voilà ce qui s'appelle un véritable médecin.

LES PARISIENNES.

UNE IDYLLE.

— Ah! ma pauvre p'tite femme! que je suis donc chagrin de te voir t'ennuyer ainsi!... Que ferais-je donc bien pour te distraire?
— Va-t'en...

ON DEMANDE 1,500 FRANCS

POUR SAUVER UNE FEMME DU MONDE

I

Dans un taudis où logent deux bohèmes.
— Ainsi, il ne te reste plus que vingt-cinq sous?
— Pas un centime de plus.
— Moi, j'apporte deux francs à la masse.
— Avec cette somme, nous ferons deux maigres repas aujourd'hui, et demain nous nous passerons de boire et de manger.

— Allons ouvrir des voitures pour augmenter nos revenus.

— Travailler !... merci, ça changerait mes habitudes.

— Tâchons de trouver un tripot où nous pourrons gagner quelques francs en forçant la veine.

— Nous sommes trop connus dans les mauvais endroits ; qui donc consentirait à jouer avec nous ?

— Le fait est que nous ne pouvons plus mettre la main sur un seul imbécile. Ah ! les temps sont durs.

— Toi qui as un esprit inventif, tu ne trouveras donc rien pour nous tirer d'embarras ?

— J'ai bien une idée, mais elle est fort compliquée et très-difficile à mettre à exécution.

— Tant mieux ; j'aime à vaincre les difficultés.

— Il faudrait trouver un moyen pour nous faire prêter ou donner quinze cents francs.

— Tu es fou !

— J'ai déjà songé à une combinaison. Nous ferons insérer dans un journal l'avis suivant : *On demande quinze cents francs pour sauver une femme du monde.*

— Je ne te comprends pas.

— La femme du monde, ça sera nous.

— Ne te moque pas de moi, je te prie. Quand je n'ai pas le sou, je n'aime pas à rire.

— Je ne plaisante pas. Suis bien mon raisonnement. Tu connais une femme de chambre...

— Oui, la petite Césarine.

— Sa maîtresse, une veuve très-bien posée, est partie aux bains de mer, m'as-tu dit ?

— Oui, et je suis reçu dans les salons de la dame quand cela me fait plaisir, car Césarine est restée à Paris pour garder la maison.

— Cette Césarine est capable de tout.

— Je ne conseillerais pas à sa maîtresse de lui confier la clef de son coffre-fort.

— Cette charmante enfant peut nous seconder dans notre grande entreprise. Allons trouver Césarine.

— Explique-moi ce mystère.

— Viens chez ta bonne amie.

II

Les deux bohèmes sont en conférence avec Césarine.

— Ainsi, dit cette dernière, vous voulez que je reçoive les réponses des jobards qui s'offriront pour avancer les quinze cents francs ?

— Tu recevras aussi lesdits jobards, mais avant de leur donner une audience, tu revêtiras une des toilettes de ta maîtresse. Comme tu es charmante, tu produiras le meilleur effet. Tu raconteras ce que tu voudras à celui qui se présentera.

— Mais s'il me donne les quinze cents francs ?...

— Nous l'espérons bien.

— Que ferai-je ?

— Parbleu !... tu les prendras... et nous les mangerons tous les trois.

— Mais je serai obligée de quitter cette maison ?

— Naturellement... Tu ne regretteras pas cette place, puisque tu ne te plaisais pas ici.

— C'est vrai.

— Prête-nous trois francs pour faire insérer cette annonce.

— Les voici.

— Et maintenant, que Robert-Macaire, notre grand maître, nous protége !

III

Césarine, en réponse à l'avis publié par le journal, a reçu la lettre suivante :

« Madame,

« Je suis un philanthrope... Le mot n'est peut-être pas très-juste, car ce ne sont pas les hommes que j'aime à protéger, mais les femmes, surtout quand elles appartiennent à la bonne société.

« Veuillez me faire savoir où je pourrai vous voir.

« Celui qui sera heureux d'être votre sauveur.

« BENJAMIN DURANDARD. »

Et Césarine avait aussitôt donné rendez-vous à ce philanthrope.

Pour le recevoir, elle avait revêtu la plus jolie robe de sa maîtresse.

On sonne, c'est le sauveur.

Benjamin Durandard entre timidement.

— Monsieur, dit Césarine, je suis confuse de vous déranger pour un motif utile pour moi, mais ennuyeux pour vous.

— Vous êtes gênée, madame?

— Dans la plus grande misère pour le moment.

— Eh quoi!... occupant un appartement comme celui-ci, vous êtes pauvre?

— Un coup terrible vient de me frapper. En l'absence de mon mari, qui fait un long voyage autour du monde, j'ai voulu jouer à la Bourse pour me distraire, et...

— Vous avez perdu?

— Oui, monsieur. Alors, pour payer ce que je devais à mon agent de change, j'ai vendu tous mes diamants; mais, hélas!... il me manque encore quinze cents francs. Si je n'ai pas cette somme avant quarante-huit heures, je suis perdue.

— Pauvre femme!...

— J'aurais pu emprunter cet argent à des amis, mais il me fallait leur avouer la grave faute que j'avais commise.

— Et vous ne le vouliez pas?

— Non, car à son retour mon mari m'eût accablée de malédictions. Alors, j'ai préféré m'adresser à un inconnu par la voie des journaux.

— Vous avez eu raison, c'est d'un cœur noble et fier. Comme je me félicite, madame, d'avoir acheté hier matin le numéro du journal qui publiait votre pressant appel !

— Vous êtes riche, monsieur ?

— Je suis arrivé à Paris il y a huit jours, après avoir touché un gros héritage d'un oncle.

— Vous n'étiez jamais venu à Paris ?

— Non ; aussi suis-je heureux d'inaugurer par une bonne action mon arrivée dans la capitale. Voici les quinze cents francs.

— Oh ! monsieur, quelle bonté ! Je ne sais comment vous remercier.

— Comme cette somme ne vous tirerait pas d'embarras, puisque vous avez vendu tous vos diamants, permettez-moi de vous avancer encore ces vingt-cinq louis pour faire face à vos dépenses les plus urgentes.

— Je ne sais si je dois...

— Acceptez, madame, je vous en prie. Et, continue en rougissant le bon jeune homme, m'accorderez-vous la faveur de vous voir de temps en temps ?

— Certainement, monsieur. Seule, je m'ennuie à mourir, aussi serai-je heureuse de faire la connaissance d'un galant homme tel que vous. Mais je vous écrirai quand vous pourrez venir.

Benjamin est au comble de la joie.

Après son départ, les deux bohèmes, cachés dans une pièce voisine, se précipitent dans le salon en sautant comme des fous.

— Il est refait, le bon jobard !...

— Deux mille francs, mais c'est la fortune !...

— Célestine, tu as joué ton rôle de femme du monde avec un talent remarquable. Tu devrais débuter au Théâtre-Français.

— En attendant, il faut filer.

IV

Trois semaines après, Benjamin Durandard, le philanthrope, l'ami des femmes du monde, désespéré de ne recevoir aucune lettre de celle qu'il a sauvée, se décide à aller la voir.

Il arrive et se fait annoncer par un domestique.

Il entre dans le salon et se trouve en présence d'une femme assez âgée.

— Que désirez-vous? demanda cette dame.

— J'aurais voulu parler à Mme la baronne de N...

— C'est moi, monsieur.

Stupéfaction du jeune homme.

— Mais, madame, ce n'est pas à vous que j'ai donné deux mille francs, il y a trois semaines, pour vous sauver la vie?

— Non, certes.

— Vous n'avez pas fait insérer une annonce dans les journaux?

— Êtes-vous fou?

Pour prouver toute sa lucidité, Benjamin croit utile de raconter tout ce qui s'est passé.

— J'ai été volé! finit par s'écrier le malheureux en tombant évanoui sur un canapé.

LE NOUVEL ART D'AIMER.

— Elle l'aimait, je te dis qu'elle l'aimait; est-c' qu'une femme ferait une chose pareille à un homme qu'elle ne pourrait pas souffrir?

L'ART D'ÊTRE HEUREUX EN MÉNAGE

AVANT-PROPOS.

E demande aux lecteurs des *Parisiennes* la permission de leur développer en quelques lignes une étude sociale de la plus grande importance.

Si la société voulait bien suivre les conseils que je vais avoir l'honneur de donner, il n'y aurait plus de brouilles dans les ménages, plus d'infidélités, plus de séparations de corps.

Je clos cet avant-propos, et si on ne comprend pas mon petit résumé sur l'art d'être heureux en ménage, pour l'expliquer plus clairement je serai heureux de me tenir à la disposition de mes aimables lecteurs et de mes charmantes lectrices, tous les jours, de deux à quatre heures, place de la Concorde.

APRÈS LA SIGNATURE DU CONTRAT.

La belle-mère. — Mon gendre, permettez-moi de vous faire mes adieux.

Le gendre. — Vous partez déjà?

— Hélas!... oui, car vous savez bien que d'après la nouvelle loi sur le mariage, le contrat une fois signé, la belle-mère ne doit plus voir son gendre.

— C'est vrai. (*A part.*) Et c'est pour cela que je me suis décidé à me marier.

— Seulement, mon gendre, quand nous nous rencontrerons dans la rue, permettez-moi de vous serrer la main.

— Mais, comment donc!... avec le plus grand plaisir; je vous emmènerai même chez le pâtissier pour manger des gâteaux.

APRÈS LA CÉRÉMONIE NUPTIALE.

Le mariage est terminé.
Les époux rentrent chez eux.
LE MARI. — Comment, ma chère petite femme, dans un mois, je serai obligé de vous reconduire dans votre famille ?
LA FEMME. — Que voulez-vous, mon ami, la loi l'exige; mais elle me permet de venir vous voir deux fois par semaine, et de passer ainsi huit bonnes journées ensemble en un mois.
— Ce n'est guère.
— Il paraît qu'auparavant, vous autres hommes, vous trouviez qu'il était ennuyeux de vivre avec une épouse légitime.
— C'était aussi votre opinion, à vous autres jeunes personnes.
— Hélas !... on le disait, et vous faisiez des infidélités à votre femme.
— C'était horrible ; et vous, vous trompiez celui à qui vous aviez juré fidélité.
— C'était bien mal. Alors nos législateurs ont modifié les règlements du mariage.
— Et ceux qui les enfreindraient seraient condamnés à une forte amende.
— Même à la prison. O ma petite femme chérie, comme je vous aime !
— Moi aussi, mon ami.
Les deux tourtereaux s'embrassent tendrement.

UN MOIS APRÈS.

Le mari. — C'est donc en ce moment que je dois te quitter.
La femme. — Me voici arrivée devant la maison de mon père ; et il faut que je sois chez lui avant minuit.

— Reviens chez moi, nous dirons que nous nous sommes trompés de jour.

— Impossible de faire ce mensonge, car le notaire nous a prévenus ce matin par papier timbré.

— Nous avons en effet reçu cette sommation.

— Et les agents préposés à la surveillance des gens mariés ne doivent pas nous perdre de vue. Je suis certaine que ce chiffonnier qui passe en ce moment près de nous est un espion.

— Adieu donc, ma chérie, à mardi.

— C'est-à-dire dans trois longs jours.

— Que la société est dure pour nous !

— On en a fait tant voir à la société, qu'elle n'est pas fâchée de prendre sa revanche.

COMMENT ON FAIT LA COUR A SA FEMME.

Le mari, *passant et repassant sous les fenêtres de son beau-père.* — Il y a douze heures que j'ai quitté ma jolie petite femme, et il me semble que je ne l'ai pas vue depuis un an.

Si encore je pouvais l'apercevoir à sa fenêtre !

Mais, hélas ! mon adorée ne sait pas que j'erre comme un corps sans âme devant la maison de son père. Je ne puis le faire savoir à ma femme, car il est défendu d'écrire ou d'envoyer des fleurs à celle que l'on a épousée. Que la loi est idiote !

Mais je ne me trompe pas, c'est elle, c'est ma chère Marie, qui soulève un coin de rideau.

Elle s'est doutée de ma présence, son cœur le lui a fait savoir.

Elle ouvre la fenêtre, elle m'envoie un baiser et me jette une fleur.

Oh ! comme je suis heureux !

Mais cachons-nous, car les gens du quartier pourraient me voir et prévenir les agents, qui ne manqueraient pas de me dresser procès-verbal pour faire la cour à ma femme en dehors des heures réglementaires.

J'aperçois la femme de chambre qui va faire une course ; peut-être cette fille consentira-t-elle à... (*Courant après elle et l'appelant.*) Julia !... Julia !...

JULIA, *étonnée*. — Tiens, monsieur !

— Silence !

— Que faites-vous là sous la fenêtre de madame ?

— Chut !... Bavarde, vous allez me compromettre.

— Je devine tout.

— Comme c'est malin !

— Qu'y a-t-il pour votre service ?

— Remettez cette lettre à ma femme.

— Une déclaration sans doute.

— On ne peut rien cacher à cette Julia.

— Oh ! mais je ne veux pas me charger de cela, car je n'ai pas envie de m'exposer à de graves ennuis. Je respecte la loi.

— Voici un louis.

— L'amende serait plus forte que cela, si on apprenait que...

— Voici deux louis.

— Si j'étais pincée, il n'y aurait rien pour moi.

— Voici quatre louis.

— Alors c'est différent ; du moment que monsieur est généreux, je consens à m'exposer à tout.

— Nous pourrons donc souvent nous entendre.

— Oh ! ces hommes ! du moment qu'ils ne peuvent pas voir tous les jours leurs femmes ils les adorent.

DIX ANS APRÈS

Un gommeux, *faisant la cour à la dame.* — Vous ne me céderez donc jamais?

— Non, monsieur, car j'aime mon mari.

— Toujours!

— Lui aussi n'a pas cessé de m'aimer.

— Impossible maintenant d'avoir une intrigue avec une femme du monde parce qu'elles vous font toutes la même réponse.

— Que voulez-vous, cher monsieur; jadis la femme trompait son mari pour se distraire, mais les intrigues qu'elle avait alors avec son amant, elle les a aujourd'hui avec son mari, donc il n'y a plus utilité à donner des coups de canif dans le contrat.

— C'est désolant pour les célibataires.

— Et tenez, si vous voulez être discret, je vais vous faire une confidence.

— Vous pouvez me confier les plus grands secrets, je ne les divulguerai pas.

— Cette nuit, au moment où mon père et ma mère dormiront tranquillement, mon mari grimpera jusqu'à ma chambre par cette échelle de corde.

— Pour rester quelques heures avec vous en dehors de celles accordées par les règlements matrimoniaux?

— Oui, cher monsieur, et depuis dix années que nous sommes mariés, nous cherchions un moyen de nous voir souvent. Enfin!..... nos vœux vont être exaucés.

— Mais la loi!..... On ne badine pas avec la loi.

— Tant pis si nous sommes pincés.

LES PARISIENNES.

EXTRA-MUROS.

— Tiens! J'ai un voisin!... décidément l'air de cette campagne me fera du bien.

UNE VENGEANCE

Mme Fanny de B..., une gentille cocotte, est installée à Trouville, dans un chalet que lui a loué son protecteur sérieux, un homme marié obligé de laisser voyager seule sa maîtresse.

Fanny est heureuse de se reposer de ses préoccupations de l'année.

Elle n'a plus à chercher comment elle fera pour empêcher le vicomte de se rencontrer avec le baron, et pour recevoir son petit lieutenant de chasseurs le jour où son gros boursier est à ses affaires.

— Ah! se dit-elle, en s'étendant mollement sur un canapé, que je serais heureuse de ne plus vivre des rentes des autres!

Au même moment, elle entend un grand bruit dans la salle à manger; c'est Justine, la femme de chambre, qui, en rangeant le buffet, a laissé tomber une pile d'assiettes.

— Encore une maladresse! s'écria Mme Fanny.

— Je n'ai pas fait exprès.

— Je le suppose. Mais je suis décidée à vous rendre plus adroite. Je retiendrai sur vos gages le prix de ces assiettes.

— Mais il y en a au moins quarante.

— Tant pis pour vous.

— Tout mon mois y passera.

— Je le regrette.

— Je ne suis pas riche, moi; je n'ai pas, comme madame, quatre protecteurs.

— Vous avez dit?...

— Je n'ai pas besoin de répéter.

— Vous êtes une insolente. Je vous chasse.

— Je ne suis pas fâchée de m'en aller, car je m'ennuie à mourir dans ce chalet, loin de mon valet de chambre... Car j'aime quelqu'un, moi!... j'ai du cœur, moi!...

— Taisez-vous; et puisque vous me menacez, je vous retiens pour de bon le prix de cette vaisselle cassée.

— On vous la payera, madame; car on a beau avoir des sentiments honnêtes, on possède toujours bien quelques économies, grâce à la conduite déréglée de madame. Ses protecteurs ont été généreux pour moi, mais en tout bien tout honneur, car je n'ai jamais voulu marcher sur vos brisées... Vous ne pourriez pas en dire autant, vous qui avez soufflé à votre meilleure amie le beau lieutenant de chasseurs.

— Assez, ou je vous fais arrêter! s'écrie Fanny exaspérée.

— On n'arrête pas les femmes de chambre qui disent leurs vérités à leurs maîtresses.

— Et moi qui ai gardé cette fille-là pendant deux ans!

— C'est moi qu'il faut plaindre de vous avoir servie si longtemps.

— Je veux monter dans votre chambre; je tiens à visiter votre malle.

— Avant, je vais serrer ces débris de vaisselle; ils m'appartiennent, puisque je les paye.

Les recherches dans la malle n'amènent aucune découverte fâcheuse pour Justine, qui va s'installer dans un hôtel voisin en attendant l'heure du train.

* *

— Mais ça ne se passera pas ainsi, se dit Justine. J'ai donné trente-deux francs pour la vaisselle cassée, maintenant je veux me venger.

Mais que faire?

Si je pouvais défigurer cette femme, afin que tout le monde l'abandonne!

Ce moyen violent pourrait me faire arrêter, et je n'ai pas envie d'aller moisir sur la paille humide des cachots. Ça ne serait rien encore, si je pouvais emmener avec moi mon valet de chambre bien-aimé.

Cherchons autre chose.

Ah! j'ai trouvé.

Je vais envoyer aux quatre amants de madame un télégramme conçu en ces termes:

« Mon chien chéri,

« M'ennuie à mourir; viens samedi par train des maris; nous passerons ensemble quarante-huit bonnes heures.

« Celle qui t'adore,
« Fanny. »

Il y a plus de vingt mots, mais je ne recule pas devant un petit supplément. Quand on veut se venger, il faut savoir faire les choses.

Précipitons-nous au télégraphe.

— Envoyez ces dépêches à ces quatre adresses.

— Mademoiselle ne se trompe pas? demande l'employé.

— Non, du tout; ma maîtresse réunit ainsi souvent ses amants pour leur faire prendre le thé. Elle est si forte qu'ils passent la soirée ensemble sans s'apercevoir de rien.

⁂

Le lendemain, c'était le samedi, le fameux jour.

Fanny était assise sur la terrasse de son chalet.

Elle voit arriver son lieutenant de chasseurs.

— Comment, c'est toi! lui dit-elle en courant à sa rencontre. Oh! quelle agréable surprise!

— Tu savais bien que je viendrais?

— Non, certes.

— Comment! tu croyais que je ne serais pas accouru!... Mais j'ai demandé une permission de quarante-huit heures, au reçu de ta dépêche.

— Quelle dépêche?

— Celle que tu m'as envoyée.

— Moi?

— Tiens, la voici.

— C'est vrai... Quel est ce mystère qui... Ah!...

— Qu'as-tu donc?

— Un monsieur qui ne doit pas nous voir vient de ce côté. Cours te cacher dans mon petit salon.

Le lieutenant fait ce que lui dit Fanny.

Celle-ci n'a que le temps de fermer la porte pour aller au-devant de son gros boursier.

— Tu vois que je suis gentil, crie celui-ci du plus loin qu'il voit Fanny, j'ai manqué aujourd'hui la Bourse pour prendre l'*express* de 11 heures 30.

— Mais quel est le hasard qui t'amène?

— Ce n'est pas le hasard, mais ce télégramme de toi...

— Ce télégramme!...

— Il m'a rendu bien joyeux.

— Ciel!..

— Tu pâlis.

— Voici là-bas un monsieur qui ne doit pas nous voir ensemble. Cours te cacher dans mon boudoir.

— Mais pourquoi?

— Si tu ne veux pas me compromettre, fais ce que je te dis.

Alors le boursier n'hésite plus, et Fanny va au-devant du vicomte, un jeune gommeux qui se jette au cou de la dame en commandite.

— Je croyais, dit-il, que tu ne voulais pas me voir pendant ton séjour à Trouville. Mais ton télégramme m'a rendu bien joyeux.

— Encore!...

— Tu parais fort émue?...

— C'est la joie.

— Tu m'aimes donc à la folie?

— Peux-tu en douter!... Ah! j'en perdrai la tête!...

— Alors ne m'aime pas tant.

— Ce n'est pas cela dont il s'agit. Va te cacher dans le cabinet de toilette, car voici un vieux monsieur qu'il faut éviter.

— Mais pourquoi, quand...

— Pas un mot, pas un geste.

Elle le pousse dans le cabinet.

Il n'était que temps, car le vieux baron, le protecteur le plus sérieux, monte les marches du perron.

— Ma chère Fanny, dit le vieux Lovelace, tu es un ange. Ma femme ne voulait pas me laisser partir, mais je lui ai dit qu'un conseil d'administration... ta dépêche était en effet trop pressante pour que...

— Toujours... ah! c'en est trop.

Ne sachant que faire, elle se précipite vers la gare et se jette dans l'express pour Paris.

*
* *

Une heure après, les quatre commanditaires de Fanny sont assis dans la salle à manger autour d'une table parfaitement dressée.

Justine, qui est rentrée au moment où son ex-maîtresse partait, sert ces messieurs qui ont pris le parti de dîner ensemble, après avoir été mis au courant par la femme de chambre de la conduite de leur belle protégée.

DE SON BALCON.

— Tiens, tiens, tiens! cette chère petite madame Pigeoiseau!... Elle est en grand deuil, son mari lui aurait-il fait le plaisir de la rendre veuve?

ELLE NE COUTE RIEN

BALLADE

u es toujours avec Léonie?
— Oui.
— Mais alors c'est une passion... Et tu continues à être aimé pour toi-même?
— Certainement, puisque ce n'est pas moi qui l'entretiens. Léonie ne voudrait pas recevoir un centime de moi. Cette fille a de nobles sentiments.
— Si nobles que tu l'épouseras?
— Non, car alors elle cesserait de m'aimer pour moi-même.
— Tu te lasseras bientôt de cette existence.
— Jamais... il faudrait que je fusse bien bête.
— Crois-en ma vieille expérience. Viens-tu dîner chez moi?
— Impossible; je vais la chercher pour l'emmener dîner à la campagne.
— Ah! oui, le printemps, la pousse des feuilles, le chant du rossignol...

— Tu m'ennuies. Rien n'est insupportable comme un homme qui a vécu ; il veut enlever toutes les illusions aux autres.

— Ton tour viendra, mon cher. Adieu.

— Arrive donc vite, Georges : nous t'attendions avec impatience.
— Qui ça, *nous ?*
— Deux de mes amies qui veulent respirer l'air pur des bois.
— C'est aimable à elles. (*A part.*) Que le diable les emporte. (*Haut.*) Nous allons dans les bois de Meudon ?
— Oh ! non, c'est trop canaille. Ensuite, il n'y a pas de bons restaurants, et moi je tiens à bien manger. Nous avons décidé, mes amies et moi, d'aller dîner à *la Porte-Jaune*.
— Très-bien ! (*A part.*) Un restaurant dans les prix du café Riche. Ce repas champêtre me coûtera un bon prix. Enfin il ne faut pas que je regarde à dépenser un ou deux louis de plus, puisque je ne donne pas d'argent à Léonie.
— J'ai envoyé chercher une voiture, c'est bien plus agréable que le chemin de fer.

La caMÉRISTE (*arrivant*). — Madame, je n'ai pas trouvé de voiture à quatre places, j'en ai pris deux à deux places.

Georges (*à part*). — Bon, très-bien.

Léonie (*bas à Georges*). — Tant mieux, car de cette façon, mon gros loulou, nous serons seuls dans notre coupé.

Georges (*à part*). — Afin d'être seule avec moi elle aurait bien mieux fait de ne pas inviter ses amies.

Relevé des dépenses de la journée.

Dîner.	87 fr.
Voitures	43
Bouquets achetés à ces dames chez un pépiniériste	15
Total.	145 fr.

Georges (*soupirant*). — C'est raide!... Enfin, comme je ne lui donne pas d'argent...

— Sapristi ! n'oublions pas que c'est aujourd'hui sa fête. Quand on ne donne rien à une femme, c'est bien le moins qu'on lui fasse un joli cadeau. Nous nous sommes arrêtés l'autre jour devant la boutique d'un joaillier et elle m'a montré un bracelet qu'elle trouvait charmant, je vais le lui acheter; la surprise sera grande pour elle, car cette chère amie ne s'attend pas à recevoir ce cadeau. Voici le marchand en question.
— Combien ce bracelet?
— Quinze louis.
Georges (*soupirant*). — Hum ! c'est salé. Mais je ne peux vraiment pas lui donner pour sa fête un bibelot de dix francs, il faut savoir faire plaisir aux femmes qui vous aiment.

La camériste. — Monsieur Georges, j'ai deux mots à vous glisser en particulier dans le tuyau de l'oreille.
— Un secret?
— Non, je veux simplement vous dire que c'est aujourd'hui l'anniversaire de la naissance de madame. Elle sort de sa vingt-sixième année pour entrer dans sa vingt-cinquième.
— Tu dis?
— Rien. Seulement vous ferez bien d'offrir un bouquet à madame et de *cacher visiblement* derrière une fleur les pendants d'oreilles pareils au joli bracelet que vous lui avez donné.
— Voici vingt francs pour m'avoir fait penser à cela; j'avoue que je n'y aurais pas songé.
— Madame ne vous en aurait pas parlé dans la crainte que vous

ne supposiez que c'était pour vous demander de lui souhaiter cet heureux anniversaire.

Georges (*à part*). — Ces pendants d'oreilles me coûteront bien trois cents francs. Le mois dernier la fête, ce mois-ci la naissance. Georges, mon ami, les réflexions que tu fais ne sont pas convenables; mais songe donc que cette femme n'est pas à ta charge. Allons chez le joaillier.

— Oh! la la!
— Pourquoi ces larmes qui noient tes jolis yeux?
— Mon tyran m'a fait ce matin une scène parce que je lui ai présenté une note de ma couturière; il a refusé de payer quatre cents francs. Mais je me passerai de lui. Tu vas m'accompagner.
— Où ça?
— Au mont-de-piété; je vais y mettre mes bijoux.
— Je ne souffrirai pas cela. Je vais m'adresser à ma tante à moi, une vraie tante celle-là, qui est arrivée à Paris hier soir; je cours chez elle et je reviens dans une heure. Ne pleure plus, ma petite chatte chérie.
— Non, Georges... Georges...

Georges (*sur le palier*). — Je crois qu'elle me rappelle. Elle ne veut sans doute pas que je paye cette note. Écoutons. Non, je n'entends plus rien. (*Il descend l'escalier.*)

***

Georges s'apprête à se rendre chez Léonie. Il reçoit le petit mot suivant :

« Mon adoré,

« Ne viens pas ce soir chez moi; mon tyran m'a fait prévenir de son arrivée.

« Ne m'en veux pas, il n'y a pas de ma faute; tu sais bien que je ne suis pas libre.

« Je te couvre de baisers.

« LÉONIE. »

Le jour d'une première représentation importante :

« Mon chéri,

« Je suis furieuse.

« Je voulais aller ce soir à la première des Variétés et *lui* a refusé de me louer une loge.

« Qu'en penses-tu?

« A toi,

« LÉONIE. »

Georges pense qu'il est de son devoir de se rendre à l'agence des théâtres pour louer une loge.

C'est ce qu'il fait, et cette prévenance lui coûte deux cents francs.

Georges va trouver son ami, celui que nous avons présenté en commençant.

— Mon cher, prête-moi donc trois ou quatre cents francs. Je n'ai plus un sou.

— Et je suis certain que c'est ta maîtresse, cette femme qui ne te coûte rien, qui t'a mis à sec...

— Oui, j'ai fait le relevé de ce que j'ai dépensé pour elle depuis un an.

— Et cela monte à...

— Douze mille francs.

— Ce qui fait mille francs par mois, c'est-à-dire plus que ce que lui donne le monsieur qui l'entretient et qui va chez Léonie quand bon lui semble.

— C'est évident, car il ne lui assure que cinq cents francs par mois; aussi ai-je pris une décision.

— Tu vas la quitter?

— Non, je vais l'entretenir; de cette façon j'aurai la clef de l'appartement.

SUR LA PLAGE.

— La marquise de Z...
— Une cocotte.
— Ce n'est pas officiel.

LES MOMIES
DE L'ÉGLISE SAINT-MICHEL

CONTE D'UNE MORALITÉ ÉCRASANTE

AVANT-PROPOS.

Les momies de l'église Saint-Michel, à Bordeaux, sont bien connues.

Dans un cimetière dépendant d'un couvent, on a trouvé une certaine quantité de corps pétrifiés, ou plutôt parcheminés, car la peau du ventre, des jambes, des bras, de la figure, cède sous le doigt en appuyant et a la souplesse d'un ballon d'enfant légèrement dégonflé.

Ce sont des couches calcaires qui ont produit ce phénomène et conservé leur état naturel, non-seulement aux corps, mais aussi aux étoffes. Les étoffes et la dentelle sont intactes.

Aussi tous les voyageurs de passage à Bordeaux ne manquent pas d'aller visiter les momies de l'église Saint-Michel.

Ce n'est pas dans le but de faire concurrence au Guide-Joanne que j'ai écrit cet avant-propos, mais bien parce que ces explications sont nécessaires pour permettre d'entrer immédiatement dans le sujet à traiter, les momies en question y ayant joué un rôle important.

. . . .

Et Gustave arriva désespéré chez son oncle.

— Je veux me tuer, lui dit-il, Hélène ne m'aime plus.

— Elle te l'a dit ?

— Non ; mais elle me trompe indignement.

— Cela prouve qu'elle a beaucoup de cœur et qu'elle peut le partager.

— Ne me raille pas, mon cher oncle, car je sens que le désespoir me tuera.

— Puisque tu m'as pris pour confident de tes malheurs, je veux te guérir.

— C'est impossible !

— Moi aussi, quand je fus jeune, j'ai aimé et j'ai été trompé, et tu vois cependant que je n'en suis pas mort.

— Ton chagrin n'était pas aussi fort que le mien.

— Tu crois cela ! Mais j'avais fait l'ascension des tours Notre-Dame avec la ferme intention de me précipiter dans l'espace pour en finir avec l'existence.

— Et qui t'a arrêté ?

— Un de mes amis qui, par hasard, se trouvait en même temps que moi sur les tours. Il me prit de force et m'emmena faire un voyage.

— Et un simple voyage t'a guéri d'un violent amour ? Ah ! tu n'aimais guère, mon cher oncle.

— Ce n'est pas le voyage, mais une certaine momie du couvent de l'église Saint-Michel, à Bordeaux.

— Tu veux encore plaisanter... c'est mal!

— Non... et pour te prouver que je suis sérieux, nous partirons demain ensemble.

— Tu m'intrigues, et je ne crois pas du tout à la réussite de l'expérience que tu vas faire sur moi.

— Peu t'importe!... Rien ne te retient plus à Paris, n'est-ce pas?

— Hélas! non.

Le lendemain, l'oncle et le neveu arrivaient à Bordeaux.

Comme il n'avait pas emmené Gustave pour lui faire manger des royans, il le conduisit aussitôt dans le sous-sol où sont dressées les momies, comme des mannequins de tailleurs destinés à recevoir les vêtements à la dernière mode.

— Veuillez nous laisser seuls, dit l'oncle à la gardienne de l'endroit. Vous aurez une bonne gratification, soyez tranquille. Mais confiez-nous votre bougeoir.

La vieille gardienne se retira.

— C'est étrange, se dit Gustave, on éprouve une singulière émotion dans cette espèce de sépulcre. Il me semble que je suis destiné à prendre place au milieu de cette horrible collection. Je ne crains pas la mort, mais... nous aurions dû laisser la porte ouverte, la clarté du jour aurait jeté un peu plus de gaieté sur...

— Cela n'est pas nécessaire, surtout pour les explications que je vais te donner.

— Tu vas me narrer la vie de chacune de ces momies?

— Pas de toutes, mais d'une seule dont je connais l'histoire. Viens ici et ne crains pas de t'approcher. Vois-tu cette femme qui est là dans ce coin?

— Oh! l'horreur!... Avec son voile de dentelle sur la tête, elle ressemble à une vieille sorcière.

— C'est la mort, une mort cruelle, qui a crispé ainsi les traits de son visage. Mais elle était une des plus jolies femmes il y a... cent ans. C'était une femme galante. Elle s'appelait Léona... la belle Léona.

Et l'oncle, tout en parlant, appuya son bougeoir sur l'abdomen de la momie, et le ventre eut un mouvement d'élasticité comme s'il était en caoutchouc.

— La belle Léona! murmura Gustave, devenu tout rêveur.

L'oncle continua :

— Elle était entretenue par un fermier général qu'elle ruinait, c'était son devoir, et elle aimait soi-disant un capitaine des gardes royales avec lequel elle daignait souper et aller dans les fêtes.

Ce capitaine était un passe-temps, car, bien que ne manquant de rien, elle s'ennuyait à mourir, justement parce qu'elle n'avait rien à désirer.

Un jour, pour se divertir, elle eut la fantaisie de faire la coquette avec un autre officier du même régiment, un jeune homme charmant, plein d'avenir, qui s'éprit follement de la capricieuse Léona.

Le capitaine le sut. Il n'était pas jaloux du fermier général, parce qu'il savait que Léona ne pouvait pas le souffrir; mais le jeune officier devenait pour lui un rival sérieux.

Sous le premier prétexte, il le provoqua et le tua dans une rencontre à l'épée.

Ce jeune officier, le voici, c'est le troisième cadavre pétrifié, là, à gauche. En t'approchant un peu, tu verras un trou par lequel a dû pénétrer l'épée de son adversaire pour ne s'arrêter qu'au cœur.

— Je le vois, mon oncle.

— Il ne savait pas qu'un jour il serait si rapproché de la belle Léona, que voici.

Et en disant cela, l'oncle appuya de nouveau son flambeau sur le ventre de Léona, qui subit le même mouvement d'élasticité.

— La belle Léona! murmura Gustave toujours rêveur.

L'oncle continua :

— Deux mois après, Léona avait ruiné complétement son fermier général et congédié le capitaine, auquel elle reprochait sa cruauté, comme si elle seule n'avait pas été l'unique cause du duel.

Elle aima ou crut aimer un jeune abbé, riche fils de famille, et abbé pour être à la mode.

Il aimait Léona à la folie, et il dépensa pour elle toutes les économies... de son père, qui mourut de chagrin.

L'abbé apprit bientôt que Léona, qui prétendait le chérir, le trompait avec un acteur, un cabotin de bas étage qui buvait et qui, quand il était ivre, la battait.

Les coups de canne qu'elle recevait sur les épaules lui allaient droit au cœur : elle n'était heureuse que quand elle se trouvait avec lui.

Fou de désespoir, l'abbé s'empoisonna.

Le voici, ce malheureux : c'est le septième après l'officier.

— Qu'il est horrible ! s'écria Gustave, quelles contorsions épouvantables... et comme il a dû souffrir avant de mourir !

— Et Léona !... La belle Léona, la voici.

Il recommença à agiter le ventre de la courtisane.

— La belle Léona, répéta Gustave de plus en plus rêveur.

L'oncle continua :

— Un singulier hasard a placé près de l'abbé cet homme auquel il manque le côté droit de la tête. Il s'est fait sauter la cervelle, parce qu'ayant volé pour satisfaire les passions d'une femme, il allait être arrêté.

— Et cette femme, c'était ?

— Léona, la belle Léona, ajouta l'oncle en recommençant le jeu du bougeoir.

— La collection complète des amants de Léona n'existe pas ici, reprit l'oncle. Maintenant, mon cher Gustave, as-tu toujours envie de te jeter du haut des tours Notre-Dame pour ton Hélène, digne émule de Léona? Si tu es enterré dans un terrain pouvant te pétrifier, tu te retrouveras peut-être côte à côte avec ton Hélène adorée, comme Léona est en ce...

— Assez, mon oncle, assez! s'écria Gustave tout haletant. Partons, je suis guéri.

— Comme je l'ai été jadis, et je te jure bien que tu es sauvé pour toujours. Tu vois bien que les momies de l'église Saint-Michel ont du bon. Si la belle Léona a fait du mal de son vivant, elle aura rendu au moins de grands services une fois parcheminée.

A LA MER.

— Tiens, la voilà, Carolina Gorgenzing... tu sais bien, cette fameuse Carolina Gorgenzing qui a tant fait parler d'elle.
— Plate comme ça!!!

LES PROPOS DE LA PLAGE

Les dames sont assises sur la plage et abritées par une vaste tente.

Elles font de la tapisserie et des cancans. Malheur à celui ou à celle qui tombe sous le dard de ces vipères !

Le plus simple événement prend tout de suite la tournure d'un drame.

Ah ! la femme !... quand l'homme l'entend parler, il doit bien regretter d'avoir fourni une de ses côtes pour la fabriquer.

Oyez et jugez plutôt.

***

PREMIER GROUPE.

PREMIÈRE DAME. — Tiens, voici de nouvelles figures de connaissance que j'aperçois là-bas.

Toutes les dames (*avec curiosité*). — Où cela ?

Première dame. — Ce monsieur et cette dame qui cherchent des chaises.

Deuxième dame. — Ces voyageurs sont arrivés hier soir.

Troisième dame. — Où sont-ils descendus ?

Deuxième dame. — Au grand hôtel de la Plage. Ils sont arrivés en même temps que ce beau jeune homme blond qui prend son bain en ce moment.

Première dame. — Ah ! ah !

Deuxième dame. — Comme vous dites cela !

Première dame. — Je dis tout simplement : Ah ! ah !

Troisième dame. — Est-ce que par hasard ce serait... enfin celui qu'on appelle le moins heureux des trois ?

Deuxième dame. — Oh ! non, je ne prétends pas cela. Je me borne à signaler l'arrivée de ces touristes, et voilà tout. Je crois, au contraire, cette dame très-fidèle à son mari.

Troisième dame. — Vous les connaissez ?

Deuxième dame. — Je les ai vus souvent au théâtre, soit à l'Opéra, soit aux Français.

Troisième dame. — Ils ont donc de la fortune ?

Deuxième dame. — C'est à supposer ; mais je vous avoue que je n'ai jamais eu la moindre relation avec ces personnes.

Quatrième dame. — Je prends tout cela en note sur mon calepin.

Première dame. — Dites votre registre, car il contient les renseignements les plus précis sur tous les nouveaux venus.

Quatrième dame. — C'est vrai.

Première dame. — Et pourquoi vous donnez-vous tant de mal ?

Quatrième dame. — Il faut bien connaître les gens avec lesquels on se trouve dans la mer !

DEUXIÈME GROUPE.

Une brune. — Tiens ! de nouvelles binettes.

Une blonde. — Elles sont arrivées par l'express d'hier.

La brune. — Qu'en savez-vous ?

La blonde. — M. le vicomte de Boivert, le mieux informé de

tous nos danseurs, vient de causer avec ces dames qui sont assises là-bas. Elles connaissent ces touristes.

Une rousse. — Vite, des explications.

La blonde. — Il paraît que c'est une dame qui a amené son mari et son amant, lequel est un grand jeune homme blond qui sans doute ne nous fera jamais danser aux bals du Casino, car une femme qui apporte son jeune homme en est toujours terriblement jalouse.

Tout pour elle, rien pour les autres; telle est sa devise.

Une piquante rouge-carotte (*s'oubliant*). — Elle a bien raison.

Plusieurs dames. — Vous dites?

La rouge-carotte (*ses joues prenant la couleur de ses cheveux*). — Rien... Ainsi, vous prétendez que c'est un nouveau petit roman qui nous arrive?

La blonde. — Oui.

La brune. — Le monsieur a une décoration.

La blonde. — Le mari d'une femme aux mœurs faciles est toujours décoré; c'est dans le programme. On le dit aussi très-riche. Il a dû gagner sa fortune par des procédés déshonnêtes.

La brune. — C'est probable; car un mari qui ne s'aperçoit pas, ou plutôt qui ne veut pas s'apercevoir que l'amant fait partie du voyage, est capable de tout.

La blonde. — Franchement, j'aimerais mieux être chiffonnière que dans la position de ces gens-là.

Le groupe (*en chœur*). — Et moi!... et moi donc!...

TROISIÈME GROUPE.

Une jeune dame. — Bon!... encore des gens que nous ne pourrons pas fréquenter.

Une vieille fille. — De qui voulez-vous parler?

La jeune dame. — De ce monsieur et de cette dame qui sont assis sur ces chaises.

Une momie. — Qu'ont-ils donc fait?

La jeune dame. — Mon amie, Mme de B..., me l'a raconté en quelques mots seulement.

La momie. — Il faut nous les répéter.

La jeune dame. — Je ne sais, car c'est bien leste !

La vieille fille. — Parlez, je vous en prie, j'adore les scandales.

La jeune dame. — J'y consens ; mais laissez-moi me cacher derrière mon éventail. Là... ainsi : Eh bien, cette dame mène son mari voir baigner son amant !

La momie. — S'il se noyait, le repêcherait-il ?

La jeune dame. — C'est probable, car il doit lui être reconnaissant de la croix qu'il lui a fait avoir. Enfin cet homme, ce misérable mari, a gagné une immense fortune en volant les autres.

Le groupe (*en chœur*). — C'est infâme !

La vieille fille. — Si, à table d'hôte, je me trouve placée à côté de ces bandits, je me lèverai et j'irai m'asseoir à une petite table.

La momie. — Si cette plage est si mal fréquentée, je choisirai l'année prochaine une autre station balnéaire.

QUATRIÈME GROUPE.

Une baronne. — Comme cette plage est charmante !

Une vicomtesse. — Oui ; mais il y a du bien vilain monde.

Une marquise. — Pour qui dites-vous cela ?

La vicomtesse. — Pour ce monsieur et cette dame qui là-bas ramassent des coquillages.

La baronne. — Tiens, je ne connais pas cette toilette-là : je parle de celle de la dame.

La vicomtesse. — Mme de B... vient de me dire qu'ils étaient arrivés hier.

La baronne. — Ils ne sont que deux ?

La vicomtesse. — Il y en a un troisième qui joue un grand rôle dans l'existence de la femme.

La marquise. — Le mari s'en doute-t-il ?

La vicomtesse. — Oui, mais il ferme les yeux.

La baronne. — Il a donc des ménagements à prendre avec lui ?

La vicomtesse. — Il l'a aidé, paraît-il, à gagner l'immense fortune dont il jouit.

La baronne. — Alors, tout s'explique.

La marquise. — Il faut croire que ce sont des bourgeois, car il n'y a que la bourgeoisie pour avoir d'aussi vils instincts.

CINQUIÈME GROUPE.

Première dame (*montrant ceux dont on jase depuis une demi-heure*). — Ainsi, vous dites qu'ils font ménage à trois.

Deuxième dame. — Mme Dubrancard vient de me l'assurer, et elle ne me trompe jamais.

Troisième dame. — L'amant est sans doute détenteur d'un secret terrible pouvant compromettre le mari, qui s'est enrichi très-vite en Amérique.

Première dame. — En un mot, il sait, comme l'on dit vulgairement, où est le cadavre.

SIXIÈME GROUPE.

Dans ce groupe il y a des hommes et des femmes.

La conversation est fort animée.

On y cause encore et toujours des infortunés voyageurs.

Un vieux monsieur. — Alors, l'amant aurait commis un crime avec le mari ?

Une vieille dame. — Ils ont empoisonné ensemble cinq personnes, qui toutes sont mortes.

Le vieux monsieur. — Et ce crime leur a rapporté plus de trois millions.

Une jeune fille. — A eux deux ?

La vieille dame. — Non, au mari seulement.

Le vieux monsieur. — Mais en échange, le jeune homme...

La vieille dame. — Chut !... Il ne faut point parler de ces infamies-là devant votre nièce.

SEPTIÈME ET DERNIER GROUPE.

— Ainsi, ils ont tué plus de vingt personnes ?
— Oui !...
— Et cela leur a rapporté vingt millions ?
— On le dit.
— A la place du jeune homme, j'aimerais mieux avoir ma part en argent que la moitié de cette femme.
— A quoi pensez-vous donc, madame Moutonnet ?
— Ces gens-là sont excessivement dangereux.
— Parbleu !...
— J'ai bien envie de les signaler au brigadier de gendarmerie.

A LA CAMPAGNE.

— Tu te souviens de notre premier rendez-vous?... où tu m'avais promis de m'épouser.
— Et où tu croyais que j' croyais que tu m' croyais.

L'ENQUÊTE DE CASIMIR BOUDINET

ui, s'écria Casimir dans un moment d'élan et en se jetant aux pieds de sa maîtresse; oui, Léonie, si j'avais été le premier à te détourner du sentier étroit de la vertu, je t'aurais épousée, car je t'aime, je t'idolâtre!

— Serait-il vrai, mon ami?
— Je te le jure!
— Mais tu n'es que le second.
— C'est ce qui me turlupine suffisamment.
— Tu sais bien que j'ai été séduite par mon tuteur : un infâme qui a abusé de ma jeunesse et de mon inexpérience.
— Mais cet homme a ton portrait et des lettres de toi?
— C'est vrai.
— Je cours les lui demander, les lui arracher au besoin; puis je

te conduirai à la mairie, et alors tu n'auras plus à rougir quand tu passeras avec moi devant la fruitière et autres commerçants du quartier.

— Casimir!...

— Laisse-moi mettre mon projet à exécution

Il prend son chapeau et se sauve.

Il arrive chez M. Dujardin, le soi-disant tuteur de Léonie.

Il lui explique en deux mots le motif de sa visite.

— Mais, s'écrie Dujardin, je ne demande pas mieux que de vous rendre le portrait et les lettres de Léonie, si cela peut vous être agréable, seulement il s'agit de bien établir les faits. Je n'ai jamais été le tuteur de cette jeune personne, et je l'ai encore moins détournée de son droit chemin. C'était elle qui me faisait passer pour son tuteur, parce qu'elle demeurait dans une maison où le concierge et le propriétaire avaient des mœurs : ils n'auraient pas voulu, paraît-il, louer à une femme entretenue.

— Puis-je savoir où vous avez connu Léonie?

— Dans un wagon de première classe, entre Paris et Suresnes. Elle revenait de voir un capitaine d'infanterie qui était son amant.

— Ciel! que me dites-vous là?...

— L'exacte vérité. Seulement, comme tous les militaires, il n'était pas riche. Elle n'hésita donc pas à accepter mes cinquante francs par mois et un ameublement complet pour son appartement.

— Sauriez-vous par hasard où se trouve en ce moment cet officier?

— Il est en garnison à Saint-Denis et se nomme Verlet.

Casimir se précipite vers la ville de Saint-Denis.

Il demande la capitaine Verlet.

On lui indique sa demeure. Il s'y rend. D'abord le capitaine le reçoit assez mal, mais l'air piteux de notre amoureux finit par l'attendrir.

— Je devrais avoir peu de ménagements pour cette donzelle, dit l'officier; car, lorsqu'elle eut trouvé son affaire, elle me lâcha assez cavalièrement.

— Enfin, vous consentez à me rendre ses lettres et son portrait?

— Avec plaisir; car ces paperasses me gênent, je vous l'avoue. J'ai en ce moment une maîtresse qui est très-jalouse, et elle me ferait une scène terrible si elle trouvait dans mon tiroir ces épaves de l'amour. Voici les photographies en question.

— Vous en avez plusieurs?

— Cinq. En voici une qui est un peu décolletée.

— Vous appelez cela décolletée; mais quelqu'un qui ne connaîtrait pas Léonie prendrait ce portrait pour celui de la Vérité sortant de son puits.

— Seulement le puits manque. Léonie s'est fait photographier un jour d'été, où la chaleur était accablante.

— Dieu, que je souffre! Mais vous-même, comment avez-vous autorisé cette pose? car un photographe...

— Je vous comprends... mais cet artiste était son amant, et c'est à lui-même que j'ai enlevé le portrait et... le modèle.

— Elle a vécu avec un photographe?...

— Oui.

— Ah! capitaine, permettez-moi d'avaler un verre d'eau, car j'ai un volcan dans la poitrine. Et où demeure ce photographe?

— Vous avez l'adresse derrière ce portrait-carte.

— Si je ne me trompe, se dit Casimir, tout en se rendant chez le photographe, c'est le troisième. J'en passais un, voire même deux, mais trois !...

Il explique à l'artiste le but de sa visite.

La femme du photographe, qui, de la pièce voisine, a tout entendu, arrive comme une tigresse en fureur avant la fin du récit, et elle administre une raclée abominable à son mari en criant :

— Ah ! gredin, tu as eu une maîtresse, et cela depuis notre union, puisque nous sommes mariés depuis dix ans, et que la chose s'est passée depuis trois années.

— Il y a erreur, s'écrie le mari, c'est mon prédécesseur, M. Durand, qui a fait cette photographie, et qui sans doute était l'amant de cette dame. Moi, je me nomme Cascaret.

Casimir se confond en excuses. Mme Cascaret embrasse son mari sur les endroits qu'elle a meurtris de coups.

Casimir va chez le photographe Durand, qui l'expédie chez un banquier, lequel lui donne l'adresse d'un étudiant en médecine.

A la fin de la journée, il a déjà vu *onze anciens* de Léonie, et il ne connaît pas encore celui avec lequel elle a fait sa première culbute.

Le onzième est un gommeux très-rageur qui refuse de rendre les lettres et les photographies.

Casimir se fâche. Un duel est décidé. On prend quatre témoins et on se rend immédiatement sur le terrain. Casimir reçoit dans le bras droit un coup d'épée.

En guise de compresse, son adversaire met sur la blessure les lettres et les portraits qu'il avait primitivement refusés.

— Monsieur, je vous en prie, fait Casimir d'une voix suppliante, dites-moi si vous êtes le premier.

— C'est dans une campagne située à cent lieues de Paris que j'ai fait la connaissance de Léonie; elle était fille de ferme.

— C'est donc vous qui l'avez eue sage?

— Oh! non, car elle avait eu des intrigues avec un nommé Jean-Mathieu, un garçon meunier.

— Permettez-moi de mettre ma tête sous cette borne-fontaine, car j'ai le cerveau en ébullition. Il faut donc que je me rende dans ce village pour avoir les lettres de Léonie.

— Rassurez-vous, elle n'en adressait pas à Jean-Mathieu, car ce dernier ne savait pas lire, et cette jeune personne, à cette époque, ne savait pas écrire. C'est moi qui ai pourvu à son éducation.

— Alors mon enquête doit s'arrêter à vous, dit en soupirant l'infortuné Casimir.

Et il revint chez Léonie.

Il jeta tristement sur la table le paquet de lettres et de photographies.

Impossible de dépeindre la stupéfaction de Léonie.

— Alors tu ne m'épouses plus? murmura-t-elle timidement.

— Si, mais à la condition que nous brûlerons tout cela pour qu'il ne reste plus aucune trace du passé.

— Oh! comme tu es gentil! Mais sois tranquille, mon Casimir chéri, je ne te tromperai pas. Quand une femme a eu beaucoup d'intrigues avant son mariage, elle n'en a plus après, car elle a trop de mépris pour les hommes.

LES PARISIENNES.

CES PAUVRES BOCKEUSES.

— Eh bien! là! vrai! elles me font réellement de la peine; voyons, offrons-leur à souper.
— Pourquoi faire?

LA MAITRESSE DE MON VOISIN

I

Casimir se promène dans sa chambre et se tient le monologue suivant :
— J'ai vingt-deux ans et douze mille livres de rente; je m'ennuie de vivre seul dans cet appartement; je suis décidé à prendre une maîtresse; j'ai justement en vue une personne charmante; elle sait que je la remarque, et certes elle ne me résistera pas dès que je lui ferai signe. Je vais lui écrire pour l'inviter à dîner; je l'emmènerai ensuite au théâtre, et puis... demain elle apportera ses robes ici. Je mènerai

une existence semblable à celle de mon voisin, qui, depuis quelques semaines, vit avec une femme très-gentille. Seulement ils se disputent un peu trop souvent. Bon!... à peine réveillés, les voici qui cessent d'être d'accord. J'espère que leurs cris ne m'empêcheront pas d'écrire ma lettre. (*Il écrit.*)

« Mademoiselle,

« Je vous ai vue il y a huit jours, et mon cœur... »

Une voix féminine (*extra muros*). — Je te dis que tu n'iras pas dîner ce soir dans ta famille.

La voix masculine. — Voyons, ma petite Henriette, sois raisonnable; tu sais que je me dois à mes parents.

— Je m'en fiche pas mal de tes parents! Je ne veux pas que tu sortes aujourd'hui; tu ne sortiras pas.

— Si tu le prends sur ce ton-là, je ferai ce que bon me semblera. Je suis un excellent garçon, mais je n'aime pas à être taquiné.

— Ne fais pas la mauvaise tête, car je te préviens que j'ai mes nerfs.

— Est-ce une raison pour que je sois ton humble esclave?

— Oh! la la! (*Elle prend un vase et le brise.*)

— C'est charmant! continue.

— Si ça me plaît! (*Elle brise un second vase.*)

. . . . . Casimir (*cessant d'écrire*). — La maîtresse que je prendrai me fera les mêmes scènes; elle aussi ne voudra pas me laisser sortir; je serai son prisonnier; je ne tiens pas à installer un geôlier dans mon immeuble, j'aime trop ma liberté!

II

Casimir. — Ma foi, toutes réflexions faites, je vais lui écrire. (*Il s'installe devant son bureau.*)

« Mademoiselle,

« Depuis fort... »

La voix féminine (*extra muros*). — Mon petit Lucien, c'est aujourd'hui ma fête.

La voix masculine. — Sapristi ! pourquoi me le dis-tu ? Tu ne me laisses pas le plaisir de te faire une surprise. Cherche dans la poche de ma redingote, tu trouveras une petite boîte.

— Des pendants d'oreilles !...
— Comment les trouves-tu ?
— Pas mal.
— Tu dis cela d'un air bien indifférent.
— Dame !... si tu crois m'avoir fait plaisir, tu te mets le doigt dans l'œil.
— Qu'aurais-tu donc désiré ?
— Comment ! depuis trois mois je te dis que j'ai envie d'un bracelet ; j'étais persuadée que tu me le donnerais pour ma fête ; tu me flanques des pendants d'oreilles, et tu veux que je sois contente !
— Ma bonne amie, un bracelet m'aurait coûté quatre cents francs.
— Tandis que tu as payé cette bagatelle une trentaine de francs ?

— Trente-cinq.

— Tu es un homme généreux! Si je n'avais pas le placement de ces pendants d'oreilles, je te les rendrais.

— Que vas-tu en faire?

— Je vais les donner à la fille de la concierge.

. . . . . Casimir (*absorbé*). — Achetez donc des bijoux aux femmes! Ce pauvre voisin doit-il faire une piteuse mine en ce moment! Et je serais assez bête pour prendre une maîtresse qui me demanderait des bracelets! Oh! que nenni!

III

Casimir (*bâillant*). — La solitude est une chose bien triste! Ce matin, je me suis croisé avec *elle;* c'est une bien ravissante personne. Si je lui écrivais? — Non. Ma foi, si. Depuis quelques jours les voisins paraissent vivre en bonne intelligence, ce qui prouve que les amoureux peuvent avoir du bon temps. (*Il prend tout ce qu'il faut pour écrire.*)

« Mademoiselle,

« Si vous saviez combien... »

La voix féminine (*extra muros*). — C'est entendu, n'est-ce pas, nous irons ce soir à l'Ambigu?

La voix masculine. — Non, car je ne peux pas souffrir les drames.

— Tu peux bien faire un petit sacrifice pour moi.
— Je ne serai pas assez bête pour ça.
— Oh la la !
— Quoi ?
— Je sens que je vais avoir une attaque de nerfs.
— Tu as raison de me prévenir, je vais filer.

La donzelle pousse des cris aigus qui sont entendus dans la rue par des gardiens de la paix; les tricornes de M. le préfet de police s'imaginent qu'on assassine une femme.

Ils montent et frappent à la porte des deux amoureux.

Lucien refuse d'ouvrir.

Les agents de l'autorité enfoncent la porte.

Enfin tout s'explique.

Casimir, que cette scène a attiré sur le carré, rentre dans sa chambre et déchire aussitôt la lettre qu'il avait commencée.

Il prend son chapeau et va se promener sur les boulevards, pour ne plus penser à celle qui peut-être un jour aurait attiré par ses cris les agents de l'autorité.

IV

Casimir. — Enfin depuis huit jours mes voisins ne se disputent plus; quand le calme se rétablit dans ce faux ménage, je pense à celle qui égayerait par sa présence cet appartement si triste. Mais, si je ne me trompe, à côté on échange des baisers. Mes voisins sont heureux. C'est étrange, je ne reconnais pas l'organe du monsieur.

La voix féminine. — Je t'aime bien, mon petit Paul.

Casimir. — Il a donc changé de voix et de nom ?

La voix féminine. — Mon animal va revenir ce soir; nous ne pourrons plus nous voir si souvent.

La voix masculine. — Il t'a écrit?

— Oui, et il faut que j'aille le chercher au chemin de fer.

. . . .

Casimir (*levant les bras au ciel*). — Il est en voyage, et en son absence sa maîtresse le trompe. O les femmes!... les femmes!... Et j'ai pensé un instant à prendre une maîtresse! Mon cher voisin, tu m'as rendu un grand service en venant demeurer près de moi. J'ai presque envie de déposer chez la concierge une carte pour toi; — non, car tu ne t'expliquerais pas cette politesse.

LES PARISIENNES.

CANOTAGE.

— Louisa!... c'est moi.
— Je n' suis pas visible.
— Je l' vois bien.

LE SUICIDE D'ERNESTINE

Enri écrit à Ernestine :

« Ma chère amie,

« J'ai une mauvaise nouvelle à t'apprendre. J'aime mieux te l'écrire, car je n'aurais pas la force de te la dire de vive voix.

« Je suis obligé de te quitter; ma famille me marie, ma mère l'exige et mon père me menace de me supprimer ma pension si je ne lui obéis pas.

« Adieu, ma chère Ernestine, je conserverai toujours de toi le meilleur souvenir.

« Henri. »

Une demi-heure après l'envoi de cette lettre, Henri recevait une dépêche ainsi conçue :

« Mon ami,

« Est-ce une plaisanterie ou la vérité ? Non, tu ne veux pas me quitter. Viens vite, je crois que je deviens folle. »

On voyait que ces lignes avaient été tracées par une main tremblante. Une grosse larme était tombée sur le mot *quitter* et l'avait presque effacé.

Puis, pas de signature ; ce qui prouvait que la malheureuse n'avait pas eu le temps de signer, voulant que cette lettre arrivât le plus tôt possible.

— Bon ! s'écrie Henri, voilà qu'elle a mal pris la chose.

Il arrive chez sa maîtresse.

Elle se jette à son cou en fondant en larmes.

— Tu viens me dire que ce n'est pas vrai, n'est-ce pas ? murmure-t-elle d'une voix étranglée par l'émotion.

— Hélas ! je mentirais si je te disais cela.

— Tu te maries ?

— On me marie, ne confondons pas.

— Tu n'étais pas heureux comme nous vivions ?

— Mais il faut bien qu'un jour ou l'autre on s'enchaîne à une femme. Tu es certes la créature de mes rêves, mais je ne pouvais pas te présenter à ma famille.

— Ton père n'a donc jamais été jeune ?

— Si.

— Et il n'a pas eu de maîtresse ?

— Jamais avant son mariage ; mais nous n'avons pas en ce moment à fouiller dans sa vie privée. Si je ne me marie pas, mes parents me couperont les vivres, et pour manger, nous ne pouvons pas aller chanter dans les cours.

— C'est bien décidé ?

— La corbeille est achetée, et ce soir doit avoir lieu la signature du contrat.

— C'est bon... je sais ce qu'il me reste à faire.

— Quoi ?

— Tu m'as toujours promis que si je mourais tu élèverais mon chien.

— Je te le promets encore, mais tu n'es pas sur le point de mourir.

— Tu le recevras demain matin, et une heure après que tu l'auras reçu, j'aurai cessé de vivre.

— Ce n'est pas sérieux ?

— Tout ce qu'il y a de plus sérieux. Ni l'un ni l'autre n'avons, je crois, en ce moment, envie de plaisanter.

— Non certes.

— Et je m'empoisonnerai avec de l'acide prussique.

— Cet affreux poison que tu tiens caché dans un coin et que je n'ai jamais pu découvrir.

— Non, parce que je me doutais que tu le jetterais ; car tu sais que je suis inébranlable dans mes résolutions.

— Ernestine, ma bonne Ernestine, ne fais pas cela. Dans quelque temps tu m'auras oublié, tu trouveras alors un autre amant.

— Moi prendre un autre amant après toi !... Ah ! par exemple, je te prie de ne pas m'insulter.

— Pardonne-moi, mon amie, mais je cherche en ce moment un moyen pour que tu m'oublies et pour que tu vives.

— Sans toi, l'existence n'est plus possible pour moi.

— Ernestine !

— Non, adieu !

— Tu vivras, je veux que tu vives !...

— Alors, ne me quitte pas.

— C'est impossible !

— Adieu !... adieu !... Surtout, prends bien soin de mon cher petit chien que je t'enverrai... Je ne veux pas te le donner maintenant, parce que je tiens à l'embrasser jusqu'à ma dernière heure. Il m'aime, lui, et ne se serait jamais séparé de sa maîtresse...

— Je saisis l'allusion, mon Ernestine, mais lui n'a pas une famille qui veut le marier. Je me sauve, car ces adieux cruels me déchirent l'âme. Tous les ans, à ta fête et au 1er janvier, je t'enverrai des fleurs.

— Tu les déposeras sur ma tombe.

Le soir, Henri se rend avec toute sa famille chez celle de sa future pour signer le contrat.

Impossible de décrire l'émotion de ce malheureux garçon.

Il est si agité qu'il trouve à peine quelques mots aimables à adresser à sa fiancée.

— Qu'avez-vous donc, mon gendre? demande le futur beau-père.

— Je n'ai rien, c'est l'orage.

— Mais le temps est très-beau.

Soulevé comme par un ressort, il se précipite auprès d'un oncle de la demoiselle.

— Vous avez été pharmacien, n'est-ce pas? lui demande-t-il.

— Je le suis encore.

— Est-ce que l'acide prussique conservé est un poison toujours redoutable?

— Certainement... il ne perd pas de sa force. Mais pourquoi me demandez-vous cela?

— Oui, pourquoi lui demandez-vous cela? répètent les deux familles en chœur.

— Pour m'instruire.

Et il essuie deux grosses larmes qui coulent le long de ses paupières.

— Ou ce garçon est devenu fou, ou il y a quelque chose d'étrange dans son existence, dit le père de la jeune fille à tous les grands-parents.

— Si un commissionnaire arrive avec un chien, dit Henri à un domestique qui passe avec des rafraîchissements, vous le laisserez entrer...

Tout le monde se regarde avec stupéfaction.

Le notaire, lui, ne s'occupe que de son contrat.

— Il est bien entendu, dit-il, que le marié apporte en dot...

— Un chien... un pauvre petit chien... un malheureux orphelin.

Tous les parents se lèvent avec effroi.

— Mon gendre, crie le beau-père, tout est rompu !

A peine ces mots ont-ils été prononcés qu'Henri a ouvert la porte et s'est sauvé.

Ahurissement général.

Henri passe sous les fenêtres d'Ernestine et se dit :

— Il y a de la lumière chez elle, mais, hélas ! cette lampe n'éclaire peut-être plus qu'un cadavre. Non, car elle ne m'a pas envoyé le chien, et j'ai donné des ordres pour qu'on me le fasse parvenir partout où je serais. Je monte apprendre à ma bien-aimée que je lui reste.

Arrivé devant la porte d'Ernestine, il entend causer.

Il regarde par le trou de la serrure et il aperçoit Ernestine assise sur les genoux d'un jeune gommeux.

— Ça ne ferait pas notre affaire, s'il me quitte sérieusement, dit-elle, car il me donnait six cents francs par mois. Toi, que j'aime, tu n'as pas le sou et tu ne pourrais pas me faire vivre.

— Tu crois qu'il te reviendra?
— J'en suis sûre, et son père, qui est un jobard, lui continuera sa pension.
— Alors, expédie-lui le chien.
— J'ai envoyé chercher un commissionnaire pour cela.

Henri recule et s'appuie sur la rampe de l'escalier pour ne pas tomber.

Au même moment, il entend monter un commissionnaire. Il se blottit au fond d'un petit couloir.

Ernestine ouvre à l'homme médaillé et lui dit, en remettant le chien et une carte :

— Portez cette bête à cette adresse.

Henri sort de sa retraite et se précipite sur le chien, l'empoigne par la peau du dos et le jette au milieu de la chambre.

Ernestine n'a que le temps de pousser un cri et de s'évanouir pour prendre une contenance.

Henri retourne chez le notaire, où il retrouve les deux familles qui ne sont pas sorties de leur ébahissement.

Il est charmant avec tout le monde et explique qu'il est allé changer ses bottines neuves, qui le faisaient souffrir et lui donnaient le délire.

A minuit moins un quart, le contrat est signé.

LES PARISIENNES.

DANS L'EAU.

— Tu l'connais ?
— Si je le connais !... j' voudrais avoir gardé tous les louis d' vingt francs que j'ai soupé d' fois avec.
— Poseuse, va !

LE PLUS HEUREUX DE TOUS

'ai l'honneur de vous présenter Gaston de B...

Il n'est pas beau, il n'est pas spirituel, il n'est pas bien fait... mais toutes les qualités qui lui manquent ne l'empêchent pas d'être ce qu'on appelle un homme à bonnes fortunes.

Et pourquoi? Oh! c'est bien simple; parce qu'il a adopté un système. Il sert de passe-temps aux femmes qui s'ennuient ou de vengeance à celles qui ont quelque chose à reprocher à leur mari ou à leur amant ; et une femme a toujours quelque chose à reprocher à un amant ou à un mari quand elle est en bonnes dispositions pour tromper icelui.

Gaston travaille, en effet, dans les deux catégories : cela augmente sa clientèle.

Nous allons, si vous le voulez bien, franchir le mur de la vie privée de ce don Juan moderne, qui doit tous ses succès au besoin que les femmes ont de se venger ou de se distraire.

Il reçoit une lettre ainsi conçue :

« Cher monsieur Gaston,

« Restez chez vous aujourd'hui. Je ne sais à quelle heure je pourrai aller vous trouver, mais j'ai absolument besoin de vous parler.

« Mathilde.

« *P.-S.* Déchirez cette lettre. »

Gaston s'empresse de la serrer avec soin dans un tiroir après l'avoir numérotée. C'est un garçon d'ordre que Gaston.

A deux heures précises on entend un violent coup de sonnette.

La baronne entre. Elle est fort agitée.

— Pauvre baronne ! dit Gaston, votre mari vous trompe.

— Vous le saviez?... Alors vous allez tout me dire.

Gaston est très-embarrassé, car il ne sait rien. Mais il ne veut pas l'avouer : il ferait un *four*.

— Il faut lui pardonner, dit-il avec malice ; je suis certain que votre mari vous aime.

— S'il m'aimait, il ne me tromperait pas.

— Votre raisonnement est fort juste.

— Je veux savoir le nom de ma rivale!... Cela vous sera facile à vous, monsieur Gaston; vous êtes du cercle du baron, et vous pourrez l'interroger habilement.

— Je ferai tout ce qui vous sera agréable; mais à quoi cela pourra-t-il vous avancer?... Vous n'irez pas frapper votre rivale?

— Oh! je suis bien malheureuse, dit la baronne en pleurant, moi qui n'ai jamais failli à mes devoirs.

— C'est un tort. Un femme n'a pas de ménagements à avoir envers un mari lovelace. Et si vous voulez?...

— Je vous prie de vous taire!

— La vengeance est une si belle chose!

— Oh! oui.

— Tenez, venez déjeuner avec moi demain.

— Vous ne me ferez pas la cour?

— Je vous le jure!

Le lendemain Gaston et la baronne déjeunent en tête-à-tête.

Après un entretien de trois heures, Mathilde s'en va, baissant avec soin son voile.

— Je suis bien coupable, n'est-ce pas, Gaston?

— Non pas, Mathilde, c'est votre mari qui l'est.

Trois semaines après, Gaston reçoit la lettre suivante :

« Mon cher ami,

« Mon mari m'emmène voyager pendant trois mois en Italie.
« Se repentirait-il?

   « A vous de bonne amitié,

                          « MATHILDE. »

Un jour, sur les boulevards, Gaston rencontre Henriette, une charmante petite dame de sa connaissance.

— Eh bien, Henriette, lui dit-il, tu ne viens plus me voir; tu n'as donc plus à te plaindre de Georges?

— Oh! non! il est charmant depuis quelque temps, et j'ai une vraie passion pour lui.

— Pas possible! Tu as donc acheté un cœur d'occasion?

— Méchant!

— Je donne une petite fête d'amis dans une quinzaine de jours, y viendras-tu?

— Non, car j'aurais peur que Georges l'apprît. Il se doute, je crois, de quelque chose, et il t'abhorre.

— Je croyais que tu lui avais juré que ça n'était pas vrai.

— Oui, je l'ai juré sur la tête de ma mère.

— Eh bien?

— Ce serment a suffi pour augmenter son scepticisme.

— Alors à un de ces jours, quand tu voudras.

Un mois après, Henriette arrive chez Gaston. Elle pleure. Ces larmes ne l'étonnent pas, car il est habitué à voir pleurer toutes les dames qui viennent chez lui.

— Georges est un animal, s'écrie-t-elle. Il me dit hier que je ne pourrai le voir aujourd'hui, pour cause d'affaires de famille. On les connaît, ces affaires. Il veut villégiaturer avec une autre femme. J'en ai eu bien vite la conviction.

— Tu l'as rencontré en flagrant délit?

— Pas moi, mais Maria. Il avait une femme au bras. Oh! je veux me venger, me distraire, le tromper, bien rire, faire mille folies. Aussi ai-je pensé à toi qui es toujours en train. Tu vas m'emmener chez Ledoyen, puis nous irons voir jouer aux Bouffes.

— C'est entendu.

Henriette se mit à rire et à pleurer en même temps.

— Tu sais, Gaston, je ne t'aime pas, s'écrie-t-elle avec une parole saccadée, je n'ai d'amour que pour lui. Oh! le monstre, me fait-il assez souffrir! Mais parle-moi donc, raconte-moi des farces, ne me laisse donc pas penser à lui. Mets-toi au piano et joue-moi une valse. Ah! que je souffre!

Quarante-huit heures après, il reçoit une lettre d'Henriette qui lui dit :

« Mon gros bébé,

« Je viens d'apprendre que la dame qui était au bras de Georges l'autre jour est sa sœur. J'en ai la preuve.
« J'ai fait un impair.
« Nous resterons désormais bons amis, mais pas autre chose.
« Je t'embrasse comme un camarade.

« Henriette.

« *P.-S.* — Ne m'envoie pas de fleurs comme tu le fais à chaque petite escapade. Je ne pourrais expliquer à mon bon chéri la présence de ces bouquets. »

Une autre fois, Gaston reçoit la visite de Léona, autre femme jalouse, appartenant à un théâtre de genre.

Léona a un vieux protecteur qui lui donne tout ce dont elle peut avoir besoin.

Elle s'est ennuyée avec lui. Alors elle a cumulé et a pris un jeune vicomte comme amant de cœur.

Le vicomte l'adorait; mais elle s'ennuyait avec lui, bien qu'il imaginât tout ce qui pouvait la distraire.

Elle débuta au théâtre, et elle ne tarda pas à être dégoûtée des planches.

Elle fit la connaissance de Gaston, parce qu'il avait la réputation d'être un joyeux viveur. Et c'était lui qu'elle venait trouver quand elle avait le spleen.

— C'est le jour de tes humeurs noires? lui dit Gaston en la voyant entrer.

— Oui, mon cher; Cromwel est en voyage et je ne sais que faire.

— Le vicomte est donc aussi absent?

— Il passe des journées entières en me disant qu'il m'aime, c'est insupportable. S'il m'adore comme il me le jure, qu'il m'épouse.

— Hum!... hum!

— Ah bah! il croit que le vieux est un ami respectueux, et il ignore que tu existes.

— Mariée, tu t'ennuierais encore. Quand tu es en société du protecteur sérieux, tu t'ennuies et penses aux deux autres. Quand tu es au bras du vicomte, tu t'ennuies parce que tu voudrais être au mien ; quand tu t'y trouves, tu t'ennuies et regrettes celui qui t'aime !

— Comme c'est vrai!... Aussi, ça me fait plaisir de temps en temps de passer quelques heures avec toi, parce que tu connais mon caractère.

Comme vous le voyez, Gaston est le plus heureux de tous les hommes; il ne voit les femmes que dans les bons moments, c'est-à-dire quand elles cherchent à se distraire ou à se venger.

Un malin, Gaston!

LES PARISIENNES.

FANTASIA.

— Comment! encore dans le potager!
— Mais, petite maman, je cherche un petit frère.

UN MARIAGE PARISIEN

La scène se passe dans un boudoir tout tendu de soie rose.

Une jeune et jolie femme est couchée sur le sofa.

Un vieillard assis dans un fauteuil la contemple avec des regards pleins de tendresse.

— Qu'avez-vous donc, mon enfant, vous paraissez bien triste aujourd'hui ?

— Je m'ennuie.

— Comment !... encore ?... Que voulez-vous pour vous distraire, ma chère Léona ?... Désirez-vous que nous voyagions ?

— Vous n'êtes pas libre de m'emmener où vous voulez, puisque vous êtes marié.

— Mais vous savez bien que je puis conduire ma femme partout où il vous plaît d'aller. Je loge à l'hôtel avec elle, et je vous loue un chalet dans l'endroit le plus charmant de la résidence d'été.

— Non, je m'ennuierais là où nous irions.

— Ce n'est pas aimable pour moi, ma belle amie.

— Oh! ne prenez pas cela pour vous. Mais je pense à mon avenir qui est bien sombre. Quand vous m'avez possédée, j'étais jeune et innocente.

— Pardon, mon adorée, vous oubliez que...

— Oui, je sais ce que vous allez dire... Mais vous savez vous-même qu'une affreuse belle-mère m'avait indignement vendue à un homme que je détestais. J'eus alors le bonheur de vous rencontrer.

— Au Cirque.

— Oui, j'allais là pour essayer de me distraire. La blancheur de vos cheveux qui vous donnait ce je ne sais quoi de vénérable, m'engagea à vous faire part de tous mes malheurs. Je ne m'étais pas trompée, l'homme respectable était aussi un homme de cœur. Vous m'arrachâtes des mains de mon vil séducteur. Et je fus à vous.

— Oui, ange!...

— Vous m'avez installée il y a trois ans dans ce charmant appartement que vous fîtes meubler pour moi. Tout ce que je puis désirer, vous me le donnez.

— Et je continuerai à le faire.

— Je n'en doute pas; mais, hélas! vous voici sur le déclin de la vie, vous êtes apoplectique, et d'un moment à l'autre vous pouvez être enlevé à mon affection. Vous pâlissez!...

— C'est que...

— Oui, je comprends, ce que je vous dis ne vous rassure pas; mais je suis obligée de vous parler ainsi pour vous expliquer la cause de ma mélancolie... Quand vous ne serez plus, que deviendrai-je?

— Mais je vous ai placé une soixantaine de mille francs, et si vous vendiez les diamants que je vous ai donnés, vous auriez certainement six mille livres de rente...

— Oh! je n'ai pas peur de mourir de faim. Mais la solitude me tuera. Je ne pourrai pas être reçue dans les familles honnêtes, car une femme qui a eu un amant est mise au ban de la société... Bien que j'eusse été réhabilitée par votre amour, mon ami, bien qu'après votre mort je vive isolée, je ne serai toujours considérée que comme une impure. Oh! c'est affreux! (Elle éclate en sanglots. De grosses larmes coulent des yeux du vénérable protecteur.)

— Léona, dit-il, essuyez ces beaux yeux que des pleurs abîment. Tout ce que vous me dites est fort juste. Ah! si j'avais eu le bonheur de vous connaître avant mon mariage, c'est vous qui aujourd'hui seriez baronne.

— Merci, mon ami, je sais bien que vous vous rendez compte de tout ce qu'il y a de bon dans ce cœur qui vous aime. Ah! si j'étais comme toutes les autres femmes, je ne vous ennuierais pas comme je le fais trop souvent.

— Consolez-vous, chère enfant, je veux que ce soit moi qui assure votre avenir.

— Et comment cela?

— Je vous marierai.

— Ciel!... serait-il possible?...

— Dans l'usine dont je suis un des principaux administrateurs, il y a un caissier qui m'a souvent prié de le marier. C'est lui que je vous destine.

— Il serait vrai.

— C'est un homme âgé.

— Qu'importe?... vous m'avez appris à les aimer.

— Je vous présenterai à lui cette semaine.

— Vous lui direz que je suis veuve?

— Non, car, chez le notaire, il apprendrait la vérité.

— En payant un supplément pour le contrat, on ne peut pas modifier ma position.

— C'est impossible.

— Les lois françaises sont bien exigeantes.

— Mais je lui raconterai l'histoire de la séduction, je passerai seulement sous silence les heureux jours que nous avons eus dans cette rue de Boulogne. Il gagne six mille francs, vous en posséderez cinq mille, avec les diamants que vous vendrez pour ne pas l'étonner. Enfin quand vous aurez quelques suppléments de dépenses que vous voudrez lui cacher... je serai là.

— Que vous êtes bon, mon ami, et que je vous aime!...

***

Quatre jours après, la présentation a lieu dans un théâtre.

Après le spectacle, on va souper.

Après le souper, on accompagne la belle Léona jusqu'à sa porte.

Le baron et le caissier de l'usine reviennent ensemble.

— Comment la trouvez-vous? demande le vieux baron.

— Adorable!... J'en suis déjà fou.

— Diantre!... comme vous vous emportez!... A cinquante-sept ans, on devrait cependant être plus raisonnable.

— Je n'ai jamais aimé, mon cher baron, car vous savez que j'ai passé ma vie à faire des chiffres.

— Eh bien, soyez heureux.

— J'ai plu?

— N'en doutez pas une minute.

— Mais à quel moment vous a-t-elle parlé?

— Il était entendu entre nous que si vous lui conveniez elle me marcherait sur le pied.

— Alors?...

— Au milieu du spectacle elle a failli m'écraser le petit doigt du pied gauche. Il faut donc que vous lui plaisiez beaucoup.

— Baron, je vous devrai mon bonheur.

.*.

Six semaines après a lieu la cérémonie nuptiale.

Léona se met en blanc et se couvre de fleurs d'oranger, et cela à la grande joie des habitants du quartier.

— Ce qui la gênait le plus, c'était de passer ainsi déguisée, devant sa concierge; mais la veille, elle avait eu l'excellente idée de l'inviter à dîner et de lui donner, au dessert, deux robes de soie presque neuves et quelques bibelots.

.*.

Il y avait trois mois que le caissier, aussi amoureux que naïf, était marié, lorsque le baron vit arriver un matin celui dont il avait fait le bonheur.

— Cher monsieur... lui dit-il en se laissant tomber sur une chaise.

— Qu'avez-vous donc?

— J'étouffe... je ne puis parler. Donnez-moi un verre d'eau...

— Un malheur vous a frappé?

— Oui, baron... un affreux malheur... Léona me trompe.

— Je vous jure, mon ami, balbutie le vieux protecteur tout troublé, je vous jure que...

— Elle me trompe, j'en ai la preuve.

— Ce sont de mauvaises langues qui...

— Non ; elle a pour amant un officier de cavalerie, j'ai surpris les coupables au moment où ils ne s'y attendaient pas.

— Ciel !... s'écrie le baron, Léona nous trompe.

Et il tombe évanoui dans les bras du mari qui est anéanti par l'aveu qu'il vient d'entendre.

Sa vue se trouble, ses jambes refusent de le soutenir et il roule sur le baron.

Tableau !

AU JARDIN D'ACCLIMATATION.

— Est-il assez vilain! hein? a-t-il un air!
— Tais-toi donc! il me rappelle celui qui m'a payé mes premiers ch'veux.

QUAND ON L'ATTEND

ientôt huit heures et demie, et elle m'avait donné rendez-vous pour huit heures moins le quart.

Trois quarts d'heure de retard. Elle ne viendra pas, c'est bien certain. Je vais partir, car je n'aime pas poser.

Je lui ai donc déplu la dernière fois que nous nous trouvâmes ensemble?

Je n'ai pas voulu m'arrêter devant la boutique d'un joaillier; est-ce pour cela qu'elle me boude, ou plutôt qu'elle me fait poser?

Je n'aime pas qu'une femme s'arrête devant un bijoutier. Elle commence par admirer la bague ou les pendants d'oreilles qui attirent son attention; elle passe et repasse devant; puis elle finit par vous supplier de les lui acheter.

Vous refusez, elle insiste; et, crac!... elle ne vous demande plus rien, à vous, c'est possible, mais elle s'adresse à un autre plus généreux.

Neuf heures!

Décidément, c'est une rupture; car, lorsqu'elle ne peut pas venir, elle a toujours soin de me le faire savoir.

Je ne suis pas fâché d'être débarrassé de cette belle enfant.

Je dis belle, par ironie, car elle n'a rien de remarquable. Son nez est retroussé, sa bouche est pincée : c'est l'indice d'un mauvais caractère; seulement, ses yeux sont jolis; mais ils n'ont pas été tirés à un seul exemplaire; on trouve beaucoup de jolis yeux sans avoir besoin de chercher longtemps; je dirai plus, on en trouve de bien plus noirs et de bien plus ardents.

Je vais attendre jusqu'à neuf heures et demie; si dans un quart d'heure elle n'est pas ici, je filerai avec un véritable plaisir.

Elle est peut-être malade.

Mais rien ne l'empêchait de me faire prévenir par sa concierge.

Sa tante de Neuilly est peut-être venue la voir.

Elle aurait trouvé moyen de s'en débarrasser. Ce n'est pas une fille qui a de la peine à trouver un bon mensonge. — Oh! non.

Pendant tout le temps que fus avec elle, a-t-elle dû m'en compter de ces balançoires, pour être libre afin de pouvoir s'amuser!

Car il ne faut pas supposer qu'une femme s'amuse avec son amant; quand elle veut avoir de la distraction, elle court avec le premier venu qui lui aura débité quelques fadaises.

C'est si agréable pour une femme de pouvoir se dire : « Pendant qu'il m'attend, je le trompe ! »

C'est la saveur du fruit défendu.

Neuf heures et demie !

Quand vingt fiacres auront passé sous ces fenêtres, je partirai. Je vais les compter.

Un, deux, trois...

Celui-ci n'est pas un fiacre, c'est une voiture bourgeoise...

Quatre, cinq, six, sept...

Pas un fiacre non plus, ce véhicule-là ; c'est un coupé de location. Il ne faut pas que je chicane.

Trente-trois, trente-quatre, trente-cinq... Sapristi!... mais il me semble que j'ai passé la vingtaine.

C'est singulier où peut vous entraîner l'amour, — pas d'elle, — mais des mathématiques.

J'ai fait cependant des parties bien agréables avec ce charmant démon.

Aimait-elle à aller à Robinson et à monter à âne !

Comme elle était gaie, comme elle était drôle à imiter Thérésa et à chanter au dessert des couplets grivois !

Cette femme avait des défauts, mais quelle est celle à qui on n'a rien à reprocher?

On trouvera le mouvement perpétuel et la pierre philosophale, mais on ne découvrira jamais une femme parfaite.

Les maîtresses sont comme les domestiques. On regrette toujours celles qu'on a renvoyées.

Le raisonnement que je me tiens en ce moment serait excellent si je la voyais arriver, tout en supposant qu'elle ait donné un petit coup de canif dans le contrat... que nous avons laissé en blanc.

Dix heures !

Ma foi, je me trouve bien ridicule de poser comme un imbécile.

Qu'elle aille se promener, puisqu'elle ne veut plus de moi !

Je trouverai une autre femme; en voici une charmante qui passe sur le trottoir. Quelle gracieuse tournure!

Je vais me mettre à sa poursuite.

Aïe!... qu'ai-je vu? des pieds à pouvoir supporter l'obélisque!

Je pardonne tout à une femme, excepté de grands pieds.

Comme j'aurais été vexé si je m'étais lancé dans des frais de conversation!

Dix heures et demie!

Puisque je suis seul, je puis parfaitement me faire un aveu. Je suis très-ennuyé d'avoir été lâché.

Lâché est le mot; il ne faut pas chercher à l'atténuer par des synonymes plus flatteurs pour moi, mais moins exacts.

On aime quitter une maîtresse; mais on ne peut souffrir qu'elle vous donne votre congé.

Chacun a son petit amour-propre en ce monde.

Je vais aller chez elle; de cette manière je saurai à quoi m'en tenir.

Si elle n'est pas rentrée, je lui ferai une scène et je lui dirai : Ma chère, tout est rompu.

Je pars.

Minuit!

Voici sa demeure.

La fenêtre de sa chambre est ouverte, ce qui indique l'absence du monstre.

Je vais me promener ici une dizaine de minutes, puis je partirai.

(Cinq heures viennent de sonner; il fait grand jour. Un homme se promène de long en large dans la rue : — c'est encore *lui*.)

Décidément, elle ne rentrera pas.

Je ne me trompe pas, la voici.

— D'où viens-tu à cette heure?

— Et toi, que fais-tu devant ma porte?

— Je t'attendais.

— Je suis allée au théâtre avec une de mes amies, puis elle m'a emmenée chez elle et nous avons soupé. Vas-tu m'empêcher de m'amuser?

— Non, ma petite femme chérie. Mais tu aurais pu me prévenir.

— Je n'ai pas trouvé de commissionnaire. Ensuite, je te défends de venir ainsi te promener sous mes fenêtres comme une grande bête.

— Le mot est dur.

— Je le maintiens.

— Si ça te fait plaisir.

— Tu me compromets aux yeux des gens de mon quartier.

— Pardonne-moi, ma bonne amie. Va te coucher; je viendrai te chercher à midi pour déjeuner ensemble à la campagne; mais avant, nous passerons chez le joaillier pour acheter les pendants d'oreilles que tu as vus l'autre soir.

— Bien vrai?

— Puis-je te refuser quelque chose?

CONCLUSION.

Les hommes! oh! la la!... tous coulés dans le même moule.

(*Opinion d'une femme.*)

BALIVERNES.

— Comment! monsieur! vous ne rapportez pas le moindre prix!
— Oh! tu sais, p'tite drand'mère, faut pas le dronder, c'est pas de sa faute; y en n'avait plus.

MÉMOIRES D'UNE GLACE

D'UN CABINET PARTICULIER

Oui, je veux vous raconter mes mémoires, car j'en ai vu de toutes les couleurs depuis une dizaine d'années que j'orne ce cabinet particulier.

Mais, soyez tranquille, respectables pères de famille, le récit que je vais vous faire pourra être lu par vos demoiselles.

J'ai dix années d'existence, et c'est énorme pour une glace de restaurant.

Je suis ridée comme une femme de quatre-vingts ans, et ces rides je les dois à toutes les personnes qui m'ont abîmée en inscrivant sur moi leurs noms à l'aide d'un diamant.

Que de noms! Ernest, Alphonsine, Anna, Hélène, Jeanne, Léon, Fanny, Héloïse, Charles, Edmond, Thérèse, Georges, Auguste.

Un vrai calendrier.

Je vais animer tous ces noms et les faire défiler devant vous.

Je commence par

ERNEST ET THÉRÉSA.

L'un avait vingt-huit ans et l'autre dix-huit.

Ernest avait rencontré Thérésa un soir qu'elle sortait de son magasin.

Il pleuvait, il lui offrit son parapluie qu'elle accepta.

Le lendemain il lui offrait une douzaine d'huîtres qu'elle ne refusa pas.

C'est dans ce cabinet qu'ils firent leur entrée bras dessus bras dessous.

Ah! avec quelle précipitation ils refermèrent la porte afin de pouvoir s'embrasser.

— Vous m'aimez un peu, monsieur Ernest?

— Pouvez-vous me demandez cela!

On servit les huîtres.

Puis après les écrevisses bordelaises :

— Je t'aimerai toute ma vie, Thérésa.

— Moi aussi, Ernest.

Enfin, après le café et les liqueurs :

— Je ne veux pas quitter ce cabinet sans graver mon nom sur cette glace, à côté du tien, ô mon Ernest adoré...

— Tu as raison : il faut perpétuer le souvenir de nos premières amours. Quand nous reviendrons ici, dans dix ans, cela nous fera plaisir de contempler cette glace.

— Et aussi dans vingt ans, je l'espère bien.

— Toujours, mon bébé chéri.

Et je me trouvai avoir deux noms de plus dans ma collection.

Trois mois après, je revis mes deux jeunes amoureux.

Ils se mirent à table en se boudant.

— Je t'affirme, Ernest, que j'étais hier au théâtre avec mon amie Estelle et son amant.

— Tu étais seule avec un petit crevé dans une baignoire.

— Vas-tu encore me faire une scène de jalousie?

— Tu peux aller avec l'homme que tu aimes...

— Fiche-moi la paix.
— Je maudis le jour où je t'ai connue.
— Que fais-tu ?
— J'efface le nom que j'ai eu la bêtise de graver à côté du tien.
— Tu as raison.
— Adieu.
— Bonsoir.

Comme c'était la peine de me faire une ride de plus, je vous le demande !...

Passons à

ALPHONSINE ET LÉON.

Alphonsine, une cocotte de vingt à vingt-cinq ans.
Léon, un vieux beau de quarante-neuf ans.
Elle. — Quelle scie !
Lui. — Qu'as-tu donc ?
— Je voudrais écrire mon nom sur cette glace et je n'ai pas le moindre diamant ; je désire que tu m'achètes une bague avec un joli brillant.
— Oui, un de ces jours.
— Non, tout de suite ; il y a justement un joaillier en face ; passe-moi quinze louis.
— C'est de la folie.
— C'est possible ; je veux graver mon nom sur cette glace ou je ne déjeune pas.
— Voici quinze louis.
— Merci, je reviens.

En voilà un vieux cocodès qui a dû préférer une autre gravure en taille-douce.

Nota bene. — Thérésa est une de mes habituées, elle ne manque jamais de *la faire* au brillant.

J'en ai causé avec les autres glaces, mes compagnes ; elles connaissent toutes Mlle Thérésa, qui est une excellente pratique pour le joaillier d'en face.

CAMILLE ET ATHANASE.

Camille. — Mon gros chien vert, quel prétexte as-tu donné à ta femme pour ne pas rentrer chez toi?

Athanase. — Je lui ai dis que j'étais forcé de faire un voyage de quarante-huit heures pour mes affaires. On me croit à Rouen. Elle est bien bonne! Le commerce offre aux maris débauchés d'excellentes *ficelles* pour quitter le domicile conjugal.

— Tu m'as montré la photographie de ta femme; elle n'est pas mal, et je ne sais vraiment pas pourquoi tu la trompes.

— Parce qu'elle manque de *chien*. Mais à propos, aurais-tu l'intention de me faire la morale?

— Non, mon hippopotame adoré.

— Que fais-tu donc là?

— Je grave mon nom et le tien sur cette glace.

— Sapristi! ne mets pas mon nom de famille.

— Sois tranquille... Dans Athanase, à quel endroit mets-tu l'h?

— A la fin.

— Méchant! pourquoi te moques-tu de moi?

Le soir à dîner je vis

ADÈLE ET EDMOND.

Edmond. — Tu sembles rêveuse, Adèle.

Adèle. — J'ai des remords.

— Parce que tu trompes ton mari!... Quel enfantillage! Ah! si c'était ton amant, ce serait bien différent.

— Alors, ça n'est pas mal?

— Non.

— Mais s'il allait apprendre que...

— Quelles craintes peux-tu avoir? N'est-il pas parti ce matin pour Rouen?

— Oui, et je suis libre pendant quarante-huit heures.

— Alors, profitons du bon temps que nous donne ton tyran.

— Tiens!

— Quoi?

— Vois donc tous ces noms écrits sur cette glace.

— Ça se fait dans les cabinets particuliers.

— Tu sais ça, toi, parce que tu y es venu souvent avec des femmes, monstre!

— Non ; mais j'ai lu cela dans les livres.

— Je vais passer en revue tous ces noms, et si j'y aperçois le tien, gare à toi. C'est singulier, voici celui de mon mari au-dessous de Camille, la même main les a tracés; si c'était lui!

— Tu en serais fâchée?

— Je veux bien le tromper, mais je n'entends pas qu'il donne des coups de canif dans le contrat, car il est trop laid pour ne pas les payer fort cher.

MONSIEUR ÉDOUARD.

Ce monsieur est un type qui mérite de prendre place dans mes mémoires.

C'est un ancien gandin qui a mangé un million avec les femmes. Aujourd'hui il a une place de dix-huit cents francs.

Tous les ans il vient seul dans mon cabinet.

Il commande un potage, une côtelette et un fromage.

Pour faire ce modeste repas il met plus de trois heures.

Que fait-il?

Il lit et relit les noms de ses anciennes maîtresses qui sont gravées sur cette glace.

— Celle-ci, se dit-il, m'a mangé cent quarante mille francs en six mois, et elle me trompait avec un garçon coiffeur. Cette autre m'a coûté trois cent mille francs, parce qu'elle avait fait semblant de vouloir se tuer par amour pour moi. Pour celle nommée Caroline je me suis battu en duel. Julia m'a fait incarcérer pendant six mois à Clichy... Zélia...

Et il continue son monologue.

A dix heures il se lève de table, jette un regard de tristesse sur tous les meubles de ce cabinet particulier, puis il s'en va en soupirant.

Regrette-t-il ses maîtresses ou son million ?

Les hommes sont si bêtes !... .

COCODETTIANA.

— Comment! mon enfant! trois ans de ménage, et pas encore le moindre petit bébé!
— Aussi, bon docteur, ne suis-je venue à la mer... qu'avec l'espoir de la devenir.

L'AFFAIRE CORALIE

La scène se passe dans la petite ville de Busigny-les-Melons.

Alcindor Bufflet, un jeune viveur, le gommeux de l'endroit, réunit ses amis.

— Mes chers camarades, leur dit-il, j'ai une bonne nouvelle à vous apprendre.

— Nous intéresse-t-elle?

— Parbleu! et elle produira une vive impression dans toute la ville. Je profite de l'absence de ma famille pour faire venir une cocotte de Paris.

— Oh! quel bonheur! s'écrient les amis d'Alcindor. Et son nom?

— Coralie. Son arrivée produira un effet immense dans cette ville où il n'y a jamais eu une seule cocotte.

— C'est bien parce que cet événement stupéfiera les Businois que je suis heureux.

— A ce soir, au restaurant du Grand-Vatel, et que les gommeux de Busigny-les-Melons soient dignes des gommeux de Paris.

A sept heures la gare de Busigny est très-animée. Il y a d'abord Alcindor et ses cinq camarades, et quatre curieux qui ont appris la grande nouvelle.

Le reporter du journal de la localité s'approche d'Alcindor.

— Monsieur Bufflet, lui dit-il, je désire raconter dans ma chronique l'arrivée de Mlle Coralie.

— Mais, cher monsieur, restez avec nous. Vous prendrez des notes et vous raconterez tous les bons mots que nous ferons. Cela humiliera beaucoup les viveurs de Paris et surtout les grands journaux de la capitale, si fiers de leurs chroniques scandaleuses.

— Cher monsieur Bufflet, vous êtes bien aimable, et quand vous aurez des foins à vendre, je les annoncerai gratis.

Le train est signalé.

Toutes les poitrines sont palpitantes.

Coralie descend du wagon des fumeurs.

Elle est portée en triomphe jusque dans la calèche et tout le monde embrasse cette célébrité du bal Mabille et de Bullier.

Le reporter lui-même s'offre deux baisers.

Le cortége se dirige vers le Grand-Vatel au son du cor de chasse.

Toutes les commères se mettent aux fenêtres et demeurent ébaubies.

Le soir, dans les salons de Mme Dujardin, la plus grosse rentière du pays, on s'entretient de ce scandale tout en prenant le thé.

— Ainsi, dit une dame, c'est bien une cocotte que nous avons dans nos murs?

— Hélas! oui, ma chère, et c'est le fils de M. Bufflet qui l'a fait venir.

— Mais c'est une infamie!... Nous devrions écrire au procureur de la République pour qu'il sévisse contre ces jeunes fous.

— Le procureur n'a rien à voir en cette affaire, dit M. Dujardin.

— Bon, s'écrie sa femme, voilà que vous allez prendre la défense de ces petits scélérats qui compromettent notre ville, un endroit si tranquille, où, quand il y a une femme qui fait une fausse couche, c'est un événement. Je suis certaine que si vous aviez été prévenu de l'arrivée de cette drôlesse vous vous seriez empressé de faire la haie sur son passage.

— Ma bonne amie, tu exagères, tu sais bien que je suis le modèle des maris et que tu n'as rien à craindre.

— Ça ne fait rien, pendant tout le temps que cette femme sera ici vous ne sortirez pas.

— Mais il faut que je me fasse raser chaque matin.

— Vous ferez venir le barbier; je vous le payerai.

Deux jours après, à l'hôtel où était descendue Mlle Coralie, plus de dix magnifiques bouquets arrivaient, envoyés par les habitants de Busigny (côté des hommes).

Un de ces bouquets était accompagné d'une lettre ainsi conçue :

« Mademoiselle,

« Placé derrière le rideau de ma fenêtre, je vous ai aperçue hier passant en voiture.

« Vos charmes ont jeté dans mon cœur un trouble qui a augmenté les battements de cet organe.

« Je vous aime, mais je ne puis vous le dire, car ma femme, qui ne plaisante pas avec la fidélité, m'a enfermé dans ma chambre pour que je ne vous sois pas présenté.

« Il est probable que vous retournerez bientôt à Paris. Je m'y rendrai dans un mois pour affaires, et ma femme ne m'accompagnera pas. Dites-moi, je vous prie, où vous demeurez, pour que je puisse aller vous voir.

« Il y a quinze ans que je suis marié et je n'ai jamais aimé mon épouse. Jugez donc ce que mon cœur doit contenir d'amour!

« Ne soyez pas sourde aux supplications de celui qui vous adore et se dit votre tout dévoué.

« Benjamin Dujardin. »

A peine avait-elle pris connaissance de cette déclaration que Mlle Coralie, seule en ce moment, vit entrer dans sa chambre un individu ayant le costume des gens de l'hôtel.

Ce domestique se jette aux pieds de Coralie.

— Mademoiselle, s'écrie-t-il, en agitant en l'air son plumeau, je vous aime, je vous idolâtre.

— Espèce de manant, vous êtes bien audacieux. Retournez à l'office, je vous prie.

— Mais je ne suis pas ce que vous supposez.

— Vous n'êtes pas domestique de l'hôtel?

— Non.

— Je suis le principal pharmacien de la ville, et je vous aime comme jamais pharmacien n'a aimé.

— Vous êtes fou, mon ami!

— Non, et je viens déposer à vos pieds mignons tous mes bocaux et tout ce que je puis avoir de rhubarbe et de séné dans ma boutique. En un mot, je demande votre main.

— Mais, malheureux, vous ne savez donc pas qui je suis?
— Si, mais je tiens à vous réhabiliter.
— Je consentirais peut-être à être réhabilitée par un capitaliste, mais par un pharmacien... jamais.

Au même moment arrive Alcindor Bufflet qui, reconnaissant l'apothicaire, le soufflette en le traitant de séducteur.

Aussitôt échange de cartes.

Le reporter qui, placé derrière une porte, a pu tout voir et tout entendre, prend fiévreusement des notes en s'écriant de temps en temps :

— Ah! quelle bonne aubaine! et quelle excellente chronique pour mon prochain numéro!

Et il chipe la lettre de M. Dujardin, laquelle était tombée à terre.

Le scandale est à son comble.

Les habitants de la ville ont empêché le duel ; mais le reporter a tout raconté dans son journal ; il a même publié la missive amoureuse qu'on connaît.

Tous les cerveaux de Busigny sont en ébullition.

Le maire réunit son conseil municipal.

La question à l'ordre du jour est la présence de Mlle Coralie.

L'ordonnance suivante est rédigée par le maire et adoptée à l'unanimité :

« Nous, maire de Busigny,
« Vu ceci...
« Vu cela...

« Et cætera.

« Ordonnons l'expulsion immédiate de la Parisienne connue sous le nom de Coralie.

« Le garde champêtre est chargé de l'exécution de la présente ordonnance. »

Le soir même, à minuit, escortée par le garde champêtre et le capitaine des pompiers, Mlle Coralie se dirigeait vers la gare du chemin de fer pour prendre le train de Paris.

— Mademoiselle, dit tout bas le capitaine à Coralie, vous seriez bien aimable de m'envoyer votre photographie.

— Avec plaisir, mon petit père.

— La plus... décolletée.

— Scélérat de pompier, va !

Et elle l'embrasse sur les deux joues.

Le capitaine s'évanouit dans les bras du garde champêtre.

CES MARIS.

— ... Enfin, croirais-tu, maman, qu'il me réveille la nuit pour me demander si je l'aime !
— Ça s'passera.

UNE VICTIME DES CARTES

 eux amis se rencontrent :
— Que je te fasse mes compliments, mon cher Bézuchet, tu es avec une femme charmante. Ah! quel heureux mortel!...
— N'envie pas mon sort.
— Tu vas te poser en victime? Est-ce que je me trompe en te disant que ta maîtresse est fort jolie?

— Non. Mais elle a un défaut énorme.
— Lequel?
— Elle se tire les cartes et croit tout ce que lui racontent le valet de trèfle, la dame de cœur et le roi de pique.
— C'est un passe-temps bien innocent.
— Tu ne sais pas tous les ennuis que cela me cause.

Les deux amis se quittent.

Le camarade de Bézuchet s'éloigne en riant, parce qu'il croit avoir entendu une plaisanterie.

Non, ce n'est pas une plaisanterie, et Bézuchet est certainement un garçon bien digne de pitié.

Plaignons Bézuchet.

Il arrive chez Hélène, — c'est le nom de sa compagne.
Il vient la chercher pour la mener à Ville-d'Avray.
Il trouve Hélène toute en larmes.
— Qu'as-tu donc, ma petite chérie?

— Les cartes viennent de m'annoncer un deuil dans ma famille. C'est peut-être mon père qui est mort.

— Mais non. Habille-toi et partons.

— Si tu crois que j'ai le courage d'aller m'amuser, tu te trompes fort.

— Tu ne veux pas sortir?

— Non, certes.

— Nous avons des amis qui nous attendent à la gare, nous allons donc les faire poser?

— Ça m'est bien indifférent. Oh! mon pauvre père!

Elle se met à sangloter.

— Il y a un moyen bien simple de te rassurer. Ton père habite Blois?

— Oui.

— Tu vas lui envoyer une dépêche pour lui demander de ses nouvelles.

— Tiens, c'est une idée.

Ils se rendent tous deux dans un bureau télégraphique.

On expédie un télégramme avec réponse payée.

Le papa répond qu'il se porte très-bien.

— C'est peut-être mon oncle qui est à l'agonie! s'écrie Hélène. Oh! le pauvre cher homme, je l'aime tant!... Il a été si bon pour moi.

— Où demeure ton oncle?

— A Caen.

— Envoie-lui une dépêche.

Après trois grands quarts d'heure d'attente, l'oncle répond qu'il jouit de la meilleure santé.

Des dépêches sont ainsi expédiées à trois ou quatre autres membres de la famille.

Et par un temps magnifique, par une chaleur de 33 degrés à l'ombre du nez d'Hyacinthe, Léon Bézuchet et sa bonne amie restent quatre heures dans le bureau télégraphique.

— C'est singulier, dit Hélène en se décidant à partir, mes cartes avaient pourtant bien annoncé un deuil dans la famille.

Un autre jour Bézuchet surprend encore Hélène en conversation avec ses cartes.

Mais cette fois elle est rayonnante de joie.

— Mon gros chéri, dit-elle à Léon, les cartes viennent de m'annoncer que j'allais recevoir un cadeau.

— Et qui te l'enverra? fait Bézuchet qui, sans s'en douter, paraît ajouter foi aux prophéties des cartes.

— Mais c'est toi, grosse bébête, qui me le feras, ce cadeau. Je suis certaine que tu vas me donner le joli bracelet dont j'ai envie. Afin de te rassurer, pour que tu n'aies plus le moindre soupçon, nous allons nous rendre immédiatement chez le bijoutier. Tu fais la grimace?

— Non.

— Est-ce que cela te contrarie?

— Mais non, ma bonne amie.

— Tu veux donc que ce soit un étranger qui me donne ce bracelet?

— Jamais!

Et il emmène Hélène.

Mais, chemin faisant, il maudit les cartes et *leur langage*.

Ayant passé la soirée dans sa famille, Bézuchet rentre un peu tard.

Il aperçoit à la fenêtre Hélène qui lui montre le poing.

— Bon, se dit-il, que se passe-t-il?

Il monte quatre à quatre les trois étages.

— Monstre, lui dit Hélène avec rage, tu m'as trompée ce soir avec une blonde.

— Mais non, ma chérie, j'ai dîné avec toute ma famille, ou célébrait une fête, et je...

— Tu as dîné avec une blonde, te dis-je, mes cartes m'ont dévoilé tes turpitudes... Et c'est dans un cabinet de chez Brébant que as fait tes farces.

— Je te jure que...

— Ne me jure rien..., je ne te croirais pas. Ah! monstre, tu crois que cela se passera ainsi?

Elle saisit une canne et administre au malheureux Bézuchet une raclée abominable.

Le pauvre diable, tout meurtri, est obligé de garder le lit pendant huit jours.

A sa première sortie [de convalescence, il rencontre son camarade.

Il lui narre cette fois toutes ses infortunes.

— Et tu ne la quittes pas, cette femme?

— Non, car elle m'aime.

— Toi aussi tu l'aimes.

— Je l'adorerais sans ses maudites cartes.
— Et où vas-tu de ce pas?
— A la mairie, faire publier nos bans.
— Tu l'épouses donc?
— Il le faut bien : il y a quelques jours, elle m'a tiré les cartes, et il paraît qu'elles ont décidé que je serai le mari d'Hélène.
— Alors tu l'épouses?
— Si j'allais contre la volonté des cartes, Hélène serait furieuse.

UNE LACUNE.

— Figurez-vous, docteur, que l'autre soir, en sortant du skating, j'avais très-chaud, j'avise une voiture découverte...
— Une voiture découverte ! Vous n'avez donc personne pour vous fich' des claques ?

MES SIX MAITRESSES

Un de mes amis donnait à dîner. Il n'y avait que des hommes; aussi, comme bien vous pensez, la conversation ne tarda pas à rouler sur les femmes. Et chacun de parler de ses maîtresses et de ses intrigues amoureuses.

Un seul avait gardé le plus profond silence, c'était mon voisin.

— Monsieur, lui dis-je, vous ne mêlez pas votre voix à celle de ces jeunes fous?

— Non, car la question qu'ils ont abordée, au lieu de m'être agréable, m'ennuie au suprême degré.

— Vous n'avez donc jamais eu de maîtresse?

— Au contraire, j'en ai eu six.

— Ce n'est guère pour votre âge.

— Vous trouvez? Mais il y a déjà quatre ans que j'ai renoncé à l'amour. Quel âge me donnez-vous ?

— Quarante-cinq ans à peine.

— J'en ai trente-deux, mon cher monsieur.

— Pas possible.

— Mes rides et mes cheveux blancs vous étonnent. Eh bien, je dois tout cela à mes six maîtresses ; vous voyez qu'elles ont eu la bonté de me laisser quelques agréables souvenirs. Je vais, si vous le voulez bien, pendant que ces messieurs causent de leurs amours, vous raconter l'histoire de mes maîtresses.

— Mais très-volontiers.

— La chose peut vous instruire et vous être utile à l'occasion. Je commence tout naturellement par

MA PREMIÈRE MAITRESSE.

J'étais au collége, vous voyez que cela remonte à quelques années. L'économe avait une fille charmante de quinze ans et j'en avais seize. Je devins amoureux fou de cette blonde enfant. Je lui écrivis en vers, et elle me répondit en prose.

Le papa découvrit cette intrigue, il fit un rapport au proviseur, qui me renvoya.

Il me fut impossible d'entrer dans aucun autre lycée. L'Université me fermait impitoyablement ses portes, et je ne pus terminer mes études. J'étais pourtant ce qu'on appelle un brillant élève, un fort en thème.

Cette aventure faillit faire mourir de chagrin mon père, lui qui espérait me voir devenir un jour docteur en droit.

Vous voyez que le petit dieu Cupidon m'ouvrait une belle carrière.

Je passe à

MA DEUXIÈME MAITRESSE.

A vingt-deux ans je fis la rencontre d'une jeune fleuriste. Après quelques pourparlers banals, je lui dis :
— Voulez-vous venir dîner dimanche prochain chez le père Lathuile ?
— Très-volontiers.
— J'irai vous chercher à six heures.
— C'est entendu.
Elle fut exacte au rendez-vous, hélas!...
Elle était blonde, elle n'était pas d'une beauté remarquable, mais elle avait du *chien*, comme on dit, ainsi que beaucoup d'entrain et d'esprit.
Je devins éperdument amoureux de la nommée Anna.
Mon père, sur ces entrefaites, me proposa d'épouser la fille d'un de ses amis. Je refusai énergiquement, lui disant que mon cœur était pris ailleurs.
Furieux de mon refus, il me chassa de chez lui en me disant de vivre comme je pourrais.
Je fus obligé de travailler pour subvenir à mes besoins et à ceux d'Anna. Je lui dis que j'avais l'intention de vivre avec elle. Elle fit la moue, elle qui m'avait fait si souvent tant de protestations d'amour.
Un soir que je passais devant son magasin, je la vis partir au bras d'un jeune homme brun.
C'était mon rival, qu'elle avait connu en même temps que moi; elle avait su pendant un an mener la vie en partie double.
J'aurais dû rompre brutalement, mais je lui écrivis pour lui dire de choisir entre les deux.
Elle me répondit ces simples mots :

« Mon cher ami,

« Je t'aime bien, mais j'aime mieux l'autre. Je reste avec lui. Ne m'en veux pas.

« ANNA. »

Et voilà pour qui je m'étais brouillé avec ma famille.
Passons à

MA TROISIÈME MAITRESSE.

Celle-là était une grande cocotte qui demeurait dans ma maison.
Quelque temps après avoir fait sa connaissance, elle eut une fièvre typhoïde. Sa clientèle la quitta, car les hommes n'aiment pas la femme maladive. Je restai seul auprès d'elle à la soigner. Pendant toute sa convalescence elle me jura une éternelle reconnaissance, disant que, si elle recouvrait la santé, elle renoncerait à tout pour vivre avec moi. Elle fut sauvée grâce à mes soins.
Mais en la veillant je pris son mal et je me mis au lit. Quand j'allai mieux, on m'annonça avec beaucoup de ménagements que celle pour laquelle j'avais risqué mes jours était en Italie avec un Anglais.
Vous savez que la fièvre typhoïde est un mal affreux, qui fait souffrir souvent toute la vie : c'est ce qui est arrivé pour moi.

MA QUATRIÈME MAITRESSE

était celle d'un armateur, un vigoureux Marseillais de cinq pieds huit pouces. J'étais décidé à ne plus souffrir pour les femmes et à croquer les pommes du voisin.

L'armateur arriva dans un moment où nous ne l'attendions pas.

Il me prit par le milieu du corps et me jeta par la fenêtre. Heureusement l'appartement était à l'entre-sol. Néanmoins je fus obligé de rester six semaines au lit, et le médecin m'a dit que je boiterai toujours.

Tout cela pour une femme que je n'aimais pas.

La plus fâcheuse de toutes mes aventures amoureuses fut celle de

MA CINQUIÈME MAITRESSE.

Grâce à mon travail, j'étais arrivé à avoir une fort belle position dans une grande administration. Je gagnais vingt mille francs par an.

Je m'épris de la fille de mon directeur général ; je demandai la main de cette charmante personne ; elle me fut refusée.

Comme cette jeune fille m'aimait, elle consentit à se laisser enlever par moi.

Nous partîmes pour l'Italie, où nous vécûmes heureux pendant trois mois. Mais, sur les instantes prières de sa mère, elle me quitta pour retourner dans sa famille.

Inutile, cher monsieur, d'ajouter que je n'eus pas l'audace de réclamer la place que j'occupais dans cette grande administration. Cette jolie escapade me coûtait une position qu'il m'était désormais impossible de refaire. On ne trouve pas facilement à gagner vingt mille francs par an.

Mais je ne veux pas vous apitoyer sur mon sort, et je passe tout de suite à la dernière, qui fut

MA SIXIÈME MAITRESSE.

Je fis la cour à une femme mariée, et par malheur je réussis.

Grâce à l'indiscrétion de la camériste, le mari découvrit tout.

Il me provoqua en duel, et j'eus le bras droit cassé par une balle.

— C'est donc pour cela que je vous vois manger de la main gauche? Et votre bras droit...

— Est artificiel. Admirez le magnifique mécanisme et combien la science est habile; cependant la nature vaut encore mieux. Vous expliquez-vous maintenant mon horreur pour les femmes?

— On en serait dégoûté à moins. Savez-vous que vous pourriez être un exemple précieux pour les jeunes gens qui sortent du collége et se lancent dans le monde avec des idées de conquêtes et de séductions.

— Si vous connaissez un garçon sur le point d'être amoureux, envoyez-le-moi, et je vous promets de le guérir.

— Votre récit est capable de faire apprécier les fonctions de gardien du sérail.

A LA MER.

— Comment!.. votre mari vous laisse porter comme ça un costume sans jupes?...
— Mais oui.
— Le mien ne l'souffrirait pas.

LES HUIT JOURS DE FÉLICIE

Mon ami, tu ne crieras plus contre ta bonne; je viens de la mettre à la porte.

— Sapristi ! tu as bien fait, car cette fille me rendait l'existence bien dure; mais nous voici sans domestique; il faut aller dîner ce soir au restaurant.

— Félicie doit nous servir pendant huit jours; de sorte que nous aurons le temps de trouver une autre bonne.

— Encore huit jours !

— Il y a déjà six mois qu'elle est chez nous: nous pouvons bien être servis par elle une semaine de plus.

Madame. — Félicie, vous allez frotter l'appartement.
Félicie. — Non, madame.
— Pourquoi ce refus?
— Le médecin m'a défendu de me livrer à cet exercice violent.
— Cependant depuis six mois vous avez toujours frotté mon salon.
— Ça n'est pas une raison pour me blesser la semaine où je dois quitter cette maison. Je ne m'attache plus à la propreté de votre parquet; il m'est complétement indifférent.
Madame. — Mais cependant...
Monsieur. — Laisse-la tranquille ; il est inutile d'avoir une scène avec elle, puisqu'elle doit partir. Je vais le frotter, ton salon.

Monsieur. — Il est midi ; je voudrais bien déjeuner.
Madame. — Félicie n'est pas encore rentrée.
— A quelle heure est-elle sortie?
— Ce matin à sept heures.
— Et qu'est-elle allée faire?
— Chercher ton déjeuner.
— Elle y met le temps. Que reste-t-il du dîner d'hier?
— Un peu de saucisson.
— Je vais le manger.

Félicie arrive à trois heures.

Madame. — Ne vous gênez pas. Vous êtes absente depuis sep heures.

— Ne m'avez-vous pas renvoyée ?

— Si fait, et je ne le regrette pas.

— Eh bien, je cherche une place. Croyez-vous que les maîtres viendront me chercher ici à votre cinquième étage ?

Monsieur (*bas à sa femme*). — Je crois qu'elle veut nous humilier.

— Ne te mets pas en colère ; tu sais que tu es d'un tempérament apoplectique et que la moindre imprudence me rendrait veuve.

— C'est bien pour cela que je suis calme.

— Voyons, Félicie, qu'avez-vous acheté pour le dîner ?

— Un poulet.

— Je ne peux pas le souffrir.

— Moi, je l'aime beaucoup.

— Vous faites donc des provisions pour vous ?

— Comme c'est la dernière semaine que je suis à votre service, je puis bien manger quelque chose à ma convenance.

Madame (*se mordant les lèvres*). — Et combien avez-vous payé ce poulet ?

— Dix francs.

— Dix francs un poulet maigre comme celui-là !

— S'il est maigre, c'est qu'on ne l'a pas nourri ; ce qui prouve qu'il n'y a pas que les domestiques qui meurent de faim.

— A vous entendre, on croirait vraiment qu'on ne vous nourrit pas. Mais, pour en revenir à cette volaille, vous ne l'avez donc pas marchandée ?

— Pardonnez-moi ; on me l'avait faite huit francs ; mais, comme j'ai marchandé, on n'a pas voulu me la laisser à moins de dix francs.

— Mais c'est une horreur, une infamie !

Monsieur (*intervenant*). — Ne te fais pas de bile ; tu n'as plus que sept jours à avoir cette bonne à ton service.

On est à table. Monsieur a ramené deux amis à dîner.

Madame. — Nous n'avons pas un grand festin : un gigot et un poulet, voilà tout.

Un ami. — C'est plus que suffisant.

Madame. — Félicie, apportez le gigot.

Félicie. — Mais je ne l'ai pas fait cuire.

— Pourquoi ?

— Je l'ai gardé pour demain.

— Vous êtes donc folle ?

— Non, madame ; seulement, comme j'entends dire tous les jours que vous voulez faire des économies, j'ai réservé le gigot pour demain.

— Et cela quand vous voyez que mon mari ramène deux amis à dîner !

— Raison de plus, car je sais qu'ils mangent beaucoup.

Cette remarque jette un froid.

Madame. — Apportez alors le poulet.

Félicie. — Le voici.

— Qu'est-ce que cela ?

— C'est un poulet, ça n'est pas un lièvre bien certainement, puisque la chasse est fermée.

— Mais il est brûlé, votre poulet ; ce n'est plus qu'un morceau de charbon.

— C'est de votre faute.
— Comment cela ?
— Il fallait le surveiller quand on m'a appelée chez le concierge au sujet d'une place qu'on me propose.
— Oh ! si je ne me retenais !
— Vous me battriez peut-être. Essayez donc un peu, et je vous traîne en justice, où je vous demande quinze cents francs de dommages-intérêts.

Monsieur (*bas à sa femme*). — Laisse-la tranquille, puisqu'elle doit partir.
— Mais nous n'avons pas mangé.
— Allons dîner au restaurant.

Félicie arrive le lendemain dans la chambre de sa maîtresse.
— Madame veut-elle me garder ?
— Non certes.
— Je suis une pauvre victime.
— De qui ?
— De votre mari.
— Après tout ce que vous lui faites endurer, il ne peut vous aimer.
— C'est ce qui vous trompe.
— Comment cela ?
— Je vais faire une confidence à madame, à la condition que madame ne la répétera à personne.
— Parlez.
— Monsieur me déteste maintenant et me fait toutes ces misères parce que...
— Achevez.

— Je n'ose...
— Je l'exige.
— Parce que je lui ai résisté.
— Abomination !...

Madame a une attaque de nerfs.

— Quelle chance, se dit Félicie, si j'ai réussi à jeter la brouille dans ce ménage !

Attiré par les cris de sa femme, monsieur accourt ; il est mis au courant de ce qui se passe.

— Félicie, s'écrie-t-il, vous n'êtes qu'une gredine ; vous allez de suite quitter cette maison.

— Je ne demande pas mieux ; mais avant il faut me payer mes huit jours ; car on ne met pas ainsi une honnête fille sur le pavé.

— Voici vos huit jours.

— Et si on vient aux renseignements pour moi, tâchez d'en donner de bons ; sans quoi méfiez-vous de mon amoureux, qui est fort de la halle ; il ne plaisante pas avec les gens qui cherchent à me nuire.

LES PARISIENNES.

UNE BONNE PRÉVENANTE.

— Jamais j' ne donnerai cette lettre à madame, ça f'rait trop d' peine à mossieu !...

LES ÉTAPES DE L'AMOUR
CHEZ LA FEMME

Nous avons deux catégories, celle des femmes honnêtes et celle des demoiselles légères.

A ONZE ANS. (*Les deux classes.*)

Mademoiselle Léonie, fille d'une riche financier, joue avec Fanny, l'enfant de pauvres ouvriers.

— Pourquoi as-tu mis des fleurs dans tes cheveux? demande Fanny à Léonie.

— Parce que mon petit cousin va venir, et je me fais belle pour Paul, qui sera mon mari.

— Moi aussi j'ai mon cousin.

— Tu ne l'aimes pas?

— Ma foi non; ses parents sont charbonniers, si bien que quand il m'embrasse il me noircit toute la figure. J'aimerais bien mieux ton petit Paul.

— Veux-tu te taire! je te défends de le regarder.

— Sois tranquille, je ne le mangerai pas.

Hélas! vous le voyez, l'antagonisme entre les deux classes commence de bonne heure. Ces fillettes ne savent pas encore ce que c'est que l'amour, et elles se disputent déjà un amoureux.

A DIX-SEPT ANS.

Le père de Léonie prend sa fille à part.

— Mon enfant, lui dit-il, tu es en âge de te marier. Veux-tu que je te choisisse un époux?

— Oui, papa.

— Parmi les jeunes gens que nous recevons en as-tu trouvé un à ton goût?

— Oui, papa, M. Gustave.

— Comme je ne veux pas faire ton malheur, je ne t'unirai jamais à ce garçon-là; c'est un littérateur et il n'a pas le sou. Je t'ai trouvé un mari, c'est le neveu d'un de mes bons amis. Tu ne le connais pas, mais il te plaira.

— Bien, papa.

— Je te présenterai demain et le mariage aura lieu dans une quinzaine de jours.

— Bien, papa.

C'est ainsi que le cœur des jeunes filles se trouve sacrifié, puis on criera que l'amour se meurt, que l'amour est mort. Mais ne nous lançons pas dans les considérations philosophiques, cela nous entraînerait trop loin.

Passons à Mlle Fanny.

— Comment! lui dit son père, tu viens d'être renvoyée de ton magasin.

— Oui, papa, on est dans la morte-saison et on n'a plus besoin de tant d'ouvrières.

— Tu n'es qu'une paresseuse, va-t'en, je ne veux plus te voir.

Pour laisser passer la mauvaise humeur de son père, Fanny va faire une petite promenade.

Elle reste en contemplation devant la devanture d'un joaillier. Un homme d'un certain âge s'approche d'elle.

— Je puis vous donner ces belles bagues, lui dit-il, vous n'avez qu'à prononcer un mot, ma charmante enfant, et demain vous habiterez un joli appartement; il y a longtemps que je vous connais, et je vous aime.

La jeune fille pense aux nouvelles menaces qui l'attendent si elle rentre chez elle. Elle se dit qu'elle a bien du mal à gagner trente-cinq sous, quoique travaillant douze heures par jour.

Elle n'aime pas cet homme, elle le trouve laid et vieux, mais...

— Psit!... cocher, êtes-vous pris?

— Non, bourgeois.

— Très-bien, conduisez-nous au lac.

A VINGT CINQ ANS.

Léonie se tient le monologue suivant :

— Il y a huit ans que je contemple mon mari et je ne puis parvenir à le trouver beau. Si encore il avait quelques qualités, mais je ne lui en vois aucune. Sa passion est d'aller aux courses : il ne vit pas pour moi, mais pour les chevaux. Il dîne chaque jour en toute hâte pour aller bien vite à son cercle, et il n'en revient qu'à trois ou quatre heures du matin. Quelle différence entre lui et M. Albert de Rochesec ! Je m'aperçois que depuis quelque temps il me fait une cour assidue.

Si je ne voulais pas rester honnête femme...

Mais au fait pourquoi prendrais-je des ménagements envers mon mari ?

M. de Rochesec m'a priée de me trouver ce soir au bal de Mme de Vailles. J'irai.

Pourquoi cette dame pense-t-elle à ce gandin titré ?

Par désœuvrement.

L'ennui naquit de l'uniformité et l'amour de l'ennui.

Passons à Mlle Fanny.

Elle habite un vaste appartement rue de la Chaussée-d'Antin. Il lui faut de nombreuses pièces afin de recevoir un vieux baron, un boursier et un petit jeune homme, sans que ces messieurs se rencontrent.

Mais pourquoi trois ? Est-ce parce que les nombres impairs plaisent aux dieux ? Non : Fanny a trois adorateurs dans son boudoir parce qu'elle veut avoir six chevaux dans ses écuries.

A TRENTE ANS.

Age des grandes passions.

Léonie a cédé aux avances de M. Albert de Rochesec. Mais celui-ci a fini par se fatiguer de cette existence. Tout lasse ici-bas, même les femmes du monde.

Il a annoncé qu'il allait se marier.

Elle n'avait pas un violent amour, mais, furieuse d'être délaissée, elle menace de mettre tout à feu et à sang.

Scènes de mélodrame, lettres anonymes, rien ne fait défaut pour empêcher ce mariage.

N'oublions pas Fanny.

Elle s'est éveillée en se disant :

— Tiens, j'ai envie d'aimer ; je vais écrire à X., ce charmant jeune premier.

Elle prétend partout qu'elle l'aime *à s'en faire mourir*.

Le soir même elle va l'attendre à la sortie des artistes. Elle rencontre une rivale ; on s'arrache les cheveux ; la chronique scandaleuse s'empare de l'affaire.

Excellente chose qui plaît à la femme de trente ans. A partir de cet âge, dans la crainte d'être oubliée, elle recherche la réclame.

A QUARANTE ANS.

— Ah çà, à quel âge la femme aime-t-elle, selon vous?
Mais, à quarante ans; seulement nous ne saurions trop vous recommander de ne jamais dire un mot aimable à la femme qui a la quarantaine.
La femme de quarante ans s'enflamme, et gare à l'incendie!... il est terrible.
Est-ce de l'amour? Non, c'est l'histoire de la lampe qui jette une flamme très-vive quand elle est sur le point de s'éteindre.
Quant à Fanny et aux femmes de sa catégorie, lorsqu'elles sont devenues quadragénaires, elles cherchent un mari.
Sauve qui peut!

DANS BREDA-STREET.

— Mam' Beaupertuis, es-tu visib'?

L'HUISSIER AMOUREUX

— Monsieur Duboulot, huissier, s'il vous plaît?
— C'est moi, monsieur.
— J'ai besoin de votre ministère pour me faire payer ce billet de 2,000 francs qui m'a été souscrit par une petite dame.
— Que lui avez-vous vendu?
— Rien; je lui ai ai prêté de l'argent.
— Veuillez me donner l'adresse de la dame, et vous promets qu'avant un mois elle ne vous devra plus un centime... Les affaires marchent rondement dans mon étude.
— Voici le billet.
— Très-bien. (Lisant.) « Mademoiselle Coralie Pitou, 237, rue Blanche. »
— Dans le monde, elle s'appelle Coralie tout court.
— Je comprends : Pitou c'est le nom de sa mère, et elle ne le prend que quand elle signe des billets qu'elle ne peut pas payer.
— Monsieur, je compte sur vos bons soins.
— Soyez tranquille, je sais mener ces sortes d'affaires.

— Mademoiselle Coralie Pitou, s'il vous plaît.

La Camériste. — Madame déjeune, et elle ne reçoit pas à cette heure-ci.

M. Duboulot. — Dites-lui qu'il s'agit d'un entretien très-important que je désire avoir avec elle.

La Camériste (*ouvrant la porte de la salle à manger et annonçant*) :

— Mademoiselle, voici un monsieur qui désir vous entretenir.

Coralie. — Faites-le entrer et qu'il soit le bienvenu.

— M. Duboulot (*entrant*). — Mademoiselle...

Coralie. — Monsieur, vos intentions sont-elles pures?

— Il s'agit de deux mille francs...

Coralie (*avec empressement*). — Par mois? Ce n'est guère. Mais enfin, comme les temps sont durs! Avant de conclure, je désirerais cependant savoir par qui vous êtes envoyé.

— Par M. Durand.

— Il est bien bon de s'intéresser à moi. Mais, au fait, j'y pense, c'est tout naturel, car je lui dois de l'argent. Nous disons donc deux mille francs par mois et une voiture, n'est-ce pas?

— Vous confondez, je crois, mademoiselle; je viens pour les toucher et non pas pour vous les offrir. (*Il montre le billet à ordre.*)

— Ah! c'est un quiproquo. (*Elle rit.*) Quelle bonne plaisanterie! Monsieur, donnez-vous donc la peine de vous asseoir.

— Oh! madame. non, merci, je... (*A part.*) Sapristi, la belle créature!

— Si vous étiez bien gentil, cher monsieur Duboulot, vous accepteriez de déjeuner avec moi.

— Mais je...

— Sans cérémonie. (*Appelant sa camériste.*)

— Augustine, mettez un couvert de plus. Monsieur me fait l'honneur de partager mon repas.

— Croyez bien, madame, que tout l'honneur est pour moi. (*A part.*) On ne peut pas trouver une femme plus ravissante. (*Il s'installe à table.*) Il m'est bien difficile maintenant de lui parler de son billet à ordre. Nous en causerons plus tard. Amusons-nous d'abord, les affaires sérieuses viendront après.

CORALIE (*versant du champagne à son hôte*). — Vous veniez donc pour faire une saisie?

— Oh! non, madame, je venais seulement vous informer que le billet était échu.

— Et si je ne le paye pas, on vendra mon mobilier?

— Pas encore. Avec la justice, c'est comme avec le ciel, il y a toujours des accommodements.

— Les juges me payeront mon billet?

— Oh! non.

— Eh bien, alors!...

— Je vous enverrai d'abord un commandement qui vous accordera quinze jours.

— Après le commandement?

— On fera une saisie.

— Aïe!

— Vous mettrez opposition. Vous gagnerez ainsi quinze jours ou trois semaines.

Puis il y aura un jugement... Après le jugement, la vente. Nous trouverons encore bien le moyen de retarder le moment fatal.

— Mais, cher monsieur, vous prenez plutôt mes intérêts que ceux de votre client.

— C'est tout naturel, c'est un vieil usurier, et vous, mademoiselle, vous êtes une femme adorable.

(*Il se jette à ses pieds.*)

— C'est singulier!

— Quoi donc?
— Vous n'êtes pas beau.
— Hélas! je le sais.
— Mais vous avez dans la physionomie quelque chose qui charme. Oh! les femmes ont dû souvent vous le dire, vieux coquin.
— Non, mademoiselle, je vis comme un ours au milieu de monceaux de dossiers plus ennuyeux les uns que les autres.
— C'est vrai?
— Je vous le jure. Si vous étiez bien aimable, vous viendriez dîner avec moi, samedi prochain, chez Brébant; ensuite je vous conduirais au théâtre.
— Mais en tout bien, tout honneur?
— Foi d'huissier.

Mᵉ Duboulot rentre chez lui. Il a la tête à l'envers.

Il ne sait plus ce qu'il fait. Il donne à ses clercs des ordres insensés. Quand il rédige un commandement il se surprend rimant, sur une feuille de papier timbré, un quatrain à la belle Coralie.

Il est fou d'amour...

L'usurier arrive sur ces entrefaites.

— Eh bien! serai-je payé?

— Oui. Mais je crois que vous feriez bien d'accorder un délai à cette jeune personne.

— Un délai! Ah diable!... ça ne me va guère. Combien de jours me demande-t-elle?

— Deux ou trois...

— J'y consens, mais à la condition que...

— Deux ou trois ans.

— Que me dites-vous là?

— Les affaires vont si mal!

— Vous me paraissez mou, monsieur Duboulot, et j'ai bien envie de vous reprendre cette affaire.

— Oh! non. (*A part.*) Fichtre! cela m'enlèverait l'occasion de voir ma bien-aimée. (*Haut.*) Revenez dans quinze jours, et il y aura une solution.

Pendant quinze jours Mᵉ Duboulot conduit Coralie au théâtre et à la campagne. Toujours en tout bien, tout honneur.

Quand il lui en fait le reproche, elle lui dit :

— Mon ami, lorsqu'une femme a un amour sérieux pour un homme, elle ne lui cède pas tout de suite. D'abord je ne suis pas une femme entretenue comme toutes les autres. J'ai de la poésie, vous aussi vous en avez, et c'est pour cela que vous me plaisez, et que pour la première fois de ma vie un homme a su faire battre mon cœur.

Nouvelle visite de l'usurier chez Mᵉ Duboulot, qui est transformé. Il se fait friser tous les matins et porte des vêtements à la dernière mode.

— Mon billet est-il payé? demande l'usurier.

— Non.

— Cela ne peut durer plus longtemps. Je vais porter plainte contre vous.

— De grâce, je...

— Je n'accorde rien.

— Il sera payé demain peut-être.

— Je veux immédiatement.

— Eh! bien, tenez, voici les deux mille francs.

— Je ne demande pas autre chose.

Mᵉ Duboulot, pour bien se faire venir de sa belle, lui envoie immédiatement le billet avec ces simples mots :

« Ma chère amie,

« J'ai donné satisfaction à votre butor d'usurier, j'ai payé le « billet. Serez-vous toujours aussi rebelle? Que puis-je faire pour « vous donner une plus grande preuve d'amour? Parlez. Je suis « votre esclave.

« Duboulot. »

Et par retour du commissionnaire, l'huissier reçoit cette réponse :

« Monsieur,

« Vous me demandez ce qu'il vous faut faire pour me prouver « davantage votre amour.

« C'est bien simple : ne remettez plus les pieds chez moi.

« Coralie. »

Mᵉ Duboulot tombe évanoui dans les bras de son premier clerc.

COULISSES.

— Voyons, soyez sérieux.

LES VACANCES DE FANNY

Elle se promène au Bois avec son vieux baron.
— Ma chère amie, lui dit ce dernier, je ne veux plus que tu restes l'été à Paris.
— Mais je ne demande qu'à voyager.
— Je vais te louer un joli chalet à Étretat.
— Au bord de la mer?
— Oui.
— Oh! ce sera charmant!
— Tu partiras le 15 juillet. Jusqu'au 15 septembre, les bains de mer sont très-agréables.
— Prendras-tu, de temps en temps, le train du samedi?
— Mais je prendrai avec toi le train du 15 juillet, et je reviendrai par celui du 15 septembre.
— Ah!
— Cela ne paraît pas te satisfaire?
— Tu peux t'ennuyer... deux longs mois dans un chalet...
— Du moment que je suis avec toi, je me crois toujours dans le paradis. C'est donc entendu?
— Oui, mon ami.

Fanny est en tête-à-tête avec le jeune vicomte Alfred.

— Ma petite Fanny, si tu voulais être bien gentille sais-tu ce que tu ferais?

— Parle... Tu sais que je ne te refuse jamais rien.

— Tu viendrais avec moi aux bains de mer. Nous louerions un joli chalet sur le charmant coteau de Houlgate... Ma proposition ne semble pas te faire plaisir?...

— Hélas! mon ami, tu sais que je ne suis pas libre de faire ce je veux.

— Tu vas encore me parler des volontés de l'autre?

— Sans lui, je mourrais de faim avec les cinq cents francs que tu me donnes par mois.

— Mes parents refusent d'augmenter ma pension.

— Je ne t'adresse aucun reproche. Mais aussi devons-nous accepter courageusement tous les ennuis qui peuvent nous arriver.

— On t'emmène aux bains de mer?

— Oui, et pendant deux mois on reste sans me perdre de vue une minute.

— Alors, pendant soixante longues journées, je ne te verrai pas?

— Il le faudra bien.

— Je n'accepte pas cela. Puisque tu ne peux pas venir à la mer avec moi, tu n'iras pas avec mon rival.

— Si je pouvais éviter cette corvée, je serais très-heureuse... Mais pour cela je devrai trouver un prétexte et un bon.

— Une femme n'est jamais embarrassée !
— Le cas est difficile. Parbleu ! je ne demande pas mieux que de ne pas m'enfermer pendant deux mois avec mon vieux singe.
— Je l'espère bien.
— Ah ! le prétexte cherché, je le tiens.
— Tu vois que ce n'est pas long.
— Seulement, il faudra quand même nous séparer.
— Pourquoi?
— Parce que j'irai en Bourgogne, dans ma famille.
— Toute seule?
— Je ne puis te présenter à mon père qui est un brave cultivateur, et à mon oncle le curé. Tous deux s'imaginent que je suis une honnête ouvrière.
— Ah ! diable !...
— Depuis six ans, ils me tourmentent pour que j'aille les voir. Hier encore, ils m'ont écrit. Tiens, voici leur lettre. Je m'en ferai adresser une autre encore plus pressante, afin que l'on ne puisse pas m'empêcher de partir.
— Ainsi, c'est là ta combinaison?
— Il n'y en a pas d'autre : c'est à prendre ou à laisser. Que décides-tu ?
— J'aime mieux me sacrifier... de cette façon, je serai certain que tu ne partiras pas avec l'homme que je déteste, et que lui ne sera pas heureux pendant que je souffrirai.
— Quel égoïsme !
— Il te prouve mon amour pour toi. Mais tu sais que je me méfie des femmes... Tu pourrais très-bien prétendre partir et aller dans ta famille, à Étretat.
— Toujours soupçonneux !
— Aussi, je me propose de te mettre en chemin de fer...
— Tu me feras le plus grand plaisir... Tu vois, vilain jaloux, comme tu me punis !...

Côté du vieux baron :

— Comment, ma bien-aimée, tu ne peux venir à Étretat avec moi?

— Hélas! non ; cette lettre te prouve que mes parents tiennent absolument à me voir. Mon vieil oncle le curé sent sa fin prochaine, et, avant de rendre son âme à Dieu, il veut me bénir. Toi, qui as des principes religieux, tu dois comprendre que cette bénédiction d'un saint homme me rendra bien heureuse.

— Je ne veux pas t'empêcher de remplir un devoir aussi sacré. Quand partiras-tu?

— Lundi prochain.

— Je t'accompagnerai jusqu'à la gare.

— Bon, lui aussi, se dit Fanny, ils sont enragés ces hommes-là!

Puis, enlaçant de ses bras le cou de son respectable protecteur :

— Oh! tu seras bien gentil, mon ami, ajouta-t-elle, je partirai par le train du matin.

Fanny et le vieux baron arrivent le matin à la gare de Lyon.

Ils se font les adieux les plus tendres.

Le baron, qui est très-bien avec l'administration, obtient la permission d'accompagner Fanny jusqu'au compartiment qu'elle doit occuper.

Le train part.

Arrivée à la première station, Fanny reprend le train de Paris.

Parbleu!... il faut bien qu'elle aille rejoindre son Alfred qui l'attend pour l'accompagner jusqu'au train qui doit l'emmener en Bourgogne.

Alfred et Fanny dînent dans un restaurant du boulevard.

Les malles sont chargées sur une voiture qui attend à la porte.

— Tu vois que je suis gentille, dit Fanny à Alfred, je te prouve que je ne te trompe pas, puisque je te permets de m'accompagner jusqu'au train. Mais n'oublions pas l'heure du départ.

On se rend à l'embarcadère.

Alfred, qui est en bons termes avec le chef de gare, peut accompagner Fanny jusqu'au train.

— N'avez-vous pas une sœur? lui demande le chef de gare.

— Non, monsieur.

— C'est étrange..., j'ai assisté ce matin au départ d'une personne qui vous ressemble d'une façon étonnante.

Le signal du départ met fin à cette conversation embarrassante.

A la troisième station, un jeune homme monte dans le compartiment occupé par Fanny.

— Tiens, c'est toi, Fanny.
— Gaston !...
Elle retrouvait un ancien amant qui s'était marié.
— Où vas-tu donc ?
— Dans ma famille.
— La bonne plaisanterie !
— C'est très-sérieux. Et toi, tu vas rejoindre ta femme ?
— Je suis veuf depuis un an, et je vais faire un voyage en Suisse pour me distraire.
— Déjà veuf ?...
— Hélas ! oui... Seulement, je n'ai rien à me reprocher, car j'ai rendu ma femme très-heureuse pendant nos six semaines de ménage. Mais passons sur ces incidents tristes. Veux-tu venir en Suisse avec moi ?
— Comme ça... tout de suite ?
— Pourquoi pas ?... Ça serait original, et ce qui est original me convient.
— A moi aussi.
— Es-tu contente de me retrouver ?
— Enchantée !... Tu sais que j'ai eu une forte toquade pour toi.
— Nous en reparlerons, en admirant les magnifiques sites de la Suisse.

LES PARISIENNES.

AUX CHAMPS-ÉLYSÉES.

— Madame permet?
— Tout c' que l'on veut.

52ᵉ LIVR.

TYPES DE LA PLAGE

CEUX QUI VOIENT LA MER POUR LA PREMIÈRE FOIS.

Le Papa. — Comment trouves-tu ce spectacle?
La Maman. — Magnifique!
La Fille. — Et tout cela, c'est de l'eau?
Le Papa. — Oui, mon enfant... Je vous disais bien que la véritable mer vous causerait plus d'effet que celle de l'Ambigu.
La Maman. — Tu as beau dire... à l'Ambigu, ils la font bien.
La Fille. — Nous baignons-nous?

La Maman. — Parbleu !

Le Papa, — Mais il faut prendre des cachets.

La Maman. — On ne peut pas se baigner gratis?

Le Papa. — Non.

La Maman. — Merci!... Nous nous en priverons alors, car nous avons déjà dépensé bien assez d'argent pour notre voyage.

Le Papa. — Asseyons-nous sur le sable pour attendre l'heure de la marée.

La Maman. — Oui, et nous achèterons du poisson. (*Bas à sa fille.*) En attendant, ma petite Eugénie, ramasse de l'écume de mer pour en faire une pipe à ton père ; comme il fume, cette surprise lui fera plaisir pour sa fête.

LA FEMME POÉTIQUE.

Celle-là s'assoit sous la tente de la plage.

Elle reste en contemplation devant la mer.

Quand elle a de la mémoire, elle récite souvent des fragments de poésie d'auteurs qui ont chanté l'Océan.

Mais son bonheur consiste à écrire ses impressions. Elle les jette sur de volumineux cahiers de papier vert, couleur des flots.

Si elle a une amie, elle les lui adresse. Et comme elle oublie souvent de faire peser la lettre, l'amie est obligée de payer une surtaxe de quarante ou quatre-vingts centimes.

Si la femme poétique n'a pas d'amie, elle expédie ses impressions à son concierge, qui s'en sert pour allumer le feu.

Nota benè. — Ce type porte presque toujours des lunettes et s'habille d'une façon grotesque.

Cette créature bizarre est laide, ou bien elle a passé la cinquantaine.

Quand une femme poétique ne peut être aimée des hommes, elle se jette dans les bras de Neptune.

Pauvre Neptune !

CELUI QUI NE VIENT PAS POUR S'AMUSER.

— Tiens, te voilà, Gustave !
— Oui, mon cher Léon !
— Je croyais que tu n'aimais pas la mer ?
— Je l'ai en horreur.
— Tu es envoyé ici pour ta santé ?
— Le médecin me défend de me baigner.
— Alors pourquoi viens-tu ?
— Parce qu'elle est ici !
— Ah ! je devine... Et elle t'a forcé d'y venir ?
— Hélas ! oui. Mais je te quitte, car je l'aperçois là-bas.
— Te défendrait-elle de parler à tes amis ?
— Non ; mais je vais revêtir mon costume de baigneur. Il faut bien que je sauve les apparences aux yeux de son mari.
— Tu te déguises en baigneur ?
— Oui ; et j'ai toujours peur d'un accident.
— Pourquoi ?
— Je ne sais pas nager.

LA PRÉSENTATION.

— Mon cher neveu, tu vas mettre ce caleçon neuf que je t'ai acheté.

— C'est donc aujourd'hui la présentation?

— Oui, sur la plage, ainsi que tu en as manifesté le désir... vieux coquin.

— De nos jours il faut se méfier des femmes, elles mettent tant de postiches!

— Alors, tu crois que tu ne seras pas volé si on te présente une demoiselle en simple costume de bain?

— Je ne le serai pas complétement. La jeune fille sait-elle qu'on doit lui exhiber un mari?

— On ne le lui dira que demain, si elle est à ton goût.

— Ça m'ennuie bien d'épouser... Si encore le divorce était rétabli!...

— Polisson, veux-tu bien te taire!... Mais dépêche-toi, car on doit nous attendre entre le deuxième et le troisième flot.

Côté de la demoiselle :

— Mais, maman, pourquoi m'as-tu rembourré mon costume?

— Comme c'est aujourd'hui ton premier bain, il faut éviter d'avoir froid.

— Quelle singulière idée!

— Et surtout, fais-en sorte de te tenir droite dans l'eau.

— Mais si je veux faire la planche?...

— Tu te contenteras de te tenir à la corde.

— Ça n'est pas amusant.
— Tant pis. Mets tes faux cheveux.
— Mes faux cheveux aussi... maintenant?
— Oui, tu attacheras les nattes après ton bonnet en caoutchouc.

La Demoiselle (*à part et très-émue*). — Je devine, il s'agit d'une entrevue.

LE MONSIEUR QUI NE PERD PAS SON TEMPS.

— Oui, monsieur, je suis négociant en vins. Depuis le 1er janvier jusqu'à la Saint-Sylvestre, je suis fort occupé ; mais néanmoins je m'accorde un petit congé d'un mois pour me reposer. Est-ce que vous êtes un connaisseur, vous, monsieur?
— En quoi?
— En vins, parbleu!...
— J'aime celui qui est bon.
— Alors vous êtes connaisseur. Voulez-vous me permettre de vous faire déguster de mes produits?
— Certainement. Donnez-moi votre adresse, j'irai vous voir à Paris.
— Il est inutile de vous déranger, je porte toujours sur moi quelques échantillons. (*Il tire de sa poche une dizaine de petites fioles.*) Tenez, monsieur, en voici. Veuillez goûter.
— Mais je ne puis déguster votre vin, comme cela, de but en blanc.
— Je le conçois ; aussi laissez-moi vous offrir ce petit morceau de gruyère.

— Vous avez aussi du fromage?

— J'ai dans mon portefeuille une poche spéciale pour le gruyère.

— Même par la grande chaleur?

— J'en change tous les jours. Prenez, je vous prie, ce morceau de fromage et cette fiole qui contient du saint-émilion.

— Merci.

— Comment le trouvez-vous?

— Excellent... Où l'achetez-vous?

— Mais c'est moi qui en vends.

— Comment!... vous vendez aussi du fromage?

— Mais non; je parle du vin.

— Et moi du gruyère.

— Voulez-vous que je vous expédie une barrique de saint-émilion?

— Merci; je ne bois que de la bière.

(*Impatience du négociant, qui serre avec empressement ses petites fioles. Il se lève et va s'asseoir à côté d'un autre monsieur.*)

CHRONIQUE DU MONDE.

— « ... Parmi les personnes présentes à cette fête, citons Mlle X..., qui avait profité de la circonstance pour sortir ses 800,000 francs de diamants... »
— 800,000 francs de diamants! comme les autres hommes doivent se trouver... petits à côté de celui qui fait ainsi les choses!!!

UNE DISTRACTION DE NANA

NANA est en villégiature à Dieppe.

Elle est seule, et elle s'ennuie.

Son gros quart d'agent de change est retenu à la Bourse, et son petit gommeux a été rappelé par sa famille.

Ce dernier répond au nom de Léon ; c'est lui qu'elle aime, ou du moins qu'elle croit aimer.

Elle lui jure qu'elle ne le trompe jamais, et elle fait les mêmes serments au gros financier Z...

Mais Nana aspire après Léon.

Elle lui a déjà écrit pour lui dire d'arriver le plus tôt possible.

Elle lui adresse une nouvelle lettre, et elle écrit aussi au gros Z..., afin d'éviter une rencontre désagréable, si par hasard la fantaisie lui prenait de venir « surprendre sa petite chérie. »

Elle griffonne une troisième lettre, mais cette dernière est pour sa couturière.

« Mon gros loulou, écrit-elle au financier, je me propose de faire cette semaine une excursion de quelques jours dans les environs de Dieppe ; donc, ne viens pas me surprendre, car tu risquerais fort de ne pas me rencontrer. »

« Mon petit chien-chien, écrit-elle au jeune Léon, viens vite, je t'attends, et j'irai, comme je te l'ai déjà dit, te prendre au chemin de fer à quatre heures et demie. Je ne puis vivre une journée de plus sans toi.

« Je t'embrasse comme je t'aime. »

Elle trace sur le papier ces simples mots à sa couturière :

« Terminez vite le vêtement complet que je vous ai commandé. »

Mais, hélas ! en mettant ces trois lettres sous enveloppe, Nana, qui est la distraction personnifiée, commet de terribles erreurs.

Elle envoie au vieux boursier la lettre destinée à Léon ; ce dernier reçoit celle de la couturière, et celle-ci a la missive préparée pour M. Z...

*
* *

Léon, en ouvrant son courrier du matin, trouve une enveloppe dont l'écriture bien connue lui fait battre le cœur.

— Une lettre de Nana, se dit-il ; elle s'impatiente de ne pas me voir.

Et il lit :

« Terminez vite le vêtement complet que je vous ai commandé. »

— Bon, fait-il en riant, encore une distraction de Nana. C'est la couturière qui a reçu ma lettre, et moi, j'ai la commande de la robe. Elle est forte, celle-là... Mais je sais ce que Nana m'écrit. Je vais partir la rejoindre, comme je lui ai promis.

Le financier Z... bondit de joie en recevant la missive qui était destinée au jeune homme et non à lui.

Il lit et relit cette lettre.

Quand il rencontre un ami sur le boulevard, il la lui montre.

— Bigre ! lui dit-on, comme vous êtes aimé !...

— Oui, mon cher, c'est ainsi : elle ne peut pas se passer de moi. Je ne le lui fais pas dire. J'étais resté une quinzaine de jours avec elle, nous ne devions plus nous revoir qu'à Paris, et elle me rappelle.

— C'est plus que de l'amour, c'est de l'adoration.

— Par modestie, je n'osais pas le dire. Mais pour tant d'amour je ne veux pas être ingrat.

— Qu'allez-vous faire ?

— Acheter un joli bracelet que je lui porterai.

— Elle mérite bien cela.

— Vous qui avez du goût, venez donc le choisir avec moi.

— Volontiers. Mais vous savez que je suis jaloux.

— Pourquoi ?

— Parce que Coralie, elle, chaque fois qu'elle me voit, elle me dit que je lui porte sur les nerfs.

— Nana me le dit aussi quelquefois ; mais vous voyez que dès que je m'absente, elle souffre.

— Alors vous partez?

— Certainement... Est-ce que vous croyez par hasard que je vais faire poser cette malheureuse?

— Et les affaires?

— Elles attendront mon retour. Je sacrifie tout à l'amour. Voilà comme je suis, moi!

— Si vous aviez un bandeau sur l'œil, je vous prendrais pour Cupidon.

— Je suis plus fort que Cupidon, parce que moi, j'y vois clair : une femme n'a jamais pu me tromper sans que je m'en aperçoive.

***

Le jeudi, à midi cinquante-cinq, deux hommes prennent en même temps leur billet pour Dieppe; ces deux voyageurs sont le financier Z... et le jeune Léon.

Ils montent dans le même compartiment.

— La fumée du cigare ne vous gêne pas? demande M. Z... à son compagnon de voyage.

— Non, monsieur, et j'espère que nous allons être seuls dans notre compartiment

— Monsieur va loin?

— Jusqu'à Dieppe.

— C'est comme moi.

A Rouen, les deux associés de la maison Nana et Cie causent comme de vieux amis.

— Ah! c'est à un rendez-vous que vous allez, dit Léon.
— Oui, monsieur, là-bas m'attend une femme charmante.
— C'est comme moi.
— Et qui m'adore.
— Jamais elle ne m'a trompé, et pourtant, si elle avait voulu, le sultan de Zanzibar lui faisait une splendide position dans son pays.
— Tiens, à la mienne aussi.
— Oh! les sultans, si on les laissait faire, ils prendraient toutes nos femmes. Mais heureusement qu'elles nous donnent la préférence.
— Il faut leur en savoir gré.
— Comme vous devez avoir du goût, vous seriez bien aimable de me donner votre avis sur ce bracelet que je lui ai acheté.
— Il est charmant. Voulez-vous me permettre de vous montrer les pendants d'oreilles que je rapporte à ma bien-aimée ?
— Mais comment donc !... Oh! monsieur, ils sont ravissants.
— Il me semble que, tout en causant, nous voilà bientôt arrivés.
— Le trajet m'a paru bien court.
— Comme à moi, grâce à votre société.
— Si par hasard nous nous rencontrons ces jours-ci sur la plage, je serai heureux de vous présenter ma compagne.
— Et moi la mienne.
— Si elles se conviennent, nous pourrons faire une partie carrée.
— J'allais vous le proposer.
— Au plaisir de vous revoir.
— Voici ma carte.
— Voici la mienne.
Le train arrive.

*
* *

— Nana est étendue dans une voiture qui attend devant la gare. Elle lit attentivement un journal illustré.

Tout à coup elle bondit en apercevant le vieux Z... sur le marchepied de droite de la calèche, et Léon sur le marchepied de gauche.

Tableau.

Le même soir les deux copins reprenaient l'express pour Paris, mais chacun dans un wagon différent.

CONFIDENCES.

— Eh bien! et Maurice?
— Ah ben, non, tu sais? très-gentil, Maurice, mais trop d' tendresse à la clef.
— Ah! qu'est-ce que j' t'avais dit?

PARTIE CARRÉE

I

Deux jeunes couples, mariés depuis peu d'années, se demandent où ils devront passer le mois d'août.

— Où irez-vous? demande le couple Vaudry au couple Beaudinard.

— J'ai l'intention de faire un voyage en Suisse.

— La Suisse, c'est bien monotone; il y a des montagnes avec de la neige; on voit cela à Paris, l'hiver, sur les buttes Montmartre.

— C'est vrai. Alors où nous conseillez-vous d'aller?

— Venez avec nous aux bains de mer; nous louerons un chalet et nous vivrons en commun.
— Excellente idée! s'écrie Mme Beaudinard.

II

Les deux couples sont installés à Cabourg, dans un chalet situé au bord de la mer.
— Comme nous sommes bien ici!
— A ravir!
— Vous ne regrettez pas la Suisse?
— Oh! non.
— Il vaut mieux voyager avec des amis que se trouver à table d'hôte avec des étrangers.
— Vous avez raison; car on fait souvent des connaissances fort désagréables.
— Si vous voulez demain matin, comme la mer sera basse, nous irons pêcher la crevette.
— Comment s'habille-t-on?
— On se déshabille.
— Oh! monsieur Vaudry, s'écrie en rougissant Mme Beaudinard.
— On met son costume de bain, et l'on peut circuler sur la plage.
— Alors, à demain la pêche à la crevette.

III

On folâtre sur la plage avec deux filets.
Les dames ne portent que des petits paniers en osier autour du cou.
M. VAUDRY (*à part*). — Elle est faite au moule cette petite madame Beaudinard. Elle est grasse, tandis que ma femme est maigre comme un clou. Ah! pourquoi n'ai-je pas épousé une femme grasse. Quelle jolie poitrine... on jurerait qu'elle a un corset, et je sais

qu'elle l'a laissé dans sa chambre. Heureux Beaudinard!... Il y a des hommes qui sont nés coiffés. Et je n'ai jamais entendu dire que sa femme le trompait. C'est étrange, car mon ami n'est pas beau. Quant à l'esprit, il n'en a jamais eu. On ne peut pas affirmer qu'il a de l'intelligence... il est intéressé dans une maison de commerce qui va bien... parce qu'il n'y met jamais les pieds. Veinard de Beaudinard!...

M. Beaudinard (*à part*). — Elle est mignonne la femme de Vaudry. J'ai toujours aimé les femmes maigres et j'ai épousé une femme grasse.

O vicissitudes des choses humaines! Comme elle court avec élégance sur la plage! Si ma femme voulait se livrer à cet exercice, elle roulerait sur le sable comme une masse. J'ai trente mille livres de rente, je jouis d'une bonne santé, j'aurais tout pour être heureux si ma femme était maigre. Vaudry a la même fortune que moi, il a un tempérament tout aussi solide que le mien, et il possède une femme maigre... Il y a des hommes à qui tous les bonheurs arrivent à la fois.

IV

Mme Vaudry (*à part*). — M. Beaudinard est bien fait, lui, il n'a pas les jambes torses comme celles de mon mari. On croirait que M. Vaudry a été scellé sur deux tire-bouchons. Et puis, mon mari est chauve... tandis que M. Beaudinard a une épaisse chevelure noire. Oh! les bruns!... je les ai toujours adorés! Pourquoi ma famille ne m'a-t-elle pas mariée à un brun? Mais quand on marie une jeune fille, on ne consulte jamais ses goûts. On lui dit : — Monsieur un tel m'a demandé ta main... Monsieur un tel est un excellent parti... Si tu ne le prends pas, nous renoncerons à te marier. — Ah! que ne suis-je madame Beaudinard! Voilà un homme qui me rendrait heureuse!

Mme Beaudinard (*à part*). — M. Vaudry ne ressemble pas à un singe comme mon mari. M. Beaudinard a les jambes velues comme celles d'un homme des bois. Mon mari doit descendre d'une ancienne famille de chimpanzés. Sa figure est couverte d'une barbe noire qui ne laisse voir que deux petits yeux. M. Vaudry est chauve, lui, à la bonne heure ; on voit que le cerveau de cet homme a travaillé et que la fatigue a usé le cuir chevelu. Celui que le ciel m'a donné en partage ne pense qu'à manger, à boire et à dormir. Et puis, s'appeler madame Beaudinard... quel agrément! Quand on annonce dans les salons monsieur et madame Beau-di-nard, tout le monde nous regarde en riant. Je ne sais pas si c'est l'air de la mer qui me produit cet effet-là, mais j'ai envie de pleurer.

V

Les deux couples font un jour une promenade à ânes.
M. Beaudinard accompagne Mme Vaudry.
M. Vaudry est le guide de Mme Beaudinard.
Ils sont à une certaine distance : ils ne peuvent ni rien voir ni rien entendre.

M. Vaudry (*à Mme Beaudinard*). — Je vous jure que je vous aime et que mon unique pensée est pour vous.

Mme Beaudinard. — Bien vrai !

— Je veux mourir à l'instant si je mens.

— Mais vous n'oubliez pas que je suis mariée ?

— Ne le suis-je pas moi-même ?

— Oh ! affreuse réalité !...

Un peu plus loin :

M. Beaudinard. — O ange adoré ! si je pouvais être veuf, je vous épouserais immédiatement.

Mme Vaudry. — Mais moi, je ne serais pas libre !

— C'est vrai ; vous avez votre mari.

— Et jamais le ciel ne nous accordera un double veuvage. Ce serait trop de bonheur !

— Même pendant mon sommeil, je pense à vous. Je vous ai appelée cette nuit ; ma femme me l'a dit ce matin. Je lui ai répondu que cela n'avait rien d'extraordinaire puisque nous faisons tous les jours des parties ensemble.

— Nous avons peut-être tort de nous adresser ainsi des paroles d'amour, puisque nous ne pourrons jamais être l'un à l'autre ?

— Pourquoi pas?

— Oh! Jules! Mais on n'entend plus votre femme et mon mari?
— Ne nous en plaignons pas.

. . . .

Mme VAUDRY. — Oh! Jules, tu vas bien me mépriser.

M. BEAUDINARD. — Non, adorable Léocadie, je t'aimerai toute ma vie.

Côté des autres.

Mme BEAUDINARD. — Ma conduite ne te fait pas honte, dis-moi, mon Léon?

M. VAUDRY. — Mais non, au contraire. D'abord il me semble que je suis tout aussi coupable que toi.

Mme BEAUDINARD (*baissant modestement les yeux*). — C'est ce qui me console.

VI

Le soir au dîner.

M. BEAUDINARD (*à part, en regardant Vaudry*). — C'est peut-être mal ce que j'ai fait là, malheureux Vaudry!...

M. VAUDRY (*même jeu*). — Pauvre Beaudinard! Un vieil ami de dix ans, que je trompe!...

Mme BEAUDINARD (*à part, en regardant Mme Vaudry*). — Cette femme-là ne m'a jamais plu, aussi ne suis-je pas fâchée de me venger.

Mme VAUDRY (*même jeu*). — C'est une petite grue, et je suis enchantée de lui jouer un mauvais tour.

VII

UN AN APRÈS

Un chassé-croisé a eu lieu.

M. Vaudry a enlevé Mme Beaudinard, et *vice versâ*.

Inutile de dire que les deux amis sont fâchés à mort.

Nous assistons chez Vaudry à une petite scène de faux ménage.

Mme Beaudinard. — C'est vous qui m'avez arrachée à mes devoirs conjugaux.

M. Vaudry. — Il faut avouer que je n'ai pas eu grand mal.

— Ne soyez pas insolent, ou je vous jette cette carafe à la tête.

— Ah! comme je regrette ce voyage que nous avons fait, il y a deux ans, à Cabourg!

— Et moi donc!...

Passons au faux ménage numéro 2.

Mme Vaudry. — Mais c'est un enfer que cette maison!

M. Beaudinard. — Quittez-la.

— Il ne fallait pas me séduire.

— Vous avez agi avec moi comme une cocotte.

— Grossier!... (*Elle lui donne une giffle*).

— Oh! je suis bien désolé de m'être trouvé avec vous à Cabourg. Vous m'avez brouillé avec mon meilleur ami.

— Si toutes les femmes honnêtes qui trompent leur mari n'ont pas plus d'agrément que j'en ai, c'est à dégoûter d'avoir de l'inconduite.

LES PARISIENNES.

NAÏVETÉ.

— Mère !... fais donc finir Eugène, i' veut pas m'embrasser.

UN BUREAU TÉLÉGRAPHIQUE

SCÈNES RÉALISTES

L'Employé. — Bonjour, monsieur Durand.

M. Durand. — Bonjour, mon ami. Donnez-moi du papier et une plume pour rédiger ma dépêche.

— C'est inutile, je la connais :

« A madame Durand, 107, rue Bourdaloue.

« Pas attendre; moi pas rentrer coucher; moi emmené à la campagne par un ami. »

— C'est en effet cela.
— Ce qui veut dire que vous allez donner un nouveau coup de canif dans le contrat.
— Rosita veut absolument que je l'emmène à Sceaux. Ma femme recevra cette dépêche dans une demi-heure, n'est-ce pas?
— Oui.
— Ah! l'électricité est une bien belle invention; elle vous permet de mentir à une grande distance, ce qui empêche de voir les coupables rougir et balbutier. Excusez-moi si je vous quitte; mais Rosita m'attend à la porte dans une voiture.

(*Une demi-heure après.*)
Une dame *arrivant*. — Monsieur, veuillez envoyer cette dépêche.
L'employé *lisant :*

« Cher,

« Mari parti à la campagne, viens vite. »

— Pardon, madame, mais à qui faut-il adresser cette dépêche?
— A M. Auguste Dumont.
— Veuillez me donner votre nom et votre adresse.
— Est-ce nécessaire?
— Le règlement l'exige.
— Madame Durand, rue Bourdaloue, 107.
— Elle est bien bonne !
— Vous dites?
— Rien. Je me dis que cette plume est excellente. (*A part.*) Pendant que le mari s'en va avec Mlle Rosita, la femme fait venir M. Auguste. De cette manière, tout le monde s'amuse.

Un jeune homme *arrivant avec une serviette sous le bras.* — Vite, monsieur, vite !

L'employé. — Quoi?

Le jeune homme. — Expédiez de suite une dépêche à mon oncle. Figurez-vous que je dîne en ce moment avec une femme charmante, mais qui fait monter un peu trop l'addition : je croyais en être quitte pour vingt-cinq francs, et, d'après mes calculs, j'en ai déjà dépensé pour quarante-trois francs au moins. Je suis perdu aux yeux de ma belle si au moment de payer je reste en affront. Je viens de simuler un petit malaise pour accourir ici et envoyer une dépêche à mon oncle afin de le prier de m'apporter de l'argent; c'est un excellent homme, il admet que jeunesse s'amuse; aussi me viendra-t-il en aide.

(*La dépêche est expédiée; le gommeux court rejoindre sa compagne.*)

Un bourgeois. — Monsieur, je voudrais retenir une loge pour le théâtre du Châtelet.

L'employé. — Ce n'est pas ici le bureau de location.

— Ne pourrait-on prévenir la personne préposée à la location ?

— Mais qui lui remettrait l'argent ?

— Un de vos employés.

— Vous voulez que nous fassions tout cela pour cinquante centimes ?

— Pourquoi pas ?

— C'est impossible.

— Et on ose prétendre que notre siècle est un siècle de progrès !

(*Le bourgeois s'éloigne en haussant les épaules.*)

Une cocotte. — Monsieur, veuillez expédier ceci.

L'employé *lisant :*

« A M. le vicomte Arthur de Bellejambe.

« Monstre,

« Si dans une heure toi pas envoyer vingt-cinq louis, moi m'asphyxier. »

La cocotte. — Voici la liste des personnes à qui vous devrez envoyer la même dépêche.

L'employé. — Il y en a cinq !

— Certainement; si *la dépêche à l'asphyxie* ne réussit pas sur les cinq, il y en aura toujours bien deux qui la goberont.

* *

Le jeune homme *déjà nommé, toujours avec sa serviette sous le bras*. — Mon oncle a-t-il répondu?

L'employé. — Pas encore.

— Nom d'un chien, que c'est vexant! La petite s'ennuie déjà; elle parle d'aller faire une promenade au bois en voiture.

— Retournez près d'elle et tâchez de lui faire prendre patience.

* *

Une cuisinière. — Monsieur l'employé!

L'employé. — Mademoiselle?

— Envoyez cette dépêche à la caserne du quai d'Orsay :

« Polydore chéri,

« Maître aller ce soir au théâtre ; toi demander permission de minuit.

« Toi pas dîner; moi conserver restes.

« Catherine. »

L'employé. — Vous avez donc quitté votre chasseur?

— Ne me parlez pas de ce monstre; il m'a trompée avec une bonne d'enfants. Mais par bonheur j'avais fait la connaissance d'un dragon qui m'a consolée.

— Ce qui prouve qu'il faut toujours avoir un militaire sur la planche.

Un gommeux *écrivant une dépêche:*

« A M. Poivret, chef de bureau.

« Très-souffrant. — Posé sangsues et avalé médecine. — Pas pouvoir aller au bureau.

« Dumollet. »

Le gommeux *à une cocotte.* — Maintenant, ma petite Henriette, allons déjeuner tranquillement à Ville-d'Avray; je meurs de faim.

La cocotte *riant.* — C'est ta purgation qui t'a ouvert l'appétit.

Le gommeux. — Pourvu qu'on ne m'envoie pas le médecin de l'administration.

— Ah! fichtre, tu serais pincé.

— Non, mon concierge dirait qu'on m'a porté à l'hôpital.

* *
*

Le jeune homme. — Rien de mon oncle?

L'employé. — Non.

— Pour faire prendre patience à ma compagne, je lui ai donné de la chartreuse; elle en est à son quinzième petit verre, et elle commence à glisser sous la table. Allons, je n'ai qu'une chose à faire: louer une chambre au restaurateur, qui tient un hôtel meublé. Je garderai cette chambre jusqu'à la fin du mois; mais c'est ennuyeux, car nous ne sommes que le 17. Comme vous avez été très-gracieux en cette circonstance, faites-moi donc le plaisir de venir dîner avec moi ce soir.

— Mais vous n'avez pas d'argent pour payer votre déjeuner!

— On mettra tout cela sur la note.

LES PARISIENNES.

LE VOLONTARIAT.

— Si vous êtes volontaire, je vous conseille de ne plus vous présenter devant madame, car elle aime les caractères souples.

LE CHASSEUR DE CHEVELURES

AVENTURES D'UN CHIGNON

PETIT AVANT-PROPOS.

— Vous, madame, vous dont la luxuriante chevelure fait l'admiration de toutes les personnes de votre connaissance, voulez-vous savoir d'où vous viennent ces cheveux ?...

— Pardon, monsieur, mais ils sont à moi, et je vous trouve bien insolent d'oser...

— Inutile de nier, madame, je sais tout, grâce à une petite indiscrétion de votre femme de chambre. Veuillez donc me permettre de vous faire connaître l'origine de cet appendice qui est devenu votre propriété.

Dirigeons-nous vers

FOUILLY-LES-NÈFLES,

charmant petit village situé à une centaine de lieues de Paris.

Madelon, fille de ferme, mène les bestiaux aux champs.

Madelon est une belle jeune fille qui n'a pas l'air de se douter de ses nombreux appas, et surtout de sa belle chevelure.

Près d'un petit cours d'eau, un homme l'accoste.

— Mon enfant, lui dit-il, êtes-vous coquette?

— Ma foi non, répond Madelon.

— Ne seriez-vous pas bien aise d'avoir ce brimborion?

Et l'homme sort d'un paquet un fichu aux couleurs voyantes?

— Comment trouvez-vous ceci?...

— Ciel!... que c'est beau!...

— Vous voudriez bien posséder cet objet?

— Oui; mais je ne le puis, car je n'ai pas d'argent.

— Néanmoins il peut vous appartenir.

— Est-ce par des moyens malhonnêtes? Nenni! j'n'en veux point, j'suis une fille vertueuse.

— Je ne viens pas vous enjôler.

— J'l'espère bien.

— Je vous propose un simple échange.

— Ça dépend de la chose que vous voulez avoir contre ce fichu; j'suis pas encore rassurée.

— Tenez-vous à vos cheveux?

— Oh! que non, ils m'embarrassent trop. Il y a quelques jours, en dormant, ils ont manqué d'm'étrangler en s'entortillant autour de mon cou.

— Je vous les prends en échange de ce fichu; consentez-vous?

— Avec bien du plaisir, mon brave homme.

— Asseyez-vous sur cette botte de foin, je vais vous les couper.

Le commis voyageur se livre aussitôt à cette opération.

— Le fichu m'a coûté quinze sous, pense-t-il, je crois ne pas faire une mauvaise affaire.

— Monsieur, dit Madelon, repassez dans sept ou huit mois, nous ferons encore une petite spéculation ensemble.

— Dans le village y a-t-il d'autres filles qui ont, elles aussi, de beaux cheveux ?

— Oui, y a Toinette, Jeanne Maclou, la grande Thérèse, et encore deux ou trois autres.

— Présentez-moi à elles pour leur demander si elles voudront faire un pareil échange.

— Parbleu!... elles seront enchantées.

Le soir, le chasseur de chevelures avait dans sa valise autant de cheveux qu'un chef indien qui aurait livré bataille à plusieurs tribus voisines et scalpé les vaincus.

A PARIS.

Le chasseur de chevelures se présente chez un des plus fameux perruquiers de la capitale.

— Mon très-cher, lui-dit, je vous apporte une bonne cargaison.

— La chasse a été bonne ?

— Excellente. Mais je vous recommande cette chevelure que m'a donnée une nommée Madelon, un beau brin de fille.

— Pas mal, en effet, et combien me vendez-vous ceci ?

— C'est du nanan.

— Vous ne serez pas trop exigeant ?

— Vingt francs.

— Vous me la laisserez bien à dix-huit ?

— Je ne diminue pas d'un centime.

— Voici un louis. Mais je ne gagnerai rien dessus.

— Pauvre homme, je vous plains !

CHEZ LE PERRUQUIER.

Une dame du monde arrive, et avec un air plein de mystère prend le coiffeur à part.

— Monsieur, je voudrais avoir de faux cheveux.
— Donnez-vous la peine de passer avec moi dans mon arrière-boutique.
— Comme je reviens de la campagne, je ne crains pas de me mettre un volumineux chignon; on pourra croire que mes cheveux ont poussé pendant la saison que j'ai passée aux eaux.
— Voulez-vous y mettre le prix?
— Oui, pour avoir quelque chose de bien.

Le coiffeur exhibe le produit de Madelon.

— Comment trouvez-vous ceci?
— Magnifique, et c'est justement ma couleur. Combien?
— Cent francs.
— Ce n'est pas donné.
— Ce matin, une dame m'en aurait offert cent trente francs; mais elle n'a pu les prendre, parce que ces cheveux sont blonds et les siens sont rouges.
— Je puis me permettre cette petite dépense; je la rattraperai ce mois-ci en faisant dîner un peu moins bien mon mari.

AU BAL.

PREMIER MONSIEUR *désignant la dame qui a fait l'emplette dans la journée.* — Quels magnifiques cheveux!

SECOND MONSIEUR. — Mais cette dame n'a que cela de bien.

— C'est déjà quelque chose.
— Êtes-vous certain qu'ils lui appartiennent?
— Ses meilleures amies affirment que non.

CHEZ LE COMMISSAIRE DE POLICE.

LE COMMISSAIRE. — Madame, vous accusez votre femme de chambre de vous avoir détourné différents objets.

LA DAME. — Oui, monsieur, des mouchoirs et des chemises.

LA FEMME DE CHAMBRE. — Je ne vous ai pas pris de linge, mais seulement des faux cheveux, que j'ai vendus; j'avoue ce détournement.

LA DAME *pâlissant*. — Je ne vous accuse pas de cela.

LA FEMME DE CHAMBRE. — Je ne suis pas coupable d'autre chose. Traînez-moi devant les tribunaux; mais si vous me déshonorez, tout Paris saura que vous aviez une perruque.

LE COMMISSAIRE DE POLICE. — Tenez-vous à poursuivre cette affaire?

LA DAME. — Non, relâchez cette fille.

LA REVENDEUSE A LA TOILETTE.

La femme de chambre indélicate a vendu le chignon de sa maîtresse à une marchande, Mme Beaumignon, fournisseuse des petites dames du quartier Bréda.

Mme Beaumignon va porter les cheveux à... Madelon en personne, qui est devenue une cocotte.

— Mademoiselle, dit la marchande, j'ai pour vous une véritable occasion. Voyez ces magnifiques cheveux; ils sont de la nuance des vôtres.

— C'est vrai. Quand j'étais dans mon village, j'en avais de bien beaux. Combien me vendez-vous ceux-ci ?

— Vous allez me donner trente francs comptant et vous me ferez un billet de cinquante francs.

— Payable quand ?

— A la fin du mois.

— Mais nous sommes le dix-neuf !... Enfin, c'est entendu.

Et voilà comment Madelon acheta quatre-vingts francs des cheveux qu'elle avait vendus quinze sous à un chasseur de chevelures.

LES PARISIENNES.

COULISSES.

— Moi, voilà : Pleine et entière liberté à ces messieurs de venir dans ma loge ; fleurs, bijoux, dentelles, j'accepte tout, mais j' donne jamais rien.
— Oh ! vous pourriez ben, de temps en temps, leur z'y donner un peu de mouron.

LIVRE DE DÉPENSES EN PARTIE DOUBLE

La scène se passe chez Mlle Carmen, une petite dame de la rue de Moscou. C'est le 1er du mois.

Le jeune Arthur de Becsalé arrive et se jette dans les bras de sa bien-aimée.

— Carmen, lui dit-il, j'ai touché mon mois et les modestes rentes que me fait ma famille. C'est le jour où je dois régler tes dépenses.

— Non, mon ami, nous causerons de cela plus tard.

— Je veux tout de suite, tu es étrange avec moi dès que j'aborde la question d'argent.

Arthur prend le livre et l'examine.

— Comment, tu n'as dépensé que quatre cent quatre-vingt-quinze francs?

— Oui, cinq francs de moins que le mois dernier.

— Mais tu deviens de plus en plus raisonnable!...

— Et là-dessus j'ai compté ma toilette et toutes mes menues dépenses.

— Je le vois bien. (*Lisant.*)

Mercredi 1ᵉʳ juillet.

Poulet.	2 fr. 50 c.
Une bouteille de bordeaux.	1 25
Omnibus.	60
Pommes de terre.	75
Fruits	1
Pauvres	25
Figaro	15
Blanchissage.	2
Réparation à une robe de soie. . . .	3
Total.	11 fr. 50 c.

Jeudi 2 juillet.

Bougie. . . . . 1 fr. 50 c.

— Et pas autre chose?

— Non, car tu sais bien que j'ai dîné avec toi au restaurant.

— C'est vrai. Chère petite chatte, on ne peut pas dire que tu me ruines. Tiens!... par moment, j'ai envie de te présenter à ma famille.

— Comme ta femme?

— Ne dis donc pas de bêtises.

— Oh! ces hommes! pas un ne veut être sérieux. Mais je ne t'en aime pas moins pour cela, mon chien-chien. (*Elle l'embrasse.*)

Dépêche-toi d'aller à ton bureau, car tu manquerais la feuille de présence, et tes chefs ne seraient pas contents.

— Elle ne veut pas que je manque mon bureau, se dit Arthur avec des larmes dans la voix ; cette créature a toutes les qualités. Tiens, voici les cinq cents francs que tu as dépensés.

— Tu me donnes cent sous de trop.

— Tu peux les garder tout de même.

— Je les placerai à la caisse d'épargne.

— A ce soir, ma Nini !

— A ce soir, mon chéri !

Il s'en va.

Une heure après le départ d'Arthur, arrive le vieux baron Yvan de Rochesec, homme marié, mais aimant à avoir un boudoir pour y folichonner tous les jours de midi à quatre heures.

— Bonjour, ma mignonne, dit-il à Carmen.

— Vilain monstre, vous êtes en retard d'un grand quart d'heure aujourd'hui. Je suis certaine que vous avez encore couru après des femmes.

— Non, je vous le jure !

— Oh ! si vous me trompiez, j'en mourrais !

— Je n'aime que vous, je n'aime que toi, ma chérie. (*Il l'embrasse et la lutine un peu.*)

— Voyons, restez tranquille et mettez-vous là. Aujourd'hui c'est le jour des comptes...

Elle va prendre dans une armoire un livre de dépenses autre que celui qu'elle a montré à Arthur.

— Vous voyez que j'ai de l'ordre ; ce mois-ci il n'y a pas une rature. Ce qui prouve que j'ai écrit avec soin chaque jour tous mes achats.

Le baron Yvan porte tout de suite les yeux sur l'addition.

— Eh quoi ! ma toute belle, vous avez dépensé deux mille francs, et ce n'est pas le mois du terme !

— Encore des reproches !... Mais vous êtes donc un avare, mon cher ? Voyez cependant si j'ai dépensé en frivolités l'argent que vous m'avez donné.

— Je ne dis pas... mais...

(*Il lit.*)

Mercredi 1er juillet.

Poulet.	10 fr.	» c.
Vin. — Achat d'un panier de 12 bouteilles.	48	»
Voitures.	12	»
Pommes de terre.	3	»
Fruits.	5	»
Pauvres.	10	»
Figaro.	»	15
Blanchissage.	8	»
Achat d'une robe de soie.	300	»
Total.	396 fr.	15 c.

Jeudi 2 juillet.

Rosbif.	8 fr.	» c.
Melon.	5	»
Pigeon.	6	»
Dessert.	6	»
Sole.	4	»
Six bouteilles de vin.	24	»
Figaro.	»	15
Bougie.	3	»
Voiture.	6	»
Total.	62 fr.	15 c.

— Mais tout est donc hors de prix dans ce quartier?

— Vous le voyez bien; et cependant ma bonne marchande avec beaucoup de conscience... maintenant il ne faut pas oublier que j'ai tous les jours à dîner mon vieux père l'invalide.

— C'est vrai, mais cependant...

— Vous avez des observations à m'adresser?...

— Le 1er vous avez acheté un panier de vin de douze bouteilles, et, le 2, je vois cet autre achat de six bouteilles.

— Mon vieux père boit sec. Il a eu le nez gelé au passage de la Bérézina, et il a besoin de se réchauffer le sang. Si vous me reprochez ce que dépense ma famille, je vendrai mes diamants pour la nourrir.

— Mais non, ma chère, vous exagérez toujours. Seulement, permettez-moi encore une simple objection. Je vois *Figaro*, 15 centimes, et pendant tout le mois de juillet je vous l'ai apporté.

— C'est vrai; c'est une erreur, biffons les quinze centimes quotidiens.

— Je suis un malin, se dit le vieux baron; toute ma vie j'ai eu des maîtresses, et j'ai toujours tenu à leur prouver que je ne me laisse pas duper par elles.

— Vous n'avez plus d'objections à faire?

— Non, ma mignonne... Voici les deux mille francs! La semaine prochaine j'espère pouvoir venir dîner avec vous et passer la soirée, car ma femme s'absente pendant quarante-huit heures... Mais cela paraît vous contrarier?

— Que ferai-je de mon père ce soir-là? Je ne veux pas qu'il soupçonne que j'ai un amant... Le pauvre homme en mourrait de honte, lui qui s'imagine que je vis d'une pension que me fait le ministère de la guerre, comme fille d'un ancien soldat.

— C'est bon; alors vous ne me verrez pas hors des heures convenues entre nous.

— Merci, mon ami, merci de ne pas me faire rougir devant mon père. Ah! je n'étais pas née pour...

— Je le sais; aussi vous ne pouvez me reprocher de ne pas prendre de ménagements.

Une fois le vieux parti, Carmen se livre à des études mathématiques fort sérieuses.

— Quelle scie! se dit-elle, ce mois-ci je ne pourrai placer que seize cents francs au lieu de deux mille comme j'en ai l'habitude. Oh! ça ne va pas!

(*Elle prend une plume et écrit.*)

« Mon cher Edmond,

« Tu sais que je ne m'adresse à toi que quand je suis fort gênée.

« J'aurai après-demain un billet de quatre cents francs à payer, et je n'ai pas un sou. On vendra donc mon mobilier si tu ne me viens pas en aide. Mais je sais que je n'ai pas cela à craindre avec un vieil ami comme toi.

« Merci d'avance, et... *bono becco*.

« Carmen.

« *P. S.* — J'irai te demander à déjeuner mercredi prochain. Nous ferons un déjeuner de garçons, et je préparerai moi-même la mayonnaise comme la dernière fois. »

COULISSES.

— J'ai dit à ma fille... J'y ai dit... Enfin j'y ai tout dit ! à seule fin qu' si jamais a' fait une bêtise, a' n'aye l'ombre de rien à me r'procher.

UN MARIAGE A LA VAPEUR

onjour, Gustave. Comment vas-tu?
— Très-bien; mais laisse-moi.
— Comme tu as l'air préoccupé!
— Je suis une ravissante jeune fille.
— Laquelle?
— Celle qui est là-bas, sur l'autre trottoir, au bras d'un vieux monsieur.
— Mais elle a l'air d'une personne honnête.
— Et parbleu! je l'espère bien, car, si on veut m'accepter, je l'épouse.
— Diantre! mais depuis combien de temps la connais-tu?
— Depuis cinq minutes.

— Comme tu y vas !

— Tu sais que je suis dans les affaires, et je n'ai pas de temps à perdre.

— Cette personne est peut-être mariée, ou bien elle a un prétendant.

— Oh ! ne me dis pas cela, tu me fais trop souffrir.

— Tu t'enflammes vite.

— Tu sais que je suis resté cinq ans avec une maîtresse que j'avais rencontrée en omnibus. Mais quitte-moi ; ta présence peut me gêner.

Le vieux monsieur entre dans une maison de la rue Laffitte.

Gustave se précipite chez le concierge.

Il glisse un louis dans la main du cerbère.

— Ces personnes demeurent-elles dans la maison ? demande-t-il.

— Oui.

— Cette jeune fille est-elle mariée ou a-t-elle un prétendant ?

— Non, monsieur, mais son père désire s'en débarrasser honnêtement.

— Merci, mon ami, voici vingt autres francs pour cette bonne parole.

*
* *

Gustave monte les trois étages et se fait annoncer.

Le vieux monsieur arrive.

— Que désirez-vous ? demande ce dernier.

— Je me nomme Gustave Monot, j'ai vingt-huit ans et pas de famille. Je gagne douze mille francs par an, comme commissionnaire en marchandises. Avant trois années j'aurai triplé mes revenus. Ah ! j'oubliais de vous dire : j'ai une très-bonne santé et une vie fort régulière.

— Mais, monsieur, je ne vous demande pas tous ces renseignements.

— Je tiens à vous les donner.

— Dans quel but ?

— Parce que j'ai l'honneur de vous demander la main de mademoiselle votre fille dont je suis amoureux fou.

— Vous la connaissez?

— Depuis un quart d'heure.

— Mon vœu le plus ardent est de caser mon enfant. Mais vous devez bien comprendre que je ne puis donner au premier venu mon Eugénie.

— Elle se nomme Eugénie?... quel nom charmant!

— Vous pouvez être un chevalier d'industrie.

— Monsieur?... au fait, vous avez raison. Mais il vous est permis de prendre des renseignements chez mon concierge.

— Qui me dit que vous n'êtes pas d'accord avec lui?

— Nous devons avoir des amis communs. Connaissez-vous M. Durand?

— Un bonnetier?

— Non; un boursier.

— Je ne connais pas ce Durand-là.

— Y a-t-il indiscrétion à vous demander ce que vous faites?

— Maintenant je suis rentier; mais j'ai été grainetier.

— Oh! mais alors vous devez connaître Boulingot.

— Beaucoup; c'est un de mes amis.

— Il est aussi le mien; alors tout va pour le mieux. Ayez la complaisance de venir avec moi chez Boulingot. Il ne demeure pas loin.

— Mais je n'ai pas encore dîné.

— Vous mangerez en revenant. Je suis d'avis qu'il faut mener promptement les affaires; ça m'a toujours réussi.

Ils prennent une voiture à l'heure et se rendent chez l'ami Boulingot.

Boulingot une fois mis au courant de ce qui amène chez lui ses deux amis, s'écrie :

— Mais c'est une excellente affaire pour l'un comme pour l'autre. Monot fera un mari hors ligne; quant à Eugénie, je la crois au-dessus de tout éloge.

— Oh! oui, murmure le père.

— Oh! oui, répète Gustave.

— Tiens, dit le vieux monsieur, il me vient une idée. Ma bonne a dû faire un gigot pour le dîner, venez donc le manger tous les deux.

— Avec bonheur, s'écrie Gustave; mais permettez-moi en chemin d'acheter un gâteau.

— C'est inutile.

— Ou tout au moins une boîte de sardines, car je veux apporter mon plat.

On dîne.

Après le repas, qui est très-gai, on passe dans le salon.

Gustave et Eugénie font de la musique.

Boulingot dort.

Le père d'Eugénie ne sommeille même pas, car il est heureux d'avoir trouvé un mari pour sa fille sans être obligé de la mener dans le monde, et d'abord il ne connaît que trois familles sans enfants du sexe masculin.

— M'aimez-vous, mademoiselle? demande timidement Gustave à Eugénie pendant que celle-ci joue une valse de Robert Planquette.

— Je le crois, monsieur Gustave.

— Et nous aurons beaucoup d'enfants?
— Papa nous entend; parlez plus bas, monsieur Gustave.
— Au dessert, votre papa m'a autorisé à vous faire la cour, je puis donc tout vous dire. D'où veniez-vous quand je vous ai rencontrée tantôt?
— J'avais mené mon père chez le pédicure.
— Que je bénis donc l'œil-de-perdrix qui faisait souffrir monsieur votre père! car, sans cet heureux hasard, je ne vous aurais peut-être jamais vue, et cela m'aurait bien fait souffrir.

On sert le thé.
— Et à quand le mariage? demande Boulingot. Du moment que ces jeunes gens s'aiment, il ne faut pas les laisser languir.
— Nous irons demain chez le notaire, répond le papa.
— Quel malheur que les notaires ferment leurs études la nuit, dit en soupirant Gustave, l'amoureux.
— Pourquoi?
— Nous nous serions rendus de ce pas chez l'officier ministériel?

A minuit, tout le monde se souhaite le bonsoir, s'embrasse et se quitte.

En passant devant le concierge, Gustave lui jette dix francs.

— Tenez, je suis trop heureux pour ne pas vous faire participer à mon bonheur.

— Merci, monsieur.

— A propos, vous seriez bien aimable de me dire le nom de mon beau-père.

— Il se nomme Moutonnet.

— Merci !... au fait, je l'aurais su demain chez le notaire.

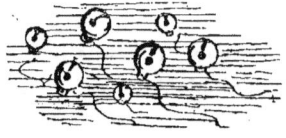

LES PARISIENNES.

BALIVERNES.

— Tiens!... il m'a donné vingt sous d' trop... c' pauv' garçon!... Ah! ma foi! zut! il m'a assez taquinée pour...

ELLE TRAVAILLE

 EORGETTE a fait la connaissance d'un bon jeune homme, qui répond au nom de Gustave.

La lune de miel est dans son plein, et cependant le bon jeune homme devient souvent rêveur, et pousse de gros soupirs.

— Pourquoi ces moments de tristesse? demanda Georgette. Est-ce que tu as des ennuis?

— Non, ma chérie !

— Eh bien, alors, pour quelle raison soupires-tu tristement en me regardant?

— M'aimes-tu?

— Peux-tu me demander cela!... Mais tu es ma vie.

— Alors je ne dois rien te cacher?

— Non, mon ange!

— Eh bien, je voudrais te voir travailler.

— Quelle plaisanterie! Mais ce que tu me donnes me suffit pour vivre, parce que, vois-tu, je suis une femme d'ordre.

— Je sais que tu ne manqueras jamais de rien avec les deux mille francs par mois et les nombreux cadeaux que je te fais. Mais c'est afin que tu ne restes pas sans rien faire toute une journée que je voudrais te voir une occupation.

— C'est assez logique; mais pourquoi veux-tu que je travaille?

— Afin que tu n'aies pas l'idée de me tromper.

— Oh! mon ami, peux-tu dire pareille infamie!...

— Je connais le cœur humain : celui de la femme est faible. La créature la plus sage peut céder à une tentation, quand ça ne serait que pour se distraire. J'ai de la famille et des occupations, je ne puis rester toute la journée avec toi, et je suis tourmenté quand je te sais seule.

— Que tu es bêbête, mon chien adoré! Quand tu n'es pas là, je pense à toi, et je reste de longues heures en contemplation devant ta photographie que je couvre de baisers.

— C'est charmant, mais ça ne peut pas toujours durer. Je connais si bien les femmes!

— Parce que tu en as aimé beaucoup, gros monstre!

— Non, Georgette, je te répète que l'expérience seule...

— C'est bon, mais où veux-tu en venir?

— Tu connais la tenue des livres, tu as une belle écriture, tu serais une excellente caissière.

— Eh bien, mon ami, pour te faire plaisir, j'accepte ce que tu me proposes. Mais je te préviens qu'il n'est pas facile de trouver une place à Paris.

— Je me charge de toutes les démarches à faire pour cela. Tu travailleras donc sans trop de répugnance?

— J'en serai heureuse, puisque ça te fera plaisir.

— Tu es un ange?

Il la serre tendrement dans ses bras.

Gustave va chez un homme d'affaires.

— Il faut, lui dit-il, que vous me trouviez dans les quarante-huit heures une place de caissière.

— Ce que vous me demandez là, monsieur, est très-difficile.

— Non, certes, grâce aux conditions que je propose.

— Et lesquelles?

— Le patron donnera douze cents francs par an et le déjeuner. Ces douze cents francs, je les fournirai, plus une indemnité mensuelle de deux cents francs audit patron pour permettre à la caissière de prendre place à côté d'une autre caissière qui fera la plus grande partie de la besogne, car je ne veux pas que ma protégée se fatigue.

— Vous m'en direz tant...

— Ce n'est pas tout.

— Le déjeuner sera aussi à ma charge, car je tiens à ce que ma maîtresse soit bien nourrie. Je désire encore qu'elle n'arrive pas à son magasin avant onze heures.

Gustave explique sa combinaison.

— C'est très-bien, dit l'homme d'affaires; à ces conditions-là votre dame sera casée dans deux jours.

— Je compte sur vous.

Le soir même, Gustave recevait avis qu'une place de caissière était assurée à Georgette dans un grand magasin de mercerie.

— Il apprend cette bonne nouvelle à sa bien-aimée.

— Pour que tu ne fatigues pas, lui dit-il, je te donnerai un coupé qui te conduira tous les matins à ton magasin.

— J'aurais pu prendre l'omnibus.

— Jamais je ne te le permettrai.

Georgette est installée caissière depuis un mois.

Tous les soirs, à sept heures moins un quart, Gustave vient la chercher et la ramène chez elle dans une jolie voiture de Binder.

— Je suis le plus heureux des hommes, dit-il à tous ses amis, j'ai une maîtresse qui travaille. On prétend qu'il n'y a pas de femmes douées de bons sentiments, c'est une grande erreur. Ces femmes-là sont rares, j'en conviens; mais il faut savoir les trouver, et j'ai eu la chance d'en dépister une.

Un jour, Gustave propose à Georgette de profiter d'une belle journée pour aller la passer à la campagne.

— Mais c'est jeudi aujourd'hui, dit la laborieuse caissière, et le jeudi le magasin n'est pas fermé.

— Tu peux bien t'absenter une fois, je suis certain qu'on ne te dira rien.

— C'est possible, mais moi, je veux être une ouvrière consciencieuse. Je tiens à travailler, mon ami, j'ai compris les bons conseils que tu m'as donnés ; on ne sait pas ce qui peut arriver. Si tu me quittais, que deviendrais-je ?...

— Moi, te quitter ?...

— Tu peux mourir... N'ayant pas de fortune, je me trouverais aux prises avec toutes les horreurs de la misère ; car, après t'avoir connu, je ne consentirais jamais, si je te perdais, à prendre un autre amant.

— Que tu es bonne ! Mais, sois tranquille, si je me sentais gravement malade, je prendrais des dispositions testamentaires afin d'assurer ton avenir.

— Tu peux être enlevé subitement, tu peux même être écrasé par un tramway.

— Tu as raison ; je penserai un de ces jours à faire une assurance pour toi.

— Ayant le goût du travail et un métier qui pourra me permettre de vivre, je n'aurai besoin de rien.

— Tu es trop désintéressée, ma chère enfant, et je ne souffrirai pas que...

— Alors tu feras comme tu l'entendras. Mais je me sauve, car c'est l'heure d'aller au magasin.

— Pars donc, ô femme modèle ! C'est dans huit jours ta fête, nous donnerons un grand dîner auquel nous pourrons convier ton patron et ta patronne.

— Oh ! non, s'empressa de dire Georgette, car les autres employés du magasin seraient jaloux, et cela me mettrait mal avec eux.

— Cette combinaison m'aurait permis de faire la connaissance de tes patrons.

— Il vaut mieux ne pas se lier si intimement, c'est le seul moyen de ne jamais se brouiller.

— Il sera fait suivant ton désir.
— A ce soir, mon gros chéri !
— A ce soir, ma petite chatte !

. .

Un jour, il prend la fantaisie à Gustave d'entrer au magasin pour voir sa caissière bien-aimée, et lui dire de sortir un peu plus tôt afin d'aller au théâtre.

Il ne la trouve pas à la caisse.

— Où est Mlle Georgette? demande-t-il à la première caissière.
— Elle n'est jamais ici à cette heure, répond la dame.
— Comment?... mais il est trois heures.
— Eh bien! elle sort tous les jours de une heure à cinq pour ses affaires.
— Pour celles du patron, sans doute? demande Gustave stupéfait.
— Oh! non, monsieur, pour ses affaires personnelles.

Cette réponse produit sur Gustave un effet que nous ne pouvons pas décrire.

. .

Le soir, il ne parle de rien à sa maîtresse; mais le lendemain il l'espionne avec le plus grand soin.

A une heure, il la voit sortir du magasin.

Il la suit.

Elle entre dans une maison située non loin du magasin.

Il corrompt le concierge pour obtenir de lui tous les renseignements qu'il veut avoir.

Il apprend que Georgette a pour amant de cœur un jeune peintre, et qu'elle vient le voir tous les jours dans l'après-midi.

— Voilà donc pourquoi elle n'a pas fait la moindre objection quand je lui proposais d'entrer dans un magasin! s'écrie Gustave en poussant des sanglots qui troublent la tranquillité de la maison.

Et il s'affaisse dans les bras du concierge.

PETIT LEVER.

— Nanie, quel temps fait-il?
— Oh! mademoiselle, un temps splendide, un soleil..; on se croirait à Nice.
— Si je m'purgeais?

LA COMÉDIE DU RETOUR

A famille Duboulois revient de voyage.

Madame se jette sur un canapé en s'écriant :

— Quel bonheur de revoir son domicile !

M. Duboulois (*de mauvaise humeur*). — Est-ce moi qui ai demandé à voyager, et m'arrêter d'hôtel en hôtel avec de nombreux colis dont une simple valise m'appartenait?

— Le monde exige qu'on se déplace pendant trois mois.

— Le monde est idiot et on ne devrait pas écouter les stupides coutumes qu'il invente.

— Cesse d'être de mauvaise humeur, puisque nous voilà rentrés.

— Mais je ne vois pas la cuisinière.

— Nous l'avons cependant prévenue de notre retour.

— C'est ce qui m'étonne de ne pas la retrouver.

— Elle aura mal lu notre lettre. Mais on a reçu pendant notre absence. Ces flambeaux contiennent des bouts de bougie et nous n'en avions pas laissé.

— Nous avions même eu le soin de garnir ces candélabres de mousseline, afin de les mettre à l'abri de la poussière.

— Visitons l'appartement.

— Tiens, dans le buffet, il y a les restes d'un repas qui a dû être fait récemment.

— Voici encore une tranche de pâté.

— Que vois-je? des bouteilles vides!...

— Mais elles contenaient notre meilleur vin; je reconnais le cachet.

— C'est une infamie! Ah! je vais laver la tête à cette fille effrontée.

— Appelons la concierge; elle nous donnera peut-être d'utiles renseignements.

(*La concierge mandée en toute hâte arrive la tête basse.*)

M. Duboulois (*d'un ton sévère*). — Jurez de nous dire la vérité, toute la vérité, rien que la vérité.

La concierge. — C'est peut-être bien gênant pour moi.

— Parce que vous aimez à mentir?

— Non, monsieur, mais bien parce que j'ai assisté aux petites fêtes.

— Quelles petites fêtes?

— Celles données en votre absence par votre cuisinière.

— Et dans mon appartement?

— Elle ne pouvait pas recevoir dans sa chambre, qui ne contient pas plus de deux chaises. Tandis que, dans ce salon vingt-deux personnes étaient encore à l'aise.

— Vingt-deux personnes se sont traînées sur mes fauteuils et sur mes canapés?

— Un jour, nous avons même été trente. Ah! cette nuit-là, nous avons eu bien de l'agrément.

— On a passé la nuit ici?

— C'était en l'honneur de la fête d'un cocher de la maison.

— Et on avait choisi mon appartement pour donner toutes ces agapes ?

— Je ne sais si c'était ce que monsieur dit : mais on a dîné jusqu'à dix heures, puis on a dansé au piano.

Mme Duboulois. — Et on s'est servi de mon Érard?

La concierge (*désignant le piano*). — C'est cette machine-là que que vous appelez un Érard ?

Mme Duboulois. — Oui.

La concierge. — Eh bien, on l'a trouvé excellent.

— Qui en jouait?

— La femme de chambre du deuxième. Oh! elle a presque autant de talent que sa maîtresse.

— Et peu m'importe le mérite artistique de cette drôlesse?

M. Duboulois. — Je vais jeter à la porte avec un bonheur immense notre cuisinière.

La concierge. — Ça n'est pas utile ; voici ce qu'elle m'a dit de vous remettre.

M. Duboulois (*ouvrant une lettre et la lisant*) :

« Monsieur,

« J'ai l'honneur de vous donner ma démission de cordon bleu. J'ai trouvé une place où je gagne cent sous de plus par mois.

« Croyez aux vifs regrets de votre bien dévouée.

« Françoise. »

Mme Duboulois. L'impudente créature !

M. Duboulois. — Et nous l'avons nourrie pendant trois mois, et pendant trois mois nous lui avons payé intégralement ses gages !

Mme Duboulois (*à la concierge*). — Vous avez eu tort d'assister à ces orgies.

La concierge. — C'était dans l'intérêt du propriétaire. Je voulais m'assurer par moi-même qu'on n'abîmerait pas l'appartement.

M. Duboulois (*levant les bras au ciel*). — Ah! quel plaisir de s'absenter !

⁂

Le lendemain on annonce la visite de M. Charles de Brassac, un jeune homme dont on a fait la connaissance pendant le voyage.

M. Duboulois. — Déjà lui ! Merci, il ne perd pas de temps pour nous présenter ses hommages.

Madame. — Oh ! mon ami, ne lui en veux pas; il nous a procuré tant de distractions pendant notre voyage; sans lui, nos excursions eussent été bien monotones.

— Il était toujours sur notre dos, ça finissait par être insupportable. Reçois ce garçon... moi, je vais faire ma barbe.

Mme Duboulois passe dans le salon pour recevoir M. Charles.

⁂

M. Charles (*se jetant aux pieds de M^{mo} Duboulois*). — Ah ! que je suis heureux de vous revoir, ma chère amie !

Mme Duboulois (*très-émue*). — Relevez-vous, imprudent, mon mari peut entrer d'un moment à l'autre.

— Rassurez-vous, c'est un mari, et ces gens-là ne vous surprennent jamais...

— Taisez-vous, on peut nous entendre. D'abord, je ne veux plus vous revoir. Mes remords sont déjà assez grands d'avoir, pendant ce voyage, manqué à tous mes devoirs d'épouse.

— Laissez donc de côté toutes ces banalités. Votre mari n'est pas intéressant : il est brutal et peu empressé à vous être agréable. Il a vingt années au moins de plus que vous, et cette disproportion d'âge n'a rien d'amusant surtout quand l'homme est mal et la femme charmante; car vous êtes charmante, Lucie, je ne cesserai de vous le répéter.

— Plus bas, je vous en prie !

— Maintenant que j'ai fait la connaissance de votre sauvage, il me permettra de venir vous voir, il m'invitera à dîner, nous irons souvent ensemble au théâtre; enfin, nous allons mener une existence fort agréable.

M. Duboulois (entrant précipitamment). — Ah ! vous croyez cela?

Mme Duboulois. — Mon mari !

Charles. — Lui !

Tableau.

M. Duboulois. — J'ai tout entendu, donc il est inutile de nier.

Charles. — Monsieur, je suis à vos ordres. Je vais prévenir deux de mes amis.

M. Duboulois. — Je ne serai pas assez bête pour me battre avec vous. Je tiens à ma peau, moi; et ce n'est point parce que j'ai une épouse coquette que j'exposerai ma vie en croisant le fer avec vous.

Mme Duboulois. — Alors, que comptez-vous faire, mon... ami?

— Je ne suis plus votre ami. Mais n'espérez pas que je vous reconduirai chez votre mère. Je vous garde, madame, ce sera votre punition. Quant à vous, vil séducteur, si jamais j'aperçois l'ombre de votre moustache, je vous casse les reins avec cette canne plombée.

*
* *

M. Duboulois rentre dans son cabinet de travail, et, jetant un coup d'œil sur le chiffre de ses dépenses, il se dit :

— Ce voyage m'a coûté six mille cinq cent trente-trois francs vingt-cinq centimes ; mais pendant mon absence ma cuisinière a donné des fêtes chez moi, et ma femme a rapporté un amant comme souvenir de voyage. Je ne sais ce que je regrette le plus de tout cela... Est-ce mon vin ? Sont-ce les six mille cinq cent trente-trois francs vingt-cinq centimes ? Est-ce la trahison de ma femme ?... Ah ! mon vin était d'un si bon cru !...

SUR L'ASPHALTE.

— ... Si madame n'est ni dame ni demoiselle, alors madame est veuve?
— Oui, monsieur, je suis veuve.
— Complétement veuve?

LA COCOTTE AUX ŒUFS D'OR

N soir! Fanny se promenait avec Paul sur les boulevards.
Ils passèrent devant un marchand qui, moyennant dix centimes, faisait connaître l'avenir.
La boîte à la malice est représentée par une simple coquille d'œuf dorée avec plus ou moins de soin, et dans laquelle on a introduit un imprimé dévoilant les arrêts du destin.
Le marchand qui, en cette circonstance, joue le rôle de sorcier,

n'a même pas eu l'avantage de manger le blanc et le jaune que contiennent ces coquilles devenues subitement des œufs magiques.

Ces œufs, percés avec soin à l'aide d'une épingle, ont servi à faire de nombreuses omelettes dans quelques gargotes de Paris.

Les chefs de cuisine ont vendu trois sous la douzaine ces coquilles appelées à jouer un grand rôle dans l'existence des grisettes, des bonnes d'enfant, des ménagères superstitieuses et des petites dames qui croient aux cartes, au marc de café et aux fatalités du vendredi, et surtout au chiffre 13.

C'est devant un de ces étalagistes que s'arrête Fanny.

— Paul, mon petit Paul chéri, dit-elle à son amant, achète-moi un œuf !

— Non, je m'y refuse.

— Pourquoi ?

— Parce que tu es trop superstitieuse.

— C'est justement pour cela que je te demande un œuf à bonne aventure. Si je n'y ajoutais pas foi, je ne te ferais pas dépenser inutilement dix centimes.

— Tu as été de bonne humeur toute la journée : je ne veux pas te causer de soucis.

— Oh ! je n'ai pas besoin de toi, car je retrouve deux sous dans ma poche.

Et elle achète son œuf, qu'elle brise fiévreusement pour voir ce qu'il contient.

— Qu'ai-je lu ? s'écrie-t-elle avec désespoir.

— Qu'y a-t-il ?

— Il faut que je me méfie d'un jeune homme blond qui me trompe, avec une femme brune..., l'homme blond... c'est toi !...

— En voilà une plaisanterie !

— Je ne connais que toi d'homme blond.

— Je l'espère bien !

— Tu vois que tu es de mon avis. Oh ! monstre !

— Je te jure, ma petite femme adorée, je te jure que je ne te trompe pas !

— Tous les hommes disent cela quand ils sont coupables.

— Et les femmes donc !

— C'est peut-être à moi qu'il faut adresser des reproches?... Et comment est-elle, cette femme brune? Elle est donc bien jolie?

— Je ne sais seulement pas où elle habite.

— Alors, vous vous donnez rendez-vous dans les carrières d'Amérique?

— On ne peut rien te répondre, tu interprètes tout de suite mal le sens de mes paroles. Non-seulement je ne sais pas où elle habite, mais même je ne l'ai jamais vue.

— Il nie effrontément, l'infâme!... Oh! ma mère!...

— Tu ajoutes donc sérieusement foi aux bêtises que vend ce marchand?

— Le pauvre homme, quel intérêt aurait-il à duper sa clientèle? Ainsi tu me trompes indignement, quand moi je t'ai tout sacrifié! Oh! c'est affreux!... Paul, tu n'es qu'un misérable!...

Fanny a une crise de nerfs qui se termine par des sanglots.

— Que le diable emporte le marchand et ses œufs d'or! se dit Paul en ramenant Fanny chez elle.

Le lendemain il va voir un de ses amis, un nommé Lucien, qui cherche toujours à embrouiller les amours de Paul et de Fanny, on ne sait pourquoi.

— Fais des aveux, dit cet excellent camarade, et il te sera peut-être pardonné.

— Comment, toi aussi, tu crois aux œufs de cet imbécile!

— Dame!

— Tu es ridicule... Enfin, pour calmer Fanny, je viens te chercher pour que nous puissions choisir ensemble le bracelet dont elle a envie. Je ne puis le lui refuser; car elle prétendrait que je veux faire des économies avec elle pour dépenser tout mon argent avec une femme brune... Ce bracelet me coûtera quinze cents francs. Ah! maudit œuf!

Cette surprise fit grand plaisir à Fanny, mais ne calma pas encore ses nerfs.

— Me tromper! dit-elle à Paul, quand on est en si bonne disposition avec sa petite femme!

Une idée lumineuse passe par le cerveau de Paul.

Il se précipite chez l'homme aux œufs.

— Monsieur, lui dit-il, je vous achète toute votre marchandise pour demain.

— Vous êtes bien aimable. Mais vous savez que ça ne se mange pas?

— Parbleu!... seulement je veux que ces œufs contiennent un choix d'imprimés. Il faut que tous renferment ce que j'ai libellé sur ce bout de papier.

— Alors je devrai le faire imprimer?

— Soyez tranquille, je payerai les frais.

Le lendemain Paul passe avec Fanny devant le marchand.

— Veux-tu consulter l'oracle? demande Paul à sa maîtresse.

— Comment, c'est toi qui me pousses à interroger le destin?

— Oui; car je suis curieux de savoir ce qu'il pourra te dire aujourd'hui.

— Au fait, pense Fanny, pourquoi ne pas accepter? Si les prophéties sont mauvaises, Paul me fera peut-être un autre cadeau. J'ai justement besoin de pendants d'oreilles.

Et elle achète un œuf qu'elle prend au hasard. Paul est bien tranquille.

Fanny brise l'œuf, puis, après avoir lu les lignes tracées par la main du Destin, se jette au cou de Paul.

— Il paraît, s'écrie-t-elle avec des larmes dans la voix, il paraît que tu m'adores et que tu ne me tromperas jamais! Si une fois tu as failli à tes devoirs, je suis certaine maintenant que tu ne courtiseras plus une femme brune.

Paul se félicite du truc qu'il a employé, et fait part à son ami Lucien de son ingénieuse idée.

— Tiens... tiens, se dit Lucien, il y a peut-être quelque chose à faire.

Il va trouver le marchand d'œufs.

— Mon ami, lui dit-il, vous serait-il agréable de gagner de l'argent?

— Parbleu!

— Allez vous installer demain sous la porte cochère de la maison dont voici l'adresse.

Et il donne celle où demeure Fanny.

— Seulement, reprend Lucien, glissez dans toutes vos coquilles cette feuille de papier rose contenant ces mots : « Si vous voulez être heureuse et avoir un jour une belle position, laissez-vous faire la cour par un nommé Lucien qui vous épousera. »

— Monsieur, c'est entendu!

Le lendemain, en sortant de chez elle, Fanny trouve le marchand d'œufs, ce serpent tentateur.

— Désirez-vous connaître l'avenir? lui dit ce dernier.

— Non, je ne veux plus me troubler l'esprit, répond Fanny.

— Vous avez tort, car ces œufs sont très-rares : ils ont été fabriqués par le grand Parafaragaramus.

— Pas possible!... Alors donnez-m'en un.

Fanny ouvre l'œuf, lit ce qu'il renferme et demeure comme pétrifiée.

488   LES PARISIENNES.

Huit jours après, Fanny allait dîner en tête-à-tête avec Lucien dans un cabinet particulier du *Moulin-Rouge* pendant que Paul était à la chasse.

Pauvre Paul!...

Maudits œufs d'or!

BALIVERNES.

— Eh bien! oui, la, c'est vrai, je t'ai trompé! mais, sur mon honneur, Théodore, je n'ai jamais eu, comme certaines femmes, la chose de permettre qu'on t' blague.

DANS L'ATTENTE

— Enfin j'ai triomphé, s'écrie Oscar Duflanquin, c'est pour aujourd'hui qu'elle m'a donné rendez-vous.

Elle m'a adressé hier cette simple lettre :

« J'irai mercredi chez ma couturière, rue Pigalle. Attendez-moi devant le numéro 117, à deux heures. »

Une femme qui vous dit de l'attendre, c'est une femme qui cède.

Je vais posséder Virginie; car elle s'appelle Virginie. Quand elle commencera à me tutoyer, je la prierai de m'appeler Paul.

Que voulez-vous?... je suis romanesque.

Ma tenue est-elle irréprochable?... Oui, je suis content de moi.

Maurice, le premier commis du coiffeur Lespès, m'a fait aussi une tête digne de Virginie.

Il faut bien qu'une femme mariée ne regrette pas son mari, quand elle se trouve avec celui qui doit lui servir d'amant.

*
* *

Me voici rue Pigalle, devant le numéro 117.

Je suis en avance d'une demi-heure, mais un amoureux ne doit jamais se faire attendre.

Comment vais-je tuer le temps? Il n'y a pas beaucoup de boutiques dans cette rue, et je ne pourrai regarder les étalages pour me donner une contenance.

Je vais compter le nombre de pavés qu'il y a entre le numéro 23 et le numéro 117.

(*Oscar se livre à cette paisible distraction.*)

*
* *

UN BOUTIQUIER (*à son voisin*). — Ah! ça n'est pas malheureux!...
LE VOISIN. — Quoi donc?
— On va réparer le pavé de notre rue.
— Vous croyez?
— J'en suis certain, puisque la ville nous envoie un ingénieur des ponts et chaussées. Ne voyez-vous pas ce monsieur qui examine les pavés et prend note de ceux qui sont en mauvais état?
— Nous avons bien fait de remettre une plainte entre les mains de notre conseiller municipal.

— Nous la lui avons portée hier.
— Et aujourd'hui l'ingénieur arrive.
— Notre conseiller est un homme qui s'occupe des affaires de son quartier.
— Aussi nous le renommerons.

*
* *

Oscar regarde sa montre.
— Deux heures!... Elle va venir. Promenons-nous tranquillement pour nous donner une contenance. Cette statistique des pavés ne m'a pas amusé. Enfin!... il faut bien faire quelque chose... Je vais compter maintenant combien il y a de fenêtres du numéro 40 au numéro 101.

*
* *

De l'appartement d'une maison du numéro 104.
UNE VIEILLE FEMME (*à sa bonne*). — Imprudente! cessez donc.
LA BONNE. — Je secoue le tapis de votre chambre.
— C'est pour cela que je vous dis de cesser. L'heure pour secouer les tapis est passée depuis longtemps. Vous allez me faire avoir un procès-verbal.
— J'ai bien regardé dans la rue, il n'y a pas d'agent.
— C'est ce qui vous trompe.
— Il y en a un?
— Où ça?
— Vous ne voyez pas ce grand escogriffe qui se promène devant nos fenêtres? Il lève continuellement le nez en l'air. Tenez il tire un calepin de sa poche et prend le numéro de notre maison.

— C'est vrai, madame.
— J'en suis pour mes quinze francs.
— Ah diable!
— Vous croyez qu'il suffit de dire : Ah! diable! pour sauver la situation.
— Que voulez-vous que j'y fasse : c'est la fatalité.
— Non, c'est vous qui êtes coupable. Aussi, je retiendrai sur votre mois le montant du procès-verbal.
— Parce que j'ai secoué votre vieux tapis!
— Mademoiselle Félicie, je vous chasse.
— Je m'en fiche pas mal... j'en ai plein le dos, depuis longtemps, de cette boutique.

*
* *

— Il est deux heures et demie, murmure Oscar, sa montre retarde donc? Mais sa couturière doit avoir une pendule. Que l'attente est longue, quand on ne voit pas venir sa belle! Je commence à la connaître dans ses moindres détails cette rue Pigalle; et puis, il me semble que tout le monde me regarde.

*
* *

D'un appartement du numéro 113.

Une cocotte (*à sa camériste*). — Ernestine, je crois que j'ai un amoureux dans le quartier.

Ernestine. — Des bêtises!

— Ernestine, soyez plus convenable avec votre maîtresse. Ce n'est point parce que je vous dois trois mois de gages que vous pouvez vous permettre de me manquer de respect.

— Et quinze francs que je vous ai prêtés.
— Inutile de me les rappeler, j'ai de la mémoire. Mais revenons à ce jeune homme qui se promène depuis une heure sous mes fenêtres. Il est très-bien, ce garçon-là.
— Il n'est peut-être pas là pour vous.
— Insolente!... Je vais consulter mes cartes.
— Votre superstition vous perdra.
— Mes cartes m'annoncent la visite d'un jeune homme brun.
— Celui-là est blond.
— De loin, c'est possible.
— Et ce jeune homme blond sera un riche étranger.
— Voulez-vous que je descende demander à ce cocodès s'il est étranger?
— Non; on ne commence pas ainsi une intrigue. Pour qui me prendrait-il?
— Vous ne tenez pas à être prise pour une femme comme il faut, ce me semble? Si ce garçon-là pouvait me rembourser mes trois mois de gages, plus quinze francs, j'en serais flattée.
— Ernestine!... donnez-moi ma robe de chambre mauve... elle me va très-bien; puis, retirez-vous de la fenêtre.
ERNESTINE (à part). — Elle craint la concurrence.

*
* *

Un boutiquier sort de son magasin, et, se plaçant les bras croisés devant Oscar :
— Ah çà! lui dit-il, en roulant des yeux furibonds, est-ce que vous allez laisser ma femme tranquille?...
— Pardon, monsieur, je n'ai pas le plaisir de vous connaître, et je crois n'avoir jamais vu madame votre épouse.
— Des mensonges! jeune freluquet... Tout le monde sait dans le quartier que ma femme est très-jolie, et il y a un tas d'enjôleurs qui lui font la cour.
— Je ne demeure pas dans ce quartier, j'habite le faubourg Saint-Germain.

— On peut se déranger pour ma femme, elle est assez jolie pour ça.

— Mais où est-elle?

— Là, dans ce comptoir, et, depuis plus d'une heure, vous ne cessez de passer et de repasser devant mon magasin, en lançant à mon épouse des regards langoureux. Voyez cette pauvre femme, elle en est toute troublée.

Et il montre une grosse mère aux joues cramoisies.

— Comment!... votre femme, c'est ce phénomène-là?

— Vous joignez l'insolence au dévergondage, s'écrie le mari en saisissant Oscar par le collet de sa redingote.

— Lâchez-moi, ou je commets un malheur.

— Des menaces, maintenant?...

Le boutiquier, d'un vigoureux coup de poing, enfonce le chapeau du malheureux jeune homme.

Une lutte s'engage.

La foule s'assemble.

Des gardiens de la paix arrivent et conduisent au poste les deux adversaires.

— Lâchez-moi, s'écrie Oscar, je suis attendu.

— Vous vous expliquerez devant le commissaire de police, répond le brigadier.

Au même moment Virginie sort du numéro 117.

Elle s'arrête stupéfaite.

— C'est elle!... murmure Oscar d'une voix étranglée, et dans quel état elle me trouve!... Pour un premier rendez-vous... c'est manqué...

COULISSES.

— Allons, mademoiselle, voyons, dépêchons, dépêchons ; le public s'impatiente !
— Nous lui disons zut !

LA VENGEANCE D'UN MARI

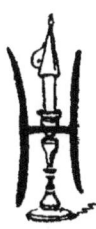ector Boulot se plonge la tête dans les mains, lève les yeux au ciel et se replonge la tête.

— Oui, s'écrie-t-il avec désespoir, il n'y a pas à se le dissimuler, je le sais!... J'ai là les preuves devant moi : une lettre de *lui* à *elle!*

Que faire?

Aller trouver des hommes de loi et les prier de me séparer de ma femme, en donnant comme excellent prétexte qu'il n'est pas naturel qu'un monsieur qui n'est pas venu plus de dix fois me rendre visite tutoie ma femme. Si c'est un homme au caractère liant, il aurait dû commencer par me tutoyer.

La justice fera traîner pendant trois ou quatre ans ce fameux procès, qui me rendra fort ridicule.

On ne plaint jamais un mari qui *l'est*, on se plaît même à rire de ses mésaventures conjugales. On n'a pas même la pitié de ceux qui *le sont* : ceux-là rient plus fort que les autres.

C'est tout naturel, j'en ferais autant moi-même. Désormais je souhaite que tous mes amis le soient.

Le proverbe dit : Plus on est de fous, plus on rit.

On rit aussi bien mieux : plus on est de... enfin ce que je suis.

Donc, point de scandale de ce genre.

Il me reste la provocation.

Je vais trouver le séducteur et je lui dis :

— Monsieur, vous avez pris ma femme, je vous demande une réparation par les armes.

Il accepte.

Nous allons sur le terrain, et il peut me tuer ou me blesser grièvement... Supposons même une blessure légère, cela ne serait pas gai.

On a beau dire que les hommes de mon espèce ont de la chance, je me méfie de ma nouvelle étoile ; cet astre jaune pourrait très-bien ne pas éloigner de ma poitrine le fer de mon adversaire.

D'abord, je ne sais pas tenir l'épée, et je suis d'une maladresse !... Enfin, à la foire de Saint-Cloud, je n'ai jamais pu casser une pipe, même à cinq pas.

En pareil cas, la loi devrait permettre au mari d'avoir seul un pistolet chargé.

Mais, hélas ! la loi n'accorde en ce cas aucun privilége.

Je ne me battrai donc pas.

Si je me contentais de faire des observations à ma femme?

Je la prendrais à part et je tâcherais d'être éloquent.

Elle me promettra bien de ne pas revoir M. Oscar; mais elle s'empressera de lui dire d'être prudent pour que je ne les surprenne plus en flagrant délit.

Défendre une chose à une femme, c'est suffisant pour qu'elle désire la faire.

Si je lui interdis cet Oscar, elle l'adorera, tandis que maintenant elle n'en est peut-être encore qu'à l'aimer.

Ah! il me vient une idée, oh! mais une idée!...
Voici justement ma femme. Attention!...

— Bonjour, mon ami. A qui écris-tu?
— A M. Oscar.
— Ah!...
— Je l'invite à dîner. C'est un charmant garçon, fort gai, et je trouve qu'il ne vient pas nous voir assez souvent. Je veux qu'il dîne avec nous au moins une fois par semaine.
— Très-bien, mon ami, si cela peut te faire plaisir.

L'invitation est envoyée.

Oscar l'accepte avec empressement, comme on doit bien le comprendre.

Trois jours après il est invité à déjeuner et à dîner.

M. Boulot parle même d'aller au théâtre et de rentrer souper ensemble.

— C'est trop d'amitié, pense Mme Boulot, je ne voudrais pas le voir si souvent avec nous. C'est insupportable et dangereux.

Le supplice commence.

M. Boulot met partout des photographies d'Oscar.

Il y en a dix dans l'album, toutes en poses différentes.

M. Boulot arrive un matin avec un cadre sous le bras.
— Devine ce que je tiens là, demande-t-il à sa femme.
— C'est une surprise?
— Oui, et elle te fera grand plaisir.
— Montre vite.
— Non, devine.
— Ne me fais pas languir, mon ami ; tu sais que les femmes sont curieuses.
— Tu y renonces?
— Oui.
— Eh bien, vois.

Et il exhibe un portrait à l'huile, représentant qui? Oscar.
— Comment! encore! s'écrie Mme Boulot.
— Oui ; nous ne l'avions pas à l'huile et j'ai tenu à l'avoir.
— Il a posé?
— Non, je l'ai fait faire d'après une photographie.
— Et où vas-tu mettre ce portrait?
— Dans notre chambre à coucher, au-dessus de notre lit. Le matin en nous réveillant, le soir en nous couchant, et la nuit quand nous ne dormirons pas, nous pourrons contempler les traits de ce cher ami.
— A la fin tu es insupportable avec ton Oscar! s'écrie Mme Boulot impatientée.
— Bravo, se dit le mari, mon expédient produit son effet. Tout va bien. Il s'agit de ne pas s'arrêter en un si bon chemin.

— Ma femme?

— Mon ami?

— Je crois que je vais avoir un procès avec un de mes fermiers.

— Ah!... Tâche de le gagner.

— Je consulterai Oscar; il est très-fort sur les questions de droit.

— A t'entendre, on croirait que ce garçon-là connaît tout!

— Mais oui, il est d'une intelligence remarquable. Comme il n'y a pas un moment à perdre, tu vas lui porter cette lettre que m'écrit mon fermier. Tu le prieras de la lire avec soin.

— Tu la lui montreras ce soir en dînant, puisqu'il vient encore dîner aujourd'hui, ajoute Mme Boulot d'un ton agacé.

— Non, il faut qu'il ait le temps d'étudier la question. Pars vite.

— Tu veux que je sorte ainsi de grand matin?

— Il y a deux mois, n'allais-tu pas au bain trois fois par semaine avant le déjeuner?

— Oui, mais j'ai renoncé à ce traitement.

— Je remarque en effet que tu y vas moins souvent. Quand il s'agit d'une affaire importante, il faut savoir se déranger.

— Ne peux-tu faire cette course?

— Non, car j'attends du monde.

— C'est bien; je pars.

En voyant avec quel air ennuyé sa femme s'en va, M. Boulot se frotte les mains.

— Ça va, ça va même très-bien; je crois qu'elle commence à avoir une indigestion de son amant, car ce n'est plus pour elle du fruit défendu. Si je l'avais priée de ne plus voir M. Oscar, si j'avais déchiré ses photographies, si j'avais cherché à l'éloigner de lui, ce ne serait plus la même chose. Encore un peu de courage, et je serai maître de la situation.

Un jour, M. Boulot revient absolument vêtu comme Oscar. De plus, il s'est *fait une tête à la Oscar*. Ses cheveux sont séparés comme les siens, sa barbe est taillée comme la sienne.

M. Boulot n'est plus M. Boulot : c'est le sosie d'Oscar.

En le voyant, sa femme reste stupéfaite.

— Tu es fou, n'est-ce pas, mon ami ! lui demande-t-elle en le regardant avec des yeux hagards. Ou plutôt c'est moi que tu vas rendre folle.

— Pourquoi ?

— Mon gros chéri, veux-tu me rendre bien heureuse ?

— Parle.

— Allons faire ensemble un voyage en Italie, un long voyage.

— Avec Oscar ?

— Oh ! non, tous les deux seulement.

— J'accepte.

— Mais avant de partir brûlons tous les portraits de ce M. Oscar, ils m'énervent, je ne veux plus les voir. Quant à ce costume, promets-moi de ne plus le porter et de laisser pousser ta barbe comme avant.

— C'est entendu.

— Quand nous reviendrons, nous déménagerons et nous ne donnerons pas notre adresse à M. Oscar. Si tu m'aimes, tu peux bien me faire le sacrifice d'un de tes amis.

— Avec enthousiasme ! s'écrie M. Boulot, en se jetant au cou de sa femme et en l'embrassant tendrement.

SIMPLE QUESTION.

— Tu dis, tu es un comédien : eh bien! où il est ton trochet pour attrocher ta corde ?

LE THERMOMÈTRE DE L'AMOUR

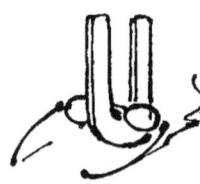

n opticien philosophe qui désire garder l'anonyme a dit :

« L'amour est un thermomètre qui, suivant les variations du cœur, monte et descend. »

Cet opticien était dans le vrai. Nous allons vous en donner la preuve.

L'ENTREVUE.

La scène se passe dans un salon.

Le maître de la maison s'approche d'un jeune homme adossé à la cheminée.

— Monsieur Eustache Dugardet, lui dit-il, comment trouvez-vous cette jeune fille qui est en rose?

— Charmante.

— Elle aura quatre cent mille francs.
— Pristi! Elle n'est pas seulement charmante; je la trouve ravissante, renversante, ébour... Enfin, puis-je espérer l'épouser?
— Oui, car vous ne déplaisez pas à la famille.
— Présentez-moi donc sans perdre une minute.
Le jeune Eustache est à 50 degrés, chaleur du Sénégal.

LA SIGNATURE DU CONTRAT.

M. Eustache Dugardet a fait sa demande, qui a été très-bien accueillie.
On va signer le contrat.
— Combien donnez-vous à mademoiselle votre fille? demande l'officier ministériel.
— Deux cent mille francs, répond le père.
— Pardon, fait timidement Eustache; est-ce que vous ne vous trompez pas?

— Non. Aviez-vous entendu parler d'une somme plus forte?
— De quatre cent mille.
— C'est une erreur.
— Vous m'épousez donc pour mon argent? demande la jeune personne avec colère.
— Oh! non, mademoiselle, répond Eustache. Je prie l'honorable société d'excuser mon interruption... Et moi qui espérais pouvoir mener un grand train de maison et avoir un coupé, pense Eustache en comprimant un soupir.

Le thermomètre ne marque plus que 40 degrés.

LA CÉRÉMONIE.

Après la messe, tous les parents du côté de la mariée entourent Eustache.

— Mon cher monsieur, dit un vieil oncle, je suis enchanté de vous voir entrer dans notre famille. J'irai vous demander à dîner une ou deux fois par semaine.

— Mon cousin, dit un jeune homme, car je puis vous appeler ainsi, puisque vous avez épousé ma cousine ; donc, mon cousin, je sais que vous êtes très-lié avec un administrateur de chemin de fer, et comme je désire rester à Paris, ne pourriez-vous pas me faire donner une bonne place? Je voudrais gagner dans les trois ou quatre mille francs. J'irai vous voir demain pour causer de cela.

— Monsieur Eustache, dit une vieille tante, rendez ma nièce bien heureuse.

— Si vous ne faisiez pas le bonheur de ma fille, dit la mère en sanglotant, j'irais vous arracher les yeux.

Cet entretien de famille a singulièrement rafraîchi la température.

Le thermomètre tombe à 35 degrés.

LE POSTICHE.

Eustache, entré au domicile conjugal, contemple sa femme et se fait les réflexions suivantes :

— J'ai eu deux cent mille francs de moins, mais ma femme est bien jolie. Elle a des cheveux magnifiques.

La jeune mariée ôte plusieurs fausses nattes. Eustache fait la grimace.

— Tiens ! ils étaient faux ! Comme les coiffeurs sont habiles ! Enfin, n'importe ; les cheveux ne font pas le bonheur... Ma femme n'a plus rien de postiche, j'espère.

Elle enlève une quantité considérable de coton.

Nouvelle grimace d'Eustache.

Le thermomètre ne marque plus que 28 degrés.

Et, chose étrange, c'est le coton qui produit ce refroidissement.

APRÈS UN AN DE MÉNAGE.

— Mon ami, M. Bouffardin donne demain une grande soirée.
— Nous n'irons pas ; le monde m'ennuie.
— C'est possible ; mais ton devoir est de m'y conduire.
— Je me fiche pas mal de mon devoir.
Le thermomètre est à 14 degrés.

CINQ ANS APRÈS.

Une nourrice berce un enfant qui pousse des cris déchirants.

Une petite fille casse une tasse de porcelaine en voulant prendre sa poupée qui est sur un meuble.

Un gamin de deux ans manque de mettre le feu en frottant des allumettes sur le parquet.

— Maudits enfants ! s'écrie M. Dugardet en s'arrachant une poignée de cheveux, ils veulent donc me rendre fou !

— Définitivement, fait la mère, je vois que tu n'aimes pas les enfants.

— Je les adore quand il n'y en a pas plus d'un.

— Mon ami, il me vient une idée : j'ai envie de manger du melon.

— Au mois de décembre !

— Donne-moi un melon pour mon dîner ; si tu me le refuses, je serai la plus malheureuse des femmes.

— Ciel... cette envie !... Mais, espèce de poule, tu vas me donner un quatrième héritier !...

Le thermomètre tombe à zéro. Cupidon est obligé de mettre un paletot et un cache-nez.

DIX ANS APRÈS.

— Eugénie, je ne rentrerai pas dîner.
— Où vas-tu ?
— Je vais assister au banquet des anciens élèves du lycée Bonaparte.
— Il y a à peine six semaines, tu n'as pas dîné avec moi pour assister au repas des anciens élèves du collége Rollin; et il y a deux mois, tu es allé à celui des anciens élèves de Louis-le-Grand. Que de festins !
— C'est tout naturel, dans ma jeunesse j'ai fait beaucoup de colléges.

Il regarde sa montre.

— Sapristi ! se dit-il, il est trois heures, et Alexandrine qui m'attend à trois heures et demie.

Le thermomètre marque 12 degrés au-dessous de zéro : congélation du lait, du vin, du vinaigre et des maris.

Dès ce moment, les époux entrent dans leur Sibérie. Je ne veux pas les y suivre, j'aurais trop froid.

SOUVENIRS ET REGRETS.

— Le lâche! me planter là! moi qui lui ai tout donné! tout! qui lui ai sacrifié les dix plus belles années de mon existence! qui ne l'aurais pas trompé pour tout au monde!... un crétin que je n'ai jamais pu souffrir.

VENTE DU MOBILIER DE MADEMOISELLE X...

PENDANT L'EXPOSITION.

Côté des dames.

PREMIÈRE AMIE. — Savez-vous si elle vend son mobilier parce qu'elle est dans la dèche ?

DEUXIÈME AMIE. — Elle !... dans la dèche !... Laissez-moi donc tranquille. Elle n'aurait pas dîné une seule fois avec un étranger au café Anglais sans exiger des arrhes.

TROISIÈME AMIE. — Cela prouve en faveur de son intelligence. Si je n'avais pas fait la bêtise d'aimer pour lui-même un cabotin qui jouait les *Mélingue* en province, aujourd'hui j'aurais autant de meubles que cette femme-là. Hélas !... le cœur me perdra toujours.

QUATRIÈME AMIE, *à part*. — As-tu fini tes manières !...

DEUXIÈME AMIE. — Elle vend son mobilier parce qu'elle prend sa retraite.

PREMIÈRE AMIE. — Il n'est que temps. On parlait déjà de ses exploits quand j'étais en pension.

DEUXIÈME AMIE. — Sapristi !... alors elle n'est pas jeune.

PREMIÈRE AMIE. — Est-ce à dire, ma toute belle, que moi-même je me trouve sur le point de passer dans la vieille garde ?

TROISIÈME AMIE. — Ne vous disputez pas !... d'abord des indiscrets nous écoutent, il ne serait donc pas prudent de parler de nos âges !

QUATRIÈME AMIE. — Silence, mesdames. Voici notre chère camarade.

MADEMOISELLE X... — Vous venez assister à l'enterrement de ma vie galante.

PREMIÈRE AMIE. — Tu te retires donc des affaires ?

MADEMOISELLE X... — Oui ; oh! ne croyez pas que je prends cette décision parce que je ne trouve plus d'adorateurs. Ce matin j'ai encore reçu dix déclarations très-sérieuses. Un prince russe veut m'emmener à Moscou, un Brésilien est fou de moi, un Turc me fait de très-belles propositions.

QUATRIÈME AMIE. — En papier ?

MADEMOISELLE X... — Non, en or.

TROISIÈME AMIE. — Et tu refuses ?

MADEMOISELLE X... — Je veux me retirer en province et me marier pour faire le bonheur d'un homme.

QUATRIÈME AMIE. — Tu en as fait tant souffrir pendant ta vie.

TROISIÈME AMIE. — Et tu crois que tu pourras te caser vite ?

MADEMOISELLE X... — J'ai déjà préparé l'avis que je ferai insérer dans les journaux. Le voici : « Une dame veuve, possédant une jolie fortune, désire épouser un homme de bonne famille. »

PREMIÈRE AMIE. — Tu tiens à la bonne famille ?

MADEMOISELLE X... — Oh! oui ; car sous ce rapport-là, je suis très-difficile. Je ne pourrais pas prendre pour mari un garçon coiffeur.

QUATRIÈME AMIE. — Nous te souhaitons bonne chance.

TROISIÈME AMIE. — Et nous permettras-tu d'aller te rendre visite?

MADEMOISELLE X.. — Oui, mais vous direz devant mon mari que nous nous sommes connues au couvent.

∴

Côté des hommes.

PREMIER GOMMEUX. — Eh bien! vrai, mes amis; vous me croirez si vous voulez, mais je regrette toujours de voir une *ancienne* faire ses adieux à la vie.

DEUXIÈME GOMMEUX. — Tu as raison, Georges; pour les cocottes, c'est comme pour les sous-officiers, on ne peut compter que sur celles qui ont beaucoup servi.

TROISIÈME GOMMEUX. — Achèterez-vous quelque chose, messieurs?

PLUSIEURS VOIX. — Oui, pour avoir un souvenir.

PREMIER GOMMEUX. — Je voudrais le lit.

DEUXIÈME GOMMEUX. — C'est un monument historique.

TROISIÈME GOMMEUX. — Qu'en feras-tu?

— Je le garderai jusqu'au jour de mon mariage.

— Et après?

— Je l'offrirai au musée de Cluny.

— Tu sais que ce lit a coûté dix mille francs.

— Je le payerai même douze mille.

— Alors notre vieille amie gagnerait encore quelque chose dessus.

— Tiens, voici un album d'autographes.

— Elle collectionnait donc!

— Ah! messieurs, la bonne plaisanterie!...

— Quoi donc ?

— Elle a réuni dans cet ouvrage toutes les lettres de ses adorateurs.

— Pas possible !...

— En voici une de toi, Paul.

— Que me dis-tu là ?

— L'exacte vérité. Merci !... tu lui as adressé une brûlante déclaration. De plus, tu as eu le soin d'illustrer ta prose... tu as voulu lui montrer ton talent sur le dessin. Tu as représenté une scène un peu leste.

— Mais je suis furieux ! Il faut que je fasse disparaître cette lettre... Je me marie dans un mois, et la famille de ma future ne plaisante pas avec les gaudrioles de ce genre-là.

— Un pareil scandale est en effet capable de faire manquer ton mariage.

— Une jeune fille qui m'apporte en dot cinquante mille livres de rente et le double en espérances !!!...

— Détruis cette lettre.

— A l'instant même.

UN SURVEILLANT. — On ne touche pas aux objets exposés.

— Mais cette lettre a été écrite par moi.

— Ce n'est pas un motif pour la reprendre. Si tous les messieurs qui ont donné des souvenirs à Mlle X... les reprenaient, il ne resterait plus rien pour la vente qui aura lieu demain. Tous ces objets sont placés sous ma responsabilité, et vous n'y toucherez pas.

— Ah ! voici Mlle X... Je vais lui parler. Dis-moi, veux-tu me rendre cette lettre ?

— Tu y tiens beaucoup ?

— Parbleu !

— Alors, c'est cinq mille francs.

— Quelle mauvaise plaisanterie !...

— Si tu n'y avais pas tenu beaucoup, je ne t'en aurais demandé que quinze louis.

— Mais je me marie dans un mois, et la famille de ma future...

— Ne sera pas contente... je sais ça... mais que veux-tu ! comme moi aussi je veux faire une fin et trouver un homme comme il faut.. il est nécessaire que j'y mettre le prix.

— Voici cinq mille francs.
— Voilà ta lettre.
— Néanmoins, c'est un peu roide.

.˙.

Côté des dames du monde.

UNE DAME, *entraînant son mari*. — Nous n'avons pas visité cette pièce.

LE MARI. — Cette exposition n'offre aucune particularité intéressante... et puis on étouffe ici.

— Rien ne m'amuse comme de voir l'intérieur d'une petite dame.
— Mais ce n'est pas de la curiosité, c'est de l'autopsie.
— Parbleu !... cette visite n'a pas d'attrait pour vous, car vous connaissez à fond ces ménages interlopes.
— Je vous jure, ma chère amie, que je n'ai jamais fréquenté ce monde-là.
— Ne vous faites pas meilleur que vous ne l'êtes, vilain monstre.
— Croyez-moi, je... (*A part.*) Ciel !... ma photographie dans la bordure de la glace.
— Et tenez !... voici votre portrait-carte.
— Ce n'est pas moi, c'est quelqu'un qui me ressemble beaucoup.
— Vous êtes venu chez cette femme il n'y a pas longtemps, car cette photographie est toute nouvelle. C'est moi-même qui ai fait votre nœud de cravate pour aller poser. (*Pinçant le bras de son mari.*) Ainsi vous me trompez ! et pour qui ? pour une vieille femme !
— Je te...
— Taisez-vous. Mais je ne suis donc pas mieux que cette créature ?

— Aussi tu ne dois pas en être jalouse, ma chère amie.

— Il y a six semaines, vous m'avez demandé dix mille francs pour payer soi-disant une dette de jeu... et vous avez donné cet argent à ce vieux singe.

— Je te jure que c'était bien pour une partie de baccarat.

— C'est bon !... c'est bon !... désormais vous recevrez cent francs par mois pour vos menus plaisirs.

CHEZ LE PHOTOGRAPHE.

— Vous savez, ne regardez pas ma coiffure, faites-moi beaucoup plus d' cheveux qu' ça.

LES LIVRES DE DÉPENSES

onnez-nous le premier livre de dépenses que vous trouverez. Il nous suffira de jeter un coup d'œil sur les dépenses quotidiennes pour que nous puissions vous dire aussitôt, sans jamais nous tromper, si ce livre appartient à une bourgeoise, à une cocotte, à une rentière, ou à une noble dame du faubourg Saint-Germain.

En outre, et ce qui pourra vous paraître de plus fort en plus fort, comme jadis chez Nicolet, nous vous dirons si cette femme est jeune ou vieille, laide ou jolie.

J'entends déjà crier de toutes parts : Oh ! la bonne plaisanterie !... mais on ne nous en impose pas à nous.

Mesdames et messieurs, nous allons avoir l'honneur de travailler immédiatement devant vous.

— Examinez celui-ci.
— Voyons.

Pot-au-feu	» fr. 75	c.
Faux filet.	4	»
Pommes de terre.	»	60
Macaroni.	1	»
Chapeau	30	»

— C'est le livre de dépenses d'une bourgeoise.
— Oui, vraiment.
— Parbleu! c'était sûr. Le pot-au-feu qui revient deux fois par semaine, le jeudi et le dimanche, a son cachet de bourgeoisie. De plus, je suis tombé sur un jour où cette bourgeoise a du monde à dîner.
— C'est prodigieux, vous êtes encore dans le vrai. Mais comment avez-vous pu deviner cela?
— Je ne le devine pas, je le lis.
Son mari lui a donné de l'argent pour le repas; elle a acheté un faux filet, trouvant la chose bien suffisante pour ses convives, et pour les bourrer, elle a fait emplette de quelques farineux. Les économies réalisées sur le dîner lui ont permis d'acheter un chapeau.
Femme d'ordre par excellence, la bourgeoise!

— Deuxième épreuve.
— Je ne la redoute pas.

Une saucisse.	» fr. 10 c.
Radis	» 15
Petit pain	» 05
Fleurs	» 50
Location d'un roman de Paul de Kock.	» 25
Total.	1 fr. 05 c.

— Livre de dépenses d'une grisette.
— C'est donc écrit?
— Ne voyez-vous pas que cette jeune ouvrière a dépensé plus d'argent pour ses fleurs et sa lecture que pour son dîner. Elle se contentera d'une botte de radis pour son repas, mais elle voudra que son petit jardinet soit bien fleuri.
— Continuons, puisque les choses vont si bien.

— Ah! voilà le livre de dépenses d'une cocotte.
— Vous voyez ça à l'orthographe.

Voittur.	15 fr. » c.
Dinné	1 60
Sirque	2 »
Tabat à fumé.	» 15
Léon.	5 »
Charcuttery	» 75

— Je suis tombé sur une mauvaise journée. La donzelle a

dépensé quinze francs de voiture et elle n'a pu se payer qu'un dîner de trente-deux sous. L'étranger n'a pas donné autour du lac. La soirée au Cirque n'a pas été meilleure que la promenade; aussi le souper, quoique composé de charcuterie, a été maigre.

— Et ceci?

— C'est le dernier livre de dépenses de la dame en question. Nous le retrouvons trente ans plus tard.

— Très-exact encore ce que vous dites.

— La chose ne saute-t-elle pas aux yeux?

Petit Journal	» fr. 05 c.
Tabat à prissé	» 05
Mout pour le cha.	» 10

— Même orthographe.

— Il n'y a que cela qui ne change pas chez la femme. *Petit Journal*, tabac à priser et mou pour le chat sont les trois sacrements de la cocotte dans ses vieux jours.

— Encore une épreuve ou deux, et nous vous laisserons tranquille.

— Nom d'un petit bonhomme, j'aperçois de fortes dépenses :

Note de ma couturière	400 fr.	» c.
Un bracelet	800	»
Note de ma modiste	1,000	»
Pour le denier de saint Pierre . .	100	»
A un malheureux aveugle.	» »	05

— Voilà une énigme que vous ne parviendrez jamais à deviner, ou alors nous vous considérerons comme un sorcier.

— Mais la chose est signée.

— Où ça?

— Ne voyez-vous pas le denier de saint Pierre? Ce livre de dépenses appartient à une riche baronne du faubourg Saint-Germain.

— Comment! elle donne cent francs au pape et un sou à un pauvre aveugle?

— Le Saint-Père n'a-t-il pas de grands besoins?

— Tandis que l'aveugle n'a que du pain à acheter.

— Naturellement.

— Pour mettre à l'épreuve ce que vous appelez ma double vue, il faut me donner des choses plus difficiles à deviner.

— Vous allez être servi à souhait. Prenez ce livre de dépenses.

— Vous m'inquiétez. Je vais lire avec soin :

Lait.	» fr. 10 c.	
OEuf	»	15
Jambon.	»	20
Bons de pain	50	»
Bons de fagots	25	»
Frais de médecin	45	»
Médicaments	15	»

— Cette femme est très-malheureuse, et elle est sans doute inscrite au bureau de bienfaisance; voilà ce que nous avons pensé au premier abord.

— Vous avez eu tort.

— Comment !... vous supposez que cette femme est riche?

— Elle a peut-être trente mille livres de rente.

— Et elle se nourrit avec deux sous de lait et quatre sous de jambon?

— Elle consacre toute sa fortune à venir en aide aux malheureux. Elle distribue des bons de pain et de fagots. Elle paye la visite du médecin et des médicaments aux pauvres qu'elle secourt et qui ont été malades. Cette femme aime à faire la charité sans ostentation; chose rare dans le siècle où nous vivons.

— Savez-vous que vous êtes vraiment très-fort?

— Vous n'avez plus rien à me donner à deviner?

— Non, et nous rendons hommage à votre perspicacité.

— C'est pourtant bien simple et beaucoup plus commode que de lire dans les lignes de la main, comme maître Desbarrolles.

— Alors, suivant vous, avant de faire connaissance d'une personne, au lieu de prendre des renseignements sur elle chez son concierge, vous nous conseillez de feuilleter son livre de dépenses?

— Oui, et c'est facile en donnant cinq francs à la bonne qui vous le communiquera.

MODES PARISIENNES.

— Vous voulez une robe à la mode? Voilà.

UNE FEMME QUI SE VENGE

I

— Quel ennui, ma chère Léonie! mon oncle m'a invité à aller passer trois jours chez lui, à Melun. Je partirai ce soir à cinq heures.

— Comment! tu vas me laisser seule trois longues journées et trois... nuits encore plus longues?

— Je ne puis écrire à mon oncle que tu me refuses de partir: le brave homme est malade et tient à me voir.

— Je sais bien que je n'ai pas ce droit-là, car je ne suis pas ta femme.

— Et mon oncle ne plaisante pas avec les choses qui ne sont pas sérieuses. Il y a des ménagements à prendre, car il existe un héritage de ce côté-là.

— Donc, adieu. Tu reviendras mardi matin?

— Oui; pense à moi comme je penserai à toi.

II

— Ah! vous voici, madame Bonnemain?
— C'est aujourd'hui samedi, je viens vous tirer les cartes.
— Vous allez me faire le grand jeu.
— Il s'agit d'une chose importante?
— Charles est parti subitement pour Melun : il y a quelque chose de louche là-dessous.
— Allons, je vais vous dire cela, petite jalouse.

Elle s'installe devant une table et étale de nombreuses cartes. Après un long remue-ménage de roi de trèfle, de dame de cœur, de valet de carreau, elle prend une pose majestueuse pour narrer les secrets qu'elle a arrachés au destin :

— C'est grave!... c'est très-grave!...
— Vous me faites peur.
— Charles vous trompera aujourd'hui.
— Ciel!... et avec qui?...
— Avec un domino.
— Il ira à Valentino?
— Oui.
— C'est donc pour cela qu'il a simulé un voyage à Melun! Oh! le monstre!
— Il n'y a pas à en douter.
— Je veux me venger et surprendre le coupable.
— Et comment cela?
— En allant ce soir à Valentino.
— Pour cinq francs de plus, je vous dirai la couleur du domino de votre rivale.
— Je n'ai pas besoin de cela ; je la verrai au bras de Charles. Gare à ses yeux, gare à leurs yeux à tous deux! ces petits ongles-là auront de la besogne ce soir. Je vais les rendre encore plus pointus en les limant.

III

A minuit et demi Léonie fait son entrée à Valentino.

Elle se met à chercher le coupable.

— Il est trop tôt, se dit-elle, il n'est pas encore arrivé. J'aurais dû l'attendre près du contrôle.

Plusieurs jeunes gens, voyant un domino seul, se mettent à sa poursuite.

— Toi, tu dois être jolie, car tu as deux yeux qui pétillent à travers les trous de ton loup. Pristi ! quelles étincelles !

— Messieurs, laissez-moi tranquille, vous m'ennuyez.

— Tu as l'air de mauvaise humeur, ravissant domino.

— Vous avez deviné juste.

— Vous êtes à la recherche d'un homme qui vous trompe ?

— Ça se voit.

— Parbleu !

— Est-ce que vous n'avez pas rencontré un jeune homme portant de longues moustaches blondes ?

— Oui.

— Ah !... et était-il seul ?

— Non, il avait un domino à son bras.

— Oh ! le monstre ! Et de quel côté se dirigeaient-ils ?

— Du côté du restaurant Brébant. Désirez-vous que nous vous y conduisions ?

— Vous voulez me faire poser, je vois bien ça...

— Charmante créature, ne te fâche pas, nous cherchons à te consoler, nos intentions sont pures.

— Fichez-moi la paix ou je vous gifle.

IV

— N'êtes-vous pas M. Gustave de B...?
— Je vous reconnais, vous êtes Léonie, vous que j'ai tant aimée, que j'aime tant encore !
— Il ne s'agit pas de me faire une déclaration en ce moment, mais de m'offrir votre bras pour m'arracher aux poursuites agaçantes des petits jeunes gens qui encombrent ce bal. Sachez d'abord que je ne suis pas ici pour m'amuser.

Elle lui raconte en peu de mots ce qui l'a amenée à Valentino.
— Il ne sera pas assez ridicule pour se promener, dit M. de B...; votre amant se cache dans un coin avec sa complice.
— Vous croyez?
— Il n'y a pas à en douter. Si vous voulez être raisonnable, venez souper avec moi.
— Oh! non.
— Soyez tranquille, je ne vous parlerai pas de mon amour. Vous devez avoir faim.
— J'ai des crampes d'estomac, car je n'ai pas dîné. Mais, avant, je voudrais trouver Charles. Si je n'avais pas une confiance aveugle dans les cartes, je croirais que celui que je cherche est véritablement à Melun, près de son oncle.
— Mais, ma chère amie, les cartes n'ont jamais menti.
— C'est ce que je me dis, et c'est ce qui me fait croire que Charles est un monstre.
— Venez, il est trois heures et demie, c'est le moment de partir ; d'abord il ne doit plus être ici.

V

Dans un cabinet du restaurant Vachette.
— Finissez, monsieur Gustave, je vous en prie ; je ne veux pas que vous m'embrassiez.

— Votre Charles adoré auquel vous voulez rester fidèle donne en ce moment bien d'autres baisers à votre rivale.
— Oh! ne dites pas cela.
Elle prend une assiette et la brise.

VI

— Ainsi, Gustave, vous croyez aux cartes?
— Vous a-t-on fait le grand jeu?
— Oui.
— Alors il n'y a plus à douter de rien.

VII

— Gustave, voici le garçon qui vient, il faut ouvrir le verrou.
— Pourquoi cet air triste?
— Je suis bien coupable!
— S'il y a un coupable, c'est lui.

VIII

A MELUN

Il est cinq heures du matin, Charles écrit une lettre :

« Ma chère Léonie,

« L'indisposition de mon oncle n'est pas grave. Je l'ai veillé une partie de la nuit, et en ce moment il dort tranquillement. Je profite de ce moment pour t'écrire que j'avancerai mon retour d'un jour : j'arriverai demain matin. Viens me chercher au chemin de fer.
« Je te couvre de baisers.

« Charles. »

CONCLUSION.

Et Léonie qui...
A qui la faute ?
Aux cartes.

LES PARISIENNES.

BILLET DE FAVEUR.

— Mon p'tit rat, voici la loge demandée.
— Oui; mais dites-moi : Pas d' bêtises; votr' pièce n'est pas trop... trop... enfin, une fille peut y conduire sa mère?

LA SORTIE DES ARTISTES

C'est le soir. Il est onze heures et demie. Des jeunes gens attendent, devant la porte qui mène dans les coulisses, ce paradis terrestre, dont l'entrée est défendue par un cerbère qui ne connaît que sa consigne.

Deux jeunes gens se croisent et se saluent.

— Toujours fidèle au poste, cher monsieur.

— Il le faut bien. Si je ne venais pas chercher Cora, elle m'adresserait les plus sévères remontrances, le premier soir; mais, le second soir, elle s'en irait avec un autre. Vous-même, vous êtes fidèle au rendez-vous.

— Oui ; voici trois grands mois que je viens ici.

— Cora n'a eu la fantaisie de jouer que depuis six semaines.

— Ça lui a pris tout d'un coup?

— Oui, à la suite d'un violent mal de tête. Elle m'a dit : Mon gros chien, je m'ennuie beaucoup, quoique t'aimant à la folie ; mais si je continue à mener cette existence de femme mariée, je suis capable de m'empoisonner. Pour me distraire, je veux entrer au théâtre.

— Et elle ne gagne rien ici?

— Elle a un engagement de cinquante francs par mois. Mais depuis six semaines elle a déjà eu cent vingt francs d'amende. Pour ne plus arriver en retard à ses répétitions, elle veut que je lui donne une voiture.

— Quant à nous, nous avons déjà joué à la Tour-d'Auvergne. Je dis nous, parce que j'étais toujours à ce théâtre. J'arrivais à midi pour la répétition et je n'en sortais qu'à quatre heures, pour revenir le soir à sept heures. Cela m'a donné l'habitude du théâtre, si bien que j'obtiens beaucoup de succès dans les comédies de société. Quand, dans le grand monde, je surveille les répétitions, j'étonne ces dames en parlant du côté *cour* et du côté *jardin*.

— Tiens! voici une nouvelle figure.

— En effet, je n'ai pas encore vu ce monsieur.

— Viendrait-il pour Cora?

— Attendrait-il Fanny?

— Ce qui prouve, mon cher compagnon, que nous faisons bien de venir surveiller ces dames.

— Oui, mais, hélas ! que se passe-t-il quand nous ne les surveillons pas ?

Un jeune homme vêtu d'une longue gâteuse arrive en courant.

— Tiens, le petit vicomte.

— Qu'avez-vous donc, monsieur, vous paraissez tout bouleversé?

— Il y a de quoi, répond en soupirant le vicomte.

— Mlle Maria vous trompe?

— Une lettre anonyme me l'affirme.

— Une femme tromper son amant... Oh! ça n'est pas possible!

— Vous croyez à la vertu des femmes?

— Surtout de celles de ce théâtre.

— Vous voulez plaisanter... Ah! messieurs, croyez bien que je n'ai pas envie de rire.

— Nous sommes sérieux. Voulez-vous nous dire à qui vous êtes sacrifié?

— Au comique... Oui, messieurs, Maria me trompe pour un comique... un homme qui se grime et fait mille contorsions pour amuser le public.

— Si vous étiez trompé par l'amoureux de la troupe, cela vous produirait moins d'effet.

— Ça me prouverait qu'elle m'est infidèle pour un bel homme... mais je n'en souffrirais pas moins. Ainsi, les scélérats s'embrassent pendant que tous les soirs je pose devant cette porte.

— C'est un supplice digne de Tantale.

— Et elle détache des bouquets que je lui envoie les plus belles fleurs pour les passer à la boutonnière de l'habit de son bien-aimé.

— A votre place, un soir, j'empoisonnerais ces fleurs.

— Mais Maria en les respirant pourrait être la première victime.

— Vous l'aimez donc toujours?

— On a surtout de l'amour pour les femmes qui vous trompent... Mais cette lettre a peut-être été écrite par une amie jalouse.

— Toujours les illusions!

— Comment m'y prendre pour pincer les coupables en flagrant délit?

— Pénétrez dans les coulisses.

— Mais le concierge ne me le permettra pas. Enfin, je vais tâcher de corrompre ce sévère gardien.

Il s'approche de la loge du concierge.

— Monsieur Mathieu, si vous voulez me laisser entrer dans les coulisses, je vous donne ce louis.

— Merci, je n'ai pas envie de perdre ma place pour gagner vingt francs. Vous savez que le directeur ne plaisante pas. Je porte volontiers à ces dames les lettres et les bouquets, voire même les écrans contenant des bijoux... ça ne m'est pas défendu... mais je ne laisserai jamais passer un étranger.

— Même pas pour cinq louis ?

— Même pour dix. Procurez-moi trois mille livres de rente et je verrai, car c'est ce que me rapporte cette loge en pourboires de toute sorte.

— Si je demandais à ma famille trois mille francs de rente pour un concierge de théâtre, elle me donnerait un conseil judiciaire.

— A mon grand regret je ne puis rien faire pour vous.

Il referme son guichet, qui a été ouvert pour les pourparlers.

— Cher monsieur, dit un des interlocuteurs du vicomte, vous n'avez plus qu'un moyen.

— Lequel ?

— Déguisez-vous et entrez dans la place qui est si bien gardée.

— C'est une idée.

Il appelle un machiniste qui sort du théâtre pour prendre un liquide réconfortant chez le marchand de vins.

— Mon ami, voulez-vous gagner deux louis ?

— Ça ne se refuse jamais, répond le machiniste ; je suis à vos ordres, mon prince.

— Prêtez-moi vos vêtements pour pénétrer dans le théâtre.

— C'est aisé, car je n'appartiens à l'équipe que depuis ce soir, et on ne me connaît pas beaucoup. Mais moi, comment m'habillerai-je pendant ce temps-là?

— Je vous donnerai mes vêtements.

— C'est entendu.

— Montons dans ce fiacre pour notre changement.

Cinq minutes après, le vicomte apparaît en machiniste, et ce dernier tâche d'adapter à sa taille la volumineuse gâteuse.

— Pardon, monsieur, dit le machiniste, une petite recommandation s'il vous plaît. Au dernier tableau, il y a un changement important à faire... toute l'équipe met la main à la besogne. Et si vous flâniez dans un coin, vous me feriez mettre à l'amende.

— Soyez tranquille, j'ai de la poigne, oh! oui, j'en ai, et je tâcherai de le prouver à mon rival.

Il se précipite dans le théâtre.

— Pauvre garçon, disent les amants de ces dames, se donne-t-il du mal!...

Un quart d'heure après, le vicomte sort porté par quatre machinistes.

Le pauvre amoureux est dans le plus piteux état.

On l'entoure.

— Qu'avez-vous donc?

— Ah! messieurs, je viens d'être la victime d'un terrible accident.

— Que vous est-il arrivé?

— J'étais en train de surveiller les coupables, quand on m'appelle pour un changement de décors. Afin de ne pas être reconnu, je réponds aux ordres du chef machiniste. Mais n'étant pas au courant de la manœuvre, je dérange un décor et je fais tomber sur moi une forêt entière. Je veux aussitôt me dégager et je dégringole dans une trappe. J'ai fait une chute qui aurait pu me coûter la vie.

— Imbécile! s'écrie le machiniste qui est accouru pour voir ce qui se passait. On dira que je suis un maladroit et on va me renvoyer.

— Ne vous tourmentez pas, mon ami ; si à cause de moi vous êtes sans place, je vous ferai une pension alimentaire.

— Vous êtes un brave jeune homme. Allons, hissez-vous sur mes épaules, je vais vous porter chez un pharmacien.

Et les passants regardent avec étonnement un monsieur habillé à la dernière mode portant un ouvrier sur son dos.

SI VIEILLESSE POUVAIT.

— Ah! petite friponnette!... si tu t'étais trouvée sur mon chemin il y a seulement une vingtaine d'années.....
— Oh! mossieu!... j'avais cinq mois.

LE JOUR DU TERME AU QUARTIER BRÉDA

(*La scène se passe chez Mlle Léontine.*)

LA FEMME DE CHAMBRE. — Madame, c'est demain le terme.

LÉONTINE. — Que dites-vous là ? vous vous trompez.

— Mais non, regardez le calendrier, nous sommes aujourd'hui le 14.

— Alors il faut je me mette en mesure pour payer mon propriétaire.

— C'est ce que vous avez de mieux à faire, si vous ne voulez pas qu'il vende votre mobilier. C'est un homme terrible, qui ne fait pas attention aux jolies femmes.

— Je vais compter l'argent qui me reste.

Elle ouvre un tiroir, et après avoir bien cherché dans tous les coins elle ne trouve que dix-sept francs cinquante.

— Hélas! madame, cela ne suffit pas pour payer quatre cents francs.

— Vous croyez que l'ours mal léché qui possède cet immeuble ne se contentera pas de cet à-compte?

— Il ne faut pas même le lui proposer. Mais vous oubliez donc votre tirelire dans laquelle vous mettez vos économies?

— Annette, vous me tirez d'embarras. Je ne pensais pas à cette mine d'or.

Elle prend la tirelire et la brise en la lançant contre la muraille d'une main fiévreuse et tremblante d'émotion. Des entrailles de la tirelire sortent quatre pièces de cinquante centimes.

Léontine, *stupéfaite*. — Que ça!... Mais au fait, c'est la seconde tirelire que je casse depuis le commencement du mois.

— Vous ne laissez pas prendre du ventre à vos grenouilles. Demandez de l'argent à votre gros boursier pour payer votre terme.

— Il m'en a donné dimanche dernier, et j'ai fait la sottise de prendre une voiture pour aller aux courses et de parier. Il n'y a pas une minute à perdre, je vais écrire à Gustave.

Elle s'installe devant une table et rédige la lettre suivante :

« Mon petit Gustave,

« Je ne prends pas par quatre chemins pour te dire le motif qui me force à t'envoyer cette lettre par un commissionnaire.

« C'est demain le terme, j'ai besoin de quatre cents francs. Je compte sur toi pour m'avancer cette somme.

« Cet emprunt, loin de te contrarier, doit te faire plaisir, car je sais que tu m'aimes bien et que tu ne veux pas que je te trompe. Donc, si je m'adresse à toi en ce moment, c'est que je ne cours pas avec d'autres hommes.

« Donne-moi une prompte et bonne réponse, car le propriétaire ne plaisante pas avec ses loyers.

« Ta petite Titine t'embrasse comme elle t'aime. »

— Sapristi, madame, comme vous savez bien extirper une carotte !
— Et cependant je n'ai pas reçu d'éducation.
— Faut-il appeler le concierge pour qu'il porte cette lettre ?
— Attendez, j'en ai une autre à écrire.
— A M. Georges ?
— Non, à Ferdinand.

« Mon petit homme chéri,

« C'est demain le terme, et je suis dans la panne la plus complète. Tends-moi la perche, sinon mon mobilier va droit à l'hôtel Drouot. Mon rêve est d'habiter un hôtel, mais pas celui-là.

« Cet emprunt, loin de te contrarier, doit te faire plaisir, car... »

La femme de chambre. — Oui, on connaît le reste. A votre place, j'aurais fait imprimer une circulaire.
— Annette, je crois que vous osez plaisanter votre maîtresse.
— Oh ! ciel, non ! je sais trop le respect que je dois à madame.
— Tu peux y aller, va, je suis bonne fille. Que le commissionnaire porte tout suite ces lettres à leur adresse.
— Et vous avez oublié le gros boursier.
— Celui-là, du moment qu'il a donné une somme, il ne faut plus compter sur lui.

Une heure après, le concierge revient avec les deux réponses impatiemment attendues.

La femme de chambre. — Quelle chance ! madame, si ces messieurs pouvaient vous avoir envoyé chacun quatre cents francs.

Léontine décachette une lettre.

« Ma chère petite femme,

« Comme j'ai fait des bêtises pendant ces derniers temps, mon père ne veut plus me donner d'argent.

« Pour bien lui prouver que je ne cherchais pas à lui tirer une carotte, je lui ai montré ta lettre; il l'a prise et jetée au feu.

« Je suis navré de ne pouvoir te venir en aide.

« Un bon baiser.

« GUSTAVE. »

LA FEMME DE CHAMBRE. — Aïe!... Lisez-moi l'autre.
LÉONTINE, *lisant:*

« Bonne Titine à moi,

« Si j'avais assez d'argent pour acheter un pistolet, je me brûlerais la cervelle.

« J'ai joué cette nuit au cercle et j'ai perdu une somme énorme.

« Tout en jouant je me disais : « Si je gagne, je donnerai un joli bracelet à Léontine. » Tu vois que je pensais à toi. Mais, hélas! si la fortune vient trouver celui qui dort, elle ne lui arrive pas quand il veille.

« Mille regrets de ne pouvoir faire ce que tu demandes.

« A toi.

« FERDINAND. »

LA FEMME DE CHAMBRE. — Ces hommes! quel tas de coquins!... ça ne peut pas faire de sacrifices pour une femme.

— Vous avez bien raison, Annette. Ils veulent qu'on les aime pour eux-mêmes, voilà tout. Mais que vais-je devenir?

— Ah! madame, regardez donc en face sur le trottoir, le petit jeune homme qui depuis quelques jours vous inonde de billets doux. Pourquoi ne voulez-vous pas le recevoir?

— Il a l'air d'un idiot.

— Raison de plus.

— Et d'abord il ne me payerait pas mon terme. Si je le reçois et que je lui demande quatre cents francs, il se sauvera en criant au feu.

— Retirez-vous dans votre boudoir et laissez-moi faire.

Quelques minutes après arrive le jeune homme avec un beau bouquet.

— Ah çà ! votre maîtresse sera donc toujours cruelle pour moi ?

— Non, prenez patience. Mais vous arrivez mal aujourd'hui : elle est d'une humeur atroce.

— Pourquoi donc ?

— Comme elle a l'âme très-charitable, son bonheur est de venir en aide aux malheureux, et elle a organisé une loterie qui n'a pas eu de succès.

— C'est cela qui la contrarie ?

— Oui.

— Combien reste-t-il de billets à prendre ?

— Trois cent quatre-ving-dix-neuf.

— Et il y en a ?

— Quatre cents.

— Que gagne-t-on ?

— Le portrait de madame.

— Mais c'est un lot charmant. Je prends les billets qui restent à placer.

— Oh ! madame va être bien contente. Je crois inutile de vous les donner ; le billet pris est le numéro 13, et c'est moi qui l'ai.

— Oui, très-bien, voici l'argent. Quand pourrai-je présenter mes hommages à la belle invisible ?

— Demain, à trois heures.

Le jeune homme s'en va triomphant.

Léontine, *arrivant*. — Eh bien, quoi de nouveau ?

— Voici la somme moins un franc ; mais vous pourrez la compléter avec ce que contenait votre tirelire.

— C'est un rêve ! Comment avez-vous fait, Annette ? Vous ne m'avez pas compromise, j'espère ?

— Soyez tranquille, rien n'est perdu, pas même l'honneur.

Le lendemain, à trois heures, l'amoureux arrive tout pimpant au rendez-vous. Annette le reçoit en entre-bâillant la porte.

— Puis-je voir votre maîtresse?

— Chut!... Son monsieur est là et va l'emmener dîner à la campagne.

— Quel fâcheux contre-temps!

— A propos, on a tiré la loterie; vous avez gagné la photographie.

— Oh! bonheur! Mais...

ANNETTE, *à part, en refermant la porte.* — Comme il a le lot, il ne pourra pas dire qu'il a été floué.

LÉONTINE, *sortant de son boudoir.* — Eh bien?

— Il est parti.

— Je suis peut-être un peu cruelle envers lui.

— C'est sur les hommes auxquels on accorde le moins de faveurs qu'on peut compter le plus.

UNE CONSULTATION.

— A propos, docteur, j'aurais cette année l'intention de décider Gontran à me conduire à Monaco : quelle est la maladie nécessaire pour c'la ?

LES CAPRICES D'UNE ARTISTE

Valandard, auteur dramatique, rend visite à la jeune première à laquelle il a confié un rôle important dans une grande comédie qui doit être mise sous peu de jours en répétition.

— Eh bien ! ma chère, hier on a distribué les rôles, êtes-vous contente de celui que je vous ai destiné ? je l'ai écrit pour vous.

— Merci, vous êtes aimable !

— Comme vous me dites cela d'un ton aigre.

— Parce que je suis furieuse, et je ne suis pas fâchée de vous voir aujourd'hui pour vous remercier.

— Vous n'êtes pas contente, ma chère amie ?

— Quel âge ai-je dans votre pièce ?

— Trente-deux ans.

— C'est-à-dire que vous me vieillissez seulement d'une dizaine d'années, vous êtes aimable, et pour comble de politesse vous ajoutez que vous avez écrit ce rôle pour moi.

— Puisque dans la pièce vous avez une fille de quinze ans, je suis bien forcé de vous en donner trente-deux.

— Changez un peu l'intrigue.

— J'aurai beaucoup de mal, et je serai obligé de remanier tout l'ouvrage.

— Vous pouvez bien faire cela pour m'être agréable.

— Cependant...

— Si vous ne m'accordez pas ce que je vous demande, je refuse de jouer votre pièce.

— Songez donc que vous êtes l'héroïne et que deux jeunes gens vous font la cour et vous adorent.

— Que m'importe, il me faut dix ans de moins, ou sinon vous vous adresserez à une autre.

* * *

— Ma toute belle, j'ai fait le remaniement demandé : maintenant vous n'avez pas trente-deux ans, vous n'en avez que vingt.

— J'en parais à peine dix-neuf sur la scène. Mon ami, lisez-moi votre pièce. (*Valandard s'exécute.*)

— Vous trouvez donc que je ne sais pas lancer le mot ?

— Pourquoi ?

— Vous n'en avez pas mis un seul dans mon rôle. Tous les gens qui m'entourent sont spirituels, sauf moi. J'aurai l'air d'une idiote. Je tiens à dire tous les mots drôles.

— Vous voulez que je dépouille les autres pour vous enrichir.

— Certainement, et vous n'aurez pas lieu de vous repentir. Les mots d'esprit produiront bien plus d'effet dans ma bouche que dans celle de mes camarades.

— Cependant...

— Voulez-vous que je joue votre comédie ?

— Parbleu !... à qui pourrais-je confier votre rôle ?

— Puisque vous reconnaissez que je vous suis de quelque utilité, faites-moi donc des concessions.

— On ne peut rien vous refuser.

— Vous êtes un auteur charmant.

* * *

— Je viens vous apprendre une petite nouvelle.

— Laquelle, mon ami ?

— On a engagé une actrice pour jouer le rôle de Mme de Beaumesnil.

— Et c'est ?...

— Vous la connaissez.

— Elle se nomme ?

— Henriette...

— Comment ! Henriette ?...

— Oui.

— Mais je suis à couteaux tirés avec elle. Chaque fois que je la rencontre j'ai envie de lui arracher les yeux.

— A propos de quoi ?

— C'est pour des affaires de famille.

— Cet engagement vous contrarie ?

— Je ne consentirai jamais à paraître sur la scène avec cette femme ; au beau milieu du spectacle je serais capable de me livrer à un pugilat que vous n'auriez pas écrit.

— Fichtre !... cela produirait un fâcheux effet.

— Choisissez donc entre elle et moi.

— Mon choix est tout fait, méchante enfant ; je vous donne la préférence.

***

— Ma chère, j'accours vous faire mes compliments ; vous êtes charmante dans votre rôle ; les répétitions marchent à merveille, et la pièce pourra passer bientôt.

— J'ai beaucoup de talent, n'est-ce pas ?

— Mais vous êtes une de nos meilleures actrices.

— C'est ce que j'ai toujours pensé.

— Du reste, à chaque nouvelle création, les journaux ne tarissent pas en éloges sur votre compte.

— Moi je trouve que je suis déplacée dans ce théâtre

— Pourquoi ?

— Il est d'une trop médiocre importance.

— Il est fréquenté par la meilleure société.

— Ma place est aux Français.

— Vous y serez bientôt.

— Vous êtes lié avec le directeur ?

— Parbleu !
— Parlez-lui donc de moi.
— Je vous le promets.
— Conduisez-moi à l'instant auprès de lui.
— La semaine prochaine.
— Si vous me refusez ce service, moi je refuse votre rôle.
— Comment ! vous empêcheriez la représentation de ma comédie qui doit passer samedi en huit !
— Je veux que l'on fasse tous mes caprices, sinon je suis mauvaise tête.
— Oh ! je le sais bien ; aussi je ne veux pas vous contrarier. Venez donc, je vais vous présenter à l'administrateur de la Comédie-Française.

*
**

— Je viens savoir si vous avez la réponse qu'on vous a promise pour aujourd'hui.
— Je suis engagée.
— Oh ! tant mieux.
— Je débuterai l'hiver prochain, quand j'aurai fini mon engagement. J'ai hâte d'avoir quitté ce boui-boui.
— Vous n'êtes guère aimable pour un théâtre qui joue mes ouvrages.
— On ne peut le comparer avec la maison de Molière.
— C'est vrai. Enfin, maintenant vous devez être satisfaite ?
— Non.
— Que vous arrive-t-il encore ?
— Dans votre pièce, je joue le rôle d'une dame très-riche ; je change trois fois de toilette ; j'en ai bien deux, mais la troisième me manque, et c'est la plus importante, puisque c'est la robe de bal. Je ne voudrais cependant pas être mise comme un souillon.
— Vous n'avez rien à mettre ?
— Non, et je ne puis rien acheter ; car je n'ai plus d'argent. C'est que moi je suis une actrice honnête. Je gagne huit cents francs par mois, mais je fais face à toutes mes dépenses et j'entretiens ma famille.

— L'été dernier vous avez acheté une maison de campagne de trente mille francs.

— Oui.

Vous avez de l'ordre !

— Ce n'est qu'ainsi que je parviens à joindre les deux bouts. Au dernier moment je me vois donc obligée, et cela à mon grand regret, de ne pas jouer votre comédie.

— Est-ce sérieux ?

— Mais, oui; je ne veux pas que les dames qui se trouveront dans la salle se moquent de ma toilette.

— Comment faire ?

— C'est justement parce que je l'ignore que je renonce à mon rôle.

— Je m'y oppose.

— Vous me ferez jouer de force !

— Certainement.

— Oh ! vous ne me connaissez pas.

— Vous allez venir avec moi en voiture.

— Pour me mener où ?

— Chez votre couturière qui va vous faire une toilette complète pour l'acte du bal.

— Mais qui la payera ?

— Moi.

— Pas possible !

— J'ai tout intérêt à vous voir interpréter ma pièce et le plus tôt possible.

— Vous êtes un homme charmant.

— Je le crois bien.

— Partons donc.

*
* *

(*L'artiste arrive un matin chez Valandard.*)

— Vous !

— Oui, moi.

— Vous avez l'air d'une lionne en fureur.

— Je suis énervée comme vous ne pouvez vous l'imaginer.

— Je le vois bien.

— Vous n'avez rien à me donner à casser ?
— Non, j'ai besoin de tout ce qui compose mon modeste mobilier. Mais qui a pu vous mettre en cet état ?
— Le *Phare pétrolien*, journal littéraire et quotidien. Il demande pourquoi une *grue* de mon espèce entre au Théâtre-Français. Le mot y est en toutes lettres.
— C'est dur !
— Je viens vous trouver pour que vous me vengiez.
— Que puis-je y faire ? Il ne faut pas prendre au sérieux ce que dit le *Phare pétrolien*...
— S'il imprimait que vous êtes un dindon, seriez-vous flatté ?
— Non, certes.
— Mettez-vous donc à ma place.
— Du calme, ma bonne amie, du calme.
— Vous allez provoquer sur-le-champ l'insolent rédacteur qui a écrit cet article.
— Moi ?
— Oui ; car par la même occasion il vous insulte.
— Je ne vois pas cela.
— Indirectement, puisque c'est vous qui m'avez fait entrer aux Français. Expédiez-lui vite vos témoins.
— Permettez...
— Vengez-moi ou j'envoie promener votre pièce.
— Je vais me couper la gorge avec ce monsieur, puisque vous l'exigez.

* * *

(*Valandard est étendu sur son lit ; il a reçu un coup d'épée à l'épaule dans la rencontre qu'il a eue avec le rédacteur du* Phare pétrolien. — *Un ami vient voir le blessé.*)

— T'es-tu rendu au théâtre, comme je te l'ai dit ? demande Valandard.
— Oui.
— Ma pièce passera-t-elle après demain ?
— Hélas ! non.
— Quelle anicroche y a-t-il encore ?... Celle à qui je dois ce coup d'épée serait-elle malade ?
— Non, mais elle vient d'être enlevée par un prince russe.

LES PARISIENNES.

PSSS'ITTT.

— V'là l' sérieux de mamzelle qui monte !...

LES MÉTAMORPHOSES D'ARTHUR

'ÉTAIT à la fin d'un dîner entre amis. On causa naturellement des femmes, de l'amour, et de *son cortége de misères et de désillusions*.

— Moi, dit Arthur de B..., je ne me plains pas, car je suis depuis trois ans avec une femme charmante et elle ne m'a pas encore trompé.

De nombreux murmures éclatèrent de toutes parts.

— Je vous jure que je n'ai jamais été trompé, répéta Arthur.

Nouveaux murmures.

— Tu es donc un jobard? demanda un des convives.

— Non; je crois même être assez malin avec le sexe faible, et c'est peut-être pour cela...

On ne le laissa pas achever sa phrase.

— Assez, dit Georges de L..., tu vois bien que tu n'as pas de succès, ton insistance à vouloir nous faire supposer que ta maîtresse t'est fidèle nous donnerait à penser que tu es un fat, et comme nous te connaissons, je dois t'avouer que cela nous semble fort extraordinaire.

— Me promettez-vous d'être discrets?

— Oui, oui.

— Je vais vous faire connaître le truc que j'emploie pour que ma maîtresse me soit fidèle, ou plutôt pour qu'elle ne me trompe... qu'avec moi.

— Te tromper avec toi?...

— Oui, mes bons amis.

— Quel est ce mystère?

— Je vais vous le dévoiler.

Il se fit aussitôt un profond silence.

— Vous savez tous, reprit Arthur, que j'ai beaucoup de talent pour me grimer et que je fais les imitations comme Brasseur.

— C'est-à-dire que si tu voulais débuter sur le théâtre du Palais-Royal, les directeurs te signeraient un engagement magnifique.

— Mais, dit Georges, depuis longtemps déjà il me semble que tu ne te livres plus à ces imitations que tu réussissais si bien.

— Parce que, mon cher, je travaille pour mon propre compte.

— Encore un mystère. Ah çà! aujourd'hui, tu veux donc nous intriguer depuis le potage jusqu'aux liqueurs?

— Maintenant que j'ai terminé ce qu'on peut appeler le prologue, j'entre dans le vif de mon récit.

Pendant les six premiers mois que je fus avec Mélanie, continua Arthur, je connus tous les bonheurs de la lune de miel.

Nous allions nous promener dans les bois, et cette charmante enfant ne cessait de me dire qu'elle m'adorait.

C'était délirant! Mais à la fin du sixième mois, la passion de Mélanie se calma.

— Bon! me dis-je, si je n'apporte pas un remède au mal naissant, Mélanie ne tardera pas à vouloir débiter à un autre ses déclarations amoureuses. Le nouveau est agréable pour la femme, chez laquelle l'ennui naît toujours de l'uniformité.

Un beau jour je lui écrivis une lettre en baragouinage anglais.

Je lui dis que j'étais à Paris depuis quelque temps, et que, passant souvent devant ses fenêtres, je l'avais remarquée et aimée tout de suite.

Je terminais ma lettre en lui déclarant que je me brûlerais la cervelle si elle ne daignait pas me recevoir.

« Je sais, ajoutai-je, que vous êtes avec un monsieur qui, de midi à trois heures, s'absente pour aller à la Bourse; permettez-moi de me présenter pendant que vous êtes seule. »

Mes premières lettres restèrent sans réponse.

J'avais alors soin, dès que je sortais, d'aller me grimer et me travestir dans un petit logement que je transformais en magasin de costumes.

Et pendant quinze jours, vers une heure, je passais devant les fenêtres de Mélanie.

Le seizième jour elle me fit signe de monter.

— C'est mal, dit-elle, ce que je fais là, car je suis avec un garçon charmant qui est plein de bonté pour moi.

— Moâ aussi, chère mêdême, je serai pleine de bontés pour vô, murmurai-je avec des transports amoureux.

Trois jours après Mélanie me trompait avec moi.

Ah! elle m'aima bien et nous passâmes de doux moments pendant que j'étais, soi-disant, en train de spéculer à la Bourse.

Mais tout a une fin en ce monde, même les intrigues avec un Anglais qui a la monomanie de se suicider par amour.

Un jour Mélanie me congédiait brutalement, en me reprochant de l'avoir poussée à tromper un homme qui l'aimait et qu'elle aimait.

Et elle sanglota en adressant ces reproches amers à celui qu'elle appelait son séducteur.

Pendant un mois, Mélanie fut charmante pour moi parce qu'elle m'avait trompé.

Il n'y a rien qui rapproche un homme d'une femme comme le remords.

Mais six semaines après de revenez-y de lune de miel, Mélanie devint soucieuse.

Alors je mis une fausse barbe longue et épaisse ; je me couvris la tête d'une perruque non moins épaisse et non moins longue que la barbe ; j'endossai un petit veston de velours et je louai une chambre située vis-à-vis de l'appartement qu'occupait Mélanie.

Je me fis passer pour un poëte, et j'attirai l'attention de ma voisine en prenant des airs rêveurs.

Quelques jours après, Mélanie consentit à venir rêver avec moi.

C'était très-commode, car j'avais prétexté un petit voyage dans ma famille.

Je pouvais donc filer le parfait amour avec Mélanie, sans avoir peur d'être dérangé par... moi.

Elle avait un ravissant appartement que je lui avais meublé, et pendant tout le temps que je fus, soi-disant, absent de Paris, elle resta avec moi dans ma chambrette, où il n'y avait pour tout ameublement qu'un lit de fer, deux mauvaises chaises en paille et une table en bois blanc.

Mélanie était heureuse de manger à son souper des saucisses aux choux et de boire de la bière, elle qui, lorsque je l'emmenais dîner chez Brébant, daignait à peine goûter au perdreau quand il n'était pas truffé, et me disait que le saint-émilion 1re convenait seul à son estomac délicat.

Un jour elle ne reparut plus chez le poëte. Elle avait fait la connaissance d'un Brésilien au teint bruni. C'était moi.

J'aimais mieux la faire venir dans un appartement du Grand-Hôtel que de passer mon temps dans une mansarde.

J'avais fait sa connaissance au jardin des Tuileries, pendant la musique militaire.

Je racontai à Mélanie que j'avais été obligé de quitter le Brésil pour avoir tué deux femmes infidèles et poignardé trois hommes qui les aimaient.

Ma brutalité plut à Mélanie.

Pendant deux mois elle vint me voir, en faisant bien en sorte de ne pas être rencontrée par son monsieur, c'est-à-dire par moi. Elle me trompait, mais elle n'aurait pas voulu que le Brésilien me tuât.

Sous ce rapport je n'avais rien à craindre.

Après le départ du Brésilien, que je jugeai à propos de congédier, parce que mon appartement du Grand-Hôtel me coûtait trop cher, Mélanie fut de nouveau pleine d'égards pour moi.

Elle me jura même qu'elle n'était pas comme les autres femmes, et qu'elle ne me tromperait jamais.

Elle ne se doutait pas qu'elle disait vrai.

— Et maintenant? demandèrent les convives fort attentifs au récit curieux de toutes ces singulières aventures.

— Maintenant, mes amis, je vous demande la permission de revêtir mon uniforme d'officier de spahis, car j'ai rendez-vous avec Mélanie au café du Helder. Elle croit qu'Arthur est allé passer trois jours dans sa famille, et elle en a profité pour faire la connaissance d'un capitaine.

Arthur s'absenta un quart d'heure, puis il revint en officier de spahis. Il était méconnaissable.

— Je conçois, dit Georges émerveillé, que sous ce costume elle ne t'ait pas résisté.

— Oh! elle ne m'a pas encore cédé; mais je crois, murmura Arthur en tirant fièrement sa volumineuse moustache blonde, je crois que ce soir elle sera ma victime.

CONCLUSION.

Oh! les femmes!!!...

COULISSES.

— Quand est-ce parleras-tu de moi dans ton affreux journal?
— Viens souper avec moi.
— Oui; mais j'emmènerai ma famille?

UN AMOUR EN SEPT LETTRES

— Que fais-tu là, mon cher Frédéric ?
— Eh, parbleu ! je m'amuse à relire ma collection de lettres féminines. J'en suis au paquet d'Emma, une bien charmante personne.
— Que tu regrettes ?
— Non ; on ne regrette jamais les maîtresses qu'on a eues, car on se rappelle leurs défauts. Tu n'as pas connu l'histoire de mes amours avec Emma, mon cher Léon ?
— Non ; je n'étais pas à Paris à cette époque.
— Veux-tu que je te narre la chose ?
— C'est inutile, donne-moi tes correspondances, et je serai tout aussi avancé que si tu te lançais dans un long récit. Je sais lire ces sortes de lettres et en faire l'autopsie.
— Voyons ta force.
— Passe-moi le paquet de ces charmants griffonnages qu'on attend toujours avec une impatience si vive.
Je commence naturellement par

LA PREMIÈRE LETTRE.

« Monsieur,

« J'ai reçu votre lettre, dont la lecture m'a fait monter le sang jusqu'aux oreilles.

« Je suis une honnête fille, moi, monsieur, je n'ai jamais eu un seul amant et ne veux pas en avoir.

« Je tiens à rester pure et à conserver pour mon mari les premiers battements de mon cœur.

« Je vous renvoie donc le bouquet que vous m'avez adressé, en vous priant de ne plus passer devant mon magasin; vous finiriez par me compromettre, malgré la réputation de sagesse que j'ai auprès de ma patronne et de toutes mes camarades.

« EMMA. »

— Cette lettre, mon bon ami, t'a été écrite pour augmenter ton désir de faire la connaissance de cette vertueuse enfant. Quand une femme dit à un monsieur : N'approchez pas, je suis une honnête fille, cela signifie dans le langage roué des femmes : Ne perdez pas l'occasion de faire la conquête d'une vertu.

— C'est vrai.

— Si Emma t'avait donné un rendez-vous, tu ne serais pas retourné la voir.

— Parbleu ! non. Une victoire trop facile déplaît aux séducteurs.

Les femmes le savent bien, aussi nous font-elles poser. Je continue par

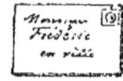

LA DEUXIÈME LETTRE.

« Monsieur,

« Vous êtes décidément par trop compromettant. Veuillez vous trouver ce soir à neuf heures passage Verdeau, je tiens à vous supplier de ne plus vous arrêter de grandes heures devant mon magasin. Je veux vous faire comprendre que vous perdez votre temps.

« Je vous salue. »

— Quand on reçoit une pareille missive, on peut commander un fiacre.
— J'en pris un à l'heure.
— Voyons

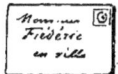

LA TROISIÈME LETTRE.

« Mon petit homme chéri,

« J'ai une bonne nouvelle à t'apprendre.

« Comme l'ouvrage ne va pas très-fort en ce moment, la patronne me laisse sortir ce soir à sept heures.

« Viens donc me chercher. Ne retiens pas de places pour le théâtre, je ne désire pas y aller. Mon seul plaisir est de passer la soirée seule avec toi.

« J'ai montré ta photographie à quelques bonnes amies ; elles te trouvent toutes beau garçon et disent que je suis bien heureuse.

« Oh, oui! certes, elles ne se trompent pas.

« A ce soir.

    « Ta petite Emma, qui t'adore. »

— Le moment de la toquade.
— Oui; et c'est le bon.
— On aime à se promener dans les bois, à manger des fritures à Saint-Cloud et à canoter à Bougival.

— Mais, hélas!... ce bon temps est de courte durée.
— Il cesse souvent dès

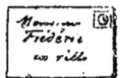

LA QUATRIÈME LETTRE.

« Mon gros chien,

« C'est vraiment jouer de malheur !

« Ma patronne a reçu une forte commande, et il faut que nous passions la nuit à travailler. Ne m'attends pas ce soir. »

— *Mon gros chien* est encore une preuve d'une assez vive sympathie : mais néanmoins il faut prévoir que la lune de miel ne sera pas de longue durée.

— Tu ne te trompes pas; c'est étrange comme ces lettres te mettent vite au courant de tout. A partir de ce moment, Emma s'ennuya avec moi à la campagne. Enfin, au lieu d'aller dîner le dimanche dans un restaurant à deux francs par tête, elle me faisait entrer chez Brébant, où elle commandait des écrevisses bordelaises, du vin de Champagne, du pâté de foie gras et des truffes.

— Triste chose quand l'amour d'une femme commence à avoir besoin d'être épicé. Aussi je ne prévois rien de bon dans

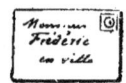

LA CINQUIÈME LETTRE.

« Cher Frédéric,

« Je reçois à l'instant même une dépêche télégraphique de ma tante qui m'annonce qu'elle est très-malade.

« Elle me prie d'aller auprès d'elle pour lui poser des sangsues.

« Je vais passer un bien triste dimanche. Mais je ne puis refuser ce service à cette pauvre tante.

« Je t'embrasse. »

— Aïe!... quand les sangsues arrivent, mauvais signe.

— Hélas, oui! car le soir même, aux Champs-Élysées, je rencontrai Emma qui donnait le bras à un jeune officier en bourgeois. Quelques jours auparavant j'avais vu sa photographie dans l'album de la traîtresse.

— La femme qui vous trompe aime à exhiber celui qui doit vous remplacer.

— Le lendemain je lui écrivis une lettre à cheval : huit grandes pages de lignes serrées, dont le port me coûta trente centimes.

— Pauvre insensé, mais elle en cessa la lecture à la troisième ligne.

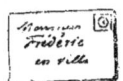

LA SIXIÈME LETTRE

va te dire ce qu'elle me répondit.

— Ce n'est pas malin.

« Mon cher ami,

« Tu me fais des reproches que je n'ai pas mérités. Je ne connais pas du tout le jeune homme au bras duquel tu m'as rencontrée hier.

« Seulement, comme il faisait un vent très-violent, ce galant cavalier m'offrit de me soutenir. Sans ce bienveillant appui j'aurais été renversée par la tempête.

« Vous autres hommes, vous êtes toujours prêts à voir le mal où il n'existe pas.

« Mais je commence à m'apercevoir que depuis quelque temps tu veux toujours me chercher chicane à propos de bottes.

« Si tu t'ennuies en ma société, tu n'as qu'à me le dire, je ne veux pas que tu ailles répéter partout que je suis un crampon pour toi.

« Les hommes sont bien tous les mêmes, quand ils ont séduit une pauvre jeune fille ils ne cherchent bientôt que des prétextes pour la lâcher.

« EMMA. »

— Ça se gâte. Une femme qui est coupable et qui veut vous quitter s'empresse de vous adresser les blâmes les plus énergiques sur votre manière d'agir. Au reçu d'une pareille lettre, il faut s'empresser de chercher une nouvelle demoiselle de compagnie.

— Eh bien, moi, je commis la sottise d'écrire des excuses à Emma.

— Qui t'envoya

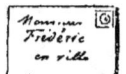

LA SEPTIÈME LETTRE.

« Mon petit ami,

« Je t'aime bien, mais l'existence que je mène me fait honte, je veux me ranger.

« Ma patronne m'a augmentée de cinq francs par mois; avec ce supplément je puis faire face à toutes mes dépenses.

« C'est un mari que je cherche, maintenant; comme j'ai vingt-cinq ans, il est temps que je me décide à devenir sérieuse.

« Pense quelquefois à moi, et quand nous nous rencontrerons, saluons-nous.

« Je te serre la main.

« EMMA. »

— Et le dimanche suivant elle était aux courses du bois de Boulogne avec des gommeux, n'est-ce pas ?

« Oui... Mais tu es donc sorcier pour deviner ainsi tout ?

— Non; mais il suffit d'avoir fréquenté une femme pour les connaître toutes.

LA CONSCIENCE DE NANA.

— Cependant tu m'avais bien promis de t'y trouver, tu m'en avais donné ta parole, ta parole d'honneur.
— J'avais pas dit... la plus sacrée.

LE JOURNAL DE L'AMOUR

 E trouvez-vous pas que ce serait un joli titre pour un journal, et que cette publication devrait exister?

Le *Journal de l'Amour!* Il pourrait être non pas hebdomadaire, mais quotidien, voire même biquotidien : il paraîtrait le matin et le soir.

Nous vous donnons un spécimen de cette feuille, qui serait lue avec intérêt par tous les partis, car elle ne froisserait aucune opinion politique.

PREMIER MAUBEUGE-STREET.

Les petites dames se plaignent moins depuis quelque temps, les affaires ont repris un peu.

On pense que l'Exposition est pour beaucoup dans l'amélioration de la situation.

Les fournisseurs de ces dames ont été les premiers à favoriser les excursionnistes.

Les grandes couturières, les modistes, les bijoutiers à qui ces dames doivent de l'argent ont fait à leurs clientes de nouveaux crédits pour leur permettre de *réussir* à cette fête de l'industrie.

Toutes ces dames ont signé à leurs créanciers des billets payables après l'Exposition.

NOUVELLES DIVERSES

Le jeune homme qui a tenté hier de mettre fin à ses jours en se brûlant la cervelle nous prie d'informer le public qu'il n'a pas voulu se tuer à cause de sa maîtresse qui l'avait quitté, mais bien à cause de *Graziella*, une jument sur laquelle il comptait beaucoup et qui est arrivée dernière dimanche aux courses de Boulogne, dans un prix très-important.

Dans la seule journée d'hier, dix-sept jeunes filles se sont tuées par amour.

Trois jeunes gens ont essayé, eux aussi, de se tuer pour le même motif, mais ils se sont manqués.

Les femmes auraient-elles plus de cœur et de courage que les hommes ?

Nous n'osons trancher tout de suite cette question ; car nous avons envoyé un de nos chroniqueurs auprès de M. Dumas fils, pour lui demander son avis à ce sujet.

M. et Mme de B..., dont le ménage était une véritable Sibérie, à cause du froid qui y régnait depuis plusieurs semaines, viennent de se raccommoder dans des circonstances assez bizarres.

M. de B... était très-soucieux depuis quelques jours, et Mme de B..., fort triste.

Un soir, après le dîner, ils se sont fait des confidences.

— Les femmes sont des monstres ! murmura M. de B... en soupirant.

— Les hommes sont des misérables ! ajouta Mme de B... en poussant, elle aussi, un gros soupir.

— Vous avez donc à vous plaindre des hommes, ma chère amie ?

— Et vous des femmes ?

— Certainement. La petite Emma que j'adorais vient de me quitter pour s'enfuir avec un garçon coiffeur.

— Ce beau Jules, ce gandin pour lequel je manquais à tous mes devoirs, a vendu ma parure en diamants pour payer une dette de jeu.

— J'ai chassé Emma.

— Je ne reverrai plus Jules.

— Savez-vous que vous êtes bien mieux que cette petite poupée ?

— Je vous trouve préférable à ce gommeux de Jules.

— Comme nous serions heureux, si vous le vouliez ?

— Il ne dépend que de vous de vivre avec moi en bonne intelligence.

Et tous deux de se jeter instinctivement dans les bras l'un de l'autre.

Le mari et la femme partent demain pour l'Italie afin d'y passer leur lune de miel... cinq ans après leur mariage.

Ce ne sont plus seulement les tableaux, mais encore les portraits-cartes qui atteignent, à l'hôtel des Ventes, des prix exagérés.

Hier, une photographie d'un vieux monsieur a été adjugée dix-sept mille cinquante francs.

Cette photographie provenait de la vente de Mlle Catinette.

Certes le vieux monsieur n'était pas beau, mais sur le *verso* de la carte il y avait cette aimable dédicace :

A CATINETTE

Son hippopotame chéri

ARISTIDE D...

Cet Aristide D... n'est autre qu'un homme politique fort connu, qui désirait rentrer à tout prix en possession de sa photographie.

Inutile d'ajouter que c'était Mlle Catinette en personne qui mettait une surenchère à toutes les enchères de son ancien hippopotame.

Cette jeune personne a fait là une bonne affaire.

CORRESPONDANCE

« Monsieur le rédacteur,

« Je viens de surprendre ma femme en flagrant délit d'adultère.

« J'aurais pu la tuer, mais j'ai préféré une autre vengeance.

« J'ai fait un paquet de toutes les affaires de mon épouse et je les ai *chargées* sur les épaules de son amant.

« Pendant cette opération, ils paraissaient tous les deux fort étonnés.

« Je me tournai du côté de ma femme :

« — Madame, lui dis-je, puisque vous me trompez, c'est que vous ne m'aimez pas. Si vous avez donné des coups de canif dans le contrat en compagnie de ce monsieur, c'est sans doute parce que vous avez pour lui une vive affection. Je vous autorise donc à vivre avec lui.

« Puis, me tournant du côté du séducteur :

« — Monsieur, vous pouvez emmener ma femme. Elle a un mauvais caractère, elle est très-coquette et elle dépense douze mille francs par an pour sa toilette. Maintenant, mon bon ami, je vous bénis en vous priant de ne jamais me donner de vos nouvelles.

« Les deux coupables partirent, monsieur le rédacteur, mais il fallait voir la tête qu'ils faisaient. Ah! vous auriez bien ri !

« Je mène la vie de garçon et je suis très-heureux. Je fais des vœux pour que ma femme vive longtemps, afin de n'avoir pas la funeste idée de me remarier.

« Recevez, monsieur, etc.

« DUBOULOIS. »

Autre lettre :

« Monsieur,

« Chinchinette vient de me quitter. Chinchinette, c'est ma maîtresse.

« Je suis au désespoir.

« Que me conseillez-vous de faire ? Faut-il que je me marie ou que je me tue ?

« Veuillez, je vous prie, me répondre par retour du courrier, car je ne fais jamais rien sans consulter mon journal.

« Agréez, etc.

« ALFRED. »

Réponse à M. Alfred.

« Monsieur,

« Prenez une femme à l'heure ou à la journée et promenez-la, en grande toilette, sous les fenêtres de Chinchinette.

« Le soir même elle reviendra chez vous et vous fera une scène de jalousie. »

ANNONCES

Un jeune homme désire se débarrasser d'une maîtresse qui l'ennuie beaucoup.

La fidélité est garantie. Pour les gens qui aiment cela, c'est une bonne recommandation.

Ecrire poste restante aux initiales A. Z.

Une dame dans le pétrin cherche un homme qui consentirait à lui payer ses dettes (environ vingt mille francs).

En retour, il serait aimé pendant au moins un an.

S'adresser au concierge de la rue des Martyrs, n° 217.

Pour extrait du *Journal de l'Amour :*

Le gérant : CUPIDON.

COULISSES.

— Eh bien, voyons, l'ange, c'est-t'i' à ce soir qu'on l' prend c'te mêlé-cassis ?
— Ah ! t'y penses pas !
— Grande blagueuse, va !

UNE SOIRÉE CHEZ Mlle BÉBÉ-PATAPOUFF

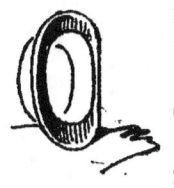n fait des préparatifs pour recevoir les nombreux invités.

AMÉLIE (*jouant les confidentes*). — Tu te mets à donner des soirées maintenant ?

BÉBÉ. — Mais oui, je trouve que cela lance une femme ; j'espère que l'on parlera de moi dans les chroniques.

— Il me semble que je connais la tête de ce domestique qui allume les bougies.

— C'est possible, c'est celle de mon oncle. Ma marraine et ma tante sont dans la cuisine; elles préparent les rafraîchissements.

— Je vois avec plaisir que ta famille a l'œil sur toi.

— J'ai toujours été bonne fille, je n'ai jamais abandonné mes parents.

Un bambin d'une douzaine d'années arrive en groom.

LE GROOM. — Comment me trouves-tu ainsi, Bébé?

AMÉLIE. — Tu te laisses tutoyer par ton groom?

BÉBÉ. — C'est mon petit cousin. Tu es très-bien ainsi, Gustave ; mais tu ne t'es pas barbouillé la figure en noir.

LE GROOM. — Ça m'embête de me noircir.

AMÉLIE. — Quel charmant enfant!

BÉBÉ. — Et moi je veux avoir un nègre pour introduire le monde; c'est bien plus comme il faut... Tu vas aller te frotter avec la réglisse que j'ai achetée.

LE GROOM. — Je l'ai mangée.

BÉBÉ. — Quel gourmand!

LE GROOM. — Ça tient de famille.

AMÉLIE. — Il a réponse à tout.

BÉBÉ. — Cette fois tu prendras du cirage. Va vite à la cuisine dire à ta mère de t'arranger.

LE GROOM. — Je ne veux pas.

BÉBÉ. — Alors tu ne mangeras pas de gâteaux et je ne te donnerai pas la montre en argent que je t'ai promise.

A ces menaces, le petit cousin s'exécute et il revient quelques instants après complétement noirci.

Les invités arrivent.

M. DE BOISSEC (*à Bébé*). — Ma chère amie, permettez-moi de vous présenter un de mes amis qui a quitté le château de ses pères pour venir s'amuser à Paris. Il se nomme Oscar de Becsalé.

BECSALÉ. — Je suis fier d'être admis dans vos salons, madame.

DE BOISSEC. — Imbécile, tais-toi, est-ce que tu te crois dans le monde?

BÉBÉ (*bas à Boissec*). — A-t-il des rentes, ton ami?

DE BOISSEC. — Certainement.

Bébé. — Alors très-bien, parce que vous savez que je ne veux recevoir que des gens comme il faut.

De Boissec. — C'est le fils d'un honorable agriculteur.

Bébé. — Je ne demande pas que l'on ait amassé de la fortune honorablement ; pourvu que l'on soit riche c'est tout ce que je désire. Ah ! voici Léon ; vous êtes bien gentil d'être venu à ma soirée.

Léon. — J'étais au faubourg Saint-Germain, dans un bal comme il faut où je me décrochais la mâchoire, je me suis empressé de lâcher ce monde-là pour venir ici.

Bébé. — Et vous avez eu raison.

Léon. — Mais j'ai fait un joli four ce soir au faubourg Saint-Germain !

Bébé. — Quel four ?

Léon. — Je croyais être ici, j'ai eu je ne sais quelle hallucination, et au milieu d'un quadrille j'ai levé la jambe à la hauteur de l'œil de mon vis-à-vis.

Bébé. — Oh ! la bonne farce ; et qu'avez-vous dit pour vous excuser ?

— J'ai prétendu que j'avais une crampe.

J'aperçois Henri qui se traîne de ce côté.

Bébé. — Pauvre ami, as-tu l'air assez éreinté.

Henri. — Je suis rompu, voici la quinzième nuit que je passe sans dormir. Mais j'ai voulu venir chez Bébé. D'abord, si on ne me voyait pas dans toutes les soirées amusantes, je serais déshonoré.

Bébé. — On joue une polka, venez la danser, cela vous donnera des forces. (*Elle l'entraîne.*)

Becsalé (*à de Boissec*). — Cette petite fête est charmante, je veux aller toutes les nuits dans les bals de ce genre.

Une petite dame arrive au milieu du salon en poussant des cris de paon.

Bébé. — Qu'y a-t-il ?

La petite dame (*montrant sa robe blanche qui est couverte de taches noires*). — Voyez !...

— Qu'est-il donc arrivé ?

— C'est ton nègre qui a déteint sur moi.

Le groom (*arrivant dénoirci*). — Ça n'est pas de ma faute, j'ai fait un faux pas et j'ai roulé sur la robe de madame. C'est bien fait, on ne me forcera plus à me barbouiller la figure avec du cirage.

Toutes les danses, qui ont été arrêtées par ce petit accident, recommencent.

BÉBÉ (*s'approchant d'une table de jeu*). — Messieurs, je vous permets de jouer. Mais je vous invite à ne pas faire sauter la coupe. Cela jette un froid dans les réunions intimes comme celles que j'inaugure ce soir.

UNE DAME (*à Becsalé*). — Monsieur, vous seriez bien aimable de me prêter un louis pour tenter la veine au baccarat.

BECSALÉ (*très-embarrassé*). — Ah! vous avez besoin de vingt francs?

DE BOISSEC (*bas*). — Tu ne peux les refuser, cela produirait un mauvais effet dans une société où tu viens pour la première fois.

BECSALÉ. — Tu crois? (*A la dame.*) Voici vingt francs et tâchez de bien jouer.

LA DAME. — C'est à moi d'avoir les cartes. Voulez-vous tenir?

— Volontiers.

— Je mets un louis au jeu. (*Elle donne des cartes.*) En voulez-vous?

— Oui, j'ai huit.

— Et moi, quatre. Vous avez gagné.

— Merci. (*Il empoche le tout.*)

— Non, ne prenez pas mon louis.

— Puisque j'ai gagné...

— Si vous me prenez le louis que vous m'avez prêté, les choses seront absolument comme avant et je ne pourrai plus jouer.

— C'est vrai. (*Il rend le louis.*) Le voici, madame, excusez-moi. (*Bas à son ami.*) Mais, de cette façon-là, je ne gagne rien.

DE BOISSEC. — Félicite-toi de ne pas avoir perdu, car sans cela tu aurais été obligé de donner encore vingt francs.

BÉBÉ (*montant sur une chaise*). — Mesdames et messieurs, je vous prie d'interrompre un moment vos jeux et vos danses.

TOUS. — Silence!... silence!

BÉBÉ. — Au milieu de nos joies et de nos plaisirs nous ne devons pas oublier ceux qui souffrent. Je connais une pauvre famille qui est plongée dans la plus affreuse misère. Le père a soixante-quinze ans et la mère soixante-dix. Ces pauvres gens ont douze enfants en bas âge, et la mère est sur le point de donner le jour au treizième rejeton.

BECSALÉ (*bas à son ami*). — A soixante-dix ans, c'est un peu fort.

DE BOISSEC. — Ces choses-là n'arrivent qu'aux malheureux.

BÉBÉ. — Pour secourir cette atroce misère j'ai mis en loterie cette pipe en écume de mer, et j'ai fait soixante-dix billets à un louis... Comme il y a ici soixante-dix cavaliers, je me plais à croire qu'ils seront tous pris. Cependant si quelqu'un désire plusieurs billets il me sera facile d'en ajouter. Connaissant votre bon cœur à tous, j'ai pensé que vous répondriez avec empressement à l'appel que je fais en ce moment à votre générosité.

Ce petit discours est accueilli par de nombreux applaudissements, mais on remarque qu'il n'y a que les femmes qui battent des mains.

BECSALÉ. — Prends-tu un billet ?

DE BOISSEC. — Forcément.

BECSALÉ. — Néanmoins, je voudrais bien faire la connaissance de cette septuagénaire qui a douze enfants en bas âge et qui va encore donner le jour à un nouveau-né.

— Mon cher ami, tu ne sais donc pas que cette loterie est une ficelle ; avec le produit, Bébé payera les dépenses de cette petite fête, et il restera encore une bonne somme pour elle.

— Elle devrait le dire.

— Il faut toujours sauver les apparences.

AMÉLIE (*s'approchant de Becsalé*). — Je joue samedi prochain à la salle de la Tour-d'Auvergne, vous seriez bien aimable de prendre des places.

BECSALÉ. — C'est que... enfin donnez-moi deux fauteuils d'orchestre.

AMÉLIE. — C'est douze francs.

BÉBÉ. — Henri ne m'a pas pris de billet. Où est-il ?

AMÉLIE. — Il est si éreinté qu'il est allé se coucher sur son lit, il dort en ce moment d'un profond sommeil.

BÉBÉ. — Glisse-lui deux billets dans la poche de son gilet, ça lui apprendra à dormir. Il me devra quarante francs.

A LA SORTIE.

DE BOISSEC. — Tu fais une drôle de tête. Tu ne t'es donc pas amusé chez Bébé ?

BECSALÉ. — Pas tant que ça.

— Pourquoi ?

— J'avais apporté quinze louis et il ne me reste plus un sou.

— Tu as pris un billet de loterie et deux places pour la salle Lyrique ; total, trente-deux francs. Tu as donc perdu au baccarat ?

— Non, au contraire, j'ai gagné, et voilà pourquoi je n'ai plus un centime.

— Je ne te comprends pas.

— Toutes les femmes voyant que j'avais une veine insolente m'ont emprunté de l'argent pour que je leur porte bonheur.

AUX CHAMPS.

— Un pays bien salissant que c'Paris! D'puis qu' la p'tiote y a été, c'est h'effroyable l'eau qu' ça nous use!...

A VALENTINO

l est onze heures et demie; il y a déjà foule. Deux jeunes gens imberbes regardent avec délice ce spectacle qui est tout nouveau pour eux)

Premier jeune homme. — Hein! Paul, comme c'est joli !

Paul. — C'est ravissant ; mais il est fâcheux que nous ne puissions pas rester longtemps ici. Jusqu'à quelle heure as-tu, Auguste ?

Auguste. — Jusqu'à une heure, et toi ?

— Moi aussi.

— Hein! quand les élèves du collége sauront que nous avons été à un bal masqué, comme ils vont envier notre sort !

— Seulement j'ai peur d'une chose.
— De laquelle ?
— C'est que mon père ne s'aperçoive que je lui ai chipé son habit.
— C'est comme moi.
— Mois où as-tu mis ta tunique de collégien ?
— Chez mon concierge que j'ai corrompu en lui donnant trois francs soixante-quinze.
— C'est par le même moyen que j'ai rendu ce cerbère mon complice.
— Tout de même, c'est une bonne idée que de commencer les bals à onze heures.
— Oui, au moins nous pouvons en profiter.
— Je suis sûr qu'ils ont fait ça pour les collégiens.

(*Un domino rose et un domino noir s'approchent d'eux.*)

Le domino (*à Paul*). — Tu ne danses donc pas, mon petit ?

Paul (*embarrassé*). — Comment vous... comment, tu... (*A part.*) Ça vous fait un drôle d'effet quand une femme vous tutoie à bout portant.

Le domino rose (*bas à son amie*). — Nous pouvons nous amuser d'eux, ce sont des novices.

Auguste (*bas à Paul*). — Tu as l'air timide ; que t'es bête ! Tiens, regarde, voici comment on s'y prend. (*Pinçant la taille du domino noir.*) Beau masque, veux-tu souper avec moi ?

Le domino noir. — Mais certainement, s'il y a des huîtres.

Auguste (*se rengorgeant*). — Il y en aura.

Paul (*bas à Auguste*). — Mais, dis donc, tu n'as que trois francs sur toi et tu veux lui payer à souper ?

Auguste (*bas à Paul*). — Tu es stupide ; c'est la phrase qu'on lâche toujours pour commencer ; c'est comme qui dirait l'exorde de la conversation dans un bal masqué.

Paul. — Ah ! c'est différent, du moment que ça n'engage à rien. D'abord nous ne pourrions rien leur payer puisque nous n'avons pas d'argent et que nous devons partir à une heure.

Le domino noir (*à Paul*). — M'offres-tu à souper ?

— Mais certainement. (*Il se permet des familiarités avec le domino noir.*)

Le domino rose. — Messieurs, tendez-nous donc votre bras pour faire un tour dans les salons. Des femmes seules ici risquent tant d'être compromises.

Paul. — Nous sommes vos cavaliers. (*A part.*) Aurions-nous affaire à des femmes comme il faut? Quelle chance !

(*Ils font un tour dans le bal.*)

Un monsieur (*à un bébé*). — Où vas-tu comme ça, jeune enfant?

Le bébé. — Moi, je ne vais nulle part. Seulement j'ai bien soif.

Le monsieur (*achetant trois oranges et les lui donnant*). — Tiens, voici pour te désaltérer.

Le bébé. — Merci bien, mossieu... je t'aime bien, na !

Un autre bébé (*arrivant*). — Et à moi on ne donne rien, j'ai soif aussi, na !

Le monsieur. — Je n'ai plus rien.

Le premier bébé. — Donne-lui aussi une orange, c'est ma sœur de lait.

Le monsieur (*lui donnant deux oranges*). — Tiens, voici pour toi, afin de ne pas faire de jalouse.

Un gros bébé male (*arrivant*). — On ne me paye rien à moi?

Le bébé (*au monsieur*). — Donne-lui aussi quelque chose, c'est mon frère de lait.

Le monsieur. — Non, merci ; tu as trop de sœurs et de frères de lait.

(*Il se sauve; les bébés courent après lui.*)

Une espagnole (*s'approchant d'un monsieur*). — Je te connais, mon cher.

— Ça se peut... Qui suis-je ?

— Je ne dirais pas ton nom; mais, pour te prouver que je te connais, je vais te faire une confidence.

— Laquelle ?

— Dernièrement tu as été rincé à la Bourse.

— C'est connu.

— Tu n'as qu'une douzaine de chemises et elles ne valent pas grand'chose.

— En me faisant cette révélation tu te trahis aussi, je sais maintenant qui tu es.

— Je ne le pense pas.

— Parbleu! tu es ma blanchisseuse.

UNE BERGÈRE (*se promenant au bras d'un jeune homme*). — Viens-tu me payer quelque chose au buffet ?

LE JEUNE HOMME. — Que veux-tu ?

— Un bâton de sucre de pomme.

LE JEUNE HOMME (*à la dame du comptoir*). — Combien ce bâton ?

LA DAME. — Cinq francs pour le vulgaire et dix francs pour les gens distingués comme vous.

LA BERGÈRE (*prenant le bâton*). — Merci, voici cent sous.

(*Le jeune homme s'éloigne.*)

LA BERGÈRE (*revenant près de la dame du comptoir*). — Voilà votre bâton de sucre de pomme.

LA DAME. — Vous n'en voulez pas ?

— Non, je vous le revends.

— Combien ?

— Comme toujours, trois francs.

— J'accepte. Vous devez vous faire de bonnes soirées ?

— Il y en a qui se font trois mille livres de rente en élevant des lapins, moi je tâche de me les faire en revendant des bâtons de sucre de pomme. Tout à l'heure, je me ferai redonner le même. (*Elle s'en va.*)

PAUL ET AUGUSTE (*cherchant à gagner la sortie vivement*). — Filons vite, il est une heure et demie.

PAUL. — Fichtre!... nos dominos qui sont à notre poursuite !

AUGUSTE. — Ça commence à être gênant.

— Tâchons de les perdre.

— Pas moyen, les voici.

— LE DOMINO ROSE. — Ah çà, mes petits, est-ce que vous allez nous laisser en plan ?

LE DOMINO NOIR. — Vous nous avez offert de nous payer à souper et je commence à avoir mon estomac dans les bottines.

AUGUSTE (*fort embarrassé*). — C'est que...

LE DOMINO NOIR. — Il n'y a pas à dire, il faut nous donner au moins de la charcuterie. Un gentilhomme n'a que sa parole. (*Elle prend le bras d'Auguste.*) Allons souper.

Le domino rose (*s'emparant de Paul.*) — A la Maison-d'Or !

Paul (*à part*). — Cristi !... que ces femmes sont collantes ! (*Bas à Auguste.*) Sauvons-nous, nous sommes en retard.

Auguste (*bas à Paul*). — Mais comment faire ?

Paul (*allant trouver un gardien de la paix*). — Monsieur, je vous prie de faire entendre raison à ces dames, elles ne veulent pas nous lâcher.

Auguste. — On veut nous enlever.

Le gardien. — Ça ne me regarde pas, du moment que la politique est étrangère à l'événement... vous devez savoir vous défendre, vous êtes assez grands.

Les dominos (*riant à gorge déployée*). — Ah ! ah ! c'est charmant !

>(*Paul et Auguste après de longs efforts parviennent à se faire lâcher par les dominos et se sauvent. Mais le domino rose court après Paul et le retient par un pan de son habit qui lui reste dans les mains.*)

AU VESTIAIRE.

Paul (*anéanti*). — L'habit de papa... comme il est arrangé !

Auguste. — Nous avons eu de la chance d'en sortir à si bon marché.

— Je te trouve charmant. Que va-t-on me dire chez moi ?

— Allons, prête-moi cinquante centimes pour reprendre mon paletot.

— J'allais te faire la même demande.

— Mais nous sommes stupides ; tu sais bien que nous avons payé en entrant ; nous sommes sauvés. C'est toi qui as le numéro.

Paul (*pâlissant*). — Ah ! bigre ! je l'ai mis dans le pan de l'habit qui est resté entre les mains du domino rose.

Auguste (*pétrifié*). — Nous sommes dans un bel état ! Pas moyen d'avoir nos paletots !...

— C'est le ciel qui nous punit d'avoir été au bal masqué sans la permission de papa... Pourvu maintenant que nous ne soyons pas enrhumés du cerveau !

(*Ils s'en vont en boutonnant leurs habits et en se faisant un cache-nez de leur mouchoir.*)

LES PARISIENNES.

DERRIÈRE LE RIDEAU.

— Le monstre! comment! tu ne le vois pas là-bas au balcon avec une femme?...
— Rassure-toi; v'là trois fois qu'il bâille, ça doit être la sienne.

FRISETTE

CONTE MORAL

Signalement de l'héroïne :
Age : Dix-sept ans.
Figure : Jolie.
Emploi : Fleuriste.

Des amies qui ont quitté le métier qui fait gagner à Frisette trente sous par jour, viennent trouver la jeune ouvrière.

— Nous t'emmenons ce soir au bal masqué de Valentino, dit la grande Louise.

— Moi, s'écrie Frisette, aller dans un bal masqué! mais je n'oserai jamais.

— C'est bien pour cela que nous venons te chercher.

— Mais je n'ai pas de costume.

— Nous t'en prêterons un. Nous te déguiserons en grisette Louis XV.

— Ma foi, j'accepte. Mais je pense à une chose qui me désole : papa et maman ne me permettront pas d'aller au bal.

— Tu vas leur faire savoir que tu passes la nuit au magasin pour terminer un ouvrage très-pressé.

— Vous autres, vous avez le mensonge facile.

— Il le faut bien pour pouvoir dire aux hommes qu'on les adore. Voyons, ne perdons pas de temps.

— Je suis votre mauvais conseil.

LE PREMIER BAL.

A minuit, Frisette fait son entrée au bal, appuyée sur le bras tutélaire de la grande Louise, qui lui dit :

— Ne mets pas ton masque; quand on est jolie, il faut bien que le public le sache, c'est le seul moyen d'obtenir quelque succès.

— C'est charmant ici, dit Frisette en regardant tout avec des yeux étonnés.

Elle est suivie et accostée par plusieurs messieurs.

— Pourquoi me tutoient-ils? demande-t-elle à son amie.

— C'est la coutume; et tu dois aussi les tutoyer, sans quoi ils penseraient que tu leur manques de respect.

— Quelles drôles de mœurs !

Frisette ne manque pas une danse.

Comme on voit que c'est une innocente jeune fille, elle obtient un très-vif succès.

— Ma chère enfant, lui dit un gommeux, tu me feras bien le plaisir de souper avec moi ?

— Oh ! non, monsieur, c'est inutile, j'ai dîné hier soir au magasin, j'ai mangé une soupe aux choux et du bœuf.

— Oh ! l'admirable ingénue ! s'écrie le gommeux ; mais c'est une fortune qu'une femme comme cela ! Je vais courir informer mes amis que j'ai découvert un capital.

A cinq heures du matin, Frisette est enlevée par la folle jeunesse de l'endroit et déposée dans un cabinet de Brébant.

LE 1200ᵉ BAL.

Le lendemain de son premier bal masqué, Frisette quitte sa famille et le magasin.

Elle s'installe dans une maison meublée où logeaient ses bonnes camarades. Nous passons par-dessus les péripéties de l'existence de cette nouvelle recrue pour la cocoterie parisienne, péripéties qui sont les mêmes pour toutes les femmes.

Nous la retrouvons à Valentino dansant un quadrille échevelé.

Après cet exercice chorégraphique, elle se sauve dans un coin et se met à pleurer.

— Eh bien! lui demande une amie, ça ne va donc pas? Tu as des chagrins.

— Oui.

— D'amour?

— Quelle bêtise!

— Tu es gênée?

— On a tout vendu chez moi, et depuis hier matin je n'ai pas mangé.

— Tu trouveras peut-être ce soir un aimable cavalier qui t'emmènera souper.

— Oh! non, personne ne fait plus attention à moi. On ne me regarde que quand je danse un quadrille, à cause de mon coup de pied au niveau de l'œil de mon vis-à-vis.

— Il y a quelques étrangers ici ce soir.

— Hélas! je ne suis plus jolie. Vois cette figure abîmée par les veilles et les privations. Pourquoi ne suis-je pas restée simple ouvrière?

— Des remords, maintenant?

— Ils arrivent quand, comme moi, on a roulé dix années dans tous les bals publics. Si je voyais une jeune fille entrer pour la première fois dans ce bal, je ferais tout mon possible pour l'en éloigner immédiatement.

— Bonsoir, Frisette, je te quitte, parce que tu n'es pas gaie aujourd'hui.

— Je vais encore danser ce quadrille. Je prouverai ainsi au directeur que j'ai beaucoup de zèle, et il me prêtera peut-être vingt sous pour acheter de la charcuterie.

LE DERNIER BAL.

La scène se passe au bal de la *Reine Blanche*, un mardi gras.
Des valets d'écurie offrent un saladier de vin chaud à Frisette.
— Ça ne va donc pas? dit l'un d'eux.
— Oh! non, dit la malheureuse en soupirant.
— Tu craches toujours le sang?
— Plus que jamais.
— Tu as eu tort de venir à ce bal masqué. Tu as froid dans ce costume de grisette.
— J'étais ainsi vêtue, quand je mis pour la première fois les pieds dans un bal.
— Le cornet à piston attaque les premières mesures d'une valse. La danses-tu?
— Parbleu!
A peine Frisette a-t-elle fait douze ou quinze tours qu'elle tombe inanimée dans les bras de son danseur.
Un cocher charitable qui stationne devant l'entrée du bal veut bien ramener gratis la malheureuse chez elle.

Le lendemain, vers les cinq heures, un char funèbre de la dernière classe passe devant le bal de la *Reine Blanche*.

C'est Frisette que l'on conduit au cimetière Montmartre.

Et de sa dernière demeure on entend les violons du bastringue voisin.

UN IMPORTUN.

— Mamzelle, c'est l' docteur.
— Impossible de le recevoir en c' moment; dis-lui... que je suis très-malade.

MADAME VEUT RECEVOIR

Madame Jolibois. — Mon ami, cet hiver, comme les hivers précédents, je tiens à recevoir.

M. Jolibois. — Si cela t'amuse je ne veux pas te contrarier. Pour ma part, je t'avoue que j'aimerais mieux me coucher de bonne heure.

— Tu as le temps de dormir en été, lorsque nous sommes dans notre maison de campagne.

— Donnons donc une soirée, puisque cela te fait plaisir.

— Dressons ensemble la liste de nos invités. J'en ai une de l'année dernière, elle est dans mon secrétaire.

— Examinons-la avec soin ; nous retrancherons les personnes que nous ne voudrons pas recevoir.

— Tu as raison, ma chère amie, il vaut mieux ouvrir ses salons à des amis intimes, on s'amuse plus en petit comité et on dépense moins d'argent.

— Je trouve en première ligne M. et Mme Durandard.

— Effaçons-les.

— J'allais te le proposer.

— Il y a six mois ils ont marié leur fille et ils ne nous ont pas invités au dîner de noces.

— Ce qui prouve qu'ils ne tiennent pas à nous.

— Nous ne tenons pas plus à eux.

— Ce n'est pas pour le dîner, mais pour la politesse.

— M. Cornouillet et sa famille.

— Ils ont deux filles ?

— Oui.

— Il y en a une qui est fort jolie et l'autre qui est atroce.

— Ce sont les deux extrêmes.

— On fait continuellement danser la jolie, et la laide fait tapisserie toute la nuit.

— A chaque contredanse je suis obligé de courir après les jeunes gens pour les prier d'inviter cette malheureuse créature. Quand un danseur se sacrifie je lui dois une reconnaissance éternelle.

— C'est tout naturel.

— Il y en a même un qui dernièrement m'a prié de demander la protection d'un chef de division de mes amis pour entrer dans un ministère. Il m'a dit : — Vous pouvez bien faire cela pour moi, car tout l'hiver dernier j'ai fait danser Mlle Cornouillet. — J'ai été forcé de faire de nombreuses démarches parce que, soi-disant, ce jeune homme m'avait rendu service.

— Et tu lui as eu la place qu'il sollicitait, je crois.

— Oui, mais je n'ai pas envie de recommencer, et cela pour être agréable aux Cornouillet.

— Ne les invitons donc pas. Envoyons-nous une invitation à M. Duroseau?

— Gardons-nous-en bien.

— Pourquoi? c'est un jeune homme.

— Celui-là ne fait jamais danser aucune demoiselle. Il n'est donc pas utile dans une soirée. Il se borne à engloutir des glaces, des verres de punch et de champagne.

— Je l'ignorais.

— Oh! je l'ai observé, la femme de chambre aussi. Je suis certain que ce garçon-là me coûte plus de quinze francs chaque fois qu'il vient. En ajoutant une quinzaine de francs je puis payer le pianiste.

— Sapristi! alors biffons ce gargantua.

— A propos de gargantua, les Dujardin se trouvent-ils sur la liste?

— Certainement.

— Eux ne viennent que pour dévorer. Je suis certain que ces gens-là ne dînent pas quand ils vont dans le monde pour mieux souper. Quand on prie les invités de passer dans la salle à manger, ils se précipitent à une table et s'y installent tous les six les uns à côté des autres, car ils sont une demi-douzaine dans cette famille. M. Dujardin ne songe qu'à servir sa femme et ses enfants. Ils restent deux heures à table sans se préoccuper que d'autres personnes attendent qu'ils aient fini.

— Les gloutons ne sont pas nécessaires dans une soirée.

— Il paraît qu'une fois, l'hiver dernier, ils sont allés à un bal que donnait M. Vernouillet; en arrivant, ils ont demandé à la bonne s'il y avait un souper; sur la réponse négative de la domestique, ils sont partis.

— C'est honteux! Merci! je ne veux pas avoir ces gens-là.

— Supprimons-les de notre liste!

— Et pour toujours.

— Mme Balandard est une femme très comme il faut, nous pouvons lui envoyer une invitation.

— Je ne veux pas de cette créature dans mon salon.

— Pourquoi, ma chère amie?

— Parce qu'il court sur elle les bruits les plus scandaleux.

— Lesquels?

— Elle dépense au moins cinq cents francs par mois pour sa toilette.

— Si elle a de la fortune.

— Aucune. Son mari a une place qui lui rapporte tout au plus quatre mille francs.

— Mais il est proposé pour avoir de l'avancement, à ce que m'a dit M. Morin.

— C'est ce qu'il y a d'étrange; il n'y a pas plus de huit mois, il a été porté à quatre mille, toujours au dire de M. Morin, qui est dans la même administration que lui.

— Ce sont peut-être des cancans.

— Peu m'importe; je ne veux pas recevoir Mme Balandard.

— Tu es la maîtresse, tu feras ce que tu voudras.

— Nous inviterons M. Casimir de Gransac, c'est un excellent valseur.

— Comme l'hiver dernier les mères viendront se plaindre à moi.

— Pour quel motif?

— Elles prétendent que M. Casimir, en valsant, serre trop la taille des demoiselles. Et elles m'ont toutes dit que désormais elles défendraient à leurs filles de danser avec M. de Gransac.

— Alors, pour éviter un scandale, n'invitons pas ce jeune homme.

— Nous aurons la famille Ducrochet.

— Elle ne peut pas se voir avec les Dubois. Mme Dubois me disait encore dernièrement que Mme Ducrochet lui portait sur le système nerveux et que, quand elle se trouvait placée à côté d'elle, elle avait envie de la battre.

— Un pugilat dans nos salons, fichtre! il faut empêcher cela!
— Je dois donc sacrifier une famille à l'autre.
— Fais ton choix.
— J'aime mieux les Dubois.
— Invitons-les.
— Mais j'y pense...
— Quoi encore?
— Nous aurons M. Beauminet et son fils.
— Certainement; quant à ceux-là j'y tiens; Beauminet est un vieux camarade.
— Mais Beauminet fils a fait demander la main de Mlle Dubois et on la lui a refusée. Ce refus a jeté un froid entre les deux familles.
— N'invitons pas les Dubois, donnons la préférence aux Ducrochet.
— S'ils viennent à apprendre que nous avons donné un bal et que les Dubois ont été invités, ils m'en voudront à mort et je n'ai pas envie de me brouiller avec eux.
— N'invitons ni les Dubois, ni les Ducrochet. De cette façon il n'y aura pas de jalousie possible. Je vais maintenant inviter Mme Dumesnil.
— Je n'en veux pas.
— Qu'as-tu donc contre elle?
— C'est une coquette. Quand elle est dans un salon, tous les hommes font cercle autour d'elle : ça humilie les autres personnes.
— Alors rayons Mme Dumesnil.

Ils continuent à examiner la liste de leurs amis et connaissances et à rayer à mesure.

M. JOLIBOIS. — Nous retranchons encore les Blaminy.

MADAME JOLIBOIS. — Je ne veux pas en entendre parler. Après?
— Il n'y a plus personne sur cette liste.
— Ah bah!...
— Je ne vois donc à inviter que M. Beauminet et son fils. Ce bal, à mon avis, manquerait d'animation, et il est inutile, pour un vieux camarade de collége, d'allumer le lustre.

— Voilà qui est curieux. Tu ne t'es pas trompé?

— Non; vois plutôt.

— Tu as raison.

— Ma bonne amie, il me vient une idée. Au lieu de donner un bal, nous inviterons tout simplement Beauminet et son fils à venir dîner avec nous dimanche.

— Ton idée a mon approbation.

— Nous ferons ainsi des économies et les imbéciles que nous aurions invités ne critiqueront pas notre manière de recevoir.

LUNE DE MIEL.

— Tu sais pas, si tu voulais, nous monterions du pain, du vin, un peu de charcuterie, et puis, demain, nous ne nous lèverons pas de la journée.

MARIAGES RICHES

S'ADRESSER RUE DE..., A PARIS, DE UNE HEURE A CINQ HEURES
A MADAME VEUVE DE ***

Oscar Bellavoine lit cette annonce, se plonge ensuite la tête dans les mains, puis se frappe le front en s'écriant :
— C'est le ciel qui m'envoie cet avis.

C'était plutôt le fermier d'annonces du journal auquel Oscar était abonné.

Oscar s'habille en toute hâte et sort.

Quel était donc ce mystère ?

Le voici en quelques mots :

Oscar, jeune viveur, avait une maîtresse qu'il adorait et qui, au nom de cet amour, l'avait aux trois quarts ruiné.

L'argent manquant pour faire aller la maison, il en était résulté une rupture.

Cette décision avait été prise d'un commun accord.

Il y avait quinze jours de cela et Oscar ne cessait de penser à celle qu'il avait tant aimée, mais seulement il était bien décidé à ne pas se remettre avec elle.

A toute heure du jour et de la nuit il la regrettait.

Mais un matin, en lisant les journaux, il jette les yeux sur la fameuse annonce et se dit :

— Je vais me marier, je n'ai plus que cela à faire. Et comme je n'ai pas le temps de chercher une épouse, je m'adresserai à une entreprise matrimoniale ; c'est peut-être dans une de ces maisons de confiance qu'on est le moins trompé. Et d'abord, moi, qu'est-ce que je demande? Une jeune fille ou une veuve qui m'apporte une jolie dot. Comme la dame Trois-Étoiles annonce de riches mariages, je vais la charger de faire mon bonheur.

Il se présente dans l'établissement en question.

— Madame, dit-il en entrant, je désire être marié avant quinze jours, car je n'aime pas quand les choses traînent. Avez-vous quelques produits qui puissent me satisfaire ?

— Ici, monsieur, vous n'aurez que l'embarras du choix.

— Alors je regrette que la bigamie ne soit pas permise, car je pourrais vous prendre une brune et une blonde.

— D'abord veuillez me déposer un petit cautionnement, parce que souvent il y a des farceurs qui s'amusent à nous faire poser.

— Je suis très-sérieux ; mais si vous voulez un gage, voici ma montre; puis cette épingle et ces boutons de manchettes. Tout cela a de la valeur.

— J'aimerais mieux de l'argent.

— J'en ai chez moi, mais je n'ai pas le temps d'aller le chercher, car je suis si pressé...

— J'ai une bossue très-riche.

— J'aime mieux autre chose.

— Une bancale qui...

— Donnez-moi une jolie femme, car il s'agit d'oublier une ancienne passion.

— Ah! mais j'y pense, je crois avoir chaussure à votre pied.

— Je ne viens pas vous demander des bottines, mais une femme.

— C'est une façon de s'exprimer. J'ai dans ma clientèle une charmante demoiselle; ce n'est pas du rebut, car elle s'est présentée chez moi il n'y a que trois jours.

— Est-elle bien?

— Très-jolie.

— A-t-elle de l'argent?

— Trois cent mille francs.

— Cela m'irait assez, car c'est à peu près ce que j'ai mangé. Quand pourrai-je voir cette personne?

— Après-demain, ici, je donnerai un thé pour réunir plusieurs de mes clients, hommes et femmes, et celle que je vous destine assistera à cette soirée. Vous pourrez causer avec elle et la juger. Si vous vous convenez, le mariage pourra se faire dans le courant de la semaine. Je connais un notaire qui expédie vite ces sortes d'affaires.

— C'est entendu, à après-demain.

Oscar rentre chez lui et trouve une lettre de son ancienne. Voici ce qu'elle lui disait :

« Mon cher et ancien camarade,

« Bien que nous soyons séparés, nous ne devons pas être brouillés pour cela. J'ai un petit service à vous demander, et je pense que vous ne me le refuserez pas.

« Quand nous nous aimions, nous nous écrivions souvent. Vous avez donc plusieurs lettres de moi ; je vous prie de me les renvoyer avec ma mèche de cheveux et ma photographie, si toutefois vous n'avez pas détruit tous ces souvenirs. Si vous les avez jetés au feu, n'en parlons plus.

« Mais je tiens à ce qu'ils soient anéantis. J'ai un intérêt tout particulier à cela. Je crois même inutile de vous le cacher : je dois me marier. Cela vous prouve que je vous aimais, puisque, ne devant plus vous voir, je ne veux plus aimer personne après vous !

« Recevez, etc.

« BLANCHE. »

— C'est flatteur pour son mari, se dit Oscar. Ah ! bah ! il n'en saura rien. Cette nouvelle me fait plaisir, car on regrette toujours de savoir dans la circulation une femme qu'on a eue.

Je vais lui envoyer ce qu'elle me demande.

Voici son portrait. Elle est vraiment gentille. (*Il embrasse la photographie.*) Que je suis bête !... Je me laisse attendrir maintenant !

Mettons tout cela dans un paquet et qu'il n'en soit plus question, et accompagnons-le d'un petit mot.

Il écrit :

« Ma chère amie,

« Voici ce que vous m'avez demandé. J'aurais toujours conservé avec le plus grand soin vos lettres et votre portrait ; il y a des souvenirs qu'on aime à garder, sans tenir compte de ce qui a pu se passer pour occasionner la rupture.

« Je vous félicite de vos bonnes intentions. J'ai pris la même résolution que vous, je vais me marier. Aussi m'obligerez-vous en me rendant mon paquet de lettres ; il doit être gros, car je vous ai écrit pas mal de choses en prose et en vers. Remettez, je vous prie, le colis au commissionnaire. Je ne veux pas que ma femme légitime puisse apprendre un jour que j'ai été plus aimable avec ma maîtresse qu'avec elle.

« Celui qui conservera toujours de vous le meilleur souvenir.

« Oscar. »

— Voilà une affaire réglée. se dit-il, je n'en suis pas fâché. Il y a des choses dont on n'aime pas à s'occuper longtemps.

Le lendemain il se prépare pour aller à l'entrevue.
— C'est singulier, je me sens tout ému. Que je suis bête ! Si cette femme ne me plaît pas, j'en demanderai une autre... Je fais peut-être une sottise de me marier. Ah ! tant pis ! il faut bien en finir avec cette existence ridicule que je mène. Voici la maison, montons.

Il est reçu par Mme de Trois-Étoiles.
— La jeune personne est déjà arrivée, venez, je vais vous présenter. Elle joue du piano, vous exécuterez un morceau à quatre mains. Comme je sais que vous êtes pressé, il faut bien que je hâte la présentation. Ordinairement je prends plus de précautions. (*Elle s'éloigne.*)

Oscar (*stupéfait*). — Blanche!...
Blanche (*comme électrisée*). — Oscar!...
— Vous ici?
— Vous que...

. . . .

Oscar. — Hein! la bizarre aventure!
Blanche. — Il faut avouer qu'elle est drôle.
— Eh bien! pour que le hasard nous ait réunis ainsi, cela prouve que nous sommes faits l'un pour l'autre, et je t'épouse si tu y consens.
— Mais avec le plus grand plaisir.
— Oh! ma petite Blanche! (*Il l'embrasse.*) Serait-il vrai? tu as trois cent mille francs?...
— Puisque tu ne les as plus.
— Tu as raison. (*A part.*) Tiens, c'est un moyen comme un autre de rentrer dans mon argent.
Madame de Trois-Étoiles (*intervenant*). — Vous vous convenez, à ce que je vois. (*Bas à Oscar.*) Une excellente affaire, cher monsieur, une personne très-honnête, la fille d'un colonel qui...
Oscar. — Oui, je connais la devise de votre maison : *Confiance, célérité, discrétion.* (*A Blanche.*) Allons, viens-tu te coucher?

AU BAL MASQUÉ.

— Tu perds ton temps, tu sais, mon bonhomme; j' suis un peu comme les nouvelles allumettes, j' prends pas feu comm' ça.

LE MAILLOT DE MADAME DE B...

Un intérieur du faubourg Saint-Germain.
— Mon cher ami, dit Mme Blanche de B... à son mari, la vicomtesse de C... est venue me voir aujourd'hui, et elle m'a priée de jouer un rôle dans une petite *machine* qu'elle monte pour la fin du mois.
— Encore une comédie de société! C'est une manie chez cette femme-là... On ne donne plus de comédies de société, c'est passé de mode.
— Tu as raison.

— Et tu joues fort mal, flatterie à part.
— Je le sais bien.
— Donc, tu as refusé le rôle.
— Non, car il s'agit aujourd'hui de tableaux vivants, donc on ne parle pas.
— On se montre.
— Oui.
— Je ne trouve pas cela mieux.
— Néanmoins j'ai accepté le rôle. Je ferai la fée des flots, et voici mon costume. Mme de C... m'a apporté le dessin.
— Mais tu n'auras donc que des coquillages autour du cou et des bras !
— Et des perles dans les cheveux.
— Cela ne te costumera pas beaucoup.
— Je m'entourerai d'un flot de gaze verte.
— Ma chère amie, si je te disais de refuser ce rôle?
— Je ne t'écouterais pas.
— Alors je ne ferai aucune observation, car je ne veux pas que l'on prétende que je fais toutes les volontés de ma femme

*
* *

Quelques jours après, Mme de B... apporte une petite note à son mari.
— Mon ami, lui dit-elle, veux-tu avoir la bonté de me donner huit cents francs ?
— Pour quoi faire?
— Pour payer mon costume de fée.
— Comment ! une fée si déshabillée coûte ce prix-là !
— Certainement.
— Tu as acheté beaucoup de perles?
— Pas une seule.
— Alors !
— Mais il y a le maillot.
— Il est orné de guipures?

— Il est simplement en soie.
— Il coûte un bon prix.
— J'en ai fait faire huit qu'il m'a fallu payer.
— Pourquoi huit maillots?
— Parce que les premiers ne collaient pas bien. Il n'y a rien d'atroce comme un maillot qui fait des plis.
— On le verra donc beaucoup?
— On ne verra que lui.
— Mais il sera couvert par des flots de gaze.
— Oui, de la gaze transparente.
— Comment, transparente! s'écrie M. de B...
— Ne craignez rien, je suis bien faite.
— Je ne dis pas le contraire, mais je ne tiens pas à ce que tout le monde le sache.
— Vous n'êtes qu'un égoïste.

***

On répète les tableaux vivants chez Mme de C...

M. de B... a accompagné sa femme, car il tient expressément à assister à toutes les répétitions.

Un peintre à qui on s'est adressé pour disposer les tableaux place tout le monde.

— Monsieur le vicomte de Bois-Flotté, dit l'artiste, veuillez vous asseoir sur ce tabouret.

— Pendant que j'y pense, messieurs et mesdames, dit le vicomte, je voudrais vous demander quelque chose.

— Quoi donc?
— Pourrais-je porter ma décoration du pape?
— Étant déguisé en berger Pâris! fait le peintre étonné.
— Oui.
— C'est impossible.
— C'est fâcheux, je n'aime pas à quitter mon ruban.
— Je conçois cela; mais il faut respecter la couleur locale. Vous n'avez que cela à nous demander?

— Oui.

— Alors je continue à vous grouper. Madame de B..., ayez la bonté de vous placer à cet endroit ; vous vous appuierez voluptueusement sur M. le vicomte Pâris.

— Ne pourrait-on pas changer cette pose? demande M. de B..., vivement contrarié.

— C'est impossible.

— Mais au moins ne pas s'appuyer si voluptueusement?

— Il le faut, pour donner un mouvement au tableau.

— Ne pourrais-je pas remplir le rôle de Pâris?

— Vous voulez plaisanter, fait en riant M. de C...

— Je parle très-sérieusement.

— Vous oubliez donc que vous avez cinquante-quatre ans!

— Cinquante-quatre ans! répète en boudant M. de B...

— C'est très-jeune pour un homme marié, mais c'est trop vieux pour un Pâris.

Le malheureux M. de B... est obligé de céder devant les exigences de la mise en scène.

Mais quand il rentre chez lui il maudit de toutes les forces de son âme les comédies de société et surtout les tableaux vivants.

***

Le jour ou plutôt le soir de la représentation arrive. Une foule nombreuse encombre les salons de M. de C...

M. de B..., d'une humeur de dogue muselé, se place dans l'encoignure d'une porte.

A côté de lui est un jeune homme qu'il ne connaît pas.

On lève le rideau.

Ce tableau a un succès prodigieux.

— Comme cette Mme de B... est bien faite ! dit le jeune homme.

Cette remarque augmente la colère du mari.

— Je trouve que vous lorgnez un peu trop madame, c'est inconvenant, dit ce dernier.

— Je ne la lorgne pas. J'ai toujours un binocle sur le nez.

— En pareille circonstance on l'ôte.
— Je n'y verrais plus.
— Tant mieux, murmure M. de B...
— Vous dites?
— Je dis que c'est malheureux d'avoir la vue basse.
— Connaissez-vous Mme de B...?
— Non.
— Et son mari?
— Pas davantage.
— On le dit fort laid. Il doit être dans un coin de ce salon. Je voudrais bien le voir.

M. de B... se mord les lèvres jusqu'au sang.

— S'il est si laid qu'on veut bien le dire, sa femme ne doit pas lui être fidèle, continue le monsieur.
— Qu'en savez-vous?
— Le baron de Belleroche lui fait la cour et on prétend qu'il n'est pas mal vu d'elle. Tenez, le voici qui lui remet un magnifique bouquet de camellias. Qu'avez-vous donc? vous pâlissez.
— Rien; c'est la chaleur.

*
* *

Après ce charmant spectacle, M. de B... revient avec sa femme, mais il a eu soin de prendre le bouquet de camellias et de l'emporter dans sa chambre.

Il l'examine avec soin et découvre un petit billet qu'il ouvre.

Cette missive déposée au milieu de ces fleurs disait :

« Chère madame,

« Votre éblouissante beauté me rend fou. Je ne sais plus ni ce que je dis ni ce que je fais, je ne pense qu'à vous.

« De grâce, cessez d'être cruelle et permettez-moi de vous aimer, sinon je me brûle la cervelle, et c'est vous, vous seule, qui serez cause de ma mort.

« Franchement on ne doit pas avoir de scrupules de tromper un homme comme votre mari.

« Il n'est pas beau, il n'a pas d'esprit et il a un mauvais caractère.

« Si vous consentez à détourner le pistolet que je suis décidé à placer sur mon front, demain soir, pour aller au bal du vicomte de Z..., portez au corsage de votre robe un camellia de ce bouquet. »

*
* *

M. de B... envoya aussitôt ses témoins au séducteur de sa femme.
Une rencontre eut lieu près de Bagatelle.
L'épée traversa la poitrine de M. de B...
Pendant le délire que lui donna une forte fièvre, M. de B... voyait continuellement sa femme en maillot!

EN VISITE.

— Très-ch'nu, vous savez, vot' cognac! tel que ça, comme disait papa, pour vous r'fich' les boyaux d'équerre!

UNE FEMME NERVEUSE

eux anciens camarades de collége se rencontrent après une assez longue séparation.

— Il paraît que tu es marié, mon cher, j'ai appris cela dernièrement. Es-tu heureux en ménage?

— Ma femme serait parfaite, si elle n'était pas nerveuse.

*
* *

Mme Grandet est nerveuse, et c'est là son seul défaut; mais quel défaut !

Elle se lève un matin et va droit à la cuisine.

— Sapristi ! se dit la bonne, Madame a l'air d'avoir ses nerfs aujourd'hui, ne la contrarions pas.

— Marguerite, hier soir à neuf heures, j'avais besoin de vous ; je vous ai appelée, et vous n'étiez pas dans votre cuisine. Où étiez-vous?... Répondez... Vous gardez le silence ?

— Madame, j'étais allée...

— Des observations, maintenant, vous savez pourtant bien que je ne les aime pas...

— C'est Madame qui me demande si...

— Des insolences, sortez, je ne veux plus vous voir.

La bonne va trouver M. Grandet, qui lui dit :

— Vous êtes une excellente fille, très-dévouée... Mais que voulez-vous ?... Il faut partir, puisque vous ne convenez pas à ma femme, qui est nerveuse.

.˙.

M. Grandet fait ses comptes.

— Diable ! se dit-il, nous avons dépensé beaucoup d'argent cet hiver. Il faut que je fasse des économies.

Mme Grandet arrive.

— Mon ami, je viens de voir mon médecin, il m'a ordonné d'aller à Trouville.

— Je suis fâché de te refuser ce que tu me demandes ; mais mon budget ne me permet pas de te conduire aux bains de mer.

— Aïe!... aïe!...
— Qu'as-tu?
— Je sens que je vais avoir une crise de nerfs.
— Ma bonne amie, tu iras à Trouville.
— Tu es bien gentil, dit-elle en embrassant son mari.
— Je ferai des économies sur autre chose, pense M. Grandet, mais je ne puis refuser ce voyage à ma femme, car aujourd'hui elle est plus nerveuse que de coutume.

∗ ∗ ∗

— Dimanche, comme nous aurons du monde à dîner, j'inviterai mon ami Gérard.
— Cet homme-là m'agace; tu serais bien aimable de cesser de le recevoir.
— Gérard est un de mes bons amis.
— Je ne veux plus le voir. Le voici justement qui entre dans la maison. Je vais m'enfermer dans ma chambre.
Grandet reçoit son ami. Après un long entretien, il finit par lui dire:
— Mon cher, quand tu voudras me parler, donne-moi rendez-vous dans un café, mais ne viens plus ici; ma femme ne peut pas te souffrir; il faut l'excuser, elle est si nerveuse!

∗ ∗ ∗

Une personne obligeante avertit M. Grandet que sa femme reçoit souvent, pendant son absence, un sien cousin, joli blond de vingt-cinq ans.

M. Grandet est très-inquiet, il se décide à dire à sa femme qu'il sait tout.

— Ma chère amie, j'ai congédié mon ami Gérard, tu devrais en faire autant pour ton cousin Gustave.

— Et à propos de quoi?

— Il est jeune, il est gentil garçon...

— Oh! c'est une infamie!.... Quoi!... tu me soupçonnes, moi!

— Je ne te soupçonne pas... Mais j'ai des craintes... Dame, c'est tout naturel, tu es jolie, et...

— Oh! je sens que je vais avoir une attaque de nerfs.

Elle tombe roide sur un canapé.

Son mari court chercher un pot à eau et en jette le contenu sur la tête de sa femme.

Cette aspersion lui fait recouvrer ses sens.

Son mari se met à ses genoux, en s'écriant :

— Je n'ai aucun soupçon, ma petite femme chérie, je te demande mille pardons, tu pourras continuer à recevoir ton cousin Gustave toutes les fois que cela te fera plaisir... Désires-tu que je l'invite à dîner pour demain? Nous irons ensuite au spectacle ensemble.

— Oui.

— J'aurais bien voulu le congédier, pense M. Grandet, mais ma femme est trop nerveuse.

***

Il reçoit, un matin, la visite de deux messieurs qu'il ne connaît pas.

— Nous sommes envoyés par M. Machefer, ex-capitaine de cavalerie, disent-ils en entrant; notre ami demeure à l'étage au-dessous.

— Que me veut ce monsieur?

— Il nous envoie vous demander raison.

— A moi? mais je ne crois pas l'avoir offensé.

— Vous personnellement, non, mais Mme Grandet.

— Ah! bon, se dit M. Grandet, ma femme aura fait quelque bêtise... je sais en effet qu'elle déteste ces locataires, parce que le mari joue de la flûte.

— Madame votre épouse, en arrosant ses fleurs, a aspergé Mme Machefer qui prenait le frais sur son balcon, et cette douche a été donnée avec préméditation. Comme on ne peut se battre avec une dame, notre ami a l'intention de vous enfoncer trois pouces de fer dans le ventre.

— Il est bien aimable! mais dites au capitaine que je lui fais les plus plates excuses. Je le prie aussi de pardonner à ma femme, qui ne veut de mal à personne, mais qui est seulement fort nerveuse.

*
* *

Mme Grandet rencontre au jardin des Tuileries une de ses amies de pension.

— Tu es donc mariée? lui demande cette dernière. Es-tu heureuse en ménage?

— Certainement! je fais tout ce que je veux, on ne me contrarie jamais.

— Tu as de la chance!

— Tu envies mon sort? Eh bien! tu peux être tout aussi heureuse que moi.

— Que faut-il donc faire pour cela?
— Sois nerveuse. Grâce à ce petit truc, M. Grandet ne me refuse rien. Seulement, hier, j'ai manqué d'être veuve.
— Comment cela?
— En attirant un duel à mon mari. Mais il a fait des excuses, le lâche!
— Dès aujourd'hui, dit l'amie, je serai nerveuse.

LES PARISIENNES.

COULISSES.

— Pas v'nue hier, tu sais, toi, cent sous d'amende.
— Des nèfles !

PETIT PLAIDOYER
EN FAVEUR DES FEMMES

C'était l'autre jour, à un dîner entre amis.

Une vingtaine d'anciens camarades de collége s'étaient donné rendez-vous chez Brébant.

Il y avait là des célibataires, des hommes mariés, voire même des veufs.

On n'attendait plus que Lucien pour se mettre à table.

— Que lui est-il donc arrivé? se disait-on, lui qui est ordinairement si exact.

Au même moment entre Lucien.

On bat un ban pour fêter son arrivée.

L'effet est complétement raté, car Lucien a la plus piteuse mine qu'on puisse imaginer.

Il se laisse tomber sur un canapé.

— Qu'as-tu donc, Lucien? lui demande-t-on en chœur.

— As-tu été renversé par un omnibus ?

— Veux-tu prendre quelque chose pour te remettre?

— Non, s'écria Lucien, je ne veux pas me remettre ! Ce que je veux, c'est un pistolet pour me brûler la cervelle.

— Bon ! il est fou !

— Oui, je suis fou : fou de colère, fou d'amour, fou de jalousie !

— Valentine te trompe ?

— Indignement !

Et il se plonge la tête entre les mains, laissant éclater ses sanglots.

— Excusez-moi, murmure-t-il, de troubler cette réunion. Je ne voulais pas venir, j'avais l'intention d'errer dans les rues ; mais, me rappelant que vous m'attendiez, je me suis dirigé vers ce restaurant.

— Tu as bien fait.

— Quand on souffre, répond Lucien en se roulant sur le canapé, on a besoin de faire part de ses malheurs à quelqu'un. Je les ai déjà racontés à un cocher que j'avais pris à l'heure dans la journée, mais mon récit n'a point paru l'intéresser.

— Allons, mettons-nous à table, dit un convive.

— Je ne mangerai pas, répond Lucien ; mais qu'on m'apporte une carafe d'eau frappée, car je sens dans ma poitrine un feu qui me dévore.

On se met à table.

Pendant la première partie du dîner, chacun raconte son histoire ou même ses histoires sur les femmes.

Et après chaque récit, tous de s'écrier :

— Oh ! les femmes !...

Lucien écoute ces aventures tout en vidant sa troisième carafe d'eau glacée.

— Toi seul, Gaston, ne dis rien, fait un de ces messieurs en s'adressant à un jeune homme qui n'avait, en effet, pas encore parlé.

— Je ne dis rien, répète ce dernier, parce que vous me faites tous pitié, car vous êtes tous les mêmes, parce que vous êtes tous des fats et des imbéciles.

Cette réponse jette un froid.

— Je ne vous ménage pas les expressions, continue Gaston, parce qu'entre garçons on peut se dire la vérité. Vous attaquez tous sans exception la femme, et c'est elle qui devrait avoir pour vous le plus profond mépris.

— Est-ce que tu vas faire l'apologie de la femme au détriment de l'homme ? demande un des convives.

— Peut-être !

— Alors fermez bien les fenêtres pour que ce plaidoyer n'arrive pas jusqu'aux oreilles d'une faible créature.

— Je commence mon interrogatoire, dit Gaston : Où as-tu connu Valentine, Lucien ?

— Chez un pâtissier. Il y a de cela un an, je mangeais des brioches, et elle absorbait des éclairs. En sortant de la boutique, je lui offris une voiture pour prendre l'air au bois et faire passer mes gâteaux. Elle accepta non sans difficultés. Huit jours après elle était à moi.

— Elle avait sans doute trompé pour toi un autre amant ?

— Elle me le jura !

— C'est parfait ! Alors toi, comme vous tous qui êtes ici, mes chers amis, vous voulez qu'une femme que vous connaissez depuis une semaine, que vous avez rencontrée, soit chez un pâtissier, soit au théâtre, soit dans un bureau d'omnibus, vous voulez absolument, dis-je, que cette femme vous soit fidèle, qu'elle vous aime sans partage, et qu'elle évince à tout jamais les prétendants à son cœur. Vous n'hésitez même pas à penser que votre amour lui refera une virginité. Désormais, à partir du jour où elle vous aura rencontrés dans ce théâtre, dans cette pâtisserie, ou dans ce bureau d'omnibus, elle devra baisser les yeux quand elle sortira, et, si un homme ose lui adresser la parole, elle s'adressera à un sergent de ville, pour prier l'importun de passer son chemin. Aurais-tu été content, toi, Lucien, le jour où, entre deux brioches, tu adressas la parole à Valentine, si cette jeune femme avait réclamé l'aide d'un gardien de la paix pour te prier de t'éloigner?

— J'aurais été furieux.

— Tu as dit le mot. Alors était-ce donc à cause de tes charmes que cette femme te fit un accueil si agréable?

— Dame! je...

— Mais tu n'es pas plus beau qu'un autre!

— Pourtant...

— Pour ne pas te contrarier, je te dirai que tu n'es pas plus mal qu'un autre; donc ton physique n'a pu opérer un miracle sur celle dont tu assiégeais le cœur. Cet assaut, elle avait eu à le supporter maintes et maintes fois; la brèche était faite. Cette femme avait un amant qui, sans doute, la croyait fidèle. Pendant les huit jours que tu as courtisé sa maîtresse, tu n'as rien épargné pour la détourner de lui.

— Non, certes!

— Sans même le connaître, tu en as dit le plus grand mal; et sans même savoir s'il trompait Valentine, tu n'as pas manqué d'affirmer qu'il courtisait de nombreuses femmes.

— J'avoue n'avoir rien ménagé.

— Celui qui t'a supplanté dans le cœur de la belle Valentine a employé la même tactique. L'assaut a été donné de la même manière, et ton rival t'a gratifié de tous les vices imaginables.

— Oh! si je savais cela, je le tuerais!

— Si dans le défi des amants d'une femme galante le trompé tuait le trompeur, la génération masculine disparaîtrait entièrement. Valentine que tu maudis en ce moment...

— Oh! oui, je maudis la traîtresse!

— Elle a eu cependant des égards pour toi.

— En me trompant?

— Elle ne te l'a pas dit?

— Non, certes; mais j'ai tout découvert.

— Ce qui dut la contrarier; car, sois tranquille, si elle avait pu te laisser ignorer la vérité, elle l'aurait fait. D'abord parce qu'elle ne tenait pas à te causer du chagrin, ensuite parce qu'il est agréable pour une femme de mener de front plusieurs intrigues. Dans le cas présent, quelle est la personne qui cause du désespoir à l'autre?

— C'est Valentine.

— Mais non, mon cher, c'est toi en cherchant à découvrir la vérité. Si tu la quittes, en retournant manger des gâteaux chez un pâtissier ou ailleurs, elle entrera en relation avec un autre galant. Elle sera obligée de le faire connaître à sa bonne qui est bavarde, de le présenter à ses amies qui sont méchantes, et de ne pas le laisser ignorer à sa concierge, qui dira à qui voudra l'entendre : « Bon ! voici la petite dame du troisième qui en a encore un nouveau ! » Vois quel préjudice énorme tu portes à cette pauvre créature.

(De nombreux applaudissements interrompent l'orateur.)

— Vous voyez, dit-il, que vous commencez à me rendre justice. Mais que serait-ce donc si j'étendais mon plaidoyer jusqu'à la femme mariée que plusieurs d'entre vous ne cherchent qu'à séduire, parce que cette catégorie de maîtresses présente de sérieux avantages? Si elle accepte vos avances, vous ne lui ménagez pas les éloges: c'est un ange. Vous êtes bien un peu jaloux du mari; mais vous pardonnez à la femme si elle vous trompe avec lui. Si elle vous évince ensuite pour prendre un autre amant, la créature idéale est devenue une drôlesse !

— Bravo ! bravo ! crient les convives.

— Pour la conclusion de mon plaidoyer, permettez-moi de remonter jusqu'au commencement du monde. L'aventure de la pomme ne serait pas arrivée si Dieu avait créé en premier la femme; celle-ci n'aurait pas demandé un homme pour lui tenir compagnie.

— Et pourquoi?

— Elle n'aurait jamais laissé sacrifier une de ses côtes dans la crainte d'être déformée.

CE DOCTEUR!

— Déjà midi dix!... si à midi vingt il n'est pas arrivé, je lui mouds du poivre.

ON DEMANDE
UNE DEMOISELLE DE COMPAGNIE

ustave déjeune chez son ami Paul.
Au dessert, le premier fait des confidences à son camarade.
— Oui, mon cher, lui dit-il, je m'ennuie à mourir. Par moments, j'ai envie de me brûler la cervelle.

— Imbécile, tu oublies donc que tu n'en as qu'une, et qu'elle est déjà fort endommagée? C'est parce que Juliette t'a quitté que tu veux en finir avec l'existence ?

— J'avais la faiblesse de l'aimer.

— Elle te trompait?

— C'était peut-être pour ce motif que je l'adorais.

— Et que tu la regrettes! Prends une autre maîtresse, et ne pense plus à ton ancienne.

— C'est facile à dire, mais je ne suis pas en train de faire la cour à une autre personne. D'abord je ne sais pas comment procéder. Je ne puis espérer séduire une femme du monde, puisque je ne vais jamais dans les bals et les soirées, parce que je m'y ennuie. Ce n'est pas à mon âge que l'on va attendre une grisette à la sortie de son magasin ; ces embuscades amoureuses étaient bonnes quand j'avais vingt ans.

— Suis mon exemple.

— Toi, tu as toujours des maîtresses charmantes ; je ne sais vraiment pas comment tu fais... Tu quittes une blonde, huit jours après tu es avec une brune ; si la brune t'ennuie ou s'il y a brouille dans le faux ménage, quinze jours après je te retrouve avec une rousse.

— Et cela, mon cher, sans sortir de chez moi.

— Pas possible!... Tu as donc un talisman?

— Non, mais un truc. Cette semaine, je suis veuf comme toi.

— Ah bah !...

— Oui, je me suis fâché avec Félicie.

— Elle avait des torts sérieux?

— Non ; elle voulait me présenter à ses parents, des maraîchers des environs de Paris. Elle désirait que je les invitasse à déjeuner chaque fois qu'ils apporteraient des légumes à la halle.

— C'est-à-dire sept fois par semaine.

— Non, six fois seulement ; le dimanche ils ne seraient pas venus. Mais, ce jour-là, nous devions aller déjeuner chez eux.

— La bonne plaisanterie !...

— Et moi qui ne me suis pas marié pour éviter la scie de la famille !

— Mais revenons à ton truc : veux-tu me l'enseigner ?

— Oui, mais à la condition que tu seras discret; tu pourras te servir de mon système, seulement tu ne le communiqueras à personne.

— Je te le jure! Mais explique-toi, car tu m'intrigues.

Paul tend à son ami un journal en lui désignant les annonces de la quatrième page :

— Tiens, lis ceci.

— Cet avis :

ON DEMANDE UNE DEMOISELLE DE COMPAGNIE.

— Oui, mon cher.

— Tu as donné ton adresse?

— C'est indispensable. Alors je reçois la visite d'une multitude de jeunes personnes.

— Et tu leur expliques tout de suite ce que tu désires?

— Non, certes. Mais tu vas savoir comment je procède, car voici l'heure des visites.

— Faut-il me retirer?

— Mais non, puisque tu dois assister en simple spectateur à cette petite comédie. Tiens, on sonne, tu n'attendras donc pas longtemps.

*
* *

Arrive une jeune demoiselle, très-modeste et très-gentille.

— Monsieur, dit-elle en rougissant, vous avez demandé une demoiselle de compagnie?

— Pas pour moi, mais pour une vieille dame russe qui arrivera la semaine prochaine à Paris. — Êtes-vous déjà entrée en condition, ma chère enfant?

— Non, mais je suis obligée de travailler pour faire vivre ma mère et ma jeune sœur. Mon père est mort il y a huit mois, sans nous laisser de quoi vivre.

— Ah! fait Paul visiblement ému ; mais il faut que je vous pose une question très-importante : Savez-vous le russe?

— Oh! non, monsieur.

— Alors vous ne pouvez convenir à cette dame.

— Quel malheur!

— Voici l'adresse d'une de mes tantes ; elle vous donnera du linge à raccommoder, ce qui vous permettra de gagner quelque argent.

— Oh! merci, monsieur!

Elle s'en va.

— Tu comprends bien, dit Paul à son ami, que je ne vais pas jeter mes vues sur cette intéressante enfant. On est lovelace, mais on a du cœur.

— C'est bien, cela, Gustave. Et tu as en effet une tante qui pourra lui donner de l'ouvrage?

— C'est exact, et je déchirerai exprès mes mouchoirs et mes chemises pour qu'elle les fasse raccommoder par cette malheureuse enfant. Je doublerai le prix des heures de travail.

*
* *

Une vieille fille bien prétentieuse se présente, et dit en minaudant :

— On a demandé dans cette maison une demoiselle de compagnie?

— Est-ce que vous êtes demoiselle? s'écrie Paul avec colère.

— Oui, monsieur, je m'en flatte! On a souvent voulu me marier, mais je n'ai jamais accepté, parce que j'ai les hommes en horreur.

— Je croyais que c'était le contraire qui pouvait exister.

— Vous dites, monsieur?

— Rien.

— Pourrai-je convenir?

— Il s'agit de garder mon grand-père, un vieux soldat perclus de rhumatismes.

— C'est très-bien!

— Mais il faut le frictionner chaque jour avec de la flanelle de la tête aux pieds.

— Oh! *schocking!*

— Mademoiselle sait l'anglais?

— Je me sers de quelques mots de cette langue pour exprimer mon horreur.

— Acceptez-vous?

— C'est un infirmier qu'il faut à votre grand-père.

Elle se sauve en maugréant.

Paul et Gustave se regardent en riant aux éclats.

*
* *

Le défilé continue.

Arrive une charmante jeune fille à l'air fort déluré.

— J'ai été modiste, dit-elle, puis fleuriste, puis dame de comptoir dans un café, enfin figurante à la Gaîté; maintenant je voudrais être demoiselle de compagnie. Vous voyez que je n'ai pas hésité à faire connaître mes états de service. Puis-je espérer plaire?

— Mais certainement, mademoiselle.

— A qui dois-je tenir compagnie?

— A un homme.

— J'aime mieux ça, car on ne s'entend jamais avec les femmes. Cet homme est-il jeune?

— Oui.

— Alors j'ai toutes les veines. Quelles sont les conditions?

— Voulez-vous venir dîner ce soir avec moi et mon ami?

— Volontiers.

— Tout en mangeant des huîtres et un perdreau, je vous ferai connaître les conditions.

— Et quand pourrai-je apporter mes malles chez cette personne ?
— Je vous le dirai demain matin.

Huit jours après, Gustave vient voir Paul.

— On n'entre pas, lui dit ce dernier, ma demoiselle de compagnie prend un bain.

— Je venais simplement te dire que moi aussi j'en ai demandé une par la voie de la presse, et je suis fort embarrassé.

— Tu n'as encore rien en vue ?

— Si fait, j'en ai trouvé six cent trente-sept ! C'est bien ce qui cause mon embarras.

— Fichtre ! Ce n'est plus une compagnie, c'est un bataillon.

ENTRE SOI.

— Plus je regarde ton mari, moins je comprends que tu en sois jalouse et que tu t'affectes ainsi de ses fredaines.
— Tu es bonne, toi! A son âge, et laid comme il l'est, les fredaines coûtent cher.

FONDS A VENDRE

Mlle Césarine, une demoiselle qui n'est pas jolie et qui n'a la figure chiffonnée que par les années, se présente chez un homme d'affaires.

— Monsieur, lui dit-elle, j'arrive de ma province pour m'installer à Paris. J'ai fait un héritage d'une quarantaine de mille francs, et je voudrais trouver un commerce lucratif, mais agréable.

— Vous n'aurez que l'embarras du choix. Je vais chercher sur mon registre une maison dans les quarante mille francs. Tenez, voici justement votre affaire.

— Qu'est-ce que c'est ?

— Une parfumerie située dans un beau quartier de Paris.

— C'est parfait. Et savez-vous pourquoi la personne qui possède ce magasin veut se retirer ?

— Elle va partir en Amérique.
— Puis-je aller voir cette personne?
— Voici son adresse.

M⁽ˡˡᵉ⁾ Césarine se rend immédiatement chez la parfumeuse avec une lettre de l'homme d'affaires. Une jolie femme, habillée d'une façon très-extravagante, la reçoit.

— Mon commerce, dit la dame, est en pleine prospérité. Je ne vends pas mon fonds, je le donne.
— Alors vous avez tort de vous retirer.
— Je dois faire un riche mariage à New-York.
— Puis-je voir vos livres?... Excusez-moi si je vous demande tous ces renseignements, mais je suis une femme sérieuse.
— Je ne vous blâme pas. Tenez, voici mes livres. Avant-hier, j'ai eu cinq louis de bénéfices; hier trois; aujourd'hui, j'ai déjà fait quatre louis, et il n'est pas cinq heures.
— C'est très-beau.

Un jeune homme entre dans la boutique.

— Veuillez, lui dit-elle, repasser dans un moment, car je suis en affaires avec madame.

Le jeune homme se retire.

— Permettez-moi de revenir à votre livre de caisse. Je ne comprends pas très-bien votre manière d'établir vos comptes.
— Comment cela?...
— Vous mettez cravates un louis, gants un louis..., pot de pommade hongroise un louis.
— Ah! oui... très-bien... balbutie la jolie parfumeuse, c'est fort simple, beaucoup de mes clients achètent un lot de cravates pour un

louis, et pour un louis aussi de pommade hongroise. Ma maison est très-fréquentée par des élégants qui ne veulent pas recevoir de menue monnaie qui les embarrasse.

— Merci ! à Paris les hommes font du genre.

— Il ne faut pas nous en plaindre ; cette manière de procéder fait aller le commerce.

— Je vois, madame, que vous tenez une maison très-sérieuse.

— C'est moi qui l'ai créée.

— Je vous en fais mon compliment sincère ; mais ne pourriez-vous diminuer le prix de cession ; par exemple trente-cinq mille francs ?...

— Ne marchandez pas, car je regrette déjà d'avoir fixé à l'agent un prix aussi minime.

— Mais laissez-moi vous poser une simple question : Est-on obligée d'avoir des toilettes aussi brillantes que celles que vous portez?

— Oh ! non, madame, je ne vous conseille pas de vous lancer dans de semblables dépenses, dit en riant la parfumeuse. Il ne faut pas imiter ma coquetterie... ce serait inutile.

— Je suivrai votre conseil. Eh bien ! c'est une affaire entendue.

— Quand signerons-nous le contrat?

— Demain.

— A demain donc, midi, chez le notaire.

Quarante-huit heures après, Mlle Césarine est installée dans son magasin.

Elle a pris avec elle une vieille bossue fort respectable qu'elle a fait venir de la province.

Vers deux heures, elle voit arriver un vieux monsieur.

Il s'assoit dans un fauteuil et ne dit pas un mot.

— Pardon, monsieur, que désirez-vous? demande Césarine.

— J'attends Juliette.

— Vous êtes un de ses parents?

— Oh! non.

— Vous êtes un client, alors?

— Précisément.

— Vous faut-il des gants?

— Non.

— Une cravate?

— Non.

— Alors, que voulez-vous donc?

— J'attends Juliette.

— Mais, monsieur, il est inutile de perdre votre temps ici, car Mme Juliette n'y est plus.

— Pas possible!

— Elle m'a vendu son fonds.

— Vous êtes seule ici?

— Oui, avec Françoise, ma servante.

— Et voilà tout?

— Mon vieil oncle, qui est invalide, viendra peut-être s'installer avec moi, car le pauvre homme...

— Ah! elle est bien bonne!...

Il s'en va en riant.

— Qu'a-t-il donc ce vieux toqué-là? s'écrie Césa. e furieuse.

Arrive un gommeux.

— Tiens, dit-il, Juliette qui a pris une demoiselle de compagnie.

— Je ne suis pas une demoiselle de compagnie, mais la propriétaire de cette parfumerie.

— Vous plaisantez?

— Monsieur, ai-je l'air d'une personne qui plaisante avec les gens qu'elle ne connaît pas?

— Non certes.

— Alors que voulez-vous?

— Rien.

— Vous pouvez donc vous retirer.

— Cependant, respectable dame, si je désirerais quelque chose.

— Parlez, monsieur, dit Césarine, en esquissant un sourire qui l'enlaidit encore.

— Je désirerais vous poser une question.

— Si vous avez toujours l'intention de vous moquer de moi, vous pouvez sortir.

— J'agis dans votre intérêt. Combien avez-vous payé ce magasin à Juliette ?

— Quarante mille francs.

— Bien vrai ?

— Je vous le jure !

— Pauvre femme !... Tenez, comme vous me faites pitié, je vais vous prendre un savon de cinquante centimes.

— Enfin, je vois que vous êtes un homme convenable. Vous me donnerez votre pratique, n'est-ce pas ?

— Oh ! non, s'écrie le jeune homme en se précipitant vers la porte.

Césarine est perplex

— Ce qui se passe ici n'est pas naturel, pense-t-elle. Depuis ce matin, j'ai vendu avec beaucoup de peine un morceau de savon, et il est déjà neuf heures du soir. Mon livre de recettes quotidiennes est loin de ressembler à celui de cette nommée Juliette.

Un bourgeois entre timidement dans la boutique.

— Elle n'est pas là ?

— Qui ?

— Juliette.

— Non, mais je

Au même moment, bondit dans la boutique une dame âgée qui se précipite sur le monsieur.

— Ciel ! ma femme ! s'écrie ce dernier. Trop tard pour me cacher.

— Ah ! coureur, s'écrie la dame, en administrant au monsieur des coups de parapluie. Ah ! à ton âge, tu te permets d'aller chez des drôlesses !

— Mais, ma bonne amie, murmure le mari, je...

— Madame, fait d'un ton sec Césarine qui passe par toutes les couleurs de l'arc-en-ciel, je vous prie de croire que...

— Depuis deux jours je t'épie, continue la dame sans cesser de battre son homme, et je viens de te pincer.

Elle entraîne son mari hors du magasin, en le tirant par les oreilles.

— Qu'est-ce que tout cela signifie? se demande Césarine au comble de la stupéfaction.

Sa bonne arrive, et lui dit quelques mots à voix basse.

— Serait-il possible! s'écrie Césarine.

— Le concierge vient de me l'affirmer.

— Et j'ai acheté ce fonds de commerce, hurle la malheureuse vieille fille, en tombant en pâmoison dans les bras de sa servante!...

L'ÉDUCATION D'ERNESTINE.

DANS LES COULISSES

PENDANT UNE REVUE

Rien de curieux comme de voir les coulisses d'un théâtre représentant une des dix revues qui font chaque année le délice des Parisiens.

C'est un véritable kaléidoscope dont ne peuvent se faire une idée, même approximative, ceux qui sont dans la salle.

Aussi, croyons-nous leur être agréable en leur servant une *Revue des coulisses... d'une revue*.

Donc, nous frappons les trois coups, et nous crions : Au rideau !

Le régisseur (*arrêtant le directeur*). — Voici une lettre que j'ai reçue dans la journée. Elle est de Chinchinette. (*Lisant :*)

« Mon gros vieux,

« Excuse-moi auprès du tyran. Je ne pourrai me rendre ce soir au théâtre ; je suis très-malade. J'ai attrapé un refroidissement... On m'a collé un vésicatoire dans le dos et un rigolo sur la poitrine.

« Pour me donner du courage, ma mère s'est, elle aussi, appliqué un vésicatoire entre les deux omoplates.

« J'ai des idées noires, je voudrais mourir, parce que je regrette de ne pas être restée honnête.

« Tu vois que je ne suis pas drôle, aussi je ne t'en écris pas plus long.

« Je te donne une tape bien cordiale sur ton abdomen.

« Chinchinette. »

Le directeur. — Vous avez tort de permettre cette familiarité, vous ne parviendrez jamais à vous faire obéir.

Le régisseur. — Je n'en suis pas moins sévère pour cela. Pensant que Chinchinette voulait nous tirer une vulgaire carotte, j'ai envoyé à six heures le garçon d'accessoires prendre de ses nouvelles.

— Eh bien?
— Il l'a trouvée dînant en tête-à-tête... devinez avec qui?
— Avec quelque gommeux?
— Non, avec le médecin du théâtre.
— L'animal!... il n'en fait jamais d'autres!...
— Ils l'ont invité à prendre un verre de champagne et à garder le silence. Seulement, comme ce garçon m'est très-dévoué, il a bu le champagne, mais m'a tout révélé.
— Nous ferons jouer le rôle par Cora. La voici. — Ma petite, tu chanteras les couplets de Chinchinette.

CORA. — Très-bien! le public ne s'en plaindra pas, car, moi, j'ai de la voix. A propos, mon cher, je vous quitte à la fin de la semaine.

— Pourquoi?
— Le père de mon enfant ne veut plus que je joue la comédie.
— Quel père?
— Le grand Anglais. Il a reconnu mon petit Auguste, il y a huit jours.
— Tu as de la chance.
— Aussi je ne veux pas le contrarier, car s'il voulait aussi reconnaître ma fille, cela m'irait joliment.
— Mais, ma bonne amie, tu oublies que ton dédit est de cinq mille francs.
— Quelle bonne plaisanterie!... Vous ne me donnez pas d'appointements, et vous me mettez continuellement à l'amende. A la fin du mois, j'ai toujours cent francs à vous remettre.
— C'est pour cela que je veux te faire payer ton dédit. Si tu t'en vas, je perdrai de l'argent.
— Je vous le payerai votre dédit; mais c'est égal, vous n'encouragez pas la morale, et, s'il me fallait compter sur ce que je gagne ici pour acheter seulement du tabac à ma mère, elle pourrait priser de la poussière de mottes, la pauvre femme!

*
* *

Le concierge du théâtre. — Mam'zelle Alice, voici une lettre pour vous. Elle est d'une personne qui occupe une avant-scène.

Alice. — Ah ! enfin !... Nous avons terminé le troisième tableau, et je m'étonnais de n'avoir encore rien reçu.

Mélina. — As-tu fini avec tes prétentions !

Le deuxième régisseur. — En scène, mesdames, pour le quatrième tableau.

Mélina. — Attendez que Mme Alice ait lu sa correspondance.

Alice. — Mais certainement, car les choses de la salle sont plus intéressantes pour moi que celles de la scène. Je n'ai pas comme vous, ma chère Mélina, l'intention de jouer les pannes au théâtre Montparnasse.

Mélina. — Insolente !... Je vais...

Deuxième régisseur. — Mesdames, ne faites pas concurrence au coiffeur, je vous prie, et ne vous crêpez pas le chignon.

(Alice, *lisant à haute voix la lettre qu'elle vient de recevoir :*)

« Mademoiselle,

« Quoique élève de seconde au collége Louis-le-Grand, on n'en a pas moins un cœur. Je viens de vous applaudir dans le rôle de la *Betterave*, et je suis fou de vous.

« Dimanche prochain, je sortirai de bonne heure ; voulez-vous venir m'attendre devant la grille du collége à neuf heures ? Nous irons déjeuner ensemble à Asnières.

« Ne craignez rien, mademoiselle, j'aurai ma semaine.

« A vous pour la vie !

« Toto. »

Mélina. — Bon !... encore un détournement de mineur.

Alice. — J'irai à ce rendez-vous..., mais pour allonger les oreilles à ce galopin.

Mélina. — Pas de menaces avant de savoir à combien monte sa semaine !

Un figurant. — Ah! vous voici, mademoiselle Mélina, c'est à vous que je voudrais bien tirer les oreilles.

Alice. — Et elle n'est pourtant pas mineure.

Mélina. — Que vous ai-je fait, monsieur l'artiste?

Le figurant. — Vous m'avez fait mettre à l'amende de quarante sous parce que j'ai remué hier pendant la scène des tableaux vivants.

Mélina. — Ah! oui, je sais, vous représentiez un guerrier romain, et au lieu de rester immobile vous vous êtes gratté pendant toute la pose. Ce n'est pas de ma faute.

— Si, mademoiselle, parce que vous avez mis du poil à gratter dans mon maillot.

— Oh! peut-on dire cela! (Elle rit.)

— J'ai ouvert une enquête et j'ai appris la vérité. A cause de cette amende je ne pourrai pas souper ce soir.

— Pauvre garçon, voici cinq francs.

— Merci, mademoiselle. Quand vous voudrez recommencer la farce vous le pourrez, mais je vous prierai de mettre le poil à gratter ailleurs que dans mon maillot.

On entend une violente discussion dans un coin des couloirs.

Le régisseur. — Quel est ce bruit?

Le compère de la revue. — Ne faites pas attention. C'est la mère de Julia et celle d'Henriette qui se disputent comme toujours.

— Comment!... elles vont encore troubler la représentation... mais on devrait les faire empailler, ces créatures-là! Et pourquoi se querellent-elles ce soir?

— A propos des mollets de leur progéniture.

La discussion ne tarde pas à dégénérer en pugilat.

La mère d'Henriette, grande et forte gaillarde, poursuit la mère de Julia en lui administrant une volée de coups de parapluie.

Le pompier de service veut arrêter ce combat et se met à la poursuite de ces lutteuses.

L'auteur des jours de Julia oublie que l'on joue et passe sur la scène, toujours poursuivie par son adversaire dont le pompier emboîte le pas.

Le public croit que c'est une scène de la revue. Il rit et applaudit. Il demande même *bis*.

Le directeur assiste à ce succès imprévu.

— Tiens! dit-il au régisseur, si nous intercalions cela!

C'est une idée, et le tableau finirait plus gaiement qu'avec les couplets stupides des auteurs.

— Nous réglerons cette scène-là demain dans la journée; prévenez les mères.

LA COMÉDIE ENFANTINE.

— Voyons, mossieu, assez de bêtises! madame n'aurait qu'à rentrer.

L'ALMANACH DE LÉONIE

La scène se passe au quartier Bréda.

MADEMOISELLE LÉONIE (*à sa femme de chambre*). — Carmen, vous me plaisez : jusqu'à ce jour je ne vous avais prise qu'à l'essai, mais maintenant je suis décidée à vous garder.

CARMEN. — Oh! quel bonheur!

— Vous trouvez la place bonne?

— Je crois bien! mademoiselle m'emmène souvent au spectacle, et elle me donne toutes les toilettes dont elle ne veut plus. Je ne parle pas des autres petits profits.

— Comme je vous prends définitivement à mon service, je vais vous donner mon *Almanach*.

— Un almanach, mais j'en ai un.

— Oh! mais celui dont je vous parle n'est en rien semblable à ceux que l'on vend. Mon almanach pour cette année, je l'ai rédigé moi-même. Si bien que, depuis le 1er janvier jusqu'à la Saint-Sylvestre, vous saurez ce que vous devez faire chaque jour. De cette manière vous n'aurez pas besoin de m'interroger à tout moment, et si on vous questionne, vous pourrez répondre sans crainte de vous tromper.

— Vous m'intriguez, mademoiselle, avec votre almanach.

— Voici mon ouvrage et je vais vous donner quelques explications indipensables.

1er JANVIER — LES ÉTRENNES.

Ce jour-là il faut recevoir tout le monde. Impossible de dire à qui que ce soit que madame est sortie; cela serait une grande maladresse, car un monsieur qui arrive avec un cadeau sous le bras le remporte s'il ne trouve personne et ne revient pas. En effet, passé le 5 janvier, ces messieurs sont d'avis qu'il ne faut plus donner d'étrennes.

— Les hommes sont si pingres!

— Vous l'avez dit, Carmen. Donc le 1er janvier vous devrez tenir toutes les pièces en état de recevoir les visiteurs. Vous ferez entrer celui-ci dans le boudoir, celui-là dans le salon, cet autre dans la salle à manger, etc., etc.

— Et quand il n'y aura plus de place?

— Vous réserverez votre chambre au dernier arrivant.

— Oh mademoiselle!

— Soyez tranquille, ça ne sera pas pour la nuit.

PRINTEMPS.

Il commencera le 20 mars à une heure quarante et une minutes du soir.

— Est-il utile que je le sache?

— Certainement. A cette époque vous direz au vicomte : — Ne-

trouvez-vous pas que madame a mauvaise mine?... Tous les matins en se levant elle ouvre sa fenêtre et s'écrie : « Comme je voudrais donc être installée à la campagne ! Je sens que l'air des champs me ferait grand bien ! » Vous ajouterez que je n'ose pas lui demander à quitter Paris. Il voudra savoir alors où j'aurais envie de m'installer... Vous lui parlerez d'une petite maison que nous avons vue ensemble à Ville-d'Avray, qui ne coûte que quatre mille francs pour toute la belle saison...

— Et huit jours après mademoiselle aura sa villa ?

— Vous avez deviné, Carmen. Il y a certaines choses qu'il faut faire demander aux hommes.

— Vous avez raison, mademoiselle, car on ne doit pas solliciter tout soi-même, afin de ne pas être indiscrète.

— Vous connaissez les hommes, mon enfant. (*Lisant l'almanach :*)

JUILLET.

Le 1er, orage ; le 10, grande tempête.

CARMEN. — Comment, mademoiselle, vous prédisez les orages et les tempêtes ! Vous faites donc concurrence à Mathieu Laënsberg ?

— Je prédis les choses que je puis faire éclater à mon gré.

— Vous m'étonnez de plus en plus.

— Le 1er juillet, je m'ennuierai dans mon chalet de Ville-d'Avray; je voudrai aller en Suisse, visiter les bords du Rhin... Seulement, on ne voudra pas; on prétendra que ma maison de campagne doit suffire à mon bonheur... Alors, je ferai une scène, et du 1er au 10 juillet vous ne cesserez de dire que je ne mange pas et que je dépéris chaque jour.

— C'est entendu, mademoiselle.

— Le 10, éclatera l'orage. Je casserai toutes les porcelaines qui orneront la cheminée et les étagères. Vous aurez donc soin de renfermer celles qui auront quelque valeur, et de mettre en évidence les bibelots gagnés aux fêtes des environs de Paris.

— Vous avez de l'ordre.

— Les hommes ne payent jamais les pots cassés pendant une

attaque de nerfs. Je vous recommande en conséquence de tout préparer pour l'orage du 10.

— C'est entendu.

— Écoutez bien ceci :

FÊTES MOBILES.

Cette année on devra me souhaiter ma fête :
1° Le 19 février, à la Saint-Gabriel ;
2° Le 11 avril, à la Saint-Léon ;
3° Le 24 juin, à la Saint-Jean ;
4° Le 25 août, à la Saint-Louis ;
5° Le 23 novembre, à la Saint-Clément.

— Mais, mademoiselle, cela fait cinq fêtes, vous vous êtes mise sous le patronage de beaucoup trop de saints.

— Non pas, cela est nécessaire quand on connaît beaucoup de monde. Il y a des gens assez rats pour cesser de venir voir une dame quand ils savent que sa fête arrive dans une quinzaine de jours. Enfin, même quand on a affaire à des hommes généreux on ne saurait saisir trop d'occasions de se faire offrir des cadeaux. Donc, vous devez avertir mes amis et connaissances.

— Soyez tranquille, je les prendrai en particulier. « Vous ne savez pas, leur dirai-je, c'est demain la fête de ma maîtresse. — Mais c'est demain la Saint-Jean et elle se nomme Léonie, m'objectera-t'on. — C'est vrai, répondrai-je, mais on a aussi l'habitude de lui souhaiter sa fête à la Saint-Jean ; ne manquez pas de lui apporter quelque chose, je vous préviens ; sans quoi votre abstention produirait un mauvais effet. »

— Décidément, Carmen, vous êtes une fille très-intelligente ; on ne croirait vraiment pas que vous êtes restée six mois au service d'une femme honnête.

— Nous passons maintenant aux

ÉCLIPSES PARTIELLES.

J'appelle ainsi les jours où je m'absente pour aller me promener à la campagne avec Georges.

— Je sais, un artiste de Belleville chez lequel je suis allée deux ou trois fois porter des lettres.

— Oui, ce charmant garçon que j'aime pour lui-même.

— Je conçois ça ; il est si bien dans les rôles de Mélingue !

— L'été, tous les quinze jours, il m'emmène aux fêtes des environs de Paris ; alors il est convenu que ce jour-là je vais dîner dans ma famille, chez ma grand'mère, qui a quatre-vingt-sept ans, et chez mon grand-père, qui a eu le nez gelé au passage de la Bérésina.

— Ces parents existent-ils ?

— Non, mais cela produit toujours un bon effet d'avoir un vieux militaire dans sa famille.

— Vous pouvez compter sur moi : je *la ferai* au grand-père au nez gelé.

— N'oublions pas

LES ÉCLIPSES TOTALES.

CARMEN. — Il y a donc un moment où vous vous éclipsez complétement !

— Oui, car il est si bon de s'arracher quelques jours des bras des petits crevés et des vieux galopins de maris ! Du 1er au 15 octobre, je vais vivre dans une chaumière au fond de la Bourgogne avec mon Georges. Nous nous promenons le soir au clair de la lune au milieu des riants coteaux ; il me récite des tirades de la *Tour de Nesle* et de *Benvenuto Cellini*. Je le contemple avec extase et je suis heureuse.

— Pendant cette éclipse totale où allez-vous soi-disant ?

— Chez un oncle.

— Qui n'a rien de gelé?
— Non.
— C'est entendu.
— Mon almanach ne contient pas la date de la fondation de Rome et s'occupe peu de l'époque de Nabonassar et de la période julienne. Sache seulement que pour tout le monde je suis née le 20 juin 1859.
— Mademoiselle n'a donc que dix-neuf ans?
— Pas sur mon acte de naissance, mais sur mon almanach, et il n'y a que lui qui fait foi.
— Est-ce tout?
— Oui.
— Mais l'almanach de mademoiselle ne parle pas des heures de la marée.
— Je les indiquerai postérieurement.

CHEZ ELLE.

— Tiens, petite, voici cent sous... Dis-moi, il n'est venu personne pendant mon absence?
— Oh! monsieur, personne.
— Rends-moi mes cent sous.

LES CONTRIBUTIONS DIRECTES

ous sommes dans la loge de Mlle Coralie, artiste du théâtre des Délassements-Plastiques.

Tout en se maquillant pour jouer la revue, elle cause avec une amie qui est venue lui tenir compagnie.

— Ah! ma chère, lui dit cette dernière, comme j'envie ton sort, et comme je voudrais, moi aussi, être artiste!...

— Tu n'es pas dans une assez brillante situation pour cela.

— Tu veux m'humilier?

— Non, je te parle franchement. Pour se permettre de jouer dans une revue, il faut avoir des rentes.

— Quelle plaisanterie!... Mais tu gagnes de l'argent?

— Oui, cinquante francs par mois, et j'ai tous les mois cent francs d'amende, parce que je suis souvent en retard et que, de temps en temps, j'appelle le régisseur : « Vilain mufle ! »

— Tu peux te dispenser de lui lancer à la tête ces mots gracieux.

— Impossible !... ça me fait du bien aux nerfs. De plus, un dédit de cinq mille francs est suspendu sur ma tête comme l'épée de Damoclès.

— Tu ne comptes pas être engagée par le directeur de l'Opéra?

— Non, certes; mais je puis avoir le désir d'aller à Monaco avec Alfred. Donc, si je pars, il faut que je paye. Mais ce n'est pas tout.

— Qu'y a-t-il encore?

— C'est aujourd'hui le 31 décembre, et tu vas, dans un moment, apprécier les avantages que je tire de ma position d'artiste dramatique.

L'habilleuse entre dans la loge.

— Madame Coralie, permettez-moi de vous présenter mes hommages les plus dévoués et mes souhaits les plus sincères.

— Merci, madame Moulinet, voici vingt francs pour acheter des joujoux à vos enfants.

— Oh! madame Coralie, je vous remercie beaucoup de votre bonté. J'oubliais une commission importante : les claqueurs m'ont chargée de vous donner cette lettre.

— Leurs compliments d'usage.

— C'est facile à deviner.

L'habilleuse s'éloigne.

— Les claqueurs t'écrivent? demande l'amie.

— Sois tranquille, ça n'est pas pour m'inviter à souper. Tiens, lis cette missive.

— Voyons :

« Madame,

« A l'occasion de la première de la revue, permettez-moi de vous présenter mes respects et mon admiration pour votre talent.

« Et j'espère, madame, que, de votre côté, vous n'oublierez pas celui qui fera tout son possible pour aider à vos succès, et qui a l'honneur en même temps de vous présenter ses hommages à l'occasion du jour de l'an.

« *Le chef de claque du théâtre des Délassements-Plastiques.* »

— Comment la trouves-tu?
— Très-flatteuse.
— Oui, mais si je ne donne pas un louis à ce bonhomme, il dispersera dans la salle des cabaleurs qui me chuteront quand je chanterai.
— Mais quel est ce bruit dans la loge voisine?
— On agonise de sottises cette pauvre Julie.
— Et qui ça?
— Je reconnais la voix de la concierge.
— Écoutons.

UNE VOIX (*de l'autre côté de la cloison*). — Comment! vous osez ne me donner que cinq francs d'étrennes?
MADEMOISELLE JULIE. — N'est-ce pas suffisant?
— Suffisant!... cinq francs d'étrennes, quand je vous remets tous les jours cinq ou six lettres, et quand plusieurs fois par semaine je vous apporte la carte d'un spectateur de la salle qui vous invite à souper.
— On vous donne de forts pourboires.
— Ça, c'est une recette à part qui ne vous regarde pas. Pour arriver dans votre loge il faut que je monte deux étages, et je ne suis plus jeune.
— Vendez votre charge de concierge de théâtre.
— Je n'ai pas de conseils à recevoir de vous. Comme vous n'êtes pas plus généreuse, je remettrai toutes vos lettres d'amour à votre amant sérieux.
— Vous ne ferez pas cela.
— Avec ça que je me gênerai!
— Je n'ai pas d'argent en ce moment.
— Que faites-vous donc de celui que l'on vous donne? Car je

pense bien que vous n'allez point *soupailler* tous les soirs pour l'amour de l'art.

— Tenez, mère Plumet, voici encore dix francs.

— Je les accepte comme premier à-compte. J'vas souhaiter la bonne année à Mlle Coralie, v'là au moins une femme généreuse...

Moment de silence.

— Tu l'as entendue, dit l'amie à Coralie, on compte sur ta générosité.

— Et je dois m'exécuter de bonne grâce, pour compter, de mon côté, sur la discrétion de cette femme. Une concierge possède les secrets des artistes comme un confesseur ceux de ses pénitentes.

— Et elle vous donne l'absolution quand on lui glisse de l'or dans la main.

— Silence, la voici. Tenez, madame Plumet, prenez ces deux louis.

— Merci, madame Coralie.

— Pristi?... deux louis?... dit l'amie bas à Coralie, il faut que tu aies bien des péchés à te faire pardonner.

— Comme ci... comme ça.

— Alors tu les cotes un bon prix.

On frappe à la porte.

— Madame, c'est le garçon d'accessoires.

— Mon ami, on n'entre pas, je passe mon maillot.

— Ça ne fait rien, madame, mon épouse n'est pas jalouse des femmes de théâtre... elle sait que j'ai mieux que ça.

— Vous n'êtes pas flatteur. Enfin, que me voulez-vous?

— Vous avez dû être contente de moi... Je n'ai jamais oublié de vous apporter votre baguette de fée, le pâté en carton, les castagnettes et autres accessoires.

— C'est vrai; prenez ces dix francs que je vous passe sous la porte.

— Merci, madame Coralie.

On frappe de nouveau.

— Madame, c'est le coiffeur.

— Vous, Benjamin, vous pouvez entrer, car il n'y a pas de mystère pour vous.

— J'ai toujours été prêt pour vous coiffer, et je ne vous ai jamais fait manquer votre entrée. Je vous promets, pour l'année qui va venir, pareille exactitude

— Dont le coût est de vingt francs, les voici.
— Merci, madame Coralie.
— Vous me ruinez avec toutes les saletés que vous me vendez pendant le courant de l'année. Chaque mois vous m'apportez une note de soixante francs. Si mes appointements ne passaient pas à payer mes amendes, je vous les donnerais.
— Mais aussi, je soigne votre coiffure. De la salle, tous les gommeux croient que vos cheveux sont à vous.
— Ils me coûtent assez cher pour m'appartenir.
Nouvelle visite.
— Madame, c'est le souffleur.
— Je suis encore en maillot.
— Qu'est-ce que ça fait? je les connais vos jambes, je les vois d'assez près.
— Ce n'est pas un spectacle désagréable.
— Il est monotone quand la revue se joue cent cinquante fois. Je vous ai toujours bien envoyé la réplique?
— Excepté le soir où vous vous êtes endormi sur le manuscrit.
— C'était pendant une scène que je trouve mauvaise, et j'avais dit aux auteurs de la couper. Je sais quand une tirade est trop longue, moi, puisque, pour la souffler, je perds haleine.
— Prenez ces quinze francs.
— Pour l'année qui vient, je dépose mon souffle à vos pieds.
Il s'en va.
— Qu'en dis-tu?
— C'est une pluie de carottes, dit l'amie.

La concierge apporte une lettre.

— Tiens, dit Coralie, c'est le petit vicomte qui m'invite à souper.

— Tu vas tromper Alfred?

— Si je lui faisais payer toutes ces dépenses, il ne voudrait pas me laisser au théâtre.

— Et le vicomte va payer ces contributions directes?

— Il ne peut rien me refuser, puisque pour lui je trompe un garçon que j'aime.

— Mais Alfred t'attend chez toi.

— Je rentrerai à trois heures du matin.

— C'est un peu tard.

— Je lui dirai que le public, enivré par le succès de la pièce, a fait recommencer deux actes.

VACANCES.

— Comment!... puisque ça t'embête tant que ça, tu peux pas m'acheter des habits d'homme et m' présenter à ta famille comme un copin d'école... Souvent, à maman, on lui a fait cette chose-là.

UN BIJOUTIER DE VILLE DE JEUX

La scène se passe dans la charmante petite ville de Monaco, où règnent en maîtres le trente-et-quarante et la roulette.

Le théâtre représente la boutique d'un joaillier qui vient en aide aux jeunes décavés.

Une grande quantité de bijoux de toutes sortes déposés en gage sont rangés dans une vaste vitrine.

Pour tuer le temps, ces précieux bibelots causent entre eux. Ecoutons-les parler, car leur entretien peut nous instruire.

Une montre. — Décidément, je commence à croire que mon maître ne viendra pas me reprendre.

Une épingle de cravate. — Combien y a-t-il de temps que vous êtes ici?

La montre. — Dix-huit mois. Mais mon maître ne tenait pas à m'avoir, car c'est l'homme le plus inexact de la création. Il arrive toujours à un rendez-vous deux heures après l'heure fixée. Quand il m'avait dans le gousset de son gilet, il n'était pas excusable, maintenant qu'il ne me possède plus on pourra lui pardonner son inexactitude.

Une paire de pendants d'oreilles. — J'ai été déposée ici par une bien jolie femme.

L'épingle. — Une cocotte?

— Oui, et je n'en rougis pas.

— Vous ne ferez pas long feu dans cette vitrine.

— Pourquoi?

— Parce qu'un bon jeune homme viendra vous retirer.

— Que le ciel vous entende, car je m'ennuie horriblement dans cette cage, moi qui aime le monde, le bruit et les lumières.

— Pour combien avez-vous été engagée?

— Vingt louis qui n'ont pas tardé à aller s'engloutir dans la caisse de la banque.

Un gommeux (*arrivant*). — Monsieur, Mlle Julia a dû engager ici une paire de pendants d'oreilles?

Le joaillier. — Oui, monsieur.

Les pendants. — Mais Julia c'est le nom de ma maîtresse.

L'épingle. — Je vous le disais bien, vous êtes arrivé avant-hier, et vous voilà sur le point de partir.

Les pendants. — Quel bonheur!

Le gommeux. — Pour combien a été engagé ce bijou?

Le joaillier. — Quarante louis.

L'épingle. — Tiens, entendez-vous, chers pendants, vous qui parliez tout à l'heure de vingt louis seulement.

Les pendants. — C'est étrange, je croyais en effet que...

La montre. — Laissez-moi vous expliquer ce mystère. En qualité de vieille habituée de la maison, je connais toutes les petites roueries. Mlle Julia a recommandé au bijoutier de demander quarante louis au cocodès qui se présenterait, de cette manière elle aura ses pendants, plus quinze louis de bénéfices, car elle en laissera cinq au bijoutier pour la commission. Voilà comment ça se joue.

L'épingle. — Peut-on rouler ainsi les petits jeunes gens !

La montre. — Pourquoi sont-ils assez bêtes pour tendre la perche aux cocottes dans la panne?

(*Le gommeux donne les quarante louis et s'en va avec les pendants.*)

La montre. — Nous ne vous disons pas adieu.

Les pendants. — Pourquoi?

La montre. — Parce que nous vous reverrons avant la fin de la saison.

Les pendants. — Oh! pour ça, non.

La montre. — Les bijoux proposent et la femme dépose.

Des boutons de chemise en brillants. — Bonjour, mes amis.

La montre. — Salut aux nouveaux venus.

Les boutons. — Ah! mes enfants, quelle série a la noire !

L'épingle. — Que votre maître n'a pas suivie.

Les boutons. — Mais non. Il s'est entêté à ponter sur la rouge ; aussi a-t-il été complétement nettoyé.

La montre. — Et il compte se refaire en venant vous déposer ici ?

Les boutons. — Il en est parfaitement convaincu.

La montre. — A-t-il d'autres bijoux sur lui?

— Non.

— C'est heureux, car ils seraient venus faire un petit voyage d'agrément dans ce magasin.

L'épingle. — Voici une dame qui entre, je suis curieuse de savoir ce qu'elle apporte.

La montre. — C'est une femme du monde, il ne faut pas plaisanter.

L'épingle. — La roulette ne lui aura pas été propice.

La dame. — Monsieur, combien me donnerez-vous de cette bague?

Le joaillier (*après l'avoir examinée*). — Cent vingt francs, madame.

La dame. — Que ça? Mais vous savez que mon intention est de vous la reprendre.

Le joaillier. — Je ne l'ignore pas, madame; si je devais vous l'acheter définitivement, je ne vous en donnerais que cent francs. Mais comme je tiens à vous obliger, je vous en offre un louis de plus.

La montre. — Vieux blagueur!

La dame. — Je n'aurai donc que six coups à jouer.

Un jeune homme (*entrant précipitamment*). — Madame...

La dame (*tressaillant*). — Vous ici, monsieur Gustave?

Le jeune homme. — Je vous ai vue jouer, je connais vos pertes, je vous ai suivie jusqu'ici sachant que vous alliez déposer ce bijou auquel vous tenez beaucoup. Je veux vous en empêcher en vous prêtant la somme qui vous est nécessaire pour essayer une revanche.

— Non, monsieur, je refuse.

— Votre mari sera fort étonné de ne plus voir à votre doigt cette bague qu'il vous a donnée pour votre fête. S'il vous questionne, vous serez obligée de lui avouer vos pertes de jeux, et vous savez comme il est furieux quand il apprend que vous jouez.

— Son avarice lui fait haïr ma petite passion; et cependant je ne joue que pour m'offrir les quelques toilettes qu'il me refuse.

— N'est-ce pas tout naturel? Voici donc vingt-cinq louis. Avec cette somme vous regagnerez tout ce que vous avez perdu et même bien au delà.

— Mais...

— Ne me refusez pas le plaisir de vous venir en aide.

— Eh bien, j'accepte. (*Au joaillier.*) Excusez-moi, monsieur, de vous avoir dérangé.

La montre. — Pauvre mari!

L'épingle. — Comment!... vous croyez que?...

La montre. — Je ne dis rien, seulement cet emprunt peut lui coûter cher.

Un monsieur (*ahuri*). — Monsieur le bijoutier...

Les boutons de chemise. — Tiens, mon maître viendrait-il me retirer ?

La montre. — Sa physionomie bouleversée ne me le fait pas supposer.

Le monsieur (*tirant un étui de sa poche*). — Ne pourriez-vous pas me prêter quarante francs sur une pipe culottée qui vaut dix louis pour un amateur?

Le joaillier. — Je ne suis pas marchand de pipes.

— Celle-ci est magnifique, c'est un véritable bijou, j'en ai refusé trois cents francs il n'y a pas six semaines.

— Ces sortes de bijoux ne conviennent pas à mon commerce.

— Mais je n'ai plus un centime, je suis l'homme le plus décavé de la terre. Ah! monsieur, le jeu est une vilaine chose... quand on perd... aussi ne jouez jamais. Achetez-vous le linge?

— Non.

— C'est fâcheux, car j'avais une demi-douzaine de chemises à vous céder à bon compte. Voici l'adresse de l'hôtel où je suis descendu. Si vous connaissez un amateur de pipes, envoyez-le-moi.

— Serez-vous encore pour longtemps ici?

— Le propriétaire de l'hôtel me retient en gage.

— Ne vous plaignez pas s'il continue à vous nourrir.

— Ne voulant pas grossir ma note, il me donne un œuf à mon déjeuner et une panade à mon dîner.

La montre. — Vous voyez, mes amis, les tristes conséquences du jeu... Un petit séjour dans cette boutique vous forme mieux que les meilleurs conseils du monde. Apprenez donc que...

L'épingle. — Assez, tu nous ennuies avec ta morale.

Les pendants d'oreilles (*jetés dans la vitrine*). — Bonjour, mes anciens compagnons de chaîne.

L'épingle. — Les bijoux de Mlle Julia !

Les pendants. — Hélas! oui, vous voyez que nous n'avons pas pris longtemps l'air.

La montre. — Rassurez-vous, ce n'est pas votre dernier voyage. Vous avez toujours été déposés pour vingt louis?

— Oui, mais cette fois j'ai entendu qu'il fallait donner mille francs pour me retirer.

L'épingle. — Elle n'est pas bête, Mlle Julia.

La montre. — Non, car elle sait se faire dix mille francs de revenus avec des pendants d'oreilles.

Les pendants. — En strass!

— Pas possible!

— C'est là le cocasse de la chose.

LE THÉATRE DE MADAME.

— Marquise! vous vous avancez devant votre public; vous prenez votre air bête et vous vous exprimez ainsi : I' m' l'avait dit... I' m'avait dit, touè, si j' te pince 'core dans m'n'enclo à tri m' vaqu... j'ne t'rate point... (*Après une légère pause*)... I n'm'a point ratai.

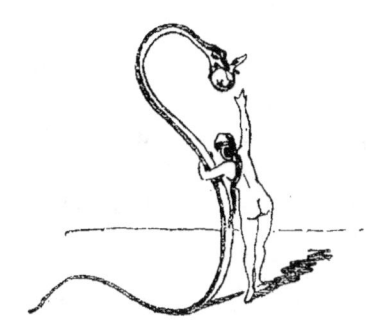

LE PREMIER BAL MASQUÉ

D'EUSTACHE PITANCHU

— Que diable, s'écrie Eustache, ma famille m'a envoyé à Paris pour entrer en association dans la grande maison de commerce de mon oncle Bidard, mais, comme je ne dois devenir sérieux que la semaine prochaine, je puis bien me payer une nuit de plaisir. C'est ce soir il y a bal à l'Opéra, je vais assister à cette fête.

Au foyer, il rencontre *un pays*.
— Tiens, c'est toi, Pitanchu?
— Je viens m'établir à Paris.
— Et moi, j'y fais mon droit. J'irai te voir.

— Tu me feras plaisir, car je ne connais pas un chat à Paris.

— Tu aurais dû faire annoncer ton arrivée dans les journaux, cela produit toujours bon effet.

— Tu crois ?

— Certainement, cela se met à l'article : *Déplacement et villégiature*.

— Mais c'est que moi je ne suis pas une célébrité.

— Tu plaisantes, mon ami, ou tu es trop modeste. Tu es très-connu à Pithiviers, et les gens qui sont connus à Pithiviers sont célèbres dans toute la France.

— Pas possible !...

— Je te le jure. A bientôt, mon cher, et amuse-toi bien.

L'étudiant va rejoindre un groupe d'amis.

— Vous voyez bien ce jobard qui est là-bas?

— Oh ! la bonne tête !...

— N'est-ce pas?... Il faut nous divertir avec lui.

— Nous ne demandons pas mieux. Devons-nous lancer sur lui nos amis et connaissances ?

— Non ; il faut attacher à la boutonnière de son habit un écriteau avec ces mots : *Je suis Eustache Pitanchu, de Pithiviers, et je suis très-généreux avec les femmes*.

— C'est parfait.

En moins de cinq minutes l'écriteau est fabriqué et attaché dans le dos de Pitanchu, qui ne se doute pas du complot tramé contre lui.

— Bonjour, Pitanchu, lui dit un domino noir en lui tapant amicalement sur le ventre.

— Tu me connais donc ?

— Si je te connais !... Ah ! je crois bien... Tu es de Pithiviers, n'est-ce pas?

— Certainement.

— Et tu es généreux avec les femmes?

— Oh! je suis généreux sans être généreux, parce que, si j'étais trop généreux, papa ne serait pas content.

— Enfin, on n'ignore pas ta générosité.

— Oh! parce qu'une fois j'ai payé une robe de cinquante francs à la fille de l'épicier.

— Ce cadeau a fait assez de bruit dans la ville!

— On en a donc parlé?

— Je te prie de le croire; et ta réputation de générosité date de ce jour-là.

— Comme il faut peu de chose pour lancer un homme dans une ville de province! se dit Eustache.

— Je voudrais bien savoir si tu ne donnes pas un démenti à la réputation dont tu jouis.

— Comment cela?

— En me prêtant vingt francs.

— Ah! diable!... c'est que j'ai déjà donné un louis pour mon entrée, et au vestiaire on m'a pris vingt sous pour mon paletot.

— Alors tu me refuses vingt francs. J'étais certaine que tu n'es pas aussi généreux qu'on veut bien le prétendre. Ah! il y a en France des réputations surfaites.

Piqué au vif par ce reproche dit d'un ton amer, Pitanchu sort un louis de sa poche et le donne au domino noir qui s'éloigne non sans avoir embrassé Eustache sur les deux joues.

— Je puis bien, se dit-il, venir en aide à une habitante de Pithiviers; elle appartient sans doute à la haute société de l'endroit.

Un domino rose accoste Pitanchu.

— Ah! te voilà, monstre!

— Qu'as-tu à me reprocher?

— Tu t'appelles Eustache.

— C'est vrai ; mais est-ce pour cela que vous me traitez de monstre ?

— Et Pitanchu est ton nom de famille.

— Il ne faut pas m'en vouloir, ce n'est pas moi qui...

— Tu es un vil séducteur.

— Ciel ! seriez-vous Jeannette, la fille de l'épicier, qui s'est enfuie après notre aventure ?

— Assez !... on pourrait t'entendre, et j'ai ma réputation d'honnête femme à sauvegarder.

— C'est elle !... c'est toi !... Mais qu'es-tu donc devenue ?

— Je vous défends de me tutoyer.

— Vous avez quitté Pithiviers il y a deux ans ?

— Vous devez bien le savoir, scélérat !

— Pourquoi ces injures ?

— Parce que dix-huit mois après, je veux dire huit mois, j'étais mère et à cause de vous !...

— Ciel !... Mais il me semble bien étrange qu'après huit mois...

— C'était peut-être cinq, peut-être trois... Je n'ai pas bien la mémoire des dates. Mais vous, pour un homme qui se dit généreux avec les femmes, vous m'avez laissé dans un joli pétrin.

— Je vous ai cependant donné une robe.

— Pour une malheureuse robe de soie noire !...

— Elle était en mérinos.

— C'est possible... je n'ai pas la mémoire des étoffes.

— Permettez-moi une simple observation.

— Qu'elle soit brève, parce qu'il faut que je sois rentrée chez chez moi avant six heures du matin. J'ai fait un faux pas, mais néanmoins je suis une femme rangée.

— Quand je vous ai connue, vous étiez brune...

— Et aujourd'hui je suis blonde... c'est vrai ; mais ce sont les malheurs qui ont changé la couleur de mes cheveux.

— Vous avez donc beaucoup souffert ?

— Ah ! oui... Tenez, telle que vous me voyez, je n'ai pas encore payé le dernier mois de nourrice de notre fille.

— Comment, elle n'est pas sevrée depuis deux ans ?

— Je le fais exprès.

— Et pour quel motif ?

— Parce que je n'aurais pas de quoi lui acheter des côtelettes.
— Oh! c'est horrible!
— Vous avez dit le mot de la situation.
— Voici trente francs.
— Merci, mon ami; maintenant votre fils vous permet de tutoyer sa mère.
— Mais tout à l'heure vous me parliez d'une fille?
— C'est possible, parce que je n'ai pas la mémoire des sexes. (*Elle se perd dans la foule.*)
— C'est fort extraordinaire, se dit Eustache tout rêveur, il faut venir à l'Opéra pour avoir des aventures de ce genre-là.

Des masques entourent Eustache.
— Bonjour, Eustache Pitanchu.
— Comment, vous aussi, vous me connaissez?
— Parbleu!... Nous sommes de Pithiviers.
— Vous êtes méconnaissables avec ces figures enfarinées, ces masques d'arlequin et de polichinelle.
— Comme nous avons des positions officielles à Paris, nous ne voulons pas être reconnus. Et ton père va bien?
— Vous étiez donc liés avec ma famille?
— Parbleu!...
— Comme ça se trouve!
— Mais nous espérons que tu ne te contentes pas d'être généreux avec les femmes?
— Pour une modeste robe de cinquante francs, vous avez bien tort de me monter cette scie.
— Tu es généreux avec les femmes, nous le savons, mais nous supposons que tu l'es aussi avec les camarades et que tu vas nous emmener souper chez Brébant pour fêter notre rencontre.
— C'est que ça me fait mal de manger la nuit.
— Nous mangerons et boirons pour toi.

— Enfin, soit, puisque vous êtes de Pithiviers.

Eustache est enlevé par le groupe de ses *vieux camarades*, dont il ne reconnaît pas une seule figure.

C'est une marche triomphale jusqu'au bas de l'escalier, ce sont des éclats de rire et des cris perçants de : Vive Eustache Pitanchu! qui est si généreux avec les femmes!...

A neuf heures du matin un garçon entre dans un des cabinets du restaurant Brébant, et secoue Pitanchu qui dort d'un profond sommeil sous la table.

— Monsieur, il est temps de vous lever; tous vos amis sont partis depuis longtemps; ils ont eu tort de vous mettre dans un état pareil, car vous ne paraissez pas avoir l'habitude de boire... Voici l'addition.

— Comment! je dois quinze louis, s'écrie Pitanchu dégrisé par la présentation de la note à payer. Et soixante et onze francs que j'ai dépensés hier au bal, cela fait une jolie somme... Si j'avais pensé être si connu à Paris, je ne serais pas allé à l'Opéra.

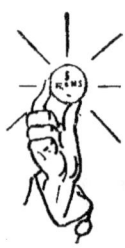

A MOTS COUVERTS.

1re *Dame*. — Vous connaissiez bien ma petite bonne?... Non, je ne crois pas exagérer en vous disant : comme ça!

2e *Dame*. — Oh! la malheureuse!

L'Agnès. — Mère, une demoiselle, ça se peut donc?

LE RÉGÉNÉRATEUR

PETITE ÉTUDE DE MŒURS

 MÉDÉE est un bon garçon, mais quel type! nous disait hier un de ses amis en parlant d'un camarade de collége que j'avais perdu de vue depuis plusieurs années.

— Pourquoi est-ce un type? demandai-je. S'habille-t-il d'une certaine façon? A-t-il des manies?... Enfin, expliquez-vous.

— Nous avons surnommé Amédée *le Régénérateur*, parce qu'il a la toquade de vouloir ramener dans le droit chemin les femmes qui ont piqué une tête dans le fossé du dévergondage. Et cette manie, car c'en est une, lui a causé les déboires les plus incroyables !ou plutôt les plus naturels pour ceux qui connaissent le caractère bizarre de la femme.

— Racontez-moi donc les aventures de ce brave Amédée-le-Régénérateur.

Et celui qui avait amené la conversation sur notre camarade commença son récit :

Amédée fit d'abord la connaissance d'une grisette qui allait plus souvent à Bullier qu'à son magasin.

Il l'invita plusieurs fois à dîner, mais en tout bien tout honneur. C'était un père pour elle.

— Ma chère Anna, lui dit-il au dix-septième homard rémoulade, — car c'était la dix-septième fois qu'ils dînaient ensemble ; — ma chère enfant, vous devriez vous ranger, c'est-à-dire travailler et ne plus aller au bal où vous faites de mauvaises connaissances.

— Travailler ! mon bon, mais vous croyez donc que c'est amusant ?

— Je ne suis pas d'avis que ce soit d'une folle gaieté, seulement le travail empêche la femme de multiplier les culbutes.

— Mais, dans un magasin, je gagne soixante francs par mois. Comment voulez-vous qu'avec deux francs par jour je puisse payer ma chambre, m'habiller et me nourrir les jours où le magasin est fermé ?

— Le fait est qu'au prix où est le rosbif vous auriez bien du mal à joindre les deux bouts. Il faut vous établir.

— Avec quoi ?

— Je me charge de tout ; je vais vous acheter un magasin de modes, et vous gagnerez honnêtement votre vie.

— Vous feriez cela pour moi ?

— Pourquoi pas ? Je serai votre ami, mais vous n'aurez que moi. Nous resterons ainsi pendant de longues années, et si un jour je vous quitte pour me marier, eh bien ! je vous assurerai une dot qui vous permettra d'épouser un commissionnaire en marchandises.

— Mais, mon gros loulou, vous êtes l'ange de la grisette !

— Tendre la perche aux femmes a toujours été mon rêve.

Quinze jours après, Amédée achetait le magasin en question.

Pendant un mois il fila l'amour le plus tendre, et il ne regrettait pas les quarante mille francs qu'il avait donnés à la précédente modiste ayant cédé son fonds.

Mais, hélas! il ne tarda pas à apprendre que, quand il sortait par la porte, un jeune homme entrait par la fenêtre; — et même exercice d'escalade quand il rentrait.

Ce descendant des croisées n'était qu'un vulgaire danseur à Bullier et autres bals publics.

Amédée fut navré.

Il écrivit à Anna :

« Ma chère enfant,

« Je sais tout ; il faut choisir entre lui et moi. »

Anna répondit aussitôt :

« Mon chien chéri,

« Je n'hésite pas une minute, je choisis *lui*.

« Nous te bénirons tous deux pour tout le bien que tu nous as fait. »

Cette première campagne ne changea pas les idées fantasques d'Amédée.

Dans une soirée de femmes galantes, il fit la connaissance d'une charmante brune répondant au nom de Julia.

Il lui demanda la permission d'aller lui rendre visite. Elle ne refusa pas.

Pendant de longues heures qu'il restait avec elle, elle ne cessait de pleurer.

— Comme vous le savez, lui disait-elle, je suis avec un vieux que je ne puis souffrir; mais il faut que je le garde pour ne pas mourir de faim et pourvoir à l'entretien d'un père infirme et d'une mère âgée. Ah! je suis bien malheureuse, allez, mon cher ami. Car je n'étais pas née pour être une femme galante. Il me semble que j'aurais été une si honnête épouse et une si bonne mère de famille.

Et elle recommençait à pleurer.

Amédée sentait ses yeux s'humecter de larmes, et il se tirait avec acharnement ses deux longs favoris pour se rappeler qu'il était un homme.

Enfin, quelques semaines après, il écrivit à Julia :

« Ma chère amie,

« Je vous prends avec moi, et, dans six mois, vous serez ma femme. Vous vendrez votre mobilier et vos bijoux pour passer l'éponge sur le passé. Le produit de la vente sera donné aux pauvres. »

Quand Amédée se présenta chez Julia, elle se jeta à son cou et l'embrassa en lui disant :

— Toi, tu es un brave cœur.

— C'est bien le moins, répondit avec une douce naïveté cet excellent Amédée, c'est bien le moins qu'un homme de temps en temps régénère une femme, il y a tant de misérables qui les perdent.

— Mon ami, je ferai inscrire cette phrase en lettres d'or dans mon alcôve.

Quelques semaines après cette scène, Amédée déjeunait seul chez

Ledoyen, se félicitant d'être arrivé enfin à réhabiliter une femme, car Julia ne cessait de lui dire qu'elle n'aimait que lui, et que, sous le rapport de la fidélité, elle pouvait rendre un nombre incalculable de points à un caniche.

A côté de lui, il entendit des jeunes gens qui causaient. Le nom de Julia fut prononcé. Il écouta et entendit le dialogue suivant :

— Vois-tu toujours Julia?

— Oui, parbleu! Mais il faut que je vous en raconte une bien bonne. Elle me défend d'aller chez elle; seulement, elle vient me voir chez moi. Mais, devinez pourquoi?

— A cause du vieux?

— Lui aussi est consigné. Il a loué une chambre, et il pense être l'amant de cœur, ce qui lui coûte bien plus cher; mais cela le flatte. Enfin, nous sommes tous consignés parce qu'il y a un jobard qui épouse Julia.

— Son nom pour que nous lui fassions accorder un prix Montyon?...

— Il est connu, paraît-il, parmi ses amis, sous le sobriquet d'Amédée le Régénérateur.

Amédée bondit comme un tigre sur celui qui a tenu ces propos.

Aussitôt échange de cartes.

Le lendemain, Amédée recevait dans la poitrine un coup d'épée qui lui traversait le poumon.

Inutile d'ajouter que son mariage était rompu.

Mais il se consola en se disant :

— Il y avait pourtant quelque chose à faire avec cette femme-là... si elle n'avait pas été si vicieuse.

Plusieurs mois après, Amédée voulut faire de la régénération tout à fait platonique.

Il accosta dans une rue une de ces femmes qui ne peuvent s'installer seules dans un café pour prendre un bock.

— Madame, lui dit-il, vous ne rougissez donc pas de faire ce métier? Vous devez cependant avoir une famille? Vous êtes jeune, et vous pourriez travailler. Voulez-vous que je vous donne l'adresse d'une famille où vous trouverez du linge à raccommoder?

— Ah çà! quel drôle de pistolet! s'écria la femme en mettant ses deux poings sur les hanches, est-ce qu'il va m'emb... nuyer longtemps!...

— Ah! on t'ennuie, Clara, dit un homme, une espèce de colosse qui marchait quelques pas derrière.

Et il se précipite sur Amédée. Une lutte s'engage, et d'un coup de pied, son adversaire lui casse un bras.

Amédée arriva juste au moment où mon ami en était à cette troisième histoire des aventures étranges de son existence.

Le pauvre Amédée était-il assez changé...

— On vient de me raconter une partie de tes exploits, lui dis-je. Quand donc renonceras-tu à ton métier de régénérateur?

— Diogène a bien passé sa vie à chercher un homme, je puis bien employer mon existence à trouver une femme.

AU BAL.

— .. Du reste, madame, un souper n'engage absolument à rien.
— Mossieu! je n' demande pas l'aumône!

APRÈS LE PREMIER DE L'AN

— Joséphine.
— Madame.
— J'ai le regret de vous dire que vous ne me convenez plus.
— Ah! oui, je comprends, ça se mijotait depuis longtemps; seulement madame attendait que le 1ᵉʳ janvier fût passé pour me remercier, parce qu'avant vous n'auriez pu trouver une bonne et vous auriez été forcée de vous servir vous-même.
— J'ai bien le droit de vous congédier comme bon me plaît, n'est-ce pas? D'abord, vous deviez vous douter de mes intentions quand vous n'avez reçu que cent sous d'étrennes.
— Pardon, madame, trente francs.
— Vous vous trompez.

— Monsieur, qui est meilleur que madame, a ajouté vingt-cinq francs.

— Comment! lui!... Oh! le monstre!

— Je les méritais bien, car il me turlupinait assez en l'absence de madame.

— Quel gredin!

— Tant que je suis en place, je suis discrète; mais, quand on me renvoie, je ne prends plus de ménagements.

Le mari arrive sur ces entrefaites. Sa femme lui saute aux yeux. Joséphine est dans la jubilation.

— Monsieur Chaffaroux, y a-t-il des lettres pour moi?

— Regardez vous-même dans la boîte.

— Ciel! que vois-je!... Mais cette lettre était pressée... on vous l'a apportée il y a au moins douze jours.

— C'est possible... Quand vous voudrez recevoir de suite vos lettres, vous n'aurez qu'à attendre le facteur sous la porte cochère.

— Vous êtes peu complaisant.

— C'est comme cela. (*A part.*) On t'en donnera de la complaisance, vieux pingre, toi qui as eu l'audace de me mettre dans la main trois francs d'étrennes. Je t'en ferai voir de toutes les couleurs pendant l'année qui commence.

— Mon cher ami, j'ai une petite confidence à te faire.

— Parle, je t'écoute.

— Tu as eu la bonté de donner à ma femme une boîte de bonbons.
— C'est tout naturel.
— Mais cette boîte, on l'avait déjà offerte à ton épouse.
— Qu'en sais-tu?
— C'est que mon Aglaé a soixante-trois ans et ton Héloïse vingt-huit.
— Je ne vois pas où tu veux en venir.
— On ne fait plus de brûlantes déclarations à ma pauvre vieille compagne, qui d'ailleurs ne répond pas au nom d'Héloïse.
— C'est le nom de ma femme.
— C'est aussi à elle qu'était adressé ce billet doux. Vois.
— Ciel! c'est ce gredin de Gustave...
— Qui est l'Abeilard de ta femme.
— S'il pouvait l'être jusqu'au bout!...

MADEMOISELLE FANNY A M. GEORGES.

« Mon gros chéri,

« Il y a décidément entre nous incompatibilité d'humeur; ne viens donc plus me voir. D'abord, je veux me ranger. Un pharmacien de mon quartier me fait la cour et m'a promis le mariage. Tu es trop raisonnable et tu m'aimes trop pour ne pas me conseiller de renoncer aux frivolités afin de penser aux choses sérieuses.

« Donc, adieu, je te renverrai demain tes chemises de nuit, tes pantoufles et ta pipe.

« Je t'embrasse avec le cœur sur les lèvres.

« FANNY. »

M. GEORGES A MADEMOISELLE FANNY.

« Ma bonne amie,

« C'est très-bien. Mais je te serais reconnaissant de me renvoyer aussi les pendants d'oreilles que je t'ai donnés pour tes étrennes. J'ai le placement de ces bijoux.

« A toi,

« GEORGES. »

Télégramme.

FANNY A GEORGES.

« Moi les garder comme souvenir.

« FANNY. »

GEORGES A FANNY.

« Toi une gueuse et quand rencontrerai flanquerai une tripotée.

« GEORGES. »

MADAME. — Je te préviens que si ton ami Durand vient comme de coutume te demander à dîner aujourd'hui dimanche, je le mets à la porte.

Monsieur. — Et pourquoi?
— Parce qu'il ne m'a pas apporté seulement une livre de marrons glacés.
— Il y a longtemps que tu sais qu'il est rat.
— Eh bien, moi, je n'aime pas ces gens-là, et je ne veux pas les recevoir.
— Sapristi!...
— Cela paraît te contrarier.
— C'est certain. Hier j'ai rencontré Durand et il m'a dit : A demain.
— Qu'il se présente.
— Pas de scandale, ma petite femme chérie, je t'en prie. Tiens, on sonne, je suis sûr que c'est lui.
— Cache-toi ; je veux aller lui ouvrir. (*Elle se dirige vers la porte.*) Ah! cher monsieur Durand, vous arrivez à propos, mon mari est très-malade, il a la petite vérole, j'espère bien que vous allez le soigner.
— Ah! il a... il est...
M. Durand ne se donne pas le temps d'achever sa phrase. Il remet son chapeau et descend les escaliers quatre à quatre.

Deux cocottes se dirigent vers le magasin d'un joaillier de la rue de la Paix.
— Ainsi tu veux faire estimer les diamants que ton Anglais t'a donnés?
— Oui, comme c'est le seul cadeau qu'il m'a fait pendant son séjour à Paris, je tiens à savoir s'il s'est conduit en galant homme.
— A mon avis, c'est une parure qui vaut quinze mille francs.
— Je l'espère bien.

Elles entrent chez le joaillier, qui examine les diamants et dit en souriant :

— Ah! madame, quel magnifique strass!
— Comment! ces diamants sont faux?
— Tous sans exception.

La dame a une crise nerveuse des plus violentes.
Mais c'est l'amie qui est heureuse.

ENTRE SOI.

— Tu sais que le grand... Machin dit partout qu'il a été au mieux avec toi.
— Que veux-tu? faut l' laisser dire.
— Oui, que tu l'as aimé pour lui-même.
— C'est une infamie!...

COMMENT ON ALLUME
LE FLAMBEAU DE L'HYMÉNÉE

FANTAISIES MATRIMONIALES

DANS LE GRAND MONDE.

Le vicomte. — Maintenant, ma chère amie, comme nous avons rendu toutes nos visites de noces, je crois le moment venu de nous occuper d'affaires sérieuses.

Madame. — De quelles affaires voulez-vous parler?

— Dans le département où est situé le château de votre mère, il y a un député à nommer.

— Et vous voulez?...

— Le remplacer.

— Ambitieux!

— Il faut que ce soit vous qui soyez mon agent électoral; nous allons donc passer plusieurs semaines dans le château de votre mère, afin que vous puissiez faire toutes vos tournées... avec moi ; car il faut qu'on me connaisse.

— Comme il vous plaira, mon ami.

— Mon succès est certain. (*A part.*) La petite est une grue, mais je serai député. Les séances commencent à deux heures pour ne finir qu'à six heures... ensuite je me ferai nommer d'une commission, pour passer la matinée à Versailles. Quand on est marié, il faut éviter d'être toujours avec sa femme, c'est le seul moyen de ne pas se disputer.

DANS LE COMMERCE.

— Mon cher Mouchamiel, je viens vous demander la main de votre fille.

— Pour vous ?

— Mais non, puisque je suis déjà marié.

— Aussi, ça m'étonnait.

— Je vous fais cette demande pour mon neveu.

— Vous avez un neveu ?

— Oui ; il est employé chez un confrère à Brives-la-Gaillarde ; je vous ai déjà parlé du petit.

— Et il voudrait venir s'établir à Paris ?

— Oui ; comme vous avez un fonds d'épicerie vous pourrez le céder à votre gendre. Aristide est un garçon qui connaît le commerce. Ma proposition vous convient-elle ?

— Parfaitement, et je dois même vous avouer que j'avais l'intention de me retirer des affaires. Quand on a été dix-sept ans dans les denrées coloniales, on n'est pas fâché de sortir de la mélasse et de l'huile à brûler.

— Quand célébrerons-nous la noce ?

— Le mois prochain.
— C'est entendu.
— Mais il faut que les deux jeunes gens se connaissent.
— Ils auront bien le temps de faire connaissance quand ils seront mariés.
— Votre fille sait-elle la tenue des livres ?
— Comme sa mère.
— C'est tout ce qu'il faut. Je vais écrire à Aristide pour lui annoncer son mariage.
— Vous avez raison de le prévenir.

AUX CHAMPS.

Mathurin. — Cré coquin ! vous avez une fameuse poigne, Jeannette.
Jeannette. — Vous trouvez ?
— Hier soir vous m'avez allongé dans le dos un coup de poing qui m'a donné le cauchemar toute la nuit... j'ai tout l' temps rêvé à vous.
— Vous êtes ben aimable.
— J'ons un grand terrain, Jeannette, et vous une bonne petite ferme.
— Eh ben !
— Voulez-vous être la mère d' mes enfants ?
— Vous en avez ?... où donc que vous les cachez ?
— J'en ons pas encore, mais j' parlons d' ceux qu' vous voudrez ben m' fournir.
— Tout d' même, si ça vous fait plaisir.
— Allons donc trouver demain l' maire et l' curé pour leur de-

mander s'ils veulent ben nous marier la semaine prochaine s'ils n'ont rien de mieux à faire.

— C'est dit.
— Topez là.
— J' topions là.

CHEZ DES BOURGEOIS.

Léonie. — Oh! la la!.. oh! la la!

Le père à sa femme. — Qu'a-t-elle donc encore, notre fille?

La mère. — Parbleu! son attaque de nerfs habituelle.

— Parce qu'elle veut se marier.

— Oui; comme elle vient d'apprendre le mariage d'une de ses amies, son attaque de nerfs est plus forte que de coutume.

Léonie. — Oh! la la!... oh! la la!

Le père. — C'est bien amusant.

Léonie. — Papa, je veux me marier... marie-moi ou je me jette par la fenêtre.

Le père. — Toujours la même rengaine. Mais, ma fille, je n'ai pas de mari sur moi, je te le jure, tu peux me fouiller.

La mère. — Nous t'avons ménagé dix-sept entrevues et elles ont toutes échoué, ça n'est pas de notre faute.

Le père, bas. — Tu n'as pas besoin de le lui dire sans cesse, ça augmente encore son chagrin.

Léonie, pleurant. — Je veux me marier ou mourir.

La mère. — Ah! si elle savait ce que c'est que le mariage, elle ne le souhaiterait pas tant.

Le père. — Eh bien, Anastasie, aurais-tu des reproches à me faire?

— Non, mon ami, je suis très-heureuse ; mais il y en a d'autres qui ne le sont pas. Il existe des hommes qui lâchent leur pot-au-feu quotidien pour aller manger en cabinet particulier, avec des cocottes, de la bisque d'écrevisses.

— Il est inutile d'entrer dans tous ces détails devant cette enfant. Léonie...

— Papa.

— Habille-toi. Nous t'emmenons.

— Pour une entrevue ?

— Oui.

— Quel bonheur !

La mère, *bas*. — Où vas-tu la conduire ?

Le père. — Chez M. de Foy, la providence des pères qui ont des filles à marier. Cet entrepreneur d'hyménée a peut-être un vieux fonds de magasin.

ENTRE JEUNES GENS.

— Est-ce vrai, tu te maries ?

— Parbleu ! j'ai trouvé une occasion splendide. Une femme qui m'apporte quatre cent mille francs.

— Sapristi !

— Et pas de belle-mère..

— Morbleu !...

— Et un beau-père qui a soixante-dix ans.

— Ventrebleu !... et où as-tu fait cette trouvaille ?

— Sur l'impériale de l'omnibus. Il y a trois semaines, j'étais à côté d'un vieux qui avait oublié son porte-monnaie. Je paye pour lui. Il accepte, à la condition que je viendrai lui réclamer mes quinze centimes. Je lui promets. Je lui rends une visite. Je vois sa fille : il me fait des ouvertures ; je les accepte. Et l'affaire a été ainsi bâclée.

— Et ta future est-elle bien?

— On n'en ferait pas une maîtresse ; mais ça sera une femme très-convenable.

MÊME MAISON.

— Virginie?

— Paul.

— Il y a aujourd'hui huit ans que nous sommes ensemble.

— Je le sais bien; aussi, pour fêter cet anniversaire, je t'ai brodé des bretelles.

— Virginie?

— Mon ami.

— Veux-tu recevoir à dîner le concierge sans rougir?

— Je ne te comprends pas.

— En un mot, veux-tu être ma femme légitime?

— Mais je ne demande que cela.

— A quand la noce?

— Quand tu voudras.

— Prenons l'omnibus, et allons réciter au notaire nos noms et prénoms.

— Pourquoi ris-tu?

— Parce que je pense que, depuis huit années, comme ma maîtresse tu étais *mon tout*, et que, quand le notaire aura barbouillé du papier, tu ne seras plus que *ma moitié!*

ENTRE BONS AMIS.

— Quand il me regarde, je baisse les yeux; quand il me serre la main, je deviens cerise; quand il veut me la baiser, j'implore ma mère.
— Ça doit lui faire un effet... bœuf.
— Je te prie de le croire.

LA CHAUVE-SOURIS

I

— Je m'ennuie seule dans ma chambre, se dit Isabelle, une chambre située au cinquième étage et donnant sur une vilaine cour; que faire de ma soirée? Parbleu!... il faut que je sorte!... Il y a des gens qui vont se promener pour se distraire; mais pour moi ce n'est pas la même chose... Et je n'ai pourtant pas besoin de prendre l'air pour m'ouvrir l'appétit, car ce soir je n'ai mangé qu'un peu de pain et de fromage... Maigre repas!... Il me restait encore bien quelques sous, mais je les ai dépensés pour acheter du bois; — car il fait très-froid dans cette chambre.

Irai-je dans un bal public?... Non, car ma toilette est en mauvais état, et à la lumière elle produirait un piteux effet.

Je dois éviter la lumière et ne rechercher que l'obscurité.

Pauvre chauve-souris, va te promener.

Pourtant je resterais avec plaisir auprès de ce bon feu, et surtout si je pouvais faire cuire dans la cendre quelques pommes de terre.

Il est neuf heures, je ne dois plus tarder.

11

Il y a du monde, ce soir, sur les boulevards.

Le ciel est pur, il n'y a pas de boue, et il ne pleuvra pas. C'est encore de la chance.

Voici les ouvrières qui sortent de leur magasin. Elles rentrent graiement dans leur famille en pensant aux plaisirs qu'elles ont eus dimanche dernier et en faisant de nouveaux projets pour dimanche prochain.

Elles sont heureuses, ces jeunes filles.

Elles travaillent; puis, un beau jour, elles trouveront pour maris un commerçant, un caissier, un commis de magasin. De simples ouvrières, elles deviennent patronnes.

Il y a cinq ans, moi aussi je travaillais, j'étais couturière.

Mais le travail m'ennuya. Je voulus m'amuser; je quittai le magasin et la famille pour aller m'installer au quartier latin.

Je trouvai des hommes qui me promettaient de m'aimer et de me faire une position.

Je vivais pendant huit jours avec celui-ci, pendant quinze jours avec celui-là.

Je tombai malade et on me porta à l'hôpital.

Je fus traitée pendant trois mois pour une fluxion de poitrine.

Quand je retournai dans ma chambrette, il n'y avait plus de meubles, le propriétaire les avait fait vendre pour se payer des termes arriérés.

Et je vins m'installer dans le haut de la rue Rochechouart, où je végète.

C'est triste d'assister à la sortie des magasins ; ce spectacle me rappelle ma jeunesse et me fait mal.

III

Pour me distraire je vais m'arrêter devant les boutiques ; mais je ne tiens pas à regarder les bijoux et les belles toilettes, j'aime mieux contempler l'étalage d'un charcutier.

Voilà une exhibition insolente pour une malheureuse qui n'a mangé à son dîner qu'un morceau de pain dur avec un peu de gruyère !

Quand j'ai quitté l'hôpital le médecin m'a recommandé une bonne nourriture.

Recommandation dérisoire pour une femme qui vit au jour le jour.

Quel beau jambon, quelle belle galantine !

Mon premier amant m'a séduite en me promettant de m'acheter des pendants d'oreilles que j'admirais tous les soirs en passant devant le magasin d'un joaillier.

Aujourd'hui je ne serais pas moins sensible à l'offre d'une tranche de jambon.

IV

Voilà la onzième fois que je me promène de la Madeleine au Gymnase.

Ah ! je la connais cette promenade favorite des étrangers.

Que je serais heureuse de me retrouver dans mon pauvre village, où la place de l'église était, le dimanche, le seul lieu de réunion des habitants !

Des saltimbanques venaient quelquefois y exécuter des tours de force, ou y dire la bonne aventure aux filles du hameau.

Une tireuse de cartes m'avait prédit un jour que j'aurais un brillant avenir.

Cette prédiction me coûta cinquante centimes. Je voudrais les avoir aujourd'hui pour m'acheter du pain.

V

Il est onze heures.

Pour varier un peu ce monotone itinéraire de mes pérégrinations nocturnes, je vais prendre par cette rue.

Il n'y a pas de monde, mais la solitude est parfois propice.

J'entends quelqu'un qui emboîte le pas derrière moi.

On me suit depuis quelques instants. La personne se rapproche.

Ah! diable! cet homme a un vilain aspect. Mais, hélas! dois-je y faire attention?...

On fouille dans ma poche.

C'est lui!... Cet homme est un voleur. Il se sauve avec mon porte-monnaie, qui contient cinq centimes.

Le voleur est volé.

VI

Mais, j'y pense, dans ce porte-monnaie il y a un souvenir de ma pauvre mère, une mèche de ses cheveux, une relique pour moi!

Dans les moments de misères et de souffrances, j'embrassais ce tendre souvenir, je pleurais et je me sentais mieux après.

Ce misérable m'a volée pour ne rien avoir, et a jeté peut-être dans un égout cet objet sacré! J'aurais dû crier.

Un gardien de la paix serait venu.

On aurait arrêté le voleur. Mais nous étions conduits tous deux devant le commissaire de police.

J'étais obligée de raconter ce qui s'était passé et l'on se moquait de moi.

Est-ce qu'une femme comme moi doit faire du sentiment?

VII

Il vaut mieux que je revienne sur les boulevards.

Quel remue-ménage là-bas!...

Serait-ce mon voleur qui, tentant un nouveau coup, mais plus fructueux que celui-là, aurait été pris en flagrant délit? Allons voir. Mais non, les femmes se sauvent.

Je devine!... c'est une razzia.

La police a tendu son vaste filet pour attraper les chauves-souris.

Sauve qui peut!...

Je vais monter dans cet omnibus.

Mais je n'ai même pas six sous pour payer ma place.

Toutes les rues sont gardées.

— Monsieur, offrez-moi votre bras, je vous en supplie. Dans un instant, vous me quitterez. Je ne suis pas en faute; mais si l'on m'arrête, je puis être gardée toute la nuit... et il faut que je mange demain.

Cet homme, qui pouvait être mon sauveur, s'éloigne de moi avec mépris.

Ah! voici une vieille dame avec son mari.

— Monsieur, madame, laissez-moi marcher près de vous.

Misérable! me dit la femme en serrant son mari dans ses bras, et elle s'éloigne en précipitant le pas.

Je suis cernée.

Il est trop tard.

VIII

Se trouver à cinq heures du matin sur le Pont-Neuf. C'est bien triste, par ce froid !

On m'a renvoyée de la préfecture, parce que je n'étais pas en contravention.

Pourquoi ne m'ont-ils pas gardée, ils m'auraient donné du pain ?

Et dire que pour finir cette misérable existence, je puis me jeter dans le fleuve.

L'occasion est trop belle pour ne pas en profiter.

Cette fois la chauve-souris ne rentrera pas dans son nid au petit jour.

Adieu, le monde !

(*Elle se précipite dans la Seine.*)

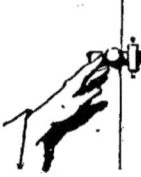

COULISSES.

— Si j'ai du talent, monsieur le directeur, si j'ai du talent... voyez mes jambes!...

UNE FANTAISIE D'OLYMPE

La scène se passe dans le boudoir d'une femme à la mode.
— Cher comte, dit-elle à son protecteur, j'ai une envie.
— Sapristi ! c'est grave !
— Je veux débuter au théâtre, je veux que mon nom figure en vedette sur les affiches, je veux que les journaux parlent de moi...
— Où veux-tu jouer ?
— Dans un théâtre de genre.

— Tu n'as aucun talent, et les directeurs ne voudront pas t'engager.

— C'est possible, mais j'ai de l'argent, et avec de la fortune on arrive à tout. Je suis en pourparlers avec un directeur. Tu serais même bien aimable de passer à son cabinet pour causer avec lui au sujet de mon engagement. Il t'attendra aujourd'hui entre trois et quatre heures.

— Mais...

— Ne manque pas de te trouver à ce rendez-vous.

Le comte obéit aux ordres de sa bien-aimée.

Il va trouver l'impresario.

— Monsieur, lui dit-il, je viens au sujet de l'engagement de Mlle Olympe.

— Vous savez que je ne lui donne rien comme appointements.

— Je n'en doute pas une minute.

— Mais elle devra me venir en aide pour monter une grande machine en plusieurs tableaux.

— C'est-à-dire que c'est moi qui serai obligé de fournir les fonds.

— C'est probablement dans ce but que Mlle Olympe vous a adressé à moi.

— Combien vous faut-il ?

— Une quinzaine de mille francs.

— Fichtre !... c'est raide.

— Non, car votre protégée n'a aucun talent. La fantaisie qu'elle a de débuter peut me coûter fort cher; on a vu en effet des grues faire tomber des pièces.

— Vous la considérez donc comme une grue?

— Excusez-moi, je n'ai pas voulu dire cela.

— Ne vous gênez pas, car je suis entièrement de votre avis. Seulement, si je refusais de satisfaire cette fantaisie, Olympe me quitterait, et j'aime cette fille. Voici un mot pour toucher quinze mille francs chez mon banquier.

— Ce n'est pas tout.

— Quoi encore?

— Il faut que cette jeune actrice s'engage à payer un dédit de dix mille francs, si par hasard il lui prend envie de renoncer au théâtre avant l'expiration de son engagement.

— Si elle cesse de jouer, tant mieux pour vous; de cette manière, vous en serez débarrassé, puisque vous ne lui trouvez aucune disposition pour le théâtre.

— Mais si par un hasard extraordinaire elle réussit, je ne veux pas qu'elle me quitte au milieu du succès.

— Ce que vous dites là est impossible.

— Le public est si niais qu'il faut s'attendre à tout de sa part.

— L'affaire du dédit est entendue.

Le grand jour des débuts approche. Olympe est au comble de la joie.

Le comte ne partage pas les transports de bonheur de sa bien-aimée, surtout quand la couturière lui présente une note de huit mille francs pour frais de costumes.

— Olympe, tu n'es pas raisonnable, dit le comte, tu me fais dépenser trop d'argent.

— Tu sais pourtant bien que le théâtre ne s'est pas engagé à payer mes costumes.

— Mais pourquoi ce luxe insensé ?

— Je ne puis me montrer avec des vêtements achetés au Temple. A propos, as-tu fait quelques démarches auprès des journalistes pour que ces messieurs fassent mousser mes débuts ?

— Oui ; il m'est même arrivé une fâcheuse aventure.

— Conte-moi ça.

— Connais-tu le *Phare littéraire* ?

— Non.

— Ça ne m'étonne pas. C'est une feuille de théâtre qui ne bat même pas d'une aile. Le rédacteur en chef m'a reçu de la façon la plus gracieuse. Il m'a parlé de l'état désastreux dans lequel se trouve la feuille qu'il dirige, il m'a si bien apitoyé sur son sort que finalement il m'a engagé à prendre une part de cinq mille francs.

— Tant mieux.

— Pourquoi ?

— Nous pourrons compter sur un journal qui fera mon éloge. Il s'agit de chauffer la première.

— Mes amis m'ont promis d'applaudir.

— Ce n'est pas suffisant ; il faut t'assurer le concours du chef de claque, mais je ne t'engage pas à lui mettre brutalement de l'argent dans la main. Tu lui attacheras cette épingle à sa cravate.

— Mais j'y tiens, elle m'est très-utile, c'est une pierre fort précieuse.

— Si elle n'avait aucune valeur et si tu n'y tenais pas, quel mérite y aurait-il à l'offrir au chef de claque ? Fais ce que je te dis.

— Oui, ma bonne amie.

— Et les bouquets, il ne faut pas les oublier.

— Combien en veux-tu ?

— Deux douzaines ; je veux être étouffée sous une avalanche de fleurs.

— Mais nous sommes en plein hiver, et les bouquets sont hors de prix.

— Comment! une simple question d'argent te préoccupe! tu es donc un rat?

— Ma chère Olympe, tu disparaîtras sous les fleurs.

— Mon ami, tu es un homme charmant. Si je pouvais avoir de l'affection pour quelqu'un, je crois que je t'aimerais, parole d'honneur.

— Tu n'as plus aucune recommandation à me faire?

— J'oubliais un détail. Ne manque pas de louer toute la salle pour une dizaine de représentations; je veux qu'on refuse le monde.

— Mais que ferai-je de tous les billets?

— Nous les donnerons à nos amis et connaissances. Quand il ne faut pas payer, on trouve facilement des gens qui consentent à aller au spectacle.

O vicissitudes des choses humaines! Olympe comptait sur un triomphe, elle obtint un four de première catégorie.

A la septième représentation, Olympe, au lieu de se rendre au théâtre, va souper en cabinet particulier au café Anglais.

Le directeur arrive au moment où l'artiste émérite attaque un buisson d'écrevisses.

— Je pensais bien vous trouver ici, fait le directeur d'une voix haletante, mais les spectateurs font un vacarme atroce, il est impossible de commencer la pièce sans vous.

— Tant pis! le théâtre, ça m'embête! Je dirai à ma femme de chambre d'apprendre le rôle, et elle me remplacera.

— Vous allez me payer les dix mille francs.

— Mon cher comte, fait avec nonchalance la charmante Olympe, passe les dix mille francs au monsieur, pour qu'il nous laisse tranquilles.

— Nom d'un petit bonhomme ! murmure le comte de fort mauvaise humeur.

— Tu n'es pas content ?

— Tu as voulu débuter au théâtre... et c'est moi que tu fais chanter.

CE QUI SE DIT TOUT BAS.

— Que voulez-vous, mon cher!

LA LOGE DE Mlle SIDONIE

MADEMOISELLE SIDONIE, une élégante petite dame, s'ennuie de ne rien faire et surtout d'être avec son protecteur qui ne fait rien.

La vie à deux est très-monotone quand on peut se dire toute la journée que l'on s'aime; — c'est même peut-être à cause de cela que la monotonie est excessive.

Avec le consentement de son ami, Sidonie se présente chez le directeur d'un théâtre où l'on monte une grande féerie.

— Je désirerais avoir un rôle dans votre pièce, dit-elle au directeur.

— Avez-vous déjà joué?

— Oui, à la Tour-d'Auvergne ; car j'ai pris, il y a quelques mois, des leçons d'un professeur de déclamation.

— Pendant longtemps ?

— J'ai pris trois leçons ; mais comme je suis très-intelligente, mon professeur a trouvé que cela suffisait.

— Exigez-vous des appointements ?

— Oh ! non, parce que je suis très-convenablement entretenue.

— Je vous donnerai un rôle dans la revue.

— Je tiens surtout à avoir ma loge à moi, car je n'ai pas envie de m'habiller avec des femmes que je ne connais pas.

— Ah ! diable !...

— Si vous me donnez une loge je fournirai mes costumes.

— Vos concessions m'autorisent à vous en faire.

— J'aurai ma loge ?

— Oui.

— Vous êtes un homme charmant.

Elle l'embrasse.

— Venez voir la pièce que je vous destine.

Il l'emmène.

— Tenez, voici où vous serez.

— C'est bien sale.

— Cette loge a été occupée pendant six mois par Mlle Isabelle.

— Je ne lui en ferais pas mon compliment.

— On pourra nettoyer cette pièce ; et vous êtes libre aussi de la meubler.

— Je l'espère bien ; mais il y aurait quelques changements à faire. Me permettez-vous d'amener un architecte ?

— Un tapissier, vous voulez dire ?

— Un architecte d'abord, le tapissier viendra ensuite.

— Je vous laisse agir, mais à la condition de ne rien changer à l'état des lieux.

— Soyez tranquille, je ne démolirai pas le mur mitoyen.

Le lendemain, Sidonie arrive au théâtre avec son architecte.

— Cette loge est carrelée ; je veux un parquet.

— Mais un tapis suffirait.

— Le carreau est très-froid.

— Nous mettrons un parquet.

— Ces deux becs de gaz de chaque côté de ma glace n'éclairent pas assez. J'en voudrais deux autres, un dans chaque coin, là-bas.

— Mais le théâtre ne vous offrira pas le gaz.

— Je paierai le supplément.

— Vous aurez bien chaud dans votre loge avec toutes ces lumières ?

— C'est vrai. Comment remédiera-t-on à cet inconvénient ?

— Il faudrait un ventilateur.

— Peut-on l'établir facilement ?

— Oui, en faisant quelques travaux.

— Ne me refusez rien, puisque mon ami paye tous les frais. Je voudrais une armoire.

— Il y en a une.

— Elle n'est pas assez vaste. Je veux une armoire pouvant être aérée par en haut.

— Vous avez donc l'intention de l'habiter ?

— Pas moi.

— Vous voulez y loger quelqu'un ? Madame votre mère, sans doute ?

— Curieux !... Mais je n'ai rien à vous cacher, puisque vous n'appartenez pas au théâtre ; vous ne me trahirez donc pas. Voici la chose. Je voudrais recevoir mon ami dans ma loge, lui ou un autre. En corrompant le concierge du théâtre, il est facile à un monsieur de se faufiler, mais si le régisseur le voit dans ma loge !...

— Il ne plaisanterait pas, le régisseur.

— C'est pour cela qu'en cas d'alerte, je voudrais dissimuler le monsieur dans l'armoire.

— Vous pensez à tout. Vous aurez une armoire dans laquelle un homme pourra passer toute sa vie, si vous lui apportez des vivres.

— Soyez tranquille ; quand je partirai, je ne l'oublierai pas.

— Vous n'avez pas d'autres travaux à me commander ?

— Non ; j'attends maintenant mon tapissier. Ah ! le voici. — Mon ami, vous allez me meubler cette loge très-confortablement,

— Sapristi ! dit le tapissier, elle n'est pas grande, et j'y placerai difficilement une armoire à glace.

— Ce meuble encombrant n'est pas utile. Je veux un canapé

et deux fauteuils. Il me faut aussi une grande glace, puis un secrétaire.

— Comment! un secrétaire?... ici, dans une loge d'artiste?...

— On a souvent besoin de répondre aux lettres que l'on vous adresse. Vous ne connaissez pas les petits mystères du théâtre, mon bonhomme. Je tiens surtout à ce que les tiroirs de ce meuble ferment bien. Je puis être obligée d'y enfermer quelques missives secrètes que je ne tiendrais pas à emporter chez moi.

— Voulez-vous un coffre-fort?

— Ce serait un peu embarrassant. Enfin, vous me garnirez les murs avec de la belle étoffe jaune, parce que je suis brune. Combien me coûtera cette installation?

— Quinze cents francs.

— Très-bien. Faites vite, car je répéterai dans huit jours.

*
* *

Les débuts de Mlle Sidonie ont lieu.
Elle est sifflée, et le directeur l'invite à rester chez elle.
Grande fureur de la jeune artiste.

— Alors, dit-elle, je vais emporter mes meubles et les tapisseries de la loge.

— Vos meubles, je vous les laisse, mais je vous défends de toucher aux tapisseries ; elles sont clouées dans le mur, et on verrait d'affreux trous si on enlevait la tenture.

— Je vous ferai un procès.

— Des menaces maintenant ! Très-bien, madame. Alors je n'ai plus d'égards à avoir pour vous.

Arrive chez Sidonie un huissier qui fait connaître sa qualité et le motif de sa démarche.

— Madame, dit-il à Sidonie, votre directeur...

— Pardon, ça n'est plus mon directeur.

— Votre ex-directeur...

— Très-bien !... Que me veut cet imbécile ?

— Vous avez fait dans son théâtre des travaux qu'il n'accepte pas.

— J'ai embelli sa boutique : j'ai remplacé les carreaux par un magnifique parquet.

— Très-dangereux, paraît-il, pour l'incendie. Il y a aussi un ventilateur qui prend l'air chez un voisin et le propriétaire se plaint.

— Parce qu'on lui prend son air ?

— C'est son droit, madame, et cela peut être la cause d'un procès très-sérieux entre le directeur du théâtre, le propriétaire de l'immeuble et celui de la maison voisine. On a vu des procès de ce genre durer dix années.

— Alors, que me réclame-t-on ?

— La remise en état des lieux tels qu'ils étaient avant votre arrivée au théâtre.

— Je vous enverrai mon architecte.

— Plus, trois mille francs de dommages-intérêts.

Le protecteur, qui entend cette réclamation, bondit sur son fauteuil.

— C'est une infamie, s'écrie Sidonie.

— Alors, vous refusez de payer ? demande l'huissier.

— Oui.

— Nous plaiderons, madame.

— Un procès maintenant, dit l'ami de la dame, jamais !... Je m'y oppose. Mon nom ne manquerait pas d'être prononcé dans cette affaire, et ma famille ne serait pas contente.

— Alors que faire, mon chéri? demande Sidonie, furieuse de cette aventure.

— Je payerai les dommages-intérêts et je ferai enlever le ventilateur.

— Mais vous me le rapporterez, dit Sidonie à l'huissier, car c'est bien le moins que je le conserve.

QUEL RASEUR!

— Ta famille, ta famille... est-c' que j' te rase comme ça, moi, dis, avec la mienne de famille?

UNE VICTIME DE LA LIGNE

La scène se passe dans une fête de village.
De nombreuses baraques encombrent la place du marché.
La foule flâne et s'arrête pour assister aux parades des saltimbanques.
Une jeune paysanne d'une quinzaine d'années contemple la voiture d'une diseuse de bonne aventure.
Sur la porte il y a cet écriteau plein de promesses :

AU LIVRE DU DESTIN.
ICI
ON PRÉDIT L'AVENIR.

— Oh! je veux entrer là, se dit Léonie, la jeune fille en question.

Et elle se précipite dans la baraque.

— Donnez-vous la peine de vous asseoir, lui dit une vieille femme.

— C'est vous qui prédisez l'avenir?

— Oui, ma chère enfant.

— Et vous lisez dans le livre du destin? Faites pour moi la lecture de quelques pages de ce livre.

— Le livre du destin, c'est votre main.

— Mais dans une main il n'y a aucune écriture.

— Pour vous, c'est possible; mais pour moi, c'est tout différent.

— Et combien me prendrez-vous pour ce travail?

— Cinquante centimes.

— Les voici.

— Ouvrez votre main.

Et la vieille, relevant ses lunettes sur son front, se met à raconter un tas de choses à la pauvre enfant, qui paraît prendre un vif intérêt à tout ce qu'elle entend.

— Oh! oh! ma chère, dit la bonne femme, vous avez là une fort belle ligne de chance.

— Elle ne m'a pas encore servi à grand'chose. J'ai commencé par garder les dindons, et maintenant je suis fille de ferme. Je reçois plus de sottises que d'argent.

— C'est possible; mais vous êtes jeune, et la chance viendra.

— Vous me l'annoncez?

— Je ne me suis jamais trompée, réplique la vieille d'un ton sévère.

— C'est bien, madame, ne vous fâchez pas; je vous remercie de m'avoir dévoilé une si bonne ligne.

Et Léonie s'en va toute joyeuse.

Les jours suivants, la gentille villageoise est rêveuse.

— J'ai une ligne de chance, je veux bien le croire, puisque cette femme l'a affirmé ; mais ce n'est pas en restant dans ce village, comme fille de ferme, que je pourrai tirer parti de ma ligne. C'est à Paris que je réussirai. Aussi, sans prévenir mes parents, je vais partir pour la capitale.

Elle fait un paquet de tout ce qu'elle possède et prend le train pour Paris.

Elle se trouve une place chez une grande fleuriste.

Comme elle ne sait pas fabriquer les fleurs, elle remplit pendant quelques mois les fonctions de trottin.

Un jour, fatiguée par toutes les courses qu'elle avait été obligée de faire, elle s'assoit sur un banc de boulevard et considère attentivement sa main et la ligne de chance que lui a désignée la diseuse de bonne aventure.

— Ma chère ligne, dit-elle en soupirant, tu tardes beaucoup à faire connaître tes qualités ; je ne crois pas, en effet, que ce soit de la chance d'être obligée de courir toute la journée, étant chargée de paquets.

Elle renonce au métier de trottin et se met à travailler aux fleurs.

Elle gagne cinquante francs par mois, mais elle est nourrie.

Cinquante francs pour payer une chambre et s'habiller, ce n'est guère.

Cependant Léonie a confiance en sa ligne de chance, et elle attend.

Elle fait la connaissance d'un commis voyageur qui vient souvent dans la maison.

— Léonie, lui dit-il, je vous aime et je veux que vous soyez ma femme. Vous voyez que j'ai d'honnêtes sentiments.

— Vous n'avez pas de fortune?

— Non; mais je gagne trois mille francs par an. Je pourrai, dans quelques années, augmenter mes revenus. Acceptez-vous la proposition que je vous fais?

— Permettez-moi de ne pas vous répondre aujourd'hui. Mais conduisez-moi demain à la fête de Saint-Cloud.

— Volontiers, ma chère Léonie.

A Saint-Cloud, elle entre seule chez une tireuse de cartes, somnambule extralucide, etc.

— Madame, lui dit la fleuriste, voyez-vous dans ma main la ligne de mariage?

— Oh! non.

— Alors, suivant vous, je ne me marierai jamais.

— Je puis vous certifier que non.

— Alors, se dit Léonie, pour profiter de ma ligne de chance, je ne dois pas épouser mon commis voyageur; avec lui je mourrais de faim.

Le lendemain, elle avertit cet honnête garçon qu'il doit renoncer à ses projets de mariage.

A partir de ce jour, Léonie fréquente plus souvent les bals publics que l'atelier de fleurs.

Elle fait la connaissance de plusieurs jeunes gens qui la quittent après lui avoir fait les plus brillantes promesses.

Léonie a naturellement renoncé au travail pour habiter un appartement de la rue Maubeuge, quartier général des petites dames à la recherche de la chance.

Elle est criblée de dettes et persécutée par ses créanciers.

Elle consulte un calendrier pour établir les diverses échéances des billets qu'elle a signés.

— Tiens ! s'écrie-t-elle, c'est aujourd'hui vendredi et le 13.

Elle sonne sa femme de ménage.

— Allez vite me chercher une tireuse de cartes. Voici une adresse que plusieurs de mes amies m'ont donnée.

La tireuse de cartes arrive.

Léonie tend sa main.

— Que voyez-vous là ? demande-t-elle à l'extravagante mégère.

— Vous ferez un grand voyage.

— Où cela ?

— En Amérique.

— Et je deviendrai riche ?

— Très-riche.

— Bravo !... s'écrie Léonie en sautant au cou de la sorcière de première classe qu'elle embrassa ; mes créanciers peuvent faire vendre mon mobilier ; je vais mettre au Mont-de-Piété mes derniers bijoux pour payer mes frais de voyage sur un navire transatlantique. Malheur au premier Américain huppé qui me tombera sous la main, car je n'ai pas envie de moisir à New-York.

Trois ans après, elle revient en France avec deux mille huit cents francs.

— Ce n'est pas la fortune, se dit-elle en soupirant. Quand donc ma ligne de chance produira-t-elle son effet? Elle devrait se dépêcher, car j'ai trente ans, et j'aperçois sur ma figure des rides que la poudre de riz ne parvient pas à faire disparaître.

Maudites somnambules, pourquoi les ai-je écoutées? Hier, j'ai rencontré ce brave commis voyageur qui voulait m'épouser. Il est marié, il a deux jolis enfants, et toute cette famille paraissait bien heureuse. Je pouvais jouir de ce bonheur sans les maudites prédictions de toutes ces sorcières.

Léonie tombe gravement malade et est transportée à l'hôpital.

— Il n'y a plus d'espoir de sauver cette femme, a dit le médecin en chef à l'interne, elle est poitrinaire et s'éteindra avant peu. Il n'y a aucun remède à lui donner.

Près du lit de Léonie se trouve une femme âgée qu'on a amenée la veille.

Pour passer le temps, elles ont causé d'un lit à l'autre.

— Tiens!... dit la vieille en examinant la main de Léonie, vous avez la ligne de chance très-prononcée. Je m'y connais, moi, car je suis élève du célèbre Desbarolles.

— Laissez-moi! s'écrie Léonie en retirant vivement sa main qu'elle porte sur sa bouche pour étouffer ses sanglots.

ENTRE INTIMES.

— Trop serrée! ah! mon ami... Docteur, par curiosité, passez vot' main.

LES PARISIENNES.   763

LES LETTRES QU'ON N'ENVOIE PAS

UE de fois il vous est arrivé d'écrire une lettre, de la relire avec le plus grand soin, et, au moment de la mettre sous enveloppe, de réfléchir quelques minutes, puis de prendre la lettre, de la déchirer et d'en jeter les morceaux au panier.

C'est un échantillon de cette correspondance que nous voulons vous donner aujourd'hui.

M. de B. à Mlle Coralie.

« Ma chère amie,

« Il faut convenir qu'il y a incompatibilité d'humeur entre nous. Nous ne restons pas cinq minutes ensemble sans nous disputer. Tu me fais des scènes à propos de tout et surtout à propos de rien.

« Cessons donc de nous voir et quittons-nous bons amis !

« Comme je veux agir avec toi en galant homme, je t'enverrai

chaque mois, pendant un an, un billet de cinq cents francs
« Je te serre cordialement les mains.

« Arthur de B. »

Au moment de préparer l'enveloppe, Arthur de B... jette un regard sur la lettre, puis la déchire en disant :

— Ma foi non, je ne romps pas encore, car comment passerais-je mes soirées sans Coralie ?

Un gommeux écrit à son tailleur :

« Monsieur,

« J'ai reçu votre note et je l'ai montrée à mon père.

« Il n'a pas été content, l'auteur de mes jours, car il trouve que je dépense beaucoup trop d'argent pour ma toilette. Mais il a fini par se laisser attendrir et il m'a donné cinquante louis. Je ne vous devrai donc plus que quinze francs pour la réparation de mon pardessus d'été.

« Veuillez passer demain matin chez moi pour terminer ce règlement.

« Recevez, monsieur, mes salutations. »

— Cela m'écœure bien, se dit le gommeux. Donner d'un coup cinquante louis à un tailleur, c'est roide. Quand je passerai chez lui je lui remettrai quinze francs pour la réparation de mon pardessus et je lui devrai mille francs, ça fera un compte rond. Ces cinquante louis me permettront de passer quinze jours en Suisse avec ma grosse Nini.

Et il jette au panier la lettre qu'il avait préparée pour son tailleur.

Un monsieur trace quelques lignes sur une feuille de papier à lettre, puis jette au panier ce qu'il a écrit. Il sacrifie ainsi une dizaine de feuilles. Enfin, sans s'arrêter une seule fois, il adopte cette rédaction :

« Mon cher ami,

« Vous accusez à tort Cascaret. Ce n'est pas avec lui que votre femme vous trompe, mais avec moi.

« Je suis le seul coupable. Depuis cinq ans, Héloïse est ma maîtresse. Il est même probable que votre dernier enfant est le produit de notre collaboration.

« Ne venez donc plus me faire vos confidences sur vos infortunes conjugales, ne versez donc plus vos larmes sur les revers de ma redingote, ne me dites donc plus que vous étrangleriez avec plaisir cet excellent Cascaret.

« C'est cet honnête homme que vous devez prendre pour confident de vos malheurs.

« Je ne suis qu'un misérable et ce n'est qu'en tremblant que je vous fais ces aveux, car je sens sur ma conscience tout le poids de ma faute. »

— Ma foi, s'écrie le séducteur en déchirant avec empressement cette lettre, comme le mari n'a pas porté ses doutes sur moi, je suis trop bête de faire des aveux. Laissons soupçonner Cascaret, c'est le seul moyen d'être heureux avec Héloïse.

C'est indélicat ce que je fais ; mais il ne faut pas agir autrement que les autres.

Ce n'est pas quand le mari parle d'étrangler le séducteur de sa femme que je dois tendre le cou.

Un collégien penché sur son pupitre compose le poulet suivant :

« Madame,

« Je vous aime à la folie. Je sais que vous n'êtes pas libre, car vous êtes mariée. Moi non plus je n'ai pas ma liberté, mais je sors tous les dimanches et, si vous le voulez, nous irons nous promener ensemble.

« Quant à vous, ô ma Dulcinée, vous pouvez venir me voir le jeudi avec ma mère, car vous êtes son amie et il vous sera facile de l'accompagner.

« Ne vous moquez pas de mon amour, car il est sincère, et je sens bien que si vous ne vouliez pas m'écouter, je ne tarderais pas à mourir de chagrin.

« Je dépose un baiser passionné sur vos doigts roses.

« ÉDOUARD. »

Le jeune Édouard relit vingt fois sa lettre. Puis il reste pensif pendant une grande heure.

Cette femme adorée se moquera de moi, pense-t-il en poussant un gros soupir ; elle montrera cette déclaration à son mari, peut-être même à ma famille. Alors je serai ridicule, et pendant les grandes vacances on me laissera au collége. Je ferai donc mieux de mettre cette lettre de côté et de ne l'envoyer que quand j'aurai fini mes études, c'est-à-dire dans trois ans. Oh! elle se conservera bien en la serrant entre deux feuillets de mon *gradus*.

« Mon cher ami,

« Vous m'écrivez pour vous prier de vous prêter 300 francs, afin d'empêcher qu'on vende votre mobilier.

« Vous faites appel à mon bon cœur et à notre vieille camaraderie.

« Vous avez eu raison, mon cher ami, de compter sur moi, et je suis bien heureux de pouvoir vous venir en aide.

« Je m'empresse donc de vous faire porter, par mon domestique, les 300 francs dont vous avez besoin.

« Ne croyez pas être mon obligé, comme vous le dites dans votre lettre ; c'est moi qui vous suis bien reconnaissant de m'avoir fourni l'occasion de vous être agréable.

« Tout à vous... »

Au moment de signer, l'ami généreux s'arrête :
— Aujourd'hui, se dit-il, ce brave garçon me demande trois cents francs; dans huit jours il me priera peut-être de lui en prêter cinq cents. C'est un garçon qui ne pourra jamais se tirer d'embarras et qui, sachant que j'ai bon cœur, n'hésitera pas à venir me trouver chaque fois qu'il sera dans le pétrin. Réflexion faite, je ne lui écris pas. Quand je le rencontrerai, je lui dirai que je n'ai pas reçu sa lettre. Chez moi, le premier mouvement est toujours trop bon ; heureusement que j'en ai un second qui m'empêche de faire des bêtises.

— Non, ça ne peut pas durer plus longtemps, s'écrie Alcide Pitanchu.

Et il jette sur le papier les lignes suivantes :

« Monsieur,

« Un mien ami me rapporte qu'hier, dans une nombreuse société, vous avez parlé de moi en termes très-blessants. Vous avez eu l'air de donner à entendre que je suis un chevalier d'industrie.

« Si vous ne m'envoyez pas une lettre pour rétracter ce que vous avez dit hier soir, je vous prie de choisir deux de vos amis pour les mettre en rapport avec deux messieurs que je vous désignerai.

« Voilà comme je suis, moi, et je... »

Alcide Pitanchu s'arrête tout court.
— Mais, au fait, je ne sais pas si cet homme n'acceptera pas mon cartel. Je suis toujours d'une violence quand j'ai la plume à la main !...

Lorsque je le rencontrerai dans la rue, je me contenterai de ne pas le saluer, voilà tout.

Il prend sa lettre et la fait flamber à une bougie.

Et pour finir, une lettre que bien des gens ne mettent jamais à la poste.

« Mon cher,

« Je viens de gagner une assez forte somme à la Bourse.

« Je suis heureux de pouvoir vous rendre les cent francs que vous m'avez prêtés. »

Si on expédiait toutes les lettres qu'on écrit les revenus de la poste tripleraient.

UN RÈGLEMENT.

— Lorsque l'on entre ici pendant que j' m'habille, vous savez l' règlement; on est à l'amende.
— De combien?
— Oh! de c' que l'on veut.

POUR TUER LE TEMPS

I

Ce soir je suis bien décidé à ne pas retourner chez Henriette.

Elle me trompe, j'en ai la preuve. Je lui ai écrit que je savais tout, et je la priais de ne pas me demander d'explications, n'aimant pas à écrire de longues lettres.

Comme je lui donnais mille francs par mois, sans compter les cadeaux, j'en trouverai facilement d'autres, qui, pour ce prix-là... me tromperont.

Il est six heures, je suis certain qu'elle m'attend pour dîner.

Elle ne se mettra pas à table avant huit heures.

Tant mieux, cela m'amuse de la faire poser; je ne prends là qu'une faible revanche, mais c'est toujours un petit supplice qu'elle endure.

II

Sapristi ! comme je bâille depuis un quart d'heure ! Est-ce d'ennui ou de faim ?

J'ai très-peu déjeuné ce matin. J'étais très-énervé. Je dois donc avoir mal à l'estomac.

Je vais entrer dans ce restaurant.

— Garçon ?
— Monsieur est seul ?
— Oui ; grâce au ciel !
— Que faut-il servir à monsieur ?
— Un potage, peu m'importe lequel ; un poisson, celui que vous voudrez, et un plat de viande, ce que vous aurez de prêt.
— J'espère bien que monsieur n'a pas l'intention de se suicider dans l'établissement ?
— Pourquoi cette question ?
— Parce que chaque fois qu'un consommateur commande de cette manière son dîner, c'est qu'il a des idées noires, et alors...
— Vous prenez vos précautions.
— Oui, monsieur, afin de ne pas jeter le trouble dans ce restaurant, qui est une maison bien calme.
— Soyez sans crainte, et servez-moi.

III

— Ma foi, je n'ai pas faim.

Je ne connais rien d'insipide comme de manger seul.

Ce poisson ne me convient pas. Voyons si ce rosbif...

Non, décidément, je n'ai pas faim et je préfère ne pas dîner.

On ne respire pas dans ce restaurant, je vais aller flâner sur les boulevards.

IV

Voici la cinquième fois que j'arpente le boulevard de la Madeleine à la Porte-Saint-Denis, et il n'est que huit heures moins cinq.

Si je rentrais me coucher?

Je ne puis pourtant pas me mettre au lit à huit heures. Si je prends l'habitude de me coucher comme les poules, je ne dormirai pas. A trois heures du matin, je serai éveillé, sans avoir besoin d'entendre chanter le coq.

Je vais entrer au théâtre et passer ma soirée aux Variétés.

V

Mais je connais cette pièce. Je l'ai vue déjà trois fois avec Henriette.

Nous étions là dans cette baignoire. J'étais heureux alors, car j'ignorais que ce charmant démon me trompait.

J'ai bien eu tort d'aller aux renseignements, car aujourd'hui je serais encore avec...

Voyons, Edmond, de l'énergie, tu es ridicule, mon cher.

J'aurais dû choisir un autre théâtre. Mais lequel? Je suis allé dans tous avec elle.

Ce que j'ai de mieux à faire, c'est d'aller voir Charles qui est à son cercle. Si la composition de ce cercle me convient, je prierai mon ami de me présenter. J'aurai ainsi un moyen excellent de passer toutes mes soirées.

Allons au cercle.

VI

— Tiens, te voilà, mon cher Edmond?
— Oui, mon bon Gustave!
— Tu as rompu définitivement?
— Depuis ce matin.

— Mais tu as une singulière tête !
— Cela tient à ce que je m'ennuie.
— Veux-tu que je te conduise chez ma tante qui reçoit ce soir? Tu prendras le thé et une femme, tu choisiras dans le tas des jeunes filles à marier. Ma tante a une assez jolie exposition.
— Ah ! çà, j'ai donc décidément la physionomie d'un homme qui veut en finir avec la vie ? Il n'y a qu'un instant un garçon de restaurant a eu presque envie de me fouiller pour s'assurer que je n'avais pas un revolver dans ma poche ; et maintenant tu me proposes une femme?
— N'en parlons plus.
— Que font ces messieurs autour de ce tapis vert ?
— Un petit *bac*.
— J'ai envie de tenter la veine. Si le proverbe est vrai, je réaliserai de gros bénéfices.
— Méfie-toi.

VII

— As-tu suivi mon jeu, Gustave ?
— Non ; je faisais une partie d'écarté.
— Eh bien, je viens de perdre soixante-quinze louis. Comme je ne les ai pas sur moi, veux-tu me servir de garant ?
— Volontiers !
— Je les apporterai demain matin.
— Ce n'est pas pressé.
— Adieu !
— Tu pars déjà?
— La vie de cercle ne me convient pas. Je me serais bien vite ruiné dans cette maison de passe-temps. A demain.

VIII

Ce que j'ai de mieux à faire, c'est de chercher une autre compagne.

On dit que le soir, vers le tard, il y a de charmantes grisettes qui sortent de leurs magasins.

C'est charmant une femme qui travaille. Si j'en enlevais une à sa patronne? Je l'installerai dans un joli petit appartement, et elle s'occupera toute la journée ; elle me fera des bretelles et des pantoufles. Quand elle s'ennuiera, je lui achèterai de la galette et elle sera heureuse. J'ai lu cela dans Paul de Kock, et ce charmant conteur n'a pas trompé le public.

Voici deux ravissantes jambes qui trottinent là-bas.

La tournure est élégante.

Profitons de ce bec de gaz pour... Fichtre! la personne est jolie et digne de supplanter Henriette.

— Mademoiselle, je regrette qu'il ne pleuve pas.

— Pourquoi, monsieur?

— Pour avoir le plaisir de vous offrir mon parapluie.

— Mais vous avez une canne.

— C'est vrai... mais je...

— Je vous prie de ne pas m'accompagner, car on doit venir au-devant de moi.

— Prenons un autre chemin.

— Ciel! nous sommes surpris!

— Voulez-vous bien laisser mademoiselle tranquille? dit un vigoureux gaillard.

— Qui êtes-vous pour me parler ainsi? demande Edmond.

— Ça ne vous regarde pas.

— Savez-vous que vous m'agacez.

— Moi, aussi.

— Voici ma carte.

— Je ne me bats pas en duel, mais je cogne.

Et le vigoureux gaillard étend par terre, d'un violent coup de poing, le malheureux Edmond qui s'évanouit.

IX

Quand il revient à lui il se trouve sur son lit, ayant à son chevet sa concierge qui lui applique des compresses d'eau sédative sur son front meurtri.

— Sapristi ! se dit Edmond, ça vous coûte cher quand on veut tuer le temps. Je vais écrire à mon ami Gustave pour le prier de me présenter ce soir chez sa tante. Je prendrai une tasse de thé et plusieurs femmes ; — non, je me trompe, — le coup que j'ai reçu sur la nuque m'a troublé les facultés mentales. Je prendrai plusieurs tasses de thé et une seule épouse.

MAISON HONNÊTE.

— ... Mon tuteur.

LES DEMOISELLES MONTANCHU

M. Montanchu a deux filles charmantes dont, en bon père de famille, il désire se débarrasser. Mais hélas! il n'a pas de dot à donner à ses enfants.

Il peut fournir le trousseau, payer le dîner de noce et... c'est tout.

Montanchu n'est donc pas difficile sur le choix d'un gendre, surtout quand il faut en trouver deux.

Il fait appel aux célibataires par la voie des journaux.

Mais rien ; il a dépensé en vain cent cinquante francs de réclames.

Ne voulant pas se ruiner en frais d'annonces, il s'est décidé à employer un autre moyen.

Il va trouver un entrepreneur de mariages.

— Monsieur, lui dit-il, j'ai deux sujets à placer ; ils appartiennent au sexe féminin. Pouvez-vous me trouver deux sujets masculins?

— Quelle est la situation de fortune de vos demoiselles?

— Elle est nulle.

— Vous ne pouvez donc pas demander pour ces demoiselles deux quarts d'agent de change?

— Mon ambition ne va pas jusqu'à solliciter pour ma famille la moitié d'une charge.

— Alors, vous ne serez pas exigeant?

— Je vous le promets, pourvu que vous ne me proposiez pas deux repris de justice.

— Pour qui me prenez-vous?... La devise de ma maison est : Confiance et honnêteté.

— Permettez-moi de vous remettre ces deux photographies. La première est celle d'Hortense ; cette enfant est un peu délicate ; sa sœur Virginie, que voici, jouit d'une florissante santé.

— Monsieur, je vous promets de m'occuper de votre progéniture.

Huit jours après, M. Montanchu reçoit du fonctionnaire en hyménée une lettre ainsi conçue :

« Monsieur,

« J'ai trouvé des amateurs pour vos deux demoiselles ; mais veuillez passer chez moi, afin que je puisse vous donner de vive voix tous les renseignements nécessaires. »

A la lecture de cette lettre, la famille Montanchu bondit de joie.

— Sera-t-il blond? dit Virginie.

— Sera-t-il brun? s'écria Hortense.

— Dans une heure, vous serez renseignées, répond le père.
Et il vole chez celui qui est la Providence des familles.

— Me voici, cher monsieur, quoi de nouveau?

— J'ai exhibé les photographies. Vos deux filles sont acceptées. Voici les portraits des prétendants.

— Ils ne sont pas mal.

— Celui-ci a choisi Mlle Hortense.

— Que fait-il?

— Il est dans le commerce.

— C'est parfait. Et quel genre de commerce?

— Il tient une importante maison de fleurs naturelles.

— C'est charmant. Hortense sera dans la joie, car elle adore les fleurs. Et l'autre, quel métier a-t-il?

— Il est aussi dans le commerce.

— Deux commerçants! Mais c'est une veine incroyable.

— Seulement son commerce est un peu moins agréable que l'autre... Et je dois vous prévenir qu'il prend une femme pour tenir la caisse.

— Les fonctions de caissière ne sont jamais ennuyeuses dans aucun métier.

— Oui; mais de même qu'il y a fagot et fagot, il y a métier et métier.

— Expliquez-vous!

— Il s'agit d'un établissement à quinze centimes.

— Ah! diable!...

— Mais il est fort bien placé. Votre fille verra beaucoup de monde.

— En pareil cas la foule ne fait pas le bonheur.

— Vous vous trompez : elle augmente les revenus.

— C'est vrai.

— Si vous n'acceptez pas mes propositions, l'autre union ne pourra avoir lieu.

— Et pourquoi ?

— Parce que ce sont deux frères qui veulent épouser les deux sœurs.

— Alors, il n'y a pas à hésiter. Je vais insister auprès de mes filles pour qu'elles acceptent.

Il rentre chez lui.

On l'attend avec impatience sur les marches de l'escalier.

— Eh bien ! papa ?

— Voici les photographies de vos époux !

— Ils ne sont pas mal.

— Que fait le mien ? demande Hortense.

— Il est dans les fleurs naturelles.

— Oh ! quelle chance !

— Et le mien ? demande Virginie.

— Il n'est pas positivement dans les fleurs, mais tu seras caissière comme ta sœur.

— Je ne sais pas très-bien compter.

— Oh ! tu n'auras jamais à prélever des sommes très-fortes.

— Comment cela ?

— Quand une personne te donnera dix sous, tu sauras bien lui rendre trente-cinq centimes, à moins que cette personne n'ait amené un ami... alors tu n'auras à rendre que vingt centimes.

— Ciel !...

— Tu as deviné ?

— Oui.

— Si tu refuses, le mariage de ta sœur ne pourra se faire, car ce sont deux frères qui tiennent à épouser les deux sœurs.

— Oh ! ne refuse pas, s'écrie Hortense, car ton refus me causerait le plus grand chagrin.

— Alors, j'accepte.

— Merci, ma bonne petite sœur.

Quarante-huit heures après, les présentations ont lieu.

Au bout de six semaines, les deux mariages sont célébrés le même jour, dans la même église.

Six mois se sont écoulés. La santé d'Hortense, qui était chancelante, s'améliore.

Elle, qui était pâle et frêle, prend des couleurs et de l'embonpoint.

Mais il n'en est pas de même de Virginie.

Ses jolies couleurs ont disparu; elle ne mange plus et elle a de cruelles insomnies.

Son mari fit venir un médecin.

— L'état de la malade est grave, lui dit le docteur.

— Mais d'où peut provenir le mal?

— De l'atmosphère dans lequel vit votre femme; l'odeur violente des fleurs détruit sa santé.

— Pourtant je ne puis renoncer à mon métier.

— Il faut que votre femme change d'air.

— Il ne m'est pas possible de la laisser voyager seule.

— Je ne veux pas vous séparer.

— Alors que faire?

— Que la malade aille passer un mois chez sa sœur.

Les conseils du médecin ont produit un excellent effet. Mais l'époque du jour de l'an approche. On donne beaucoup de fleurs pour les étrennes.

Au magasin, on a besoin d'Hortense pour surveiller la vente : il est indispensable de ne pas laisser péricliter la maison par suite de l'absence de la patronne.

Le mari aime bien sa femme, mais il lui fait comprendre que sa présence est de toute nécessité.

— Tu retourneras passer quelques jours chez ta sœur un peu plus tard, lui dit-il. Viens au magasin, puisque tu te trouves déjà mieux.

Hortense accepte cette proposition avec d'autant plus de plaisir qu'elle continue à aimer ces fleurs qui sont pourtant pour elle un poison terrible.

Hortense, luttant courageusement contre le mal qu'elle éprouve, ne veut pas abandonner sa maison de commerce.

Mais la faiblesse augmente de jour en jour.

Le médecin, appelé de nouveau, déclare que la science est incapable de sauver la malade.

D'autres docteurs, mandés en consultation, font le même aveu, au grand désespoir de toute la famille.

Hortense a été conduite hier au cimetière Montmartre.

La délicate Virginie, qui s'est fait peser dernièrement, a le même poids que Dumaine.

LES PARISIENNES.

AU LUXEMBOURG.

— Et tu t'appelles?
— Ulalie.
— Avec un H?
— Non, sans... H.

MADAME DIOGÈNE

(La scène se passe chez mademoiselle Mariette Landureau, une petite cocotte. La bonne arrive avec une quittance de loyer.)

— Madame, c'est encore pour le terme.
— Comment !... toujours ! mais le propriétaire craint donc bien de ne pas être payé ?
— J'ai raconté à votre concierge que vous étiez brouillée avec vos trois amants parce qu'une amie indélicate les avait mis au courant de tout.
— Bavarde !...

— C'est pour vous excuser de ne plus payer régulièrement votre terme.

— Le fait est que je suis bien gênée d'avoir été subitement lâchée. Les hommes sont rares, et on ne remplace pas facilement ceux qui vous quittent.

— Si nous pouvions rattraper seulement le monsieur qui vous donnait mille francs par mois!

— Le pauvre vieux a été trop crétinisé par tous les tourments que je lui ai causés. La famille ne le perd plus de vue. S'il revenait me voir, ses parents le feraient conduire à la maison de santé de Charenton.

— Alors, madame, il faut vous exhiber : aller au théâtre et fréquenter les bals.

— Toutes ces sorties vous entraînent à des frais considérables.

— Je ne suis pas curieuse, mais j'aimerais bien savoir comment vous vous sortirez d'embarras.

— J'ai une idée excellente : vous allez porter cet avis à un journal, qui l'insérera dans ses petites annonces.

— Quel avis?

— Écoutez ceci : *Une femme dont le cœur est brisé voudrait faire la connaissance d'un homme qui la comprit. Ecrire, poste restante, aux initiales M. L.*

— Bravo!... Madame cette intrigue va m'intéresser. Je cours au bureau du journal, car il n'y a pas une minute à perdre.

— A cause du terme.

— Oui, et surtout à cause des deux mois qu'elle me doit, se dit à part la camériste.

Trois jours après, la bonne qui était allée poste restante pour demander les lettres aux initiales M. L., revient avec quatre missives pour sa maîtresse qui, de même que Diogène, cherche un homme.

— Il y en a quatre, s'écrie avec joie la servante.

— Pourvu que dans le nombre il y en ait un de mon choix?

— Comment maintenant procéderez-vous? les ferez-vous venir tous les quatre ici?

— Non, car je ne veux pas me compromettre. Je vais leur donner rendez-vous à chacun dans un passage différent.

— Comment reconnaîtrez-vous les candidats?

— Dans la circulaire que je vais leur adresser, je leur recommanderai de tenir leur chapeau à la main. J'adresserai la parole à celui qui me paraîtra convenable.

— C'est une idée.

— Dans notre métier, il faut avoir des expédients. Vous m'accompagnerez dans ces différentes pérégrinations.

— Volontiers, car je prends goût à la chose.

Quarante-huit heures après, Mariette et sa camériste se promenèrent dans le passage Verdeau.

— Je suis émue, dit Mariette.

— On le serait à moins, car il ne s'agit pas d'un rendez-vous d'amour, mais bien d'une position pour madame.

— Nous voici dans le passage en question.

— Il n'y a pas grand monde.

— Tant mieux.

— Les quelques rares personnes ont le chapeau sur la tête.

— Ah! madame!

— Quoi?...

— Voyez ce collégien qui tient son képi à la main.

— Vous croyez que c'est un des quatre?

— J'en suis certaine, il regarde l'horloge avec impatience.

— Mais ce collégien n'a pas plus de seize ans.

— Cela ne l'empêche pas de chercher une aventure. Allez au bout du passage, je veux parler à ce jeune don Juan pour savoir à quoi nous en tenir, car il est inutile de poser ici plus longtemps.

— Surtout, soyez prudente.

La bonne s'approche du collégien.

— Vous attendez M. L.? lui demanda-t-elle.

— Oui, répond l'autre en pâlissant.

— Eh bien! elle vous attend dans cette voiture.

Et elle lui indique un fiacre qui stationne devant le passage et dans lequel se trouve une vieille femme.

Le collégien se précipite dans le véhicule. La bonne rejoint sa maîtresse et l'entraîne par l'autre extrémité du passage Verdeau en murmurant :

— C'en est un.

— Le galopin !...

— Pour me venger, je l'ai lancé sur une vieille femme. Il doit y avoir en ce moment un joli imbroglio.

Mariette et sa femme de chambre se dirigent vers le passage des Princes pour le deuxième rendez-vous.

— Ah! madame, cette fois je connais le bonhomme qui se promène son chapeau à la main.

— Qui est-ce?

— Le garçon coiffeur du coin de notre rue. Il fait la cour à toutes les femmes de chambre du quartier. Il paraît qu'il veut aujourd'hui consoler un cœur brisé.

— Je commence à regretter mes trois francs d'annonce.

— Ne perdez pas courage, madame, et poussons jusqu'au passage Vivienne.

On arrive dans ledit passage.

Un seul individu s'y promène... cet individu est un pompier.

Il tient son casque sous le bras.

— Ciel! madame, s'écria la bonne, sauvons-nous, c'est mon amoureux. Ah! demain, je t'en ferai une scène pour t'apprendre à répondre aux appels des autres femmes!

Mariette, rouge de colère, se rend, sans la moindre conviction, dans le passage Choiseul.

Un monsieur très-bien mis et ayant l'air d'un noble étranger, serre convulsivement avec ses deux mains son chapeau qu'il s'apprête à remettre sur sa tête.

— M. L., dit bas à l'inconnu madame Mariette, qui a l'air de donner un mot d'ordre.

— Oui, madame, reprend le monsieur, en faisant un gracieux salut; voulez-vous me permettre de vous emmener souper?

— Mais, monsieur, vous oubliez donc que j'ai le cœur brisé!

— Cela ne doit pas vous empêcher de manger.

— Non, monsieur, ne soupons pas, car ce n'est pas ainsi que l'on console une pauvre femme.

— Je vous offrais à souper pour avoir l'occasion de causer.

— Venez demain chez moi, voici mon adresse. Comme je vois que vous êtes un homme comme il faut, je n'hésiterai pas à vous confier mes secrets.

— Ah! madame je sens déjà que je vous aime.

— Je crois au hasard, et je suis certaine, monsieur, que vous êtes l'homme que je cherche depuis ma naissance. Je suis veuve, monsieur, mon mari est mort pendant un voyage qu'il fit en Amérique.

— J'aurais pu recevoir son dernier soupir, car je suis de ce pays-là.

— On se sépare en se serrant tendrement la main.

Huit jours se sont écoulés après cette première entrevue.
L'Américain et Mariette sont heureux.

— Comme il est bien ! n'est-ce pas? dit Mariette à sa camériste.

— Oui : seulement il n'a pas encore payé la quittance de loyer... Je l'ai cependant laissée traîner sur la cheminée.

— Il ne faut pas agir brutalement. Il sait bien qu'une femme ne vit pas d'amour et d'eau claire. Il m'a dit qu'il attendait de l'argent de son banquier de New-York. Il parle de me donner une voiture et trois chevaux.

— Je ne serai rassurée que quand j'aurai touché mes gages.

— Vous êtes sceptique.

— J'ai tant fréquenté le monde interlope !

Madame Mariette rentre après avoir fait quelques courses chez des fournisseurs pour leur faire prendre patience.

Elle s'aperçoit que son armoire à glace a été forcée et qu'un coffret contenant des diamants a disparu.

— Un voleur s'est introduit ici pendant mon absence! dit-elle en tremblant à sa bonne.

— Il n'est venu que monsieur, et il est parti parce qu'il s'impatientait de ne pas voir revenir madame. Le scélérat!... c'est lui qui a fait le coup.

Mariette se rend aussitôt chez le commissaire de police avec la photographie de l'Américain.

— Je reconnais ce portrait, dit le commissaire, c'est celui d'un chevalier d'industrie de la pire espèce qui nous est signalé depuis plusieurs semaines.

Madame Mariette s'évanouit dans les bras du commissaire de police.

TABLE DES DESSINS

L'éducation d'Ernestine	1	Entre soi	201
Tableaux vivants	9	Aux Champs-Élysées	209
Une idylle	17	Le grand jeu	217
Entre amies	25	En Marne	225
Coulisses	33	Sur la plage	233
Au bal	41	L'attente	241
Courrier des eaux	49	Une idylle	249
Vie privée	57	Le nouvel art d'aimer	257
Coulisses	65	Extra-muros	265
On a ses jours	73	De son balcon	273
Odeurs et parfums	81	Sur la plage	281
Coulisses	89	A la mer	289
Vie privée	97	A la campagne	297
Vie privée	105	Ces pauvres bockeuses	305
Vie privée	113	Canotage	313
Maillots sur mesure	121	Dans l'eau	321
Philosophie mêlée	129	Fantasia	329
Coulisses	137	Au jardin d'acclimatation	337
Vie privée	145	Balivernes	345
Scènes conjugales	153	Cocodettiana	353
Parisine	161	Ces maris	361
Les miettes de l'histoire	169	Une lacune	369
Coulisses	177	A la mer	377
Vie privée	186	Une bonne prévenante	385
Sur le turf	193	Dans Breda street	393

Coulisses	401	Derrière le rideau	601
Aux Champs-Élysées	409	Un importun	609
Chronique du monde	417	Lune de miel	617
Confidences	425	Au bal masqué	625
Naïveté	433	En visite	633
Le volontariat	441	Coulisses	641
Coulisses	449	Ce docteur!	649
Coulisses	457	Entre soi	657
Balivernes	465	L'éducation d'Ernestine	665
Petit lever	473	La comédie enfantine	673
Sur l'asphalte	481	Chez elle	681
Balivernes	489	Vacances	689
Coulisses	497	Le théâtre de madame	697
Simple question	505	A mots couverts	705
Souvenirs et regrets	513	Au bal	713
Chez le photographe	521	Entre soi	721
Modes parisiennes	529	Entre bons amis	729
Billet de faveur	537	Coulisses	737
Si vieillesse pouvait	545	Ce qui se dit tout bas	745
Une consultation	553	Quel raseur!	753
P sss'ittt	561	Entre intimes	761
Coulisses	569	Un règlement	769
La conscience de Nana	577	Maison honnête	777
Coulisses	585	Au Luxembourg	785
Aux champs	593		

TABLE DU TEXTE

Une maîtresse au théâtre	3	Le paratonnerre	195
Pourquoi on va au bal de l'Opéra.	11	Une agence à créer	203
Une victime des petites correspondances	19	La dame aux assurances	211
		Une maîtresse laide	219
Une femme franche	27	Les bals de Nichette	227
Gazette de Cythère	35	Nouvelle bonne	235
Amour et beaux-arts	43	Ce que femme veut	243
Une représentation au foyer	51	On demande 1,500 francs pour sauver une femme du monde.	251
Le dernier tête-à-tête	59	L'art d'être heureux en ménage.	259
Le costume de Nichette	67	Une vengeance	267
Une femme qui veut se ranger	75	Elle ne coûte rien	275
Les œufs de Pâques de Lucie	83	Les momies de l'église St-Michel.	283
Elle, lui, et... l'autre	91	Les propos de la plage	291
La blague	99	L'enquête de Casimir Bondinet	299
Les victimes d'Ernestine	107	La maîtresse de mon voisin	307
Les effets du printemps	115	Le suicide d'Ernestine	315
Ce qu'une pierre déplace	123	Le plus heureux de tous	323
En chemin de fer	131	Un mariage parisien	331
La clientèle du commissionnaire.	139	Quand on l'attend	339
La comédie du recensement	148	Mémoires d'une glace d'un cabinet particulier.	347
Le dernier morceau de pain	155		
Une fantaisie de Carmen	163	L'affaire Coralie	355
Plaisirs champêtres	171	Une victime des castes	363
Le témoin Clarisse	179	Mes six maîtresses	371
Le bal de canotiers à Bougival	187		

TABLE DU TEXTE.

Les huit jours de Félicie	379
Les étapes de l'amour chez la femme	387
L'huissier amoureux	395
Les vacances de Fanny	403
Types de la plage	411
Une distraction de Nana	419
Partie carrée	427
Un bureau télégraphique	435
Les chasseurs de chevelures	443
Livre de dépenses en partie double	451
Un mariage à la vapeur	459
Elle travaille	467
La comédie du retour	475
La cocotte aux œufs d'or	483
Dans l'attente	491
La vengeance d'un mari	499
Le thermomètre de l'amour	507
Vente du mobilier de Mlle X	515
Le livre de dépenses	523
Une femme qui se venge	531
La sortie des artistes	539
Le jour du terme au quartier Bréda	547
Les caprices d'une artiste	555
Les métamorphoses d'Arthur	563
Un amour en sept lettres	571
Le journal de l'amour	579
Une soirée chez Mlle Bébé Patapouf	587
A Valentino	595
Frisette, conte moral	603
Madame veut recevoir	611
Mariages riches	619
Le maillot de Mme de B.	627
Une femme nerveuse	635
Petit plaidoyer en faveur des femmes	643
On demande une demoiselle de compagnie	651
Fonds à vendre	659
Dans les coulisses pendant une revue	667
L'Almanach de Léonie	675
Les contributions directes	683
Un bijoutier de ville de jeux	691
Le premier bal masqué d'Eustache Pitanchu	699
Le régénérateur	707
Après le premier de l'an	715
Comment on allume le flambeau de l'hyménée	723
La chauve-souris	731
Une fantaisie d'Olympe	739
La loge de Mlle Sidonie	747
Une victime de la ligne	755
Les lettres qu'on n'envoie pas	763
Pour tuer le temps	771
Les demoiselles Montanchu	779
Madame Diogène	787

IMPRIMERIE D. BARDIN, A SAINT-GERMAIN.

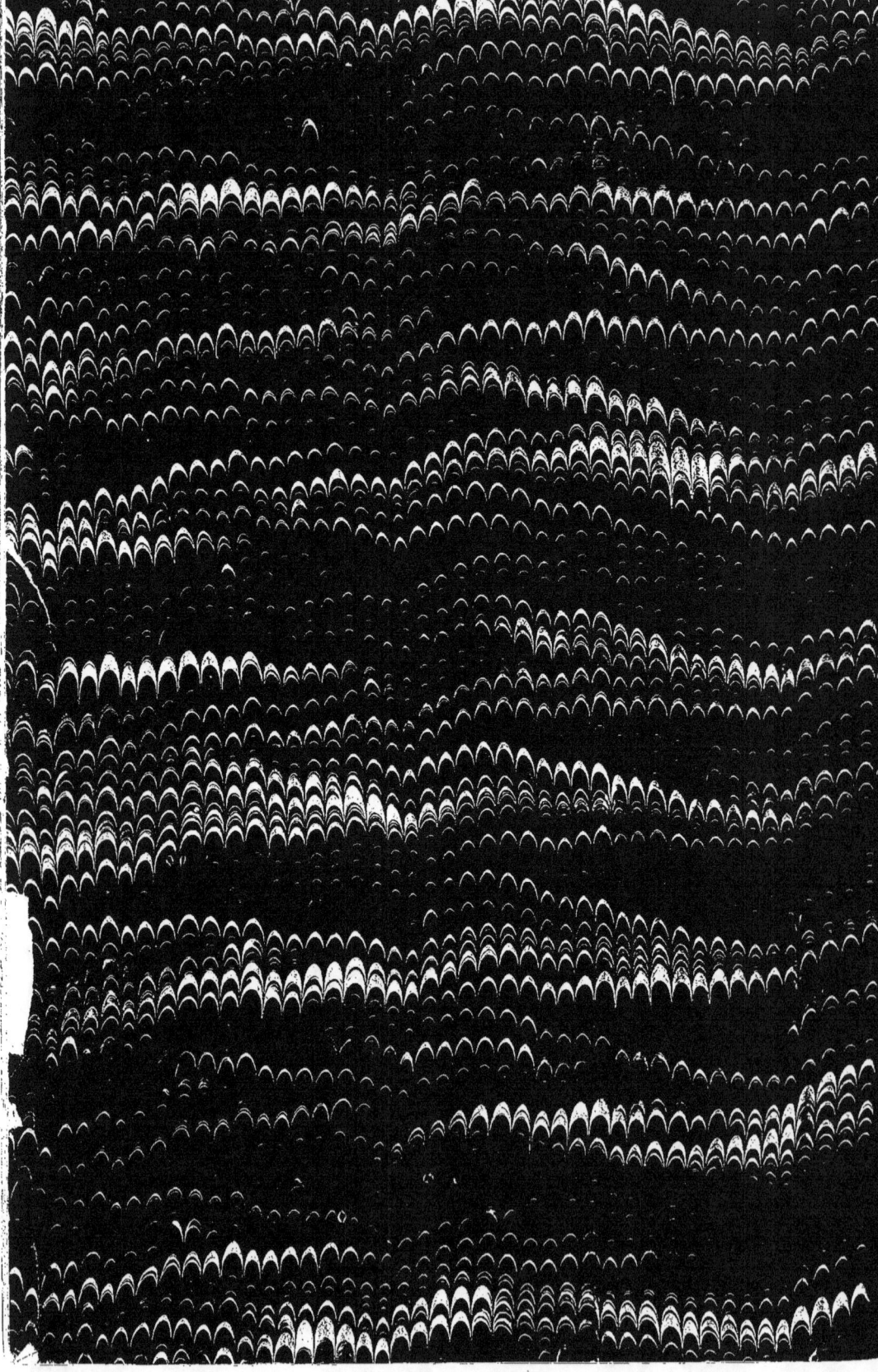

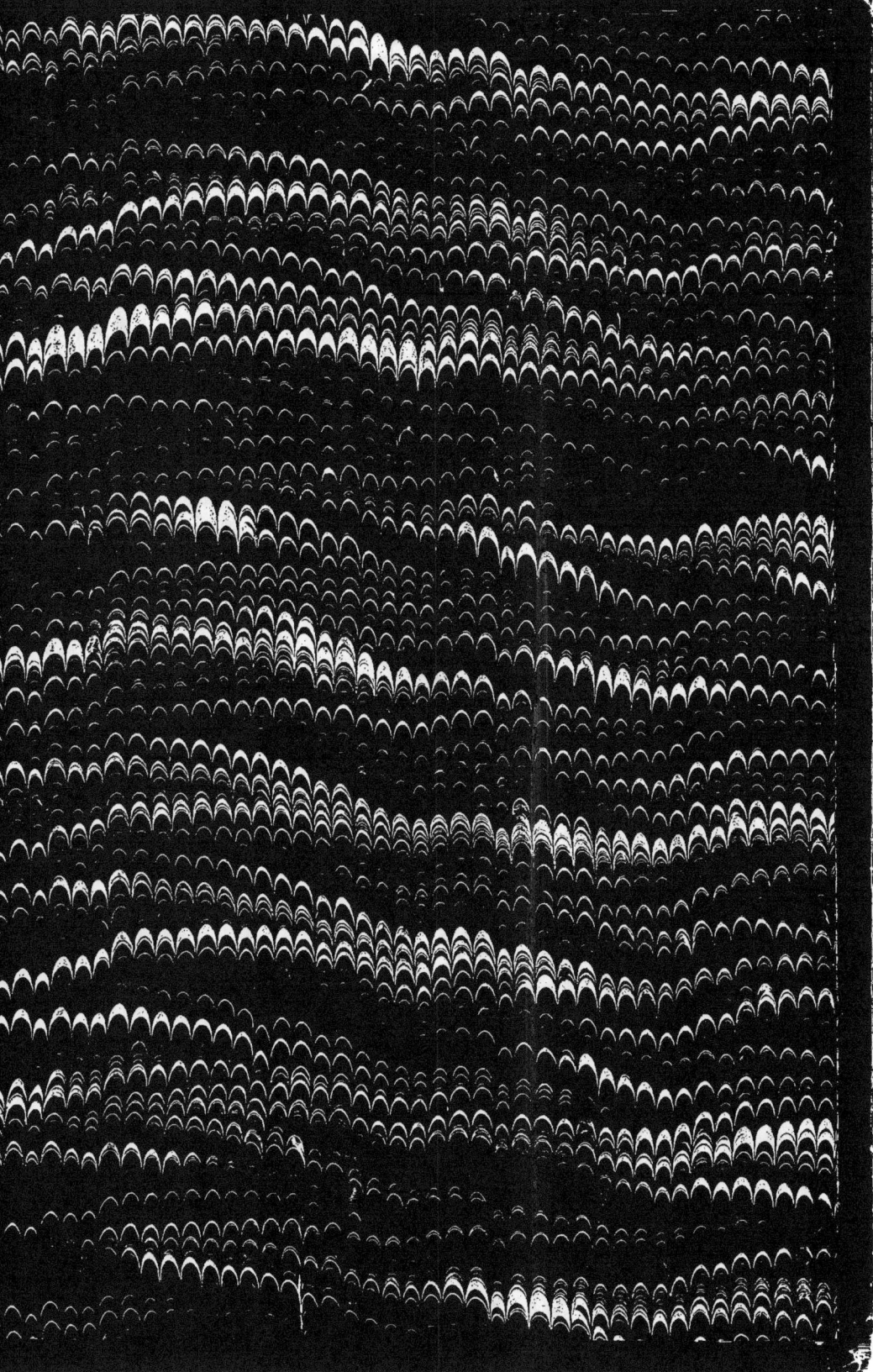

www.ingramcontent.com/pod-product-compliance
Lightning Source LLC
Chambersburg PA
CBHW070715020526
44115CB00031B/1112